新文科建设教材
工业工程系列

QUALITY MANAGEMENT
ENGINEERING

质量管理工程

冯良清　胡剑芬　王娟◎主编

清华大学出版社
北京

内容简介

本书以质量管理理论发展的时间先后为主线，突出新技术、新理念及国家战略对质量管理的新要求，模块化介绍质量管理工程的理论与方法体系。全书分为四篇，四大模块，共12章。第1—3章为基础质量管理模块，包括质量管理概论、质量管理工具、质量检验技术；第4—6章为设计质量管理模块，包括质量功能展开、正交试验分析设计、可靠性分析设计；第7—9章为集成质量管理模块，包括质量管理体系、六西格玛管理、质量经济性分析；第10—12章为发展质量管理模块，包括服务质量管理、网络组织质量管理、数字化技术质量管理。

本书可作为普通高等学校工业工程类、管理科学与工程类、工商管理类专业的本科生、研究生的教材或参考书，也可作为企事业单位工程技术人员、生产管理人员及质量管理人员的参考书或学习用书。

本书封面贴有清华大学出版社防伪标签，无标签者不得销售。

版权所有，侵权必究。举报：010-62782989，beiqinquan@tup.tsinghua.edu.cn

图书在版编目（CIP）数据

质量管理工程/冯良清，胡剑芬，王娟主编. —北京：清华大学出版社，2024.1
新文科建设教材. 工业工程系列
ISBN 978-7-302-65286-1

Ⅰ. ①质… Ⅱ. ①冯… ②胡… ③王… Ⅲ. ①质量管理学-教材 Ⅳ. ①F273.2

中国国家版本馆 CIP 数据核字(2024)第 034713 号

责任编辑：胡　月
封面设计：李召霞
责任校对：王荣静
责任印制：沈　露

出版发行：清华大学出版社
　　　　网　　址：https://www.tup.com.cn，https://www.wqxuetang.com
　　　　地　　址：北京清华大学学研大厦 A 座　　邮　编：100084
　　　　社　总　机：010-83470000　　　　　　　　邮　购：010-62786544
　　　　投稿与读者服务：010-62776969，c-service@tup.tsinghua.edu.cn
　　　　质　量　反　馈：010-62772015，zhiliang@tup.tsinghua.edu.cn
　　　　课　件　下　载：https://www.tup.com.cn，010-83470332
印　装　者：三河市科茂嘉荣印务有限公司
经　　销：全国新华书店
开　　本：185mm×260mm　　印　张：24.75　　字　数：596 千字
版　　次：2024 年 2 月第 1 版　　　　　　　印　次：2024 年 2 月第 1 次印刷
定　　价：79.00 元

产品编号：100383-01

序

习近平总书记在党的二十大报告中提到,建设现代化产业体系,坚持把发展经济的着力点放在实体经济上,推进新型工业化,加快建设制造强国、质量强国、航天强国、交通强国、网络强国、数字中国。我国是制造业大国,但还不是制造业强国,质量管理在我国由制造业大国向制造业强国转变中起到至关重要的作用,质量发展是强国之基、立业之本和转型之要。我国历来重视质量管理工作,质量强国已上升为国家战略。2023年中共中央、国务院印发了《质量强国建设纲要》,对质量强国建设进行了战略部署。质量管理经过百年发展,历经质量检验、统计质量控制、全面质量管理三个阶段后,其理论与实践发生了许多变化。第一,质量管理范围变得越来越大,从初始关注质量检验,到质量形成过程的控制,再到全过程、全员的关注和全生命周期的范围;第二,质量管控的重点发生了变化,从质量检验强调结果检验,到统计过程控制强调过程,再到关注设计、聚焦顾客的需求;第三,质量管理方法不断发展进步,尤其是工业大数据的到来,质量管理方法需要应用许多新的数字技术;第四,质量管理模式不固定,关键在于将科学的质量管理思想方法和企业文化结合,形成质量文化驱动的各具特色质量管理模式;第五,质量管理认知发生转变,从小质量上升到大质量,质量提升途径重在持续创新。在新的国家战略要求下,面对新的质量管理需求变化,质量管理理论体系更需要持续创新发展。

质量管理作为工业工程类专业的重要领域,是一流专业建设的重要方向。建设一流专业,需要建设一流课程,出版一流教材。冯良清教授等主编的《质量管理工程》教材结合了国家战略需求的变化及质量管理理论的发展,具有以下特色和创新:

(1)**坚持价值引领**。将习近平新时代中国特色社会主义思想写进教材,教材中融入了习近平总书记提出的"三个转变",党的二十大精神,中共中央、国务院印发的《质量强国建设纲要》核心思想等内容,教材中融入了大量体现我国经济高质量发展、实施质量强国战略的企业案例,体现了心怀"国之大者",坚持为党育人、为国育才的价值理念,强化了教材铸魂育人功能。

(2)**面向关键需求**。面向新工科、新文科等重点领域的专业建设需求,该教材内容紧密结合时代发展特点,创新性地编入了当前教材中较少涉及的网络组织质量管理、大数据质量管理、智能制造质量管理、"质量 4.0"等内容,适应工业工程等国家紧缺专业亟需建设一批体现时代发展、反映学术前沿的核心教材的需要。

(3)**创新内容体系**。该教材结合了质量管理理论、工具和方法的创新,对教材内容进行了模块化、系统化、连续性及创新性设计。教材的章节安排基本遵循了质量管理理论的发展脉络,形成了基础质量管理、设计质量管理、集成质量管理及发展质量管理四大模块,并通过数字化形式融入了更加丰富的课程思政案例学习素材。

《质量管理工程》结合了工业工程专业的交叉特性,可作为新文科或新工科建设的工业工程类专业的核心课程教材，还可作为新文科建设下的管理科学与工程类、工商管理类专业的相关课程教材。该教材得到了国家级一流本科工业工程专业建设点、省级高水平工业工程核心课程群教学团队、相关国家级一流本科课程、省级研究生优质课程等国家级、省级项目的支持，为工业工程类、管理科学与工程类、工商管理类等相关专业人才培养质量的不断提升奠定了坚实的基础。

教材建设是一项复杂的、重大的工程，工业工程类专业的系列教材建设需要全国工业工程学者的共同努力，质量管理课程教材的建设也需要汇集全国相关学者的共同智慧。我们相信《质量管理工程》教材的出版，会对工业工程类等相关专业建设及质量管理理论与方法的推广应用起到重要作用。

国家级领军人才
国际质量科学院院士
中国机械工程学会工业工程分会主任委员

2023 年 12 月

　　质量管理总体上经历了质量检验、统计质量控制、全面质量管理等发展阶段，进入21世纪后，随着新一代信息技术的融入，质量理念、质量技术发生新的重大变化，我们称之为新技术质量管理阶段。我国历来重视质量管理工作，质量强国已上升为我国的国家战略。2023年2月，中共中央、国务院印发《质量强国建设纲要》，指出"建设质量强国是推动高质量发展、促进我国经济由大向强转变的重要举措，是满足人民美好生活需要的重要途径"，提出要"着力提升产品、工程、服务质量"。在新的国家战略要求下，面对新的技术变化、新的需求变化，我国的质量管理需要新的理论创新与实践发展。

　　本书以习近平新时代中国特色社会主义思想为指导，面向国家战略新需求，适应技术发展新变化，力求对教材内容进行模块化、系统化、连续性、创新性设计，以帮助学生在学习过程中保持思维清晰，教师在教学过程中提升教学效果，本书具有四大特点。

　　（1）教材内容主线清晰化。本书以质量管理理论发展的时间先后为主线、由简单到复杂、由知识单元到知识集成进行设计。

　　（2）教材内容体系模块化。将质量管理理论系统性梳理，使各知识点有机串联并形成模块化知识体系，主要设计为基础质量管理、设计质量管理、集成质量管理、发展质量管理四大模块。

　　（3）课程思政内容实践化。教材内容体现课程思政的实践性，将质量管理知识与我国质量管理发展、质量强国建设联系起来，即课程内容中融入了大量体现我国经济高质量发展，实施质量强国战略的企业案例，培育学生的家国情怀、质量意识，以提升学生的解决质量问题的实践能力。

　　（4）教材内容创新时代化。教材内容紧密结合时代发展特点，创新性地编入了当前质量管理相关教材中较少涉及的网络组织质量管理、大数据质量管理、智能制造质量管理、"质量4.0"等内容。

　　本书由南昌航空大学冯良清教授总体设计并全书统稿，与质量管理课程组教学团队老师胡剑芬、王娟合作编写完成。其中，第1章、第4章、第7章、第8章、第11章、第12章由冯良清编写，第2章、第3章、第9章由胡剑芬编写，第5章、第6章、第10章由王娟编写。研究生严文福、闫梓威、霍亚茹、严雨秋、吴煜杭等在本书编写过程中完成了资料收集、图表绘制、校稿等工作。

　　本书的出版，得到了许多组织和个人的支持和帮助。感谢教育部在国家级一流本科专业建设、江西省政府在"双一流"优势专业建设中对以编者为专业负责人的工业工程专业的支持，为本书的出版提供平台和资金支持；感谢江西省教育厅将以编者为团队负责人的

"工业工程专业核心课程群"教学团队列为省级高水平本科教学团队,将编者主持的"质量管理理论与方法"列为省级研究生优质课程,并资助教材的出版;感谢南昌航空大学在教材出版过程中的支持。在本书编写过程中,参考了国内外许多质量管理相关著作、教材及案例报道相关资料,在此向国内外有关著作的作者表示感谢。最后,要感谢清华大学出版社的大力支持和帮助,特别感谢出版社编辑所做的辛勤工作。

尽管编者努力尝试将一些探索性的研究成果加入本教材中,但鉴于业务水平有限,书中难免有不当或疏漏之处,竭诚期望广大读者斧正,以期进一步提高本书质量。

冯良清
2023 年 6 月

第一篇 基础质量管理

第1章 质量管理概论 ... 3
1.1 质量概述 ... 3
1.2 质量管理概念及发展 ... 10
1.3 质量先驱及其重要贡献 ... 19
1.4 质量管理热点问题 ... 25
复习思考题 ... 35
案例分析题 ... 35

第2章 质量管理工具 ... 37
2.1 质量管理"老七种工具" ... 37
2.2 统计过程控制方法 ... 49
2.3 过程能力分析 ... 59
2.4 质量管理"新七种工具" ... 73
复习思考题 ... 83
案例分析题 ... 84

第3章 质量检验技术 ... 87
3.1 质量检验概述 ... 87
3.2 抽样检验基础 ... 90
3.3 计数标准型抽样检验 ... 98
3.4 计数调整型抽样检验 ... 100
3.5 计量抽样检验 ... 105
复习思考题 ... 112
案例分析题 ... 112

第二篇 设计质量管理

第4章 质量功能展开 ... 117
4.1 质量功能展开的起源与发展 ... 117
4.2 质量功能展开的原理 ... 121
4.3 "质量屋" ... 126

4.4　质量功能展开的应用 136
　　复习思考题 146
　　案例分析题 147

第5章　正交试验分析设计 149
　　5.1　正交试验设计 149
　　5.2　田口方法 156
　　5.3　三次设计 162
　　复习思考题 176
　　案例分析题 176

第6章　可靠性分析设计 179
　　6.1　可靠性工程概述 179
　　6.2　可靠性指标及常用函数 183
　　6.3　可靠性分析与设计 192
　　6.4　可靠性管理 202
　　复习思考题 206
　　案例分析题 207

第三篇　集成质量管理

第7章　质量管理体系 211
　　7.1　全面质量管理 211
　　7.2　ISO9000质量体系标准 220
　　7.3　《质量管理体系——要求》 227
　　7.4　质量审核与质量认证 239
　　7.5　卓越绩效管理模式 248
　　复习思考题 260
　　案例分析题 261

第8章　六西格玛管理 263
　　8.1　六西格玛管理概述 263
　　8.2　六西格玛管理组织过程 271
　　8.3　六西格玛改进 284
　　8.4　六西格玛设计 288
　　复习思考题 292
　　案例分析题 292

第9章　质量经济性分析 294
　　9.1　质量成本与质量经济性概念 294

  9.2 质量成本分析 300
  9.3 质量经济分析 304
  复习思考题 311
  案例分析题 311

第四篇　发展质量管理

第 10 章　服务质量管理 315
  10.1 服务质量概述 315
  10.2 服务质量与顾客满意管理 318
  10.3 服务质量管理模型 327
  复习思考题 336
  案例分析题 337

第 11 章　网络组织质量管理 339
  11.1 供应商质量管理 339
  11.2 供应链质量管理 345
  11.3 服务型制造网络质量管理 350
  复习思考题 353
  案例分析题 353

第 12 章　数字化技术质量管理 355
  12.1 大数据与质量管理 355
  12.2 数字化技术下的新质量分析工具 360
  12.3 面向智能制造的质量管理 364
  12.4 "质量 4.0"及其发展 368
  复习思考题 373
  案例分析题 373

参考文献 374

附表 377

第一篇

基础质量管理

第1章 质量管理概论

学习目标

1. 掌握质量的概念，清楚质量的内涵。
2. 熟悉质量概念的发展过程。
3. 掌握质量管理及相关术语。
4. 了解质量管理经历了哪些发展阶段。
5. 熟悉质量管理中的代表人物及各自的主要贡献。
6. 了解当前质量管理领域有哪些热点问题和活动。
7. 分析质量奖对各国的影响，讨论质量强国战略对我国经济发展的重要意义。

课程思政导读

中国制造，质量强国

1.1 质量概述

1.1.1 质量的基本概念

"质量"一词历史悠久，三国时期，刘劭在《人物志·九徵》中写道："凡人之质量，中和最贵矣。中和之质，必平淡无味。"其中的"质量"用来描述人的品质、德行。近代以来，自然科学和社会科学逐渐分离，物理学快速发展，质量又用来描述物体所具有的一种物理属性，是物质惯性大小的量度。

质量管理学兴起后，质量用来形容物品的某类特性，如桥梁质量的高低，衣服质量的好坏，食品、飞机等各类产品质量的优劣，即早期的产品质量。随着社会的进步，出现了"服务"这一概念，一般指社会成员之间提供互相方便的一类活动，具有无形性和不可储存性。人类的生产要素不再局限于产品这种实体要素，扩充到了服务这种虚拟要素，而服务与质量的结合便形成了"服务质量"，质量的内涵进一步扩大。20世纪50年代后，系统工程的快速发展，各行各业不断交叉融合，质量的范围进一步扩大，出现了"系统质量""过程质量"及"大质量"等概念。

质量的定义有很多，其中公认的且应用最广泛的定义是国际标准化组织（International Standard Organization，ISO）在国际标准 ISO9000：2015《质量管理体系——基础和术语》中对质量的定义：客体的一组固有特性满足要求的程度。给出的质量的基本概念是：一个关注质量的组织倡导一种文化，其结果导致其行为、态度、活动和过程，它们通过满足顾客和其他有关的相关方的需求和期望创造价值。组织的产品和服务质量取决于满足顾客的能力及对有关的相关方预期或非预期的影响。产品和服务的质量不仅包括其预期的功能和性能，而且还涉及顾客对其价值和利益的感知。

1.1.2 质量相关的术语

1. 特性

特性指"可区分的特征"。可区分是指大小、好坏、优劣等可度量的程度。特征包括物理特征（如机械、电、生物特性），感官特征（如嗅觉、触觉、味觉），时间特征（如准时性、连续性、可靠性）等。特性可以是固有的或赋予的：如完成生产后，产品的形状、重量就已经确定，形成了固有特性；产品价格则是由生产者根据情景赋予的，价格就是赋予特性。同时，特性还可以是定性的或定量的。

2. 要求

要求指明示的、通常隐含的或必须履行的需求或期望。"明示的"指在设计标准、技术文件或项目合同中写明的要求；"通常隐含的"指为默认的或以往的惯例，一般不需要在合同或文件中写明，如篮球要制作成标准的球体，装配好的冰箱通电后一定要制冷；"必须履行"指由法律或国家、行业标准规定的强制性要求，如高层建筑建设必须配备消防设施及安全通道，这是国家法律规定的强制性要求。

一般来说，由于要求针对的对象不同，所以不同的相关方或组织可以提出不同的要求；另外，不同的时间，不同的环境，所达到的要求也可能是不同的。因此，客体在满足顾客和相关方需求时，要综合考虑主体和客体的期望，采取不同的策略，并且根据环境不断进行调整，最终实现各方满意。

3. 组织

组织指为实现目标，通过职责、权限和相互关系而拥有其自身职能的一个人或一组人，包括但不限于代理商、公司、集团、商行、企事业单位、政府机构、合营公司、社团、慈善机构或研究机构，或上述组织的部分或组合，无论是否具有法人资格、公有的或私有的。例如，一个企业、一个企业内的质量管理小组和质量管理部门等都可以看作一个组织。

4. 相关方

相关方指能够影响决策或活动、受到决策或活动影响，或感觉自身受到决策或活动影响的个人或组织。其中可包括顾客、所有者、组织内的人员、供方、银行、监管会、工会、合作伙伴及竞争对手或反压力集团的社会群体。例如，经营一家服装企业，服装的购买者、生产商、服装原材料的供应商、受服装厂生产影响的工厂周围居民等都是相关方。

5. 顾客

顾客指将会或实际接受为其提供的，或应其要求提供产品或服务的个人或组织，如消费者、委托人、最终使用者、零售商、受益者和采购方。

通常，顾客有狭义和广义之分。从狭义上来说，顾客指企业产品和服务的接受者或使用者，如汽车的使用者相对企业即为顾客。从广义上来说，顾客指企业对内和对外的一切接受者，包括了受企业影响的一切相关方。顾客具有相对性，企业如果作为产品生产的中间企业，该企业针对上游企业即为顾客；针对下游企业即为生产者，把产品提供给顾客。对于企业来说，顾客包括外部顾客和内部顾客。

（1）外部顾客。外部顾客指企业外部市场环境中，在流通领域与企业有（或可能会有）产品、服务和货币交换关系的组织（群体）或个人。

（2）内部顾客。内部顾客是一个广义的概念，包括企业内部从业人员，如基层员工、部门主管、经理，也包括股东等。

6. 产品

产品指在组织和顾客之间未发生任何交易的情况下，组织生产的输出。其中，组织的输出不仅包括从合同中规定的产品，还包括合同外企业生产经营活动所造成的其他一切结果。在 ISO9000 质量管理系列标准中，产品被划分为硬件、软件、服务和流程性材料四种类型。

（1）硬件指经过设计、加工、制造、建筑等一系列操作之后，具有特定形状，特定功能的零部件，或零部件的组合体。如汽车喷油嘴、汽车发动机、火箭、房屋等。

（2）软件指由信息组成的，能以方法、论文或程序的形式存在，如计算机程序、字典、手机 App 等。

（3）服务指在组织和顾客之间需要完成至少一项活动的组织的输出，提供的服务可能涉及以下几个方面。

①在顾客提供的有形产品（如维修的汽车）上所完成的活动。

②在顾客提供的无形产品（如为准备税款申报书所需的收益表）上所完成的活动。

③无形产品的交付（如知识传播方面的信息提供）。

④为顾客创造氛围（如在饭店和游乐园提供相关服务）。

（4）流程性材料指由固体、液体、气体或其他组合体构成的产品，包括粉末状、颗粒状、块状、线状结构的最终产品或中间产品，如水泥、工业用酒精、天然气等。显著特点是常以桶、罐、瓶、管或卷成筒状的形式交付。

通常，硬件和流程性材料是有形产品，区别仅在量的特性，前者具有计数的特性，后者有连续的特性。硬件和流程性材料通常被称为货物。

许多产品可能由硬件、软件、服务或流程性材料中的多个部分构成，该产品具体属于哪一类取决于主导成分。例如，外销产品"汽车"是由硬件（如发动机、车架）、流程性材料（如燃料、冷却液）、软件（如发动机控制软件、驾驶员手册）和服务（如销售人员所做的操作说明）多个类型产品所组成，其中硬件是其主导成分，因此把汽车归入硬件类产品。

7. 过程

过程是一组将输入转化为预期输出结果的相互关联或相互作用的活动。其中，活动指工作中识别的最小工作项，一般为增值活动，所有的经营活动都是由各种过程组成的。组织进行的过程输出结果，通常是其他组织进行过程的输入，输出的结果可能是产品或服务，也可能两者都有。过程结构模型如图 1-1 所示。

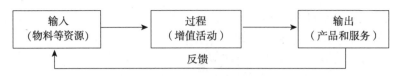

图 1-1 过程结构模型

过程定义可从以下几个方面理解。

（1）从过程定义看，过程包含了输入、活动和输出三个要素。如果组织要对一个过程进行控制，就要控制过程的三要素。针对输入，组织要对输入的资源进行策划，保证过程的稳定；针对活动，组织要积极开展行动，采取有力措施，保证活动是增值的；针对输出，组织要明确测量方法和验收标准，确保组织以合格的目标稳定完成整个过程。

（2）相关的过程之间通常存在一定的关系。一个过程可能包含多个子过程，且一个子过程的输入可能是其他子过程的输出，而几个子过程的输出也可能成为一个子过程的输入，这种内在联系往往不是一个简单按顺序排列的结构，而是一个比较复杂的网络结构。因此，在对过程进行控制和改进时，要严格注意过程间的内在联系。

（3）经营活动都是增值活动，所以组织在建立质量管理体系时，必须确定增值所需的直接过程和支持过程，以及过程之间的关联关系（包括接口、职责和权限等）。组织通过对确定的过程进行策划和管理，确保质量管理体系执行的有效性。

1.1.3　质量的性质

质量概念从诞生到发展，其内涵和外延不断扩展，已经不再局限于"产品的一组固有特性"，因此在理解质量概念时，要注意质量的以下性质。

（1）质量的广义性。从"客体的质量"角度出发，质量不仅仅指产品、系统这类实体的质量，还包括服务、过程等虚拟要素的质量。另外，随着大数据的不断发展，大数据所蕴含的海量信息还形成了信息质量或数据质量，因此，质量的载体是广义的，动态的，是随着社会不断发展的。

（2）质量的时效性。科技的进步而引起的生产力的发展，加剧了顾客对产品及服务的多样化、个性化需求。行为科学的发展越来越多地关注人的影响因素，促使顾客对产品的特性要求不断发生变化。因此，组织在考虑产品质量时要根据时间、环境、顾客满意等关键要素不断进行调整。

（3）质量的相对性。传统的理念是：只要满足生产标准，产品就有好的质量，生产出的产品也是好产品。而现代质量的理念是：生产标准只是底线要求，只有满足顾客的期望，才认为产品质量是优秀的，即一切从满足顾客和相关方需求出发，只要满足顾客和相关方的期望，就认为产品和服务有好的质量。

（4）质量的经济性。"物超所值""物美价廉""性价比"等均描述了质量的经济性。质量和价格是产品在市场中的两个基本参数。

1.1.4　质量概念的发展

质量概念是基于某个客体而言的，即"什么的质量"。因此，随着科学技术的发展，人们对客体认识逐渐深入，质量概念也发展出丰富的定义。从客体的范围角度出发，质量概念可分为微观质量概念和宏观质量概念。

1. 微观质量概念

1）符合性质量

19 世纪初，泰勒（Taylor）提出了科学管理思想，要把计划职能与执行职能分开，并单独设立质量检验职能。20 世纪初，质量检验职能在福特企业的大批量流水线生产中得到充分应用，福特企业规定生产出的汽车质量要符合技术要求，便出现了符合要求的质量。基于这一事实，菲利普·克劳士比（Philip B. Crosby）认为"质量就是符合规定的技术标准"，即符合性质量。这一定义的出发点并不是顾客或者相关方，而是质量符合规定，所以，符合性质量是站在组织立场，以符合性技术标准为依据来判断产品质量的优劣。早期标准尚未建立完善，顾客需求和顾客满意对产品生产影响较小，因此符合性质量定义适合大规模生产时期的特点，表达直观且简洁清晰。

2）适用性质量

20 世纪初，第二次工业革命推动了生产技术的进步，出现了对生产系统过程的质量要求和对顾客要求的关注，质量的概念也由符合性质量发展为适用性质量。适用性质量指产品在使用时能够成功满足顾客要求的程度，包括外部顾客和内部顾客。但是，符合规定的设计要求的产品也不一定会被顾客接受，所以朱兰（Joseph M. Juran）从顾客的角度出发，将质量定义为"质量是一种适用性"，认为组织内部实行质量策划时，要识别顾客和顾客需求。此时，质量管理的结果最终体现在质量花费的多少，即质量成本的高低，是一种经济性标准。因此，适用性质量是站在顾客的立场，以符合经济性标准的程度为依据来判断质量的一致性。适用性质量的提出，代表质量的优劣不再局限于生产者的评价，而是由使用者来评价，适用性质量适应了时代发展的潮流，为许多企业进行质量管理提供了参考，影响深远。

3）满意性质量

20 世纪 60 年代，西方发达国家在社会、经济、技术及文化等方面均发生了巨大变革，基于这一背景，费根堡姆（A. V. Feigenbaum）提出"全面质量管理"的概念，认为质量是"产品和服务在市场营销、工程、制造、维护的各个方面综合的特性，要通过各方面的使用来满足顾客的期望"，即满意性质量。此概念确认了朱兰的主观性质量，在继承适用性质量的基础上提出质量是全面的、动态的、多维的，必须通过多方面的因素综合确定。质量的概念也由适用性质量发展为满意性质量。满意性指让顾客和相关方感到满意，所以满意性质量是站在顾客和相关方的立场上，以符合心理性标准的程度为依据来判断质量的优劣。

4）体验性质量

自 20 世纪 80 年代以后，摩托罗拉、GE 等世界顶级企业相继推行 6σ 管理模式，体验性质量的理念得到推广。体验性质量指顾客对质量的感知价值超过顾客期望价值的程度。这一概念涵盖了顾客价值体现的思想，注重卓越管理、营销管理的方法，将为顾客提供卓越的、富有魅力的质量作为管理的目标。体验性质量理念建立在顾客期望之上，以符合体验的价值性标准为依据来判断质量对于顾客的满足程度。

5）合约化质量

2005 年，王海燕首次提出"合约化质量"。合约化质量指一种由供应方将满足某种约定要求的产品在约定时间内的所有权或使用权让渡给另一方的承诺而形成的合约关系。这是从现代经济学的角度去定义质量。在现代经济学中，"所有市场交易都是一种合约"，由于产品或服务从供方到需求方的过程中，实现了所有权和使用权的转换，所以产品和服务在这一转换过程中就形成了合约化质量。

6）模块化质量

模块化质量概念是由冯良清（2012）结合模块化理论与质量理论提出的新的质量概念，模块化质量指一组由产品或服务通过标准界面分解形成的产品模块或服务模块所具有的固有特性满足要求的程度，形成过程如图 1-2 所示。

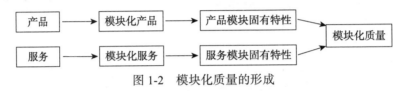

图 1-2 模块化质量的形成

模块化质量的形成是伴随产品或服务模块化分解的动态过程，对模块化质量的理解应包括以下几个方面。

（1）模块化质量是产品或服务模块分解的动态结果。产品或服务的模块化是当前及未来发展的主流趋势，模块界面的确定与系统结构有关，模块的分解与整合随模块界面及系统结构的变化而变化，因此，模块分解的结果不同，伴随的模块特性满足要求的程度也不同，模块化质量是一个动态的结果。

（2）模块化质量是产品或服务模块固有特性的表现形式。固有特性是事物本身所具有的特性，模块固有特性是产品或服务模块本身质量参数的抽象概括。这些参数与顾客要求的符合性程度、适应性程度、满意性程度及合同约定满足程度相关，模块化质量是对这些特性参数满足要求的表现形式。

（3）模块化质量是质量观发展的高级阶段。质量观的发展经历了符合性质量、适用性质量、满意性质量、体验性质量及合约化质量等形式。这些质量观点都伴随特定的背景或约束条件，模块化质量观是这些质量观的综合。模块化是标准符合与适用的结果，需满足符合性质量与适用性质量的要求；模块分解不仅需要适应标准的需求及界面结构的安排，而且需要更大程度让顾客满意；产品或服务模块任务由相关模块化组织完成，合同的约束是主要表现形式。因此，模块化质量综合了上述所有质量观的观点，是质量观发展的高级阶段。各微观质量概念间的区别如表 1-1 所示。

表 1-1 各微观质量定义间的对比

微观质量概念	提出者	判断标准	观点立场
符合性质量	克劳士比	技术性标准	组织
适用性质量	朱兰	经济性标准	顾客
满意性质量	费根堡姆	心理性标准	顾客、相关方
体验性质量	摩托罗拉、GE	价值性标准	顾客
合约化质量	王海燕	法理性标准	供应链组织
模块化质量	冯良清	协同性标准	模块化组织

2. 宏观质量概念

1）全面质量管理

全面质量管理概念起源于美国，由费根堡姆于 20 世纪 60 年代首次系统性提出，在美国、日本等国家推广成功后，迅速风靡世界，并一直保持着旺盛的生命力。国际标准化组织曾在国际标准 ISO8402：1994 中将全面质量管理定义为：一个组织以质量为中心，以全员参与为基础，目的在于通过让顾客满意和本组织所有成员及社会受益而达到长期成功的管理途径。国内对全面质量管理的一般定义为"全面质量管理是指企业全体职工及有关部门同心协力，综合运用管理技术、专业技术和科学方法，经济地开发、研制、生产和销售用户满意的产品的管理活动"。无论何种定义，其主要特点都是"三全一多样"，即全面综合的质量管理、全员参与的质量管理、全过程的质量管理和多方法的质量管理。

全面质量管理的实质是系统管理理论在质量管理领域的应用和拓展。系统管理思想指对质量有关的一切内容进行全面研究与系统分析的一种管理思想，要求人们在研究解决质量问题时，不仅要重视影响产品质量的各种因素和各方面的作用，还要把重点放在整体效应上，通过综合分析和综合治理，达到整体最优，全面质量管理的研究对象已经不再局限于产品和服务，而是一个复杂的系统或整体。

2）生态质量

进入 20 世纪末，日益严峻的生态环境和气候变化与经济发展的矛盾日益突出，可持续发展不断受到关注。1997 年，中国共产党第十五次全国代表大会把可持续发展战略确定为我国"现代化建设中必须实施"的战略。可持续发展理念推动了质量概念的生态化发展，节约资源和保护环境成为发展的重要部分，由此衍生出了生态质量。

生态质量被定义为在特定时间与空间里，生态系统局部或整体对人类经济社会发展与人类生存繁衍等问题的可持续发展的适宜程度，是生态环境客观存在的本质属性，具有很强的地域性。由于生态和经济发展之间的相互影响的关系，生态质量已经逐渐成为经济发展评价的重要指标。2021 年 7 月 1 日，中华人民共和国生态环境部首次发布全国生态质量指数，结果显示，2021 年全国生态质量指数值为 59.77，生态质量综合评价为"二类"，这一评价表明我国生物多样性较丰富、自然生态系统覆盖比例较高、生态结构较完整、功能较完善。

3）经济增长质量

《中共中央关于制定国民经济和社会发展第十二个五年规划的建议》中明确指出，提高经济增长质量，转变经济发展方式，推动中国经济迈上新台阶。"经济增长质量"理念开始推向全国，并引起广泛关注。

目前，经济增长质量尚无明确定义，学者对其研究大致分为两种：一种是狭义经济增长质量，认为经济增长质量主要指生产效率、社会经济效率等，单位经济内投入越少，产出越高经济增长质量就越高；另一种是广义经济增长质量，认为经济增长质量是一个综合的概念，与政治、生产力、科技、宗教、生态环境等诸多因素有关，需要通过一定的经济社会指标来描述。中国经济增长质量的高低反映了经济增长过程中在稳定性、创新性、持续性等方面的优劣程度，从"十三五"开始，国家要求不仅要提高经济增长数量，还要提高经济增长的质量。

4）发展质量和高质量发展

《中共中央关于制定国民经济和社会发展第十一个五年规划的建议》中特别指出：保持经济平稳较快发展时，既要保证有较快的增长速度，更要注重增长的质量，强调发展必须是科学发展，要提高发展质量。发展质量指国家和地区发展状况的综合评价，不同于国内生产总值（gross domestic product，GDP）和经济增长数量，人们在追求经济增长数量的过程中，很可能造成资源短缺、经济结构失衡、生态环境恶化等不良后果。因此，在注重经济增长数量的同时，要注意平衡好发展质量间的关系，保证经济的可持续发展。

2017年，习近平总书记在中国共产党第十九次全国代表大会上指出，中国经济已由高速增长阶段转向高质量发展阶段；转变发展方式，实现战略目标必须坚持质量第一，效益优先，这是对质量和发展间的新表述。高质量发展的本质就是保持我国经济的活力、创造力和竞争力，进行绿色可持续发展。当前我国社会发展进入新阶段，推动高质量发展，既符合经济健康发展要求，还适应中国当前国情，进一步指明了中国式现代化的建设方向。

1.2 质量管理概念及发展

1.2.1 质量管理概念及相关术语

质量的概念无论从"符合规定要求"，还是"达到顾客满意"，本质上都是某个组织或个人，以一定的质量目标对过程和生产系统进行管理，即质量管理。因此，随着质量观念的演变，质量管理理论也经历了长期的发展，国际标准化组织在国际标准 ISO9000 中定义了质量管理理论的八个基本概念，包括质量管理、质量方针、质量目标、质量策划、质量控制、质量改进、质量保证、质量管理体系。

1. 质量管理

国际标准 ISO9000：2015《质量管理体系——基础和术语》将质量管理定义为"关于质量的管理"，指在质量方面，组织为了达到顾客和相关方满意，通过计划、组织、指挥、协调、控制等一系列活动，最终达成目标。其中包括了制定质量方针和质量目标，及运用质量策划、质量保证、质量控制和质量改进等多个手段实现这些质量目标的过程。

质量管理可以从以下几个方面理解。

（1）质量管理是过程管理。质量不能脱离于"客体"这一要素而研究，质量管理的对象有许多，可能是产品和服务，也可能是一个系统或者过程。无论是何种对象，都是经过设计、制造、加工、销售等一个或多个过程到达使用者手中，因此使顾客满意的质量是基于整个过程而言的，对质量的管理就是对整个过程的管理。

（2）质量管理是一项综合的活动。质量管理涉及策划、计划、控制、改进等一系列活动。为此，进行质量管理要从人员、机器、物料、环境、方法等多个方面综合考虑，最终实现顾客和各个相关方均衡满意的质量目标。

（3）质量管理需要组织作为管理的载体。在进行质量管理时，一般由组织的最高管理者发布质量方针，确定质量目标，然后组织内部配置所需的人员、物料等各项资源，并且在实现质量目标的过程中，组织要运用科学的质量管理方法，开展大量的质量活动。如果质量管理脱离了组织，那么质量管理就是一句口号。想要做好质量管理，就要建设优秀的质量管理组织，营造良好的质量文化，造就领导支持、人人参与、持续改进的良好氛围。

2. 质量方针

质量方针指由组织的最高管理者正式发布的组织的质量宗旨和方向。其中，最高管理者指组织的高层领导中具有指导和控制组织权限的一个人或一组人。正式发布的质量方针是组织内全体成员开展质量活动的准则。

质量方针可以从以下两个方面理解。

（1）质量方针是组织总方针的重要组成部分。由于质量方针是组织开展质量活动的纲领，在质量方针指引下取得的质量结果，将直接影响顾客和相关方的满意，所以质量方针必须同组织的总方针相适应，要同组织的愿景和使命相一致，不能是几句简单而空洞的口号。

（2）质量方针由组织的最高领导者签署发布，并形成书面文件，用来指导全体成员的行动，因此，质量方针要让各方理解和接受。另外，由于外部环境不断变化、产品随市场趋势进行调整等原因，组织的质量方针也要进行动态的变化，质量方针制定和调整的核心要始终围绕组织的质量展开。

3. 质量目标

质量目标指组织在质量方面所追求的目标。国际标准 ISO9000：2015《质量管理体系——基础和术语》对质量目标的定义是"有关质量的目标"。质量目标通常是依据组织的质量方针制定的，是质量方针的具体表现，要加以量化，以便实施、检查。

质量目标可以从以下两个方面理解。

（1）质量目标的实质是质量方针的最终结果，因此，质量方针和质量目标是紧密联系在一起的，组织在制定质量目标时，除考虑企业的组织目标外，还必须依据质量方针进行，且具有现实性和挑战性。

（2）质量目标可以是定量的，也可以是定性的，要根据组织结构进行分解，加以细化，保证落实到组织的各个层级。质量目标一般分为长期质量目标和短期质量目标，各阶段的质量目标应是可测量的，以实现质量结果的最终评估。

4. 质量策划

国际标准 ISO9000：2015《质量管理体系——基础和术语》对质量策划的定义是"质量策划是质量管理的一部分，致力于制定质量目标，并规定必要的运行过程和相关资源以实现质量目标"。

质量策划的实质是组织制定质量目标的过程，主要内容包括产品策划、管理和作业策划、编制质量计划等。具体表现为运用各种质量工具来确定组织生产什么产品、产品要达到什么要求、向消费者缔造什么类型的服务等，并将策划内容汇总形成组织的质量目标。在质量策划的过程中，还要配置一定的设备、人员和其他资源，根据组织结构，落实相应的管理职责，最后形成书面的质量文件，即质量计划。

5. 质量控制

国际标准 ISO9000：2015《质量管理体系——基础和术语》对质量控制的定义是"质

量管理的一部分，致力于满足质量要求"。质量控制的核心是对质量进行控制，以满足质量要求。而做好质量控制的前提是清楚质量控制的范围是什么、质量控制的对象是什么、控制要达到什么质量要求、采用什么方法进行控制。

（1）质量控制的范围是全过程。由于质量管理是过程管理，质量涉及整个过程，所以进行质量控制的范围也是全过程。全过程包括了输入、活动和输出三个环节，这三个环节对产品质量均产生重要影响，因此必须保证每一个环节都处于受控状态，才能保障产品或服务的质量。

（2）质量控制的对象是整个过程中一切影响质量的因素，包括人员、机器、物料、方法、环境等各个生产要素，无论哪一个生产要素出现问题，都会引起质量的波动。

（3）质量控制要达到一定的质量要求。这里的质量要求可能是国家标准，行业标准，也可能是顾客满意程度，无论是何种要求，都应为质量控制设定一个判断标准，组织也应根据判断标准进行全过程的质量控制。

（4）质量控制经过长期发展，已经形成了多种工具和方法，包括控制图、排列图、直方图、矩阵图等。具体选择何种质量控制工具，要根据实际情况而定，这些内容将在后续的章节进行详细介绍。

6. 质量保证

国际标准 ISO9000：2015《质量管理体系——基础和术语》对质量保证的定义是"质量管理的一部分，致力于提供质量要求会得到满足的信任"。质量保证又分为内部质量保证和外部质量保证，内部质量活动的目的是向组织内部管理者提供信任，而外部质量保证的目的是向顾客或其他相关方提供信任。质量保证的核心是向人们提供足够的信任，使顾客和其他相关方确信组织的产品、过程或体系达到规定的质量要求。质量保证要求企业向顾客提供其生产等各个环节有能力提交合格产品的证据，而这些证据是有计划和系统的质量活动的产物。

质量控制和质量保证是既有区别又有一定关联的两个概念。质量控制是为了达到规定的质量要求而开展的一系列活动，质量保证则是提供客观证据证实已经达到规定的质量要求，并取得顾客和其他相关方信任的各项活动。质量保证是质量控制的结果，质量控制是质量保证的过程。因此，组织必须有效实施质量控制，进而才能提供质量保证，取得顾客和其他相关方信任。

7. 质量改进

国际标准 ISO9000：2015《质量管理体系——基础和术语》对质量改进的定义是"质量管理的一部分，致力于增强满足质量要求的能力"。质量改进与质量控制不同，质量改进是增强满足质量要求的能力，重点在"增强"，而不是简单地满足质量要求。质量改进和质量控制也有相似之处，如质量改进和质量控制研究的范围都是全过程，研究方法都强调质量工具的运用。

质量改进可以从以下三个方面来理解。

（1）质量改进是通过改进过程来实现的。质量改进的实施范围是全过程。需注意，质量改进致力于主动寻求改进机会，而不是等待问题暴露。改进的机会主要来源于对质量成本或者市场环境的思考。

（2）质量改进效果的评价依据有顾客满意度、过程效率和社会损失三个方面。由于质量改进是质量管理的一部分，质量管理的结果要使顾客满意，所以，增强满足质量要求的效果之一就是达到或超越顾客满意度。除使顾客满意外，还需要其他相关方满意，所以改进的效率和社会损失也是评价的重要依据。

（3）质量改进不是一次完成或仅在一段时间内的改进，而是组织在进行质量活动的全过程中，持续不断地改进，只要质量活动一直进行，质量改进机会就一直存在。为保证组织较强的竞争力，质量改进要贯穿整个生产活动。

8. 质量管理体系

支撑质量管理活动的管理体系即质量管理体系（quality management system，QMS）。国际标准 ISO9000：2015《质量管理体系——基础和术语》对质量管理体系的定义是：管理体系中关于质量的部分。其中管理体系指组织建立质量方针和质量目标及实现这些目标的过程的相互关联或相互作用的一组要素，要素指构成体系的基本单元或组成体系的基本过程。一个管理体系可以针对多个领域，如管理体系可包括财务管理体系、环境管理体系、职业健康安全体系等，也可以针对单一的领域，如质量管理体系。

质量管理体系可以从以下两个方面理解。

（1）无论是否经过正式策划，每个组织都应该开展质量管理活动，为了持续管理这些活动，及确定组织现有的活动和这些活动对组织环境的适应性，组织需要建立质量管理体系为策划、实施、监控和改进等质量管理活动的绩效提供框架。由于组织面临的环境是不断变化的，组织的质量管理体系也应是随时间的推移逐步发展的动态系统，且质量管理体系要简单易懂，能准确反映组织的需求。

（2）企业的质量管理是通过制定质量方针和质量目标，建立、健全质量管理体系并使之有效运行来付诸实施的。从企业内部运行看，质量管理体系是将质量方面所有的活动，包括质量策划、质量控制、质量改进、质量保证等一系列具体的活动综合起来形成的一套完整的实施体系，质量管理体系的具体实施还要依靠领导作用、策划、支持、运行、绩效评价与改进等过程。

1.2.2 质量管理的发展

随着质量研究的深入，及质量管理核心内容的不同，质量管理大致分为四个发展阶段。20 世纪初到 20 世纪 20 年代，质量管理的核心内容是通过"事后检验"来对质量进行把关，这一阶段被称为是质量检验（quality inspection，QI）阶段；20 世纪 30 年代至 20 世纪 50 年代，休哈特（W. A. Shewhart）发明了控制图，并提出了"事先控制，预防废品"的概念，在这一阶段，质量管理的核心内容是运用数理统计的方法对质量进行控制，这一阶段被称为统计质量控制（statistical quality control，SPC）阶段；20 世纪 60 年代到 20 世纪末，自费根堡姆提出"全面质量管理"概念以来，质量管理的核心内容扩展为组织内全员参与，在全过程中进行全面的质量管理，这一阶段被称为全面质量管理（total quality management，TQM）阶段；20 世纪末至今，随着互联网及新一代信息技术的发展，数据、信息和知识成为质量管理的重要资源。质量管理的核心内容是融合云计算、大数据技术、物联网、人工智能等智能管理技术，对产品全生命周期涉及的全产业链质量进行把关、预防、持续改进及智能协同控制，质量管理进入新技术质量管理阶段（new technology quality management，NTQM）。质量管理各发展阶段如图 1-3 所示。

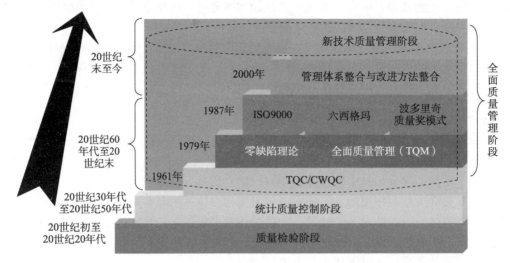

图 1-3 质量管理发展阶段

1. 质量检验阶段

20 世纪初期，家庭手工业作坊逐渐被资本主义的工厂所取代，产品生产模式从单件小批量生产转为机械化大批量生产。在传统的单件小批量生产模式下，产品质量主要靠工人的经验进行判断，即经验就是"标准"，工人既是操作者，又是检验者。然而随着机械化大生产出现，生产分工与协作的关系越来越复杂，在大批量生产中，因工人扮演双重角色而导致产品检验标准不一致的问题也随之而来。同时期，美国的泰勒提出科学管理理论，促使质量检验作为一种管理职能从生产过程中分离出来，建立起专职检验的部门，并形成严格的产品质量检验制度。这一理论推动工厂建立了独立的质量检验部门和统一的判断标准，恰逢其时地解决了质量检验标准不一致的问题，保证了非合格品不会进入下道工序，有效把握产品质量。

质量检验阶段的缺点也很明显。第一，在这一阶段，质量检验仍属于"事后检验"，即不合格品已经产生，只是通过质量检验的手段把不合格品找出来，此时的质量损失已经产生，并没有在生产过程中起到预防作用。第二，该阶段要求对成品进行百分百的检验，也就是全数检验，这在大规模生产中不仅不符合经济性原则，很多时候技术上也不容易做到，如寿命检验、破坏性检验等。第三，与全面质量管理相比，该阶段的质量工作仅靠质量部门来管理，其他员工并不参与，这就导致质量工作的有效性大大降低，有时甚至发生质量管理人员和操作员工意见不一致而造成企业的质量损失。

2. 统计质量控制阶段

随着社会变革，生产力的扩大，质量检验阶段的缺点越来越多地暴露出来，促使人们开发新的质量管理方法。贝尔实验室的休哈特工程师在 20 世纪 30 年代创建了统计过程控制理论，将数理统计方法和质量管理方法结合起来，通过控制过程质量来预防一定的质量问题。同时期，美国学者道奇与其同事罗米格提出了抽样检验理论，解决了全数检验和破坏性检验在实际应用过程中的难题。然而此时西方经济危机，这些方法和理论并未得到重视和应用。直到第二次世界大战期间，美国政府和国防部基于战时需要，开始大力提倡和推广用统计质量控制方法进行质量管理，并先后制定了 3 个战时质量控制标准：AWSZ 1.1—1941《质量控制指南》、AWSZ 1.2—1941《数据分析用控制图法》和 AWSZ 1.3—1941《工序控制图法》。这些标准的提出和应用，标志着质量管理进入了统计质量控制阶段。

从质量检验阶段到统计质量控制阶段，质量管理的理论和实践都经历了一次飞跃。一方面，有效地解决了单独的"事后检验"问题，形成了预防控制与事后检验相结合的管理方式，避免了一定的质量损失；另一方面，形成了抽样检验理论，解决了质量检验在产品寿命、工作时间等连续性指标上的应用难题，为质量检验理论的进一步推广奠定了基础。

统计质量控制阶段也存在不足之处。第一，该阶段质量检验的重点仍然以满足产品标准为目的，而不是以满足顾客需求为目的。质量管理的核心还聚焦于生产过程，而不是产品设计、开发到顾客满意的全过程。第二，过分强调数理统计在质量检验中的应用。有些数理统计方法过于深奥，往往由少数专家掌握，不具有普适性。第三，与全面质量管理阶段相比，统计质量控制阶段依然没有解决全员参与质量管理工作的问题，生产者与管理者之间的矛盾还很明显。

3. 全面质量管理阶段

从 20 世纪 60 年代开始，随着系统工程的发展，以及国防等顶尖科技工程越来越精密，人类社会在发展中出现了越来越多的大型复杂系统。这些复杂系统的质量问题不仅涉及多个过程，而且从最小的零件单元到整个复杂系统，质量控制的难度不断攀升。如美国的阿波罗号飞船有 560 万个零件，如果零件的可靠性只有 99.9%，则飞船在飞行过程中就可能有 5600 个零件会发生故障，后果不堪设想。另外，随着工业的进步和产品的不断丰富，人们对产品的要求已经不再局限于一般性能，而是拓展到关注产品的美观性、安全性、经济性及其他的附加特性上。行为科学理论的发展，也开始重视人的因素的影响，不仅强调关注消费者的需求，还要充分调动企业内员工工作的积极性。基于上述背景，美国的费根保姆提出了"全面质量管理"的概念，其核心内容是"三全"管理。

（1）全面的质量，指不局限于产品的质量，还包括工作质量、服务质量等多种质量。

（2）全过程的质量，指除关注生产过程的质量外，还从产品设计、开发、销售，及顾客满意等产品开发的全过程，进行持续的质量改进。

（3）全员参与，即不限于参与质量管理的直接人员，组织内所有人员均参与质量管理工作，做到人人有责，人人担责。

随着"全面质量管理"的提出，质量管理发生了质的飞跃，其内涵更全面，更人性化；其方法更成熟、更科学；其内容更完善、更系统化，已经远远超出了一般意义上的质量管理领域。"全面质量管理"的提出标志着质量管理进入了全面质量管理阶段。

全面质量管理概念的诞生虽然在美国，但这一概念却先在日本得到卓越发展。日本的质量管理专家在全面质量管理的实践活动中，先后提出了一系列的质量管理方法与技术。如田口方法（Taguchi method）、5S 管理（整理、整顿、清扫、清洁和素养）、质量功能展开（quality function deployment，QFD）等，这些理论方法普遍应用于质量改进与质量控制中,极大地丰富了全面质量管理的应用工具,全面质量管理的实施,大大提升了日本产品的国际竞争力。到了 20 世纪 80 年代初,随着日本实施全面质量管理的成功,美国在和日本的国际贸易中,美国产品处于不利局面。为了解决这一问题,美国人开始将质量管理置于企业管理的核心地位,提出了"第二次质量革命"。在这一过程中,美国著名质量专家克劳士比提出了绝对质量和"零缺陷"理论。美国国会通过了美国 100-107 号公共法案《马尔科姆·波多里奇国家质量提高法》,启动波多里奇国家质量奖评审。摩托罗拉公司在总结以往竞争失利的基础上,于 1986 年开始实施六西格玛管理(six sigma management)。基于这些全面质量管理的思想和方法,美国的汽车等产品的质量在 20 世纪 90 年代又超越了日本。

日本和美国企业应用全面质量管理获得的成功,引起了世界各国的广泛关注,全面质量管理的思想和方法在全世界范围内开始传播和推广,掀起了全面质量管理的国际应用热潮。国际标准化组织在 1987 年发布了第一套质量管理标准——ISO9000 系列标准,由此拉开了国际质量体系认证的序幕;随后,ISO9000 系列标准得到大多数工业发达国家的认可,在国际贸易中发挥了重要作用。无论是波多里奇质量奖的设立、六西格玛管理的提出,还是 ISO9000 系列标准的发布,都是基于全面质量管理发展起来的集成质量管理体系与方法,因此,这一阶段也被称为是后全面质量管理阶段。

现代化大生产的企业无论是在全面质量管理阶段、在后全面质量管理阶段,都是以满足顾客和相关方需求为目标,针对其内部生产全过程进行全面的质量把控,企业不仅进行事后把关和事前预防,还对质量进行持续的改进。企业的员工不仅担任生产者,还充当管理者角色,降低生产和管理间矛盾的同时,也节省了大量的质量成本。另外,持续改进的思想也为企业的质量管理提供了源源不断的动力和创新。

4. 新技术质量管理阶段

20 世纪末,互联网等信息技术飞速发展,人类社会开始产生庞大的数据、信息和知识,数据逐渐发展成为社会生产力,而质量领域产生的海量数据和信息也给质量管理带来了挑战和机遇。一方面,规模型的企业每天都会产生大量的质量数据,不仅难于储存和管理,而且分析和处理这些数据也是一项复杂繁重的任务;另一方面,从产品全过程挖掘质量数据,分析这些数据蕴含的质量信息,找出影响产品质量和企业发展的关键因素,就能对企业的生产运营进行指导,对提高产品质量和企业的竞争力具有重要意义。因此,进入 21 世纪后,融合了云计算、大数据技术、物联网、人工智能等智能管理技术的质量管理逐渐发展起来,这些新技术的应用促使质量管理对产品全生命周期涉及的全产业链质量进行把关、预防、持续改进及智能协同控制,推动着质量管理逐渐向全球供应链质量管理(global supply-chain quality management,CSQM)、数字化质量管理(digital quality management,DQM)、智能化质量管理(intelligent quality management,IQM)、大数据质量管理、质量 4.0 等新技术质量管理模式迈进,由此,质量管理进入新技术质量管理阶段。

在新技术质量管理阶段,质量管理的领域进一步扩大,质量管理理念进一步延伸,已经不再局限于企业内部的质量管理,而是从产品的全生命周期,即从产品生产的原材料采购和供应、零件的加工和装配、产品的物流和配送、顾客需求的挖掘和反馈等全部过程进行质量管理,找出影响产品质量的因素进行持续改进和控制,保证各相关方都能实现质量满意。该阶段的质量管理主体从企业的全体人员转变为供应链组织和网络组织等以产品为核心的企业联盟，实行的是集成管理与智能管理相结合的方法，质量管理效率和质量管理深度进一步提高。质量管理各阶段的区别与联系如表1-2所示。

表1-2 各质量阶段的对比

发展阶段	QI	SQC	TQM	NTQM
时间进程	20世纪初至20世纪20年代	20世纪30年代至20世纪50年代	20世纪60年代至20世纪末	21世纪至今
生产特点	手工/半机械化	大批量生产	现代化大生产	数字化、智能化生产
管理范围	生产现场	生产现场	生产全过程	产品全生命周期
管理对象	产品质量	过程质量	全面质量	全产业链质量
管理特点	事后把关	把关+预防	把关+预防+持续改进	把关+预防+持续改进+智能控制
管理依据	产品技术标准	质量控制标准	顾客+相关方要求	顾客+相关方要求+数字化标准
管理方法	技术检验	数理统计	集成管理	集成+智能管理
管理主体	企业质检人员	企业技术人员	企业全体人员	网络组织

1.2.3 我国质量管理发展史

1. 探索阶段

中华人民共和国成立初期，私营工厂被改造成国营企业。由于战后重建、发展民生等迫切问题，需要工厂能够尽可能多地造出产品，满足人民的生产生活需求。以民主管理为特点的工厂"管理委员会"，和以合理化建议为特点的"团队活动"在全国得到了建立和开展。管理人员与工人之间的关系是和谐的、协作的，产品的质量水平却不高。1951年，为提高产品质量，中央政府要求全国各工厂建立独立的检验部门，以强化产品检验和过程检验。但以当时的生产条件，要想在陈旧的设备上获得合格的产品，除了质量检验外，还必须提高工人操作的标准化水平。这使得向劳动模范学习成为当时我国质量管理的一个重要组成部分。

1953年，我国开始第一个"五年计划"，基本任务是围绕苏联援助的156个主要项目初步建成国家的工业化基础。在这一时期，质量管理作为一项系统和科学活动的大致轮廓被首次提出。我国的企业根据苏联的经验形成了"一长制"制度，即包括政府和工厂在内的工业管理系统中每一层次上的一把手，在承担全面的责任的同时，也被赋予绝对的领导权。"一长制"制度对于完成生产任务给予了高度的关注，但忽视了民主管理，还阻碍了工人的首创精神，实行几年后遭到废弃。1961年至改革开放前的很长时间内，我国同苏联外交关系恶化，以及"文化大革命"等原因，我国的工厂内没有上级管理，没有内部管理，没有任何规章制度的约束，变成了"三无工厂"，导致我国质量管理一度陷入了停滞。

2. 起步阶段

1978年，我国进行改革开放，各行各业掀起了经济建设的高潮。人民日益增长的物质需求和产品质量不合格的矛盾使得加强质量管理迫在眉睫。1978年4月，中国共产党中央委员会发布《关于加快工业发展的若干问题的决定（草案）》要求企业完成生产任务时，要把质量摆在首位，并明确一名副厂长负责产品质量及相关工作；1978年8月，日本著名质量管理专家、东京大学名誉教授石川馨率团访问中国，介绍日本的全面质量管理模式，并对中国质量工作提出10余条建议。同一年，中华人民共和国国家经济委员会（以下称"国家经委"）确定北京内燃机总厂、北京清河毛纺织厂为全面质量管理试点企业。北京内燃机总厂在吸收日本小松制造所的管理经验后，于1978年9月发布我国第一个QC小组成果，标志着我国质量管理活动迈出全员参与的第一步。

1980年，在北京内燃机总厂推行全面质量管理取得初步成效后，国家经委颁发《工业企业全面质量管理暂行办法》，要求当时8200个大、中型工业企业推行全面质量管理（total quality control，TQC）。1981年，为促进全面质量管理的实施，我国曾设立国家质量奖。1983年1月，国家经委召开全国第一次企业管理现代化工作座谈会，提出"以我为主、博采众长、融合提炼、自成一家"的十六字方针。此后，《质量管理小组注册登记暂行办法》《质量管理小组暂行条例》《质量管理小组活动管理办法》等文件相继实施，推动我国企业的质量管理逐步趋向多元化发展。在这一时期，发生了海尔"砸冰箱"、杭州武林广场"烧劣质鞋"等事件，标志着我国企业对质量管理的不断觉醒。1985年，国家经委正式颁布《工业企业全面质量管理办法》，全面开启了我国推行全面质量管理的新局面。

3. 成长阶段

1987年，国际标准化组织开始发布ISO9000质量管理体系，我国越来越多的企业按照这一标准建立了质量管理体系，并通过质量认证，由此开启我国质量管理与国际接轨的发展之路。1993年，我国颁布第一部有关质量的法律——《中华人民共和国产品质量法》，随后相继颁布《中华人民共和国消费者权益保护法》《中华人民共和国反不正当竞争法》《中华人民共和国标准化法》；1996年，国务院颁布《质量振兴纲要》。多部法律法规有力地规范了企业的质量行为，为我国质量管理工作的进一步提升奠定了基础。1999年，政府质量工作主管部门召开全国质量工作会议，引导企业贯彻ISO9000族标准、深化全面质量管理，通过倡导质量认证，让企业迅速接受国际标准。

2000年，国家技术监督局颁布GB/T 19000族标准，等同采用国家标准ISO9000：2000；2001年，中国质量管理协会重新启动了全国质量管理奖评审工作；2003年，国务院公布了《中华人民共和国认证认可条例》，并成立中国国家认证认可监督管理委员会和国家标准化管理委员会，建立了一套完整的质量认证体系。这一时期，我国的质量管理从过去的行政推动为主逐步转向市场推动、政府引导及与国际标准接轨，无论是政府工作人员还是企业高管，在质量方面的认识发生了质的飞跃，企业开始运用现代化的管理思维和质量技术方法，我国质量管理工作茁壮成长，形成了中国特色社会主义的质量管理体系。

4. 高质量发展阶段

2004年9月，国家质量监督检验检疫总局发布国家标准GB/T 19580—2004《卓越绩效评价准则》和国家标准化指导性技术文件GB/Z 19579—2004《卓越绩效评价准则实施指南》，国家逐渐引导企业以卓越绩效理念进行全面质量管理，标志着我国质量管理工作进入了一个新的发展阶段。这一阶段，政府主导作用弱化而监管作用加强，引导企业管理自律，运用市场机制的质量工作总体机制开始形成；各级政府确立质量工作的分类指导思想，明确质量工作责任制;"以顾客为中心"的意识进一步深入;质量的战略地位得到确认,以质取胜的战略逐步实施,我国质量管理工作走上了高质量发展的道路。

为了适应环境的变化,保持质量管理工作的高质量发展,2012年2月,国务院印发《质量发展纲要(2011—2020年)》,提出建设质量强国、让质量发展成果惠及全体人民的战略目标;2012年7月,经中央批准,我国正式设立中国质量奖;2012年8月,国家质量监督检验检疫总局对卓越绩效评价准则国家标准进行了修订,发布了 GB/T 19580—2012《卓越绩效评价准则》和 GB/Z 19579—2012《卓越绩效评价准则实施指南》。全国质量奖的设立和《卓越绩效评价准则》标准的实施,受到广大企业特别是优秀企业的普遍重视,获得全国质量奖已成为中国经营管理最好的公司的重要标志之一。2014年,习近平总书记提出"三个转变",即"推动中国制造向中国创造转变、中国速度向中国质量转变、中国产品向中国品牌转变",为我国产业结构转型升级、打造中国品牌指明了方向。2023年2月,中共中央、国务院印发了《质量强国建设纲要》,进一步推动质量管理向高质量发展不断迈进。

1.3 质量先驱及其重要贡献

1.3.1 "质量先行者"——休哈特

1. 光辉历程

休哈特,1891年出生于美国伊利诺伊州的新坎顿,1917年获得加州大学伯克利分校的物理学博士学位,1918—1924年在西方电气公司任工程师。休哈特在任职期间,首次提出将数理统计应用于管理中,通过控制生产过程来预防产品缺陷,形成了世界上第一张三西格玛图法,也就是现在应用广泛的质量控制图。1925—1956年,休哈特担任贝尔实验室研究员,其间曾先后在伦敦大学、斯蒂文理工学院、美国农业部研究生院和印度讲学。其重要著作《产品生产的质量经济控制》被公认为是质量基本原理的起源,1939年,休哈特完成了《质量控制中的统计方法》,奠定了统计过程控制的理论基础。

2. 主要贡献

(1) PDCA循环:最早是由休哈特根据持续改进思想提出的,经过戴明的应用和宣传,PDCA循环得到广泛普及和应用,所以又称戴明环。PDCA循环的内容有计划(plan)、执行(do)、检查(check)和处理(act),这四个环节不断重复,使质量不断改进。

(2) 变异理论:休哈特在运用数理统计思想解决生产问题的过程中发现,产品生产的过程中存在一定的变异,即不存在完全相同的两个事物。通过进一步观测数据,他指出过程存在的变异主要受两种因素影响,一种是偶然因素,另一种是系统因素。其中,偶然因素发生的次数一般不多,引起的变异也较小,虽然人们希望消除一切影响变异的因素,但是消除偶然因素引起的变异的成本太高,技术上也不现实,所以在生产生活中允许偶然因素的存在。而系统因素一旦发生,则观测到的数据会发生较大的变异,对产品质量影响较大,所以质量控制和质量改进的对象主要针对系统因素引起的变异。休哈特通过数据的链状图和 3σ 原则建立了一组控制界限,任何落在这些界限之外的或者呈某种异常趋势的观测值都表明可能存在系统性因素,这就是最早的控制图。控制图为过程是否稳定提供了参考依据，还可以利用控制图来监控过程，及早发现过程中的不合格，起到预防和控制质量问题的作用。

休哈特是最早从事质量研究和实践的人，也是首次将数理统计方法应用于质量管理领域的人，还是质量专业科学理论基础的奠基人。休哈特关于抽样和控制图的著作吸引了质量领域工作人士的兴趣，并对这些人产生了一定影响，其中包括最杰出的戴明和朱兰。因此，休哈特被称为"质量先行者"。

1.3.2 "现代质量管理之父"——戴明

1. 光辉历程

威廉·爱德华兹·戴明（William Edwards Deming），1900年生于艾奥瓦州苏城，几次搬家后定居于怀俄明州，1921年获得怀俄明大学工程学士学位，1925年继续在科罗拉多大学深造并获数学及物理学硕士学位，1928年获耶鲁大学物理学博士学位。

1950年，戴明作为质量专家到日本讲学，此后他又多次前往日本担任讲师和顾问。据统计，80%的日本企业最高领导人听过戴明的讲座，他的质量管理思想在日本引起轰动，日本的企业也因实践其理论而逐渐繁荣，当时他的名字成了质量的代名词，被称为"品质之神"。1951年，为感谢其所做的突出贡献，日本设立了"戴明奖"作为日本最高级的质量奖赏。1960年，为了表彰戴明对日本工商企业所做出的杰出贡献，日本天皇又为戴明颁发了日本"二级神圣珍宝奖章"，他成为第一位获此荣誉的外国人。

1983年，戴明被选为美国国家工程院院士，同年获得美国统计学会威尔克斯奖，1986年入选美国科技名人厅。1987年，美国总统里根亲自向他颁发了美国"国家技术奖章"。1988年，美国国家科学院向他颁发了"杰出科学事业奖"。1991年戴明入选美国名人堂。从20世纪80年代起，IBM、AT&T、惠普、杜邦、宝洁、摩托罗拉、贝尔、福特、通用等公司的高层都参加过戴明的讲座，聘请他做管理指导。甚至美国航空航天局、政府机构等也都加入了学习戴明质量管理法的行列。

2. 主要贡献

（1）戴明质量观：戴明从未给出质量的标准定义，但他曾说"如果一种产品或服务对别人有所帮助，并且能够持续占有一个不错的市场份额，那么可以说它们拥有质量"。戴明还指出引起效率低下和质量问题的原因中有85%在于企业的管理系统，而只有15%是由员工造成的。戴明主张运用统计质量控制来识别过程中的偶然因素和系统因素，并通过减少变异来获得过程的稳定产出。

（2）质量管理的14条要点：①建立改进产品和服务的长期目标；②采用新观念，新的管理哲学；③停止依靠大规模检验来保证质量；④结束仅仅依靠价格选择供应商的做法；⑤持之以恒地改进生产和服务系统；⑥实行岗位职能培训；⑦建立领导力企业管理；⑧排除恐惧；⑨消除不同部门之间的壁垒；⑩消除口号、劝诫和生产力目标；⑪取消定额管理和目标管理；⑫消除打击员工工作情感的考评；⑬鼓励学习和自我提高；⑭采取行动实现转变。

戴明对日本和美国的质量管理做出了突出贡献，以戴明命名的"戴明质量奖"至今仍是日本质量管理的最高荣誉。同时，他也推动了全面质量管理在世界范围内的传播，戴明是世界公认的质量管理大师,戴明学说对国际质量管理理论和方法始终产生着异常重要的影响。因此,戴明被称为"现代质量管理之父"。

1.3.3 "质量首席建筑师"——朱兰

1. 光辉历程

朱兰,1904年生于罗马尼亚一个贫苦家庭,1925年获得电力工程专业学士学位,并任职于著名的西方电气公司芝加哥霍索恩工作室检验部,1928年完成了一本名为《生产问题的统计方法应用》的小手册,1945年,朱兰离开西方电气公司,成为一名独立的咨询师。1951年出版的《质量控制手册》,为朱兰赢得了国际威望,1979年建立了咨询机构朱兰学院,该机构如今已经成为世界上领先的质量管理咨询公司。

2. 主要贡献

(1)朱兰"质量管理三部曲"。朱兰认为质量管理应和其他职能一样受到关注,要制定出适用于企业各个层次,包括行政领导者、办公室人员以及普通工人的质量方法。于是,朱兰提出了"质量管理三部曲",即质量计划、质量控制和质量改进。

(2)朱兰质量螺旋。朱兰认为,为了获得产品的合用性,需要进行一系列的活动。也就是说,产品质量是在市场调查、开发、设计、计划、采购、生产、控制、检验、销售、服务、反馈等全过程中形成的,同时又在全过程的不断循环中螺旋式提高,所以也称为质量螺旋。由于每个环节具有相互依存性,符合要求的全公司范围的质量管理需求巨大,高级管理层必须在其中起着积极的领导作用。朱兰质量螺旋如图1-4所示。

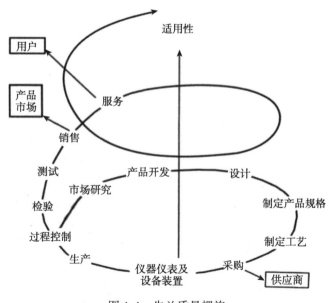

图1-4 朱兰质量螺旋

(3)80/20原则。朱兰从质量管理的角度重新阐述了帕雷托原理,通过大量的实际调查和统计分析,他认为企业产品或服务质量问题,只有20%来自基层操作人员,而80%的质量问题是由领导责任引起的。此后这一原理成为千百万管理人员区分"关键的少数"和"有用的多数"的重要依据。在国际标准 ISO9000 中，与领导责任相关的要素所占的重要地位，在客观上证实了朱兰的"80/20 原则"所反映的普遍规律。

朱兰是举世公认的现代质量管理的领军人物，他主编的《朱兰质量手册》（前 4 版的书名为《质量控制手册》，1999 年出版的第 5 版更名为《朱兰质量手册》）堪称质量管理领域中研究和实践的集大成之作，该书从 1951 年出版以来，已经被译成许多国家的文字。由于《朱兰质量手册》所具有的全面性，实用性和权威性，再加上朱兰在质量管理域中的大师级地位，这本手册一直是质量管理领域中最具有影响力的出版物之一。朱兰一生发表 20 余本著作，获得 14 个国家的 50 多种嘉奖和奖章，被誉为质量领域的"首席建筑师"。

1.3.4 "零缺陷之父"——克劳士比

1. 光辉历程

菲利普·克劳士比（Philip B. Crooby），1926 年生于西弗吉尼亚的惠灵，1949 年毕业于俄亥俄大学医学专业，并获得外科学位，1952—1955 年在克劳斯莱公司担任质量工程师，1957—1965 年在玛瑞埃塔公司担任质量经理，1964 年首次提出了"零缺陷"的概念，并因此获得了美国国防部的奖章。

克劳士比的主要著作《质量免费》和《质量没有眼泪》，在全世界范围内，特别是对西方经济发达国家的经济发展起到了非常大的促进作用，是质量管理的经典著作之一。最早在 TQM 中提出了质量成本的定义。质量成本是产品总成本的一部分，它包括确保满意质量所发生的费用，以及未达到满意质量的有形损失与无形损失，如预防成本、评估成本和故障成本等。

2. 主要贡献

（1）符合性质量定义。对于克劳士比来说，质量既存在又不存在。他认为质量不分高低，也无好、差之分，质量的定义就是符合要求。同时，质量要求必须可以清晰地表达，以帮助组织在可测知的目标基础上，而不是在经验或个人观点的基础上采取行动。如果管理层想让员工第一次就把事情做对，组织必须清楚地告诉员工事情是什么并通过领导、培调和选一种合作的方式来帮助员工达到这一目标。

（2）预防质量观。克劳士比认为在错误出现之前就要消除错误成因；预防产生质量，而检验并不能产生质量。检验只是在过程结束后，把不好的挑出来，而不是促进改进。预防发生在过程的设计阶段，包括沟通、计划、验证及逐步消除出现不符合的时机。通过预防产生质量，要求资源的配置能保证工作正确完成，而不是把资源浪费在问题的查找和补救上面。克劳士比还认为，培训、纪律、榜样和领导具有预防作用。管理层必须下决心营造以预防为主的工作环境。

（3）"零缺陷"理论。克劳士比认为工作的标准必须是零缺陷，而不是"差不多就好"，"差不多"的质量态度是不能被接受的。零缺陷的工作标准则意味着组织成员在任何时候都要满足工作过程的全部要求。"零缺陷"并不仅仅是一个激励士气的口号，而是一种工作态度和对预防的承诺。但是，零缺陷并不意味着产品必须是完美无缺的，而是指组织中的每个人都要有决心第一次及每一次都要符合要求，且不接受不符合要求的东西。

（4）质量成本理论。克劳士比认为质量成本不仅包括那些明显的因素，如返工和废品的损失，还应包括花时间处理投诉和担保等问题在内的管理成本。质量成本的衡量标准是"不符合要求的代价"，不符合要求的代价是浪费的代价，是不必要的代价。传统的观念认为提高成本必然伴随着总成本的上升。但克劳士比让人们知道了通过预防成本的提高虽然会使质量成本提高，但当质量上升时，总成本却是降低的。

克劳士比致力于"质量管理"哲学的发展和应用，引发了全球源于生产制造业，继而扩大到工商业所有领域的质量运动，并创造了其独有的词汇，"零缺陷""符合要求""预防""不符合要求的代价""可靠的组织"等均出自克劳士比。克劳士比也被誉为当代"伟大的管理思想家""零缺陷之父""世界质量先生"。

1.3.5 "全面质量管理创始人"——费根堡姆

1. 光辉历程

费根堡姆，1920年出生于纽约市，1951年毕业于麻省理工学院，获工程博士学位。1942—1968年，费根堡姆在通用电气公司工作，首次提出了"全面质量管理"理念，并于1961年发表。1958—1968年开始担任通用电气公司全球生产运作和质量控制主管。1988年被美国商务部长任命为美国鲍德里奇国家质量奖项目的首届理事会成员。1992年费根堡姆入选美国国家工程院院士，并发展了"全面质量控制"的观点，其基本内容是：质量、为用户服务、预防为主、用数据说话。2008年，获得美国技术和创新奖章。

2. 主要贡献

（1）全面质量管理。费根堡姆在《全面质量管理》一书中系统地提出了全面质量管理的概念，指出"全面质量管理是为了能够在最经济的水平上并充分考虑到满足顾客需求的条件下进行市场研究、设计、生产和服务，并把企业各部门的研制质量、维护质量和提高质量的活动构成一体的一种有效体系"。这一概念的提出，给质量和质量管理赋予了新的内涵，开启了全面质量管理的新时代。

（2）费根堡姆质量观。"质量并非意味着最佳，而是客户使用和售价的最佳"，费根堡姆曾这样说。因此，他主张组织提高产品质量的最终目标是要让顾客满意；在质量管理过程中不仅要求所有职能部门参与，还强调组织内所有成员都要对提高产品质量承担责任，每一个人都参与到质量工作中来，要让质量意识深入人心。

全面质量管理的发展推动了全球经济的进步，各国纷纷推行全面质量管理。因为是费根堡姆最早提出了全面质量管理的概念，所以他被称为"全面质量管理创始人"。

1.3.6 "中国质量之父"——刘源张

1. 光辉历程

刘源张（1925—2014），出生于山东省青岛市，原籍安徽省六安市，他是管理科学和管理工程专家，中国工程院院士，国际质量科学院院士，中国科学院数学与系统科学研究院研究员。1941年9月，刘源张考入燕京大学，后到美国加利福尼亚大学伯克利分校研究院攻读运筹学专业，并于1954年从加利福尼亚大学伯克利分校毕业，获博士学位。1956年回国，任中国科学院力学研究所运筹学室副研究员；1978年晋升为研究员，任中国科学院系统科学研究所副所长。1995年，当选为国际质量科学院院士。1997年，美国纽波特大学授予他全面质量管理名誉博士。2000年，亚太质量组织授予"哈灵顿-石川"奖，成为中国唯一获得这一最高个人荣誉奖的人士。2001年，当选为中国工程院院士。2004年，获得光华工程科技奖。2011年，获得费根堡终身成就奖。2012年，获首届复旦管理学终身成就奖，同年获中国系统工程学会首届科学技术奖终身成就奖。2013年获首届中国质量奖（个人奖），2014年获美国质量协会（American Society for Quality，ASQ）兰卡斯特奖章（Lancaster medal）。

2. 主要贡献

（1）中国质量管理的先驱。1957年，刘源张应钱学森邀请参加中科院工作，在中国科学院力学研究所运筹学研究室创建了中国第一个质量控制研究组；1976年，刘源张开始提倡全面质量管理，并在中国宣传推广，他是第一位开始在中国报纸上作全面质量管理的介绍和评论的人；1978年，刘源张在北京内燃机总厂建立了我国第一个质量控制小组；1980年，刘源张成为是第一位在中央人民广播电台上开办全面质量管理讲座的人。刘源张长期致力于质量工程和管理的研究与应用，是我国质量管理领域的权威。

（2）"三全""三保"理论。刘源张认为，质量管理不仅要求考虑经济性和时间性在内的"全面质量"意义，还应包括售前售后服务的"全过程控制"，并应做到"上至领导、下至清洁工"在内"全员参加"，即"三全"理念。刘源张还指出，要用工作质量保证工序质量，用工序质量保证产品质量，用员工质量保证工作质量，这便是"三保"理论。"三全"和"三保"理论获得了中国科学院重大科研成果一等奖。

刘源张是世界著名的质量管理学专家，是我国全面质量管理领域的创始人和奠基人，在改革开放初期，他利用个人在国际学术界的影响，多次率团参加或组织国际会议，在国际舞台上介绍中国的质量管理和企业，使中国人了解世界，使世界了解中国。刘源张终其一生都在尽心竭力帮助中国企业实现产品质量的飞跃，他也被国内外同行称为"中国质量之父"。

1.3.7 其他质量管理先驱

1. 田口玄一

田口玄一（Genichi Taguchi，1924—2012），日本著名的质量工程专家；1942—1945年服务于日本海军水路部天文科，随后在公共卫生与福利部、教育部的统计数学研究所工作。1950年，田口玄一加入日本电话与电报公司新成立的电子通信实验室，他训练工程师使用有效的技巧来提升研发活动的生产力，并逐渐形成"田口方法"。1962年，田口玄一获得日本九州岛大学博士学位。1980年，他首次将三次设计的思想引入美国贝尔实验室。

田口玄一把数理统计、经济学应用质量控制中，形成了在线（online）质量控制和离线（offline）质量控制，进而创立了"质量工程学（quality engineering）"，因此他被称为"质量工程之父"。

2. 石川馨

石川馨，1939年毕业于东京大学工程系（主修应用化学），1947年在东京大学任副教授，1950年被提升为教授。1968年，石川馨出版了一本为质量控制小组成员准备的非技术质量分析课本，即《质量控制指南》。1971年，石川馨的质量控制教育项目获美国质量控制协会格兰特奖章。日本能够在战后迅速崛起，除有戴明、朱兰等人的理论指导外，石川馨功不可没，没有他的领导，日本的质量运动不会获得今天这样的成功。石川馨曾到访中国，指导中国推行全面质量管理。石川馨的基本质量思想是：①质量，始于教育，终于教育；②质量改进的首要任务是了解顾客需求；③当质量监督检验不再是必需的生产环节时，这时质量控制才达到理想的状态；④消除问题要治标更要治本；⑤质量控制是企业所有员工和所有部门的责任，并贯穿于所有环节；⑥不要将目标与手段相混淆；⑦始终坚持质量第一，注重长期收益；⑧高层管理者应该明白质量问题的产生不都是下属的责任；⑨没有分布（即无变异）的信息是不可信的；⑩公司95%的问题都可以用质量管理的工具解决；⑪质量圈，即公司要单独成立一个专门研究质量的团队。

石川馨一生致力于质量管理工作，被称为"日本质量管理之父"、因果图的发明者、质量管理小组（quality control circle，QCC）的奠基人，他是首位著书立说定义质量控制，并获"戴明奖""日本改善新闻奖"和工标准化奖的日本学者。

1.4 质量管理热点问题

1.4.1 质量强国战略

1. 质量强国战略的提出

质量发展是兴国之道、强国之策，质量强则国家强。当今世界正经历百年未有之大变局，新一轮科技革命和产业变革深入发展，不断引发质量理念、机制、实践的深刻变革，而质量作为繁荣国际贸易、促进产业发展、增进民生福祉的关键要素，逐步成为经济、贸易、文化等领域的焦点。党和国家历来高度重视质量工作，质量强国已上升为我国的国家战略。质量强国是社会主义现代化强国的重要组成部分。1996年12月，国务院制定了《质量振兴纲要（1996—2010年）》；2012年2月，为进一步促进经济发展方式的转变，提高我国质量总体水平，国务院印发了《质量发展纲要（2011—2020年）》；2016年，在全国"两会"上，政府工作报告中提出"加快建设质量强国、制造强国"理念，这是建设质量强国理念首次出现在政府工作报告中；随后的"十三五"规划纲要、"十四五"规划纲要及《国家创新驱动发展战略纲要》《中共中央 国务院关于开展质量提升行动的指导意见》等重要文件，都提出要建设质量强国；2020年10月29日，党的十九届五中全会审议通过了《中共中央关于制定国民经济和社会发展第十四个五年规划和二〇三五年远景目标的建议》，提出"十四五"时期经济社会发展要以推动高质量发展为主题，坚定不移建设质量强国，提高经济质量效益和核心竞争力；2023年2月，中共中央、国务院印发《质量强国建设纲要》，明确指出了质量强国建设的主要目标："到2025年，质量整体水平进一步全面提高，中国品牌影响力稳步提升，人民群众质量获得感、满意度明显增强，质量推动经济社会发展的作用更加突出，质量强国建设取得阶段性成效""到 2035 年，质量强国建设基础更加牢固，先进质量文化蔚然成风，质量和品牌综合实力达到更高水平"。

2. 质量强国建设的任务

根据《质量强国建设纲要》内容，质量强国建设的主要任务和重点工作概括为"三大体系""七大工程"。

1)"三大体系"建设

（1）质量供给体系建设。推动经济质量效益型发展，要增强质量发展创新动能，树立质量发展绿色导向，强化质量发展利民惠民；增强产业质量竞争力，要强化产业基础质量支撑，提高产业质量竞争水平，提升产业集群质量引领力，打造区域质量发展新优势；加快产品质量提档升级，要提高农产品食品药品质量安全水平，优化消费品供给品类，推动工业品质量迈向中高端；提升建设工程品质，要强化工程质量保障，提高建设材料质量水平，打造中国建造升级版；增加优质服务供给，要提高生产服务专业化水平，促进生活服务品质升级，提升公共服务质量效率；提高企业质量和品牌发展能力，要加快质量技术创新应用，提升全面质量管理水平，争创国内国际知名品牌。

（2）基础设施体系建设。构建高水平质量基础设施，要优化质量基础设施管理，加强质量基础设施能力建设，提升质量基础设施服务效能。

（3）现代质量治理体系建设。推进质量治理现代化，要加强质量法治建设，健全质量政策制度，优化质量监管效能，推动质量社会共治，加强质量国际合作。

2)"七大工程"建设

（1）区域质量发展示范工程

①建设国家质量创新先导区。在质量治理理念先进、质量变革创新活跃、产业质量优势显著、城乡质量发展均衡的区域，依托中心城市、城市群开展质量协同发展试点，建设国家质量创新先导区，探索构建新型质量治理体制机制和现代质量政策体系，率先探索富有特色的质量效益型发展路径。②创建质量强国标杆城市。推动不同类型城市立足自身定位和资源要素优势，制定实施城市质量发展战略，支持城市导入全面质量管理方法，运用数字技术和标准手段推动城市管理理念、方法、模式创新，推动城市建设与质量发展融合共进，促进城市精细化、品质化、智能化发展。③创建质量品牌提升示范区。鼓励产业园区、产业集聚区等创造性开展质量提升行动，制定和实施先进质量标准，通过质量人才培养、质量品牌建设、质量基础设施服务，培育一批产业集群商标和区域品牌，提升产业质量效益。

（2）重点产品质量阶梯攀登工程

①关键基础材料。推进特种材料、功能材料、复合材料等设计制造技术研发和质量精确控制技术攻关。加强新材料的质量性能研发。运用质量工程技术，缩短研发、工程化、产业化周期，提升制造质量水平。②基础零部件及元器件。强化通用型基础零部件质量攻关，加快发展核心元器件，依靠技术进步、管理创新、标准完善，提升零部件及元器件精确性、耐久性、通用性。③重点消费品。加强创新创意设计，加快新技术研发应用，推动纺织品、快速消费品、家电家居用品等升级迭代和品牌化发展。加大健身器材和运动用品

优质供给，提升移动终端、可穿戴设备、新能源汽车与智能网联汽车等新型消费产品用户体验和质量安全水平。强化玩具、文具等儿童和学生用品益智性、舒适性、安全性，加强养老产品、康复辅助器具等特殊消费昂的研发和质量设计。针对家电、家具、可穿戴设备等产品，推广人体工效学设计，加强人体工效基础研究与产品标准研制。④重大技术装备。加快基础共性技术和增材制造、智能制造等前沿技术研究，推动品质性能升级和新产品规模化应用。提升轨道交通装备、工程机械等产品的质量可靠性。加强仪器仪表、农机装备等领域关键部件及整机装备的技术研发和质量攻关，保障产业链供应链安全稳定。开展关键承压类特种设备技术攻关，提升机电类特种设备安全可靠性。

（3）建设工程质量管理升级工程

①推进建设工程质量管理标准化。加强对工程参建各方主体的质量行为和工程实体质量控制的标准化管理，制定质量管理标准化手册明确企业和现场项目管理机构的质量责任和义务，规范重点分项工程关键工序做法及管理要求。大力推广信息技术应用，打造基于信息化技术、覆盖施工全过程的质量管理标准体系。建立基于质量行为标准化和工程实体质量控制标准化为核心内容的指标体系和评价制度，及时总结具有推广价值的质量管理标准化成果。②严格质量追溯。明确工程项目及关键部位、关键环节的质量责任，建立施工过程质量责任标识制度，严格施工过程质量控制。加强施工记录和验收资料管理，推行工程建设数字化成果交付、审查、存档，保证工程质量的可追溯性。推进工程建设领域质量信用信息归集共享，对违法违规的市场主体实施联合惩戒。健全建设工程质量指标体系和评价制度。③实施样板示范。以现场示范操作、视频影像、实物展示等形式展示关键部位与工序的技术、施工要求，引导施工人员熟练掌握质量标准和具体工艺。积极实施质量管理标准化示范工程，发挥示范带动作用，推动工程建设领域优质化、品牌化发展。推动精品建造和精细管理，建设品质工程。

（4）服务品质提升工程

①开展优质服务标准建设行动。健全服务质量标准体系，推行优质服务承诺、认证、标识制度，推动服务行业诚信化、标准化、职业化发展，培育一批金牌服务市场主体和现代服务企业。大力发展标准认证、检验检测等高技术服务业。②推行服务质量监测评价。加强服务质量监测评价能力建设，构建评价指标体系，培育市场化、专业化第三方监测评价机构，逐步扩大服务质量监测覆盖面。应用人工智能、大数据、自动语音识别调查等方式，开展服务质量监测评价，定期发布监测评价结果，改善群众服务消费体验。③实施服务品质升级计划。在物流、商务咨询、检验检测等生产性服务领域开展质量标杆企业创建行动；在健康、养老、文化、旅游、体育等生活性服务领域开展质量满意度提升行动；加快工业设计、建筑设计、服务设计、文化创意协同发展，打造高端设计服务企业和品牌。

（5）中国品牌建设工程

①实施中国精品培育行动。建立中国精品质量标准体系和标识认证制度，培育一批设计精良、生产精细、服务精心的高端品牌。推广实施智能制造、绿色制造、优质制造。在金融、商贸、物流、文旅、体育等领域，推动标准化、专业化、品牌化发展，培育一批专业度高、覆盖面广、影响力大、放心安全的服务精品。②提升品牌建设软实力。鼓励企业加强产品设计、文化创意、技术创新与品牌建设融合，建设品牌专业化服务平台，发展品牌建设中介服务机构，引导高等学校、科研院所、行业协会等加强品牌发展与传播理论研

究，支持高等学校开设品牌相关课程，加大品牌专业人才队伍建设力度，支撑品牌创建、运营及管理。积极参与品牌评价国际标准制定。③办好"中国品牌日"系列活动。定期举办中国品牌博览会，全方位展示品牌发展最新成果。举办中国品牌发展国际论坛，拓展质量品牌交流互鉴平台。鼓励地方开展特色品牌创建活动，不断提高本地品牌知名度。加强中国品牌宣传推广和传播，讲好中国品牌故事。

（6）质量基础设施升级增效工程

①打造质量技术机构能力升级版。加强计量、标准化、检验检疫、合格评定等基础理论、应用技术研究，推动专业技术能力升级和研究领域拓展，加快国家产业计量测试中心、国家产品质量检验检测中心规划建设，加快重大科研装备和实验室设施更新改造，强化从业人员专业化、职业化水平，实现计量、标准化、认证认可、检验检测、特种设备等质量技术机构的科研实力、装备水平、管理效能、人员素质全面提升。②建设国家级质量标准实验室。依托高等学校、科研院所、质检中心、技术标准创新基地、国家级标准验证点和专业技术创新中心等建设一批高水平国家级质量标准实验室，承担质量标准基础科学与应用研究，加强关键性、前瞻性、战略性质量共性技术攻关，研究解决质量创新、安全风险管控、质量治理重要问题，培养质量标准领军人才，加快质量科研成果转化。③创建质量基础设施集成服务基地。以产业园区、头部企业、国家质检中心为骨干，以优化服务、提高效率、辐射带动为导向，健全质量基础设施运行机制，加强计量、标准、认证认可、检验检测等要素统筹建设与协同服务，推进技术、信息、人才、设备等向社会开放共享支撑中小微企业质量升级，推动产业集群、特色优势产业链质量联动提升。完善技术性贸易措施公共服务。推动国内外规制协调、标准协同及合格评定结果互认，参与技术性贸易措施国际规则制定。④完善技术性贸易措施通报、评议、研究及预警应对工作机制，强化部际协调、基层技术支撑和专家队伍建设。优化国家技术性贸易措施公共信息和技术服务，加强通报咨询中心和研究评议基地建设。

（7）质量安全监管筑堤工程

①完善产品质量监督抽查制度。加大消费投诉集中产品、质量问题多发产品的抽查力度，聚焦网络交易平台、农村和城乡接合部消费市场，强化流通领域产品质量监督抽查。推行"即抽、即检、即报告、即处置"工作模式，及时发现、精准处理质量安全问题。开展国家与地方联动抽查、地方跨区域联动抽查。推动产品质量监督抽查全国一体化建设，实现全国监督抽查数据有效整合、信息共享。推动实施快速检验机制，大力发展快检技术和装备。实行产品质量责任生产流通双向追查，严查不合格产品流向。开展监督抽查不合格结果处理督导检查。②加强产品伤害监测。健全全国统一产品伤害监测系统，合理布局产品伤害哨点监测医院，拓宽学校、社区等伤害监测渠道，实时监测产品安全状况。建立健全国家产品伤害数据库，加强产品伤害统计分析与经济社会损失评估。③完善重点产品事故报告与调查制度，实施汽车、电动自行车、电子电器、儿童和学生用品等产品事故强制报告制度。健全产品事故调查机制，组建专家队伍，开展重大事故深度调查。在全国布局一批产品质量安全事故调查站点，建立统一的质量安全事故基础数据库。④开展产品质量安全风险评估。建立全国统一的产品质量安全风险监测平台，完善产品危害识别和试验验证体系，加强产品缺陷与失效分析、事故复现与场景重构等能力建设，开展损伤机理、有毒有害物质慢性危害研究评估。制定产品质量安全风险评估技术规则，建立风险评估模

型，强化风险信息研判，综合评定伤害程度、影响、风险等级，分类实施预警、下架、召回等措施。

1.4.2 质量认证

1. 质量认证概念

质量认证也叫合格认证，指依据规范性文件判断产品、过程、服务和质量管理体系等符合规定要求，并颁发合格证书的活动。其中，依据的规范性文件包括标准、合同、规定的要求、法律、法规。颁发合格证书的活动一般由第三方机构实施认证，颁发认证证书或认证标志，根据认证作用的不同，可分为安全认证和合格认证；根据认证对象的不同，可分为产品质量认证和质量管理体系认证。

质量认证是建立在科学、公正基础上的第三方认证，不受供需双方的利益影响，其作用是为顾客提供可靠的质量信息，增加顾客对供方的信任。因此，质量认证受到各国的重视，已经逐渐发展成为全世界范围内的国际认证。

2. 产品质量认证

产品质量认证针对的对象是特定产品，目的是证明组织的某产品已建立了有效的质量保证体系，能够持续、稳定地提供符合某特定标准或技术规范要求的产品。认证合格的产品将获得产品认证证书及产品认证标志，以此证明产品质量符合产品标准。我国的产品认证制度由型式检验、质量体系检查评定、监督检验、监督检查四个基本要素构成型式检验和质量体系检查评定是取得认证资格必须具备的基本条件，监督检验和监督检查是认证后的监督措施。

我国法律规定：产品质量认证的标准应当是具有国际水平的国家标准或行业标准，若现行标准不能满足认证需要的，应由认证委员会组织制定补充技术要求。凡经批准加入相应国际认证组织的认证委员会，其认证依据的标准应当采用该组织公布并已转化为我国国家标准或行业标准的标准。中国企业、外国企业均可提出认证申请，提出申请的企业应当具备以下条件。

（1）产品符合国家标准或者行业标准要求。

（2）产品质量稳定，能正常批量生产。

（3）生产企业的质量体系符合国家质量管理和质量保证标准及补充要求。

3. 质量管理体系认证

质量管理体系认证的对象是质量体系，指第三方机构对企业的质量管理体系实施评定，评定合格后，颁发认证合格证书，并予以注册，因此也称为质量管理体系注册。根据我国有关法律法规的规定，申请质量体系认证的企业应具备以下条件。

（1）中国企业必须持有工商行政管理部门颁发的"企业法人营业执照"。

（2）外国企业须持有有关机构的登记注册证明。

（3）产品符合中国国家标准、行业标准及其补充技术要求，或者符合国务院标准化行政主管部门确认的标准。

（4）产品质量稳定，能正常批量生产，并提供有关证明材料。

（5）中国企业质量体系符合 GB/T 19000 标准或外国申请人所在国等同采用 ISO9000 标准及其补充要求，此外还要求企业按规定缴纳有关的认证费用等。

4. 绿色产品认证

绿色产品认证是依据中共中央、国务院印发的《生态文明体制改革总体方案》和《国务院办公厅关于建立统一的绿色产品标准、认证、标识体系的意见》（以下简称《意见》），由国家推行的自愿性产品认证制度。绿色产品认证不同于已有的产品和质量体系认证，其本质是对产品、服务等在绿色、节能、低碳方面的认证，以促进绿色发展、生态发展。

2016 年 11 月，国务院印发《意见》（国办发〔2016〕86 号），决定将目前分头设立的环保、节能、节水、循环、低碳、再生、有机等产品进行整合，建立统一的绿色产品标准、认证、标识体系，促进绿色产业发展。2018 年 4 月，国家市场监督管理总局公布了《关于发布绿色产品评价标准清单及认证目录（第一批）的公告》，共涉及 12 类产品。2020 年 6 月，国家认证认可监督管理委员会发布了《认监委关于发布绿色产品认证机构资质条件及第一批认证实施规则的公告》国家认证认可监督管理委员会公告〔2020〕6 号，标志着绿色产品认证工作的正式启动。

1.4.3 质量奖

从 20 世纪中叶起，各国为促进质量管理工作的提升，提高本地区或本国产品在国际市场上的竞争力，纷纷设置了国家质量奖，如日本戴明奖、美国波多里奇国家质量奖、欧洲质量奖、新加坡质量奖、加拿大杰出奖、俄罗斯国家质量奖、澳大利亚卓越企业奖等。国家质量奖的设置推动各国将质量摆在首位，促进了质量的传播和质量管理的全球化发展，而在上述奖项中，最具影响力和代表性的当数国际三大质量奖：戴明奖、波多里奇国家质量奖和欧洲质量奖。

1. 戴明奖

戴明奖始创于 1951 年，由日本科学技术联盟（Japanese Union of Scientists and Engineers，JUSE）建立，是世界范围内最早创立的质量奖。1950 年 6 月，美国质量专家戴明受日本科学技术联盟邀请，赴日本讲学。在讲学期间，戴明先在东京的日本医师会馆的礼堂，就"质量控制"主题进行了为期八天的课程讲授，接着，又在日本本州岛东南部的箱根镇与企业的高级主管进行了一天的质量管理研讨会。在授课过程中，戴明通过运用通俗易懂的语言，经典的"红珠实验"和"漏斗实验"，将统计质量管理的基础知识传授给日本工业界的主管、经理、工程师和研究员，极大地推动了当时日本工业的发展。

参会人员将戴明八天内所有课程的速记、笔录整理为《戴明博士论质量的统计控制》，并竞相传播，戴明博士将这一讲稿的版税赠送给日本科学技术联盟。为了感谢戴明博士的这一慷慨之举，日本科学技术联盟决定用这笔资金建立一个奖项，以永久纪念戴明博士对日本人民的贡献和友情，随后，日本科学技术联盟理事会全体成员一致通过了这项提议，戴明奖由此诞生。

戴明奖分为个人奖、应用奖、控制奖三类奖项，每年评选一次。自设立以来，日本企业就以申请戴明奖作为动力和桥梁，积极推动全面质量管理，不仅建立和完善了企业综合管理体系，还提高了企业的质量管理水平和质量改进意识，形成了日本企业的综合竞争力，目前，日本在全球贸易中占有稳定的一席之地。

2. 波多里奇质量奖

从 20 世纪 50 年代开始，日本实施多项举措提升质量管理水平，日本产品的综合竞争力逐渐超越美国，在国际贸易中占据优势，甚至在 20 世纪 80 年代，美国市场被日本产品占领，美国企业出现重大生存危机。另外，从 20 世纪 60 年代开始，美国的经济增长放缓，生产率下降，企业盈利大幅度萎缩，重要的原因之一是产品质量低劣所造成的生产成本过高。而日本产品在竞争中处于优势的主要原因是 TQM 的大获成功。基于这些背景，美国政府官员和许多企业界人士建议，设立一个类似日本戴明奖的国家质量奖，帮助美国企业开展 TQM 活动，提高产品质量、生产率和市场竞争力。

马尔科姆·波多里奇出任美国商业部长期间，极力主张实施全面质量管理，他认为全面质量管理是美国繁荣和强大的关键因素。在任期间，波多里奇将商业部的预算削减 30% 以上，行政人员的数量削减了 25%，并且不遗余力地促进《质量改进法》的出台，还帮助起草了该法案的最初草稿，为美国产品质量和质量管理水平的提升做出了巨大贡献。为了纪念波多里奇为推动美国的质量振兴所付出的巨大努力和卓越贡献，1987 年 8 月 20 日，美国总统里根签署"马尔科姆·波多里奇国家质量改进法"公共法案，依据该法案，美国波多里奇国家质量奖正式创立。

波多里奇国家质量奖每年评定一次，由总统或副总统亲自为获奖的组织颁奖，因而获得质量奖成为企业的巨大荣誉和骄傲，由此吸引了大批美国企业或机构运用卓越绩效评价准则进行自我评价、自我改进。无论最终是否获得奖项，实施全面质量管理的企业都得到了长足的进步，美国整体的生产率逐渐增加，企业的利润水平和竞争力也开始上升，到了 20 世纪 90 年代，美国又重新回到了世界经济霸主的位置。

3. 欧洲质量奖

为促进欧洲企业在世界市场上的竞争力，1988 年，欧洲 14 家大公司成立了欧洲质量管理基金会（European Foundation for Quality Management，EFQM），这一组织在 19 个欧洲国家设有国家合作组织，负责与 EFQM 卓越化相关的产品和服务信息的传递工作，为欧洲质量奖的设立奠定了基础。1992 年，由欧洲委员会副主席马丁·本格曼为首进行倡议，欧洲质量基金会正式设立欧洲质量奖。欧洲质量奖的设立旨在推动欧洲的质量改进运动、提高欧洲各国对质量改进重要性和质量管理技术方法的意识，展示出欧洲对卓越质量承诺的认可。

欧洲质量奖由高到低分别设立了质量奖、单项奖、入围奖、提名奖四个层次的奖项，每年颁发一次。但是，欧洲质量奖设立之初只授予欧洲全面质量管理最杰出和有良好业绩的营利性企业，非营利性企业被排除在外。虽然这一条件对企业所有权的类别和企业所有者的国籍并无要求，但申请企业的质量管理活动必须在欧洲发生。由于政府机构、非营利性组织、贸易和专业团体不得申请该奖，所以很多人认为该奖只适合大企业申请。为此，1996 年，该奖的申请范围扩大到公共领域的组织；1997 年，又扩大到 250 个雇员以下的中小企业，成功涵盖了各经营领域的大多数企业。

欧洲质量奖是涉及国家最多的质量奖，设立后发展为欧洲最富声望的组织奖。自设立以来，欧洲企业逐渐接受了"全面质量管理"的管理理念，并认为这是一种有效的成功管理模式，能够在全球市场竞争中获得优势。欧洲的许多企业和组织通过参与欧洲质量奖的评审，获得了学习经营实践的机会，并且与标杆企业及其他企业进行对比，有效促进了欧洲质量管理工作的进一步提升。

4. 我国质量奖

我国加入国际贸易组织后，给国内市场带来了极大的冲击。我国产品的质量同国外相比存在一定的差距，企业管理中质量成本过高的现象也普遍存在，这使得我国产品和国外产品竞争时处于不利地位。为引导我国企业运用科学的管理方法，推动我国质量管理的发展，提高我国产品在国际市场中的竞争力，我国借鉴国外政府质量奖的设立和评审，相继设立了全国质量奖和中国质量奖。

1）全国质量奖

（1）概述

20世纪80年代初，我国政府曾设立了国家质量管理奖，这是中国最早的关于质量的奖项。但到20世纪80年代末，国内出现了种类繁多的质量奖，其中以营利为目的的评选活动导致企业间形成了评比攀比之风，严重违背了国家设立质量奖的初衷，对消费者和生产者产生了误导。于是在1991年，国务院发文停止一切政府主导的质量评比活动，国家质量管理奖随之暂停。随着20世纪90年代中期，国际标准化组织发布ISO国际标准并推行质量认证，及我国开始申请加入国际贸易组织（World Trade Organization，WTO），我国的质量管理受到来自国际市场的冲击。因此，为有效提高我国的产品质量和企业管理水平，增强国内企业的市场竞争力，2001年，经国务院批准，中国质量协会设立"全国质量管理奖"；2006年，"全国质量管理奖"更名为"全国质量奖"。

全国质量奖的奖项包括了组织奖，项目奖（卓越项目奖），个人奖（杰出质量人）三大类。其中，组织奖依次设置质量奖、入围奖、鼓励奖三个层级，每年评审一次，囊括了我国大中型企业、小企业、服务业及特殊行业。而中国杰出质量人则是两年评选一次，旨在全国范围内推选质量领域内有突出贡献的企业家、质量专家和质量工作者，也是我国对企业管理者、质量工作者的最高质量奖项。全国质量奖的设立受到我国企业的广泛关注和欢迎，企业通过参选获得质量奖，已成为中国经营管理优秀的公司的重要标志。

（2）评价标准

全国质量奖评审遵循为企业服务的宗旨，坚持"高标准，少而精"和"优中选优"的原则，根据《卓越绩效评价准则》国家标准进行评审，该标准也在建立后经过了多次修订。2001年，全国质量奖启动之前，全国质量奖工作委员会办公室组织质量专家组起草了质量奖评审标准初稿；2003年，为了使全国质量奖评审工作与国际接轨，经过多方面论证，全国质量奖工作委员会决定借鉴美国波多里奇国家质量奖的卓越绩效评审标准，并结合我国国情，对评审标准进行修订；2004年《卓越绩效评价准则》国家标准正式发布，全国质量奖评审标准开始采用GB/T 19580—2004《卓越绩效评价准则》国家标准；自2013年起，全国质量奖评审采用修订后的GB/T 19580—2012《卓越绩效评价准则》国家标准，一直沿用至今。

卓越绩效评价准则的评价要求包括七个部分，分别是领导，战略，顾客与市场，资源，过程管理，测量，分析与改进，经营结果。每个部分分别对应不同的条款，并根据重要度不同设置了不同的分值，由评审专家根据申请组织递交的材料进行打分。申请组织还可以根据该标准进行自查，即使没有获得质量奖，也能推动企业质量管理水平的提升。评审过程包括组织申报、资格审查、资料评审、现场评审、综合评价、公示、审定和颁奖八个步骤，严格保证质量奖评审做到公平、公正、公开，获奖的企业和组织每隔五年可再次申报。

2）中国质量奖

（1）概述

2012年，中共中央、国务院先后发布《质量发展纲要（2011—2020年）》《中共中央国务院关于开展质量提升行动的指导意见》。文件指出：经过长期努力，我国质量总体水平稳步提升，质量形势稳定向好，但质量发展的基础还很薄弱，质量提升水平依然落后于经济发展，经济转型面临的结构性供需失衡矛盾突出，仍然需要全面提高质量，推动我国经济迈向高质量发展。由此，经中央批准，我国正式设立中国质量奖，这是我国质量领域的最高政府奖项。中国质量奖设立的宗旨是：推广科学的质量管理制度、模式和方法，促进质量管理创新，传播先进质量理念，激励引导全社会不断提升质量，建设质量强国。

中国质量奖设立初由国家质量监督检验检疫总局指出，因国家机构改革，现由国家市场监督管理总局负责组织实施。设置质量奖和提名奖两个层级，每次评选质量奖名额不超过10个组织和个人，提名奖每次不超过90个，评选周期为两年，评选的对象为建设质量强国做出突出贡献，及在全社会具有显著示范带头作用的组织和为提高我国行业及地方质量水平做出突出贡献的个人。为做好评审工作，国家质量监督检验检疫总局牵头成立了专门的中国质量奖评审委员会，下设中国质量奖评选委员会和中国质量奖监督委员会，分别承担中国质量奖的评选工作和监督工作，实现了评选和监督的分离。

（2）评审标准

中国质量奖的评审规则主要是根据《中华人民共和国产品质量法》和《质量发展纲要（2011—2020年）》制定的。要求申报者具备以下条件：①拥护中央的路线、方针、政策；②在中华人民共和国境内依法设立；③近5年内无重大质量、安全、环保等事故，无相关违法、违规、违纪行为；④在质量水平、创新能力、品牌影响力及效益等方面取得突出成绩并达到国际领先水平；⑤实施质量发展战略，坚持质量第一的发展理念，崇尚优秀质量文化；⑥质量管理制度、模式、方法有所创新，并且成熟度高，具有推广价值。评审过程有组织评审内容、材料评审、现场评审、陈述答辩、审议公示共五个步骤，对参选者严格把关。

中国质量奖的评审内容包括对候选组织的基本情况评审、关键指标评审和否决项评审三个部分。其中，基本情况涵盖了质量、技术、品牌和效益四个部分，由4个一级评审项目，10个二级评审项目和25个三级评审项目组成，不同的项目占比不同的分值，由专家评审组打分。关键指标评审是针对质量、技术、品牌和效益的具体要求，申请者必须满足。否决项评审设置三条一票否决项，包括：①发生过重大质量安全事故或出现严重违法违纪行为的；②存在省级以上质量监督抽查不合格的；③在质量安全、节能环保、市场秩序、知识产权等方面受到国务院相关部门行政处罚的。出现其中一条，将直接不能参选。

1.4.4 质量管理数字化

1. 质量管理数字化内涵

2021年12月，国务院印发《"十四五"数字经济发展规划》，并明确指出要以数据为关键要素，以数字技术与实体经济深度融合为主线，加强数字基础设施建设，完善数字经济治理体系，协同推进数字产业化和产业数字化，赋能传统产业转型升级。同一时期，中华人民共和国工业和信息化部发布了《制造业质量管理数字化实施指南（试行）》，旨在以数字化赋能企业全员全过程全方位质量管理，提升产业链供应链质量协同水平，推动制造业质量变革、效率变革、动力变革，最终实现高质量发展。

制造业质量管理数字化指通过新一代信息技术融合应用，推动质量管理活动数字化、网络化、智能化升级，增强全生命周期、全价值链、全产业链质量管理能力，提高产品和服务质量，促进制造业高质量发展的过程。与传统质量管理相比，质量管理数字化工作内涵并未发生本质性的改变，均是利用一系列技术、方法和工具，系统化开展质量策划、质量控制、质量保证和质量改进等活动，有效管控产品和服务质量。但二者在关注焦点、管理范围、工作手段上等方面存在明显差别。

在关注焦点方面，传统质量管理更多关注规模化生产中的质量问题；而质量管理数字化在关注规模化生产质量问题的同时，更加关注对用户个性化、差异化需求的快速满足和高效响应。在管理范围方面，传统质量管理更多针对企业、供应链范畴的质量管理。随着数字化的深入发展，企业边界日益模糊，质量管理的范围从企业质量向生态圈质量加速转变，由强调质量管理岗位分工、上下游质量责任分工转变为强调以客户为中心的质量协作，更加注重对产品全生命周期、产业链供应链乃至生态圈质量进行全面管理。在工作手段方面，质量管理数字化在应用传统质量管理方法、工具的基础上，进一步应用数字化智能化的设备装置、系统平台等技术条件，注重以客户为中心的流程优化重构与管理方式变革，充分挖掘数据在质量管理创新驱动作用，系统化提升企业质量管理数字化能力。

2. 质量管理数字化实施意义

（1）有助于实现产品定制化和质量管控的及时性。随着制造业服务化转型升级，以用户需求为导向的定制化生产模式已经成为企业质量管理水平提升的重要前提和基础。同时，在高度自动化、信息化的原材料生产线上，如果不能及时制止由上道工序造成的不合格，不仅会带来流程和资源的浪费，而且极易导致产品报废，甚至影响生产线的安全。通过数字化的手段，关键工序的生产数据能够实时进入系统，系统实时运算并得到各工序的质量情况，出现不合格的产品可以实时发出警报，并及时制止物件向下游工序流动，从而减少浪费。此外，数字化的及时性还反映在质量数据可以实时反馈给上级管理者，直接省去了原本的统计周期，让管理者可以及时掌握质量情况，从而对生产状况做出快速反应。

（2）提高质量管理的透明度和规范性。数字化技术可以协助制造业企业实现规范化操作，所有步骤通过人机交互过程进行规范。信息化基础较好的企业，可以将生产流程和质检流程在信息系统中固化下来，引导生产现场严格执行，所有流程的执行情况在系统中都留存记录,一旦出现质量问题,管理人员可以迅速定位,有据可查。此外,随着现场对信息系统的逐渐适应,人员生产经营活动会越来越规范化,为企业高效化、透明化管控奠定坚实基础。

(3)实现产品质量可追溯和可持续。数字化的手段能够建立有效的质量信息追溯体系,通过记录生产过程中各关键工序的质量数据,给每个(批)产品建立产品合格证,客户通过扫描产品的条码、二维码、RFID 等途径自动获取产品生产全周期的健康状况。同时,质量管理数字化可以突破管理的限制,降低对管理的难度要求。通过信息系统的自动统计分析功能,加上用户设定的规则,系统可以自动运算并定义出问题,同时给出相应的警报,系统提供鱼骨图、问题树、5W 等问题分析手段来实施措施。通过信息系统跟踪问题的解决过程,及分析对比措施的实施结果,完成 PDCA 的闭环控制,实现质量持续优化迭代。

复习思考题

1. 质量的概念是什么?质量概念在什么背景下经历了哪些发展?
2. 简述质量管理理论的八个基本概念。
3. 对比质量管理各个发展阶段,分别列出每个阶段的特点。
4. 我国质量管理经历了怎样的发展?
5. 对质量管理影响较大的人物有哪些?分别做出了哪些贡献?
6. 质量强国战略是什么?我国为什么要实施质量强国战略?
7. 质量认证是什么?当前有哪些类型的质量认证?
8. 简述日本戴明奖、美国波多里奇质量奖、欧洲质量奖,并对比三种质量奖的不同之处。
9. 全国质量奖和中国质量奖有什么区别和联系?查阅资料了解两种质量奖给我国经济发展等方面带来的影响。
10. 当前质量管理还有哪些热点问题?

案例分析题

2021 年 9 月 16 日,中核集团中国核电工程有限公司成功问鼎我国质量领域最高荣誉——华龙一号研发设计创新团队"极致安全、协同创新"质量管理模式荣获第四届中国质量奖,实现了核工业中国质量奖零的突破!

获得此次殊荣的华龙一号研发设计创新团队"极致安全、协同创新"质量管理模式,可以追溯到 1999 年 11 月,自秦山核电站投产并网之后,中国自主核电研发进入新的发展阶段。为了强化管理和固化公司长久以来的设计经验,核工业第二研究设计院感觉到质量管理对设计的重要支撑作用,积极申报并通过了质量管理体系认证。在此基础上结合核行业的特殊要求,使质量管理规范化、质量活动程序化,形成核工业特有的质量管理体系。这为今后中核集团质量管理体系的形成奠定了重要基础,企业质量管理工作也由此开始了现代化国家新征程。

2017 年,按照中共中央、国务院《关于开展质量提升行动的指导意见》要求,在中核集团科技质量与信息化部的部署下，中核工程推进实施质量综合提升工程，建立了"大质量"管理体系。该质量管理体系将PDCA循环和基于风险的思维充分应用于所有过程及整个体系，将企业管理的方方面面都纳入质量管理体系之中。与此同时，中核工程还积极推动公司导入和应用先进的质量管理方法，并在公司产品的各阶段广泛落实，在实践中结合公司的特点实施改进、创新和推广，设计采用"全面安全分析方法、纵深防御设计理念和充分的验证手段"，有效提高了电站的安全性。在核电生产全过程中，通过根本原因分析、质量保证分级、TOP10 风险管理、QC 小组、核安全文化评估等先进工具支撑公司质量水平的不断提升和不断发展，确保公司技术质量一直处于行业引领水平。

中核工程在国家质量提升行动的推动及质量强国战略的引领下，不断地探索创新，将质量管理工作深入到各方面落实到各环节，成功推动质量管理从以设计为主向一体化管理体系跃迁。而在"极致安全、协同创新"质量管理模式的驱动下，中核工程以"互联网+"异地协同平台，联动 5500 余家合作单位，自主研发出 80 余个设计软件，建立 2300 余项标准，形成了完整的型号技术标准体系，解决了"卡脖子"问题。

请根据案例回答下列问题：

1. 中核工程是如何一步步进行质量管理工作的？
2. 质量管理工作对中核工程带来了哪些实质性的好处？
3. 请结合案例讨论质量管理对我国质量强国建设的意义。

第2章 质量管理工具

学习目标

1. 熟练掌握质量管理老工具。
2. 理解并掌握质量管理新工具。
3. 理解质量波动原理及其产生原因。
4. 掌握控制图的种类、统计原理、作图程序及判断准则。
5. 掌握过程能力、过程能力指数、计算和分析。
6. 了解过程控制的实施程序。
7. 质量管理工具在"中国制造"中的具体运用。

课程思政导读

绿色制造,质量控制

2.1 质量管理"老七种工具"

质量管理的"老七种工具"是由日本著名的质量管理专家石川馨根据日本常用的质量控制方法总结得出的,包括统计分析表、直方图、散布图、排列图、因果图、层别法和控制图七种工具。这七种工具主要用于数据收集、整理、分析,以解决现场质量管理存在的问题。

2.1.1 统计分析表

统计分析表也称调查表,它最早是由美国的费根堡姆先生提出的,用于收集质量原始数据,进行数据整理并对影响产品质量的原因作粗略分析而设计出来的统计表。即把产品可能出现的情况及其分类预先列成统计分析表,然后检查产品时只需在相应分类中进行统计。在检验产品或操作工人加工、拣选产品时,如果发现问题,工作人员只要在统计分析表中相应的栏内填上数字和记号即可。使用一定时间后,可对这些数字或记号进行整理,问题就能被迅速地、粗略地整理出来,便于工作人员分析原因,提高质量。

为了获得良好的效果,兼具可比性、全面性和准确性,统计分析表的设计应简单明了、突出重点、应填写方便、符号好记,调查、加工和检查的程序与统计分析表的填写次序应基本一致,填写好的统计分析表要定时更换并加以保存,数据要便于加工整理,分析整理后得到的信息应及时反馈。统计分析表有 3 种:不良项目统计分析表、缺陷位置统计分析表和频数统计分析表。

1. 不良项目统计分析表

一个零件和产品不符合标准、规格、公差的质量项目叫作不良项目,也称不合格项目。

为了减少生产中出现的各种不良或缺陷,需要调查发生了哪些"不良"及各种"不良"的比例,这时可使用表2-1进行统计分析。

表2-1 不良项目统计分析表

项目日期	交验数	合格数	不良品数			不良品类型			不合格品率（%）
			废品数	次品数	返修数	废品类型	次品类型	返修品类型	

2. 缺陷位置统计分析表

对外观缺陷进行统计调查的方法大多是做产品外形图、展开图,然后在图上对缺陷位置的分布进行调查。缺陷位置统计分析表可增加"措施改进"一栏,能充分反映缺陷发生的位置,便于研究缺陷为什么集中在那里,有助于进一步观察、探讨缺陷发生的原因。

缺陷位置统计分析表是工序质量分析中常用的分析表。掌握缺陷发生之处的规律,可以进一步分析为什么缺陷会集中在某一区域,寻找原因,采取对策,从而更好地解决出现的质量问题。如果不作产品外形图,也可用语言或文字描述缺陷发生的频数,如表2-2所示。

表2-2 收音机功能、外观缺陷位置统计分析表

型号		生产班组		甲	生产日期		2009年5月11日
送检总数	400台	调查日期		2009年5月12日	检查员		007
缺陷程度	检查项目	记号	频数	缺陷程度	检查项目	记号	频数
重缺陷（影响正常收听）	声音时有时无	刂	2	轻缺陷（能收听）	功能键工作不正常	正丨	6
	音量小	正刂	7		有明显机械传动杂音		
	失真严重	刂	2		指示灯不亮	三	4
	灵敏度太低				电池弹簧卡松紧不合适	刂	2
	严重串台	正正刂	12		特殊（外壳划伤）	正正三	14
	严重机震				其他	正	5
	功能键不起作用	正丨	6		小计		31
	调谐传动机构卡死、打滑			微缺陷	旋钮手感不适	正	5
	调谐过头使可变电容损坏	三	4		开关手感不适	三	4
	拉杆天线不能伸缩定位				插孔手感不适	刂	2
	插入耳机没声音	刂	2		其他	刂刂	3
	特殊				小计		14
	其他	正正丨	11				
	小计		46				

3. 频数统计分析表

使用频数统计分析表的目的是做直方图，需经过收集数据、分组、统计频数、计算、绘图等步骤。运用频数统计分析表可在收集数据的同时，直接进行分组和统计频数。每得到一个数据，就在频数统计分析表上相应的组内做一个记号，测量和收集数据工作结束后，频数分布表也随之产生，便能得到直方图的草图。目前，频数统计分析表广泛应用于各行各业，其形式也多种多样。

2.1.2 直方图

直方图也称质量分布图，在质量管理中，直方图就是一目了然地把如何预测并监控产品质量状况、如何对质量波动进行分析等问题图表化处理的工具，它通过收集到的貌似无序的数据进行处理，来反映产品质量的分布情况，判断和预测产品质量及不合格率，通过对直方图的分析判断，确定质量改进工作的重点。

1. 直方图的绘制步骤

（1）集中和记录数据，求出其最大值 x_{max} 和最小值 x_{min}，并计算极差 R。一般要随机抽取 50 个以上的质量特性数据，最好是 100 个以上的数据。表 2-3 是某飞行器零件外径加工过程的质量数据[表中数据 =（实测数据 − 10mm）× 100]。在本例中，最大值 $x_{max} = 5$，最小值 $x_{min} = -3$，$R = x_{max} - x_{min} = 8$。

表 2-3 某零件外径加工过程的质量特性数据

2	2	2	1	2	1	3	1	1	4
1	0	−1	2	1	0	2	0	0	1
2	1	3	2	4	2	2	1	2	−2
−1	1	2	1	1	1	5	1	−1	2
1	0	1	2	4	0	−1	1	1	4
1	0	1	1	0	1	1	2	0	1
1	−1	−1	3	0	2	2	1	−2	3
0	−2	1	−1	−3	1	1	1	0	3
−1	0	1	−3	1	0	1	1	1	0
−2	1	3	3	1	3	0	1	−1	1

（2）将数据分成若干组，并做好记号。组数的多少应根据样本数决定，组数太少不能反映真实情况，组数太多又会减弱分布的规律性，分组的数量在 5~12 之间较为适宜。本例中，样本总数为 100，因此确定组数 $k = 10$。

（3）计算组距的宽度。用最大值和最小值之差去除组数，求出组距的宽度。组距 h 是组与组之间的间距，可按公式 $h = R/k$ 计算，并取整。本例中，$h = 8/10 = 0.8 \approx 1$。

（4）计算各组的界限位。各组的界限位可以从第一组开始依次计算，第一组的下界为最小值减去组距的一半，第一组的上界为其下界值加上组距的一半，其余各组依此类推。

第一组的下界为 $x_{\min} - \dfrac{h}{2} = -3.5$,第一组的上界为 $x_{\max} + \dfrac{h}{2} = -2.5$(其余组见表 2-4)。

(5)统计各组数据出现频数,做频数分布表,如表 2-4 所示。

表 2-4　频数分布表

组号	组界限	中心值	频数(次)
1	-3.5~-2.5	-3	1
2	-5.5~-1.5	-2	3
3	-1.5~-0.5	-1	11
4	-0.5~0.5	0	16
5	0.5~1.5	1	38
6	1.5~2.5	2	17
7	2.5~3.5	3	9
8	3.5~4.5	4	4
9	4.5~5.5	5	1
合计			100

(6)作直方图。以组距为底长,以频数为高,作各组的矩形图,如图 2-1 所示。

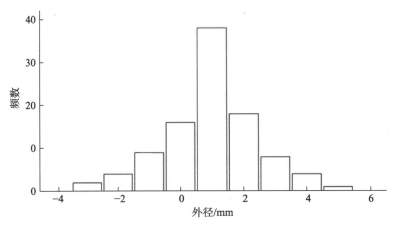

图 2-1　某飞行器零件外径加工过程的直方图

2. 直方图的观察与分析

绘制直方图的目的是研究过程质量的分布状况,判断过程是否处于正常状态。在直方图绘制好后,就要进一步对它进行分析。在正常条件下,所绘制的直方图应呈现正态分布,否则,就要分析原因,采取相应的措施。

对直方图的观察,主要有两个方面:一是分析直方图的全图形状,能够发现生产过程中的一些质量问题;二是将直方图与质量指标相比较,观察质量是否满足。实践中几种常见直方图的图形形状,如图 2-2 所示。

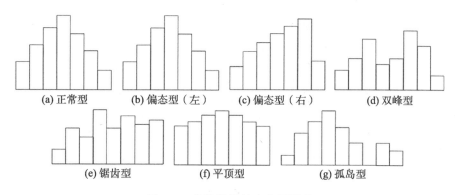

图 2-2 几种常见的直方图形状

正常型：正常型直方图指过程处于稳定的图形，它的形状是中间高、两边低，左右近似对称。近似指直方图多少有点参差不齐，主要看整体形状。

偏态型：偏态型直方图指图的顶峰有时偏向左侧、有时偏向右侧。由于某种原因使下限或上限受到限制时，容易发生"偏左型"或"偏右型"，出现的原因通常是由于操作人员倾向性加工所造成的。

双峰型：双峰型直方图指图出现两个顶峰，出现的原因极可能是由于把不同加工者或不同材料、不同加工方法、不同设备生产的两批产品混在一起形成的。

锯齿型：锯齿型直方图指图形呈锯齿状参差不齐，多半是由于分组不当或检测数据不准而造成的。

平顶型：平顶型直方图指图形无突出顶峰，通常是由于生产过程中缓慢变化因素影响（如刀具磨损）造成的。

孤岛型：孤岛型直方图指由于测量有误或生产中出现异常（原材料变化、刀具严重磨损等）所致。

在对直方图的观察分析中，需注意直方图与公差关系的比较分析。在直方图分布状态正常的情况下，将数据分布范围（以均值为中心的三倍标准差范围）与质量标准（公差）比较，观察直方图是否在标准范围内，以便了解生产过程的质量状况，针对问题，采取措施。

2.1.3 散布图

散布图又称为相关图，指用来研究两个变量之间是否存在相关关系的一种图形。在质量问题的原因分析中，常会接触到各个质量特性之间的关系。这些变量之间的关系往往不能进行解析描述，不能由一个（或几个）变量的数值精确求出另一个变量的值，称为相关关系。散布图就是将两个相关关系变量的数据对应列出，标记在坐标图上并观察它们之间的关系的图表。

1. 散布图的绘制

（1）明确调查目的，确定调查对象。

（2）收集成对的数据，30～100 组，整理成数据表。

（3）找出 x、y 坐标的最大值及最小值，以 x、y 的最大值及最小值建立 x-y 坐标系。

（4）决定适当的刻度，刻度大小应考虑最大值与最小值之差，通常横轴表示要因，纵轴表示特性。

（5）将成对数据依次数点绘于 x-y 坐标系中，二点重复画◎，三点重复画⊙。

（6）注记相关资料，包括标题、数据测定日期、绘制日期、绘制者、样本数、产品名、过程名等。

（7）判读图形：是否有异常点？是否需要再分层处理？是否与固有技术、经验相符？

2. 散布图的观察与分析

根据测量的两种数据做出散布图后，观察其分布的形状和疏密程度，来判断它们关系的密切程度。散布图的5种情形如图2-3所示。

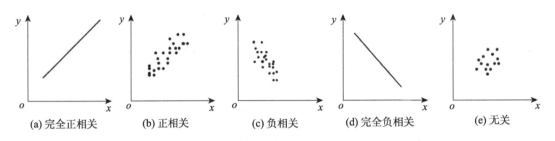

图 2-3　散布图的 5 种情形

由图 2-3 可以看出，散布图大致可分为下列 5 种情形。

（1）完全正相关。x 增大，y 随之增大。x 与 y 之间可用直线 $y=a+bx$（b 为正数）表示。

（2）正相关。x 增大，y 基本上随之增大。此时除了因素 x，可能还有其他因素影响。

（3）负相关。x 增大，y 基本上随之减小。同样，此时可能还有其他因素影响。

（4）完全负相关。x 增大，y 随之减小。x 与 y 之间可用直线 $y=a+bx$（b 为负数）表示。

（5）无关。x 增大，y 的变化趋势不明显。

制作与观察散布图时，应注意以下几种情况。

（1）应观察是否有异常点或离群点出现，即有个别点脱离全体点较远。如果有不正常点应立即查找原因，如果是原因不明的点，应慎重处理，防止其他因素影响。

（2）散布图如果处理不当也会造成假象。

由图 2-4 可见，若将 x 的范围只局限在中间部分，则在此范围内看，y 与 x 似乎并不相关，但从整体看，x 与 y 的关系比较密切。

（3）散布图有时要分层处理，如图 2-5 所示，x 与 y 的相关关系似乎很密切，但若仔细分析数据，这些数据原是来自3种不同的条件。如果这些点分成3个不同层次 A、B、C，就每个层次来考虑，x 与 y 实际上并不相关。

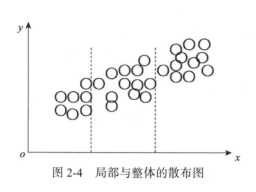
图 2-4　局部与整体的散布图
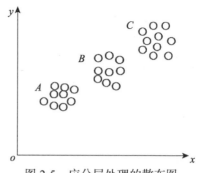
图 2-5　应分层处理的散布图

3. 散布图与相关系数

为了表达两个变量之间相关关系的密切程度，需要用一个数量指标来表示，这个指标称为相关系数，通常用 r 表示。不同的散布图有不同的相关系数 r，且 $-1 \leq r \leq 1$。因此，可根据相关系数 r 的值来判断散布图中两个变量之间的关系，如表 2-5 所示。

表 2-5　相关系数 r 与两变量间的关系判断

r 值	两变量间的关系判断
$r = 1$	完全相关
$1 > r > 0$	正相关（越接近 1，正相关性越强；越接近 0，越弱）
$r = 0$	不相关
$0 > r > -1$	负相关（越接近 -1，负相关性越强；越接近 0，越弱）
$r = -1$	完全负相关

相关系数的计算公式为

$$r = \frac{\sum(x-\bar{x})(y-\bar{y})}{\sqrt{\sum(x-\bar{x})^2 \sum(y-\bar{y})^2}} = \frac{L_{xy}}{\sqrt{L_{xx}L_{yy}}}$$

式中，$\bar{x}$ 表示四个数据的平均值；$\bar{y}$ 表示 n 个 y 数据的平均值；L_{xx} 表示 x 的离差平方和，即 $\sum(x-\bar{x})^2$；L_{yy} 表示 y 的离差平方和，即 $\sum(y-\bar{y})^2$；L_{xy} 表示 x 的离差与 y 的离差的乘积之和，即 $\sum(x-\bar{x})(y-\bar{y})$。

应注意，相关系数 r 所表示的两个变量之间的相关是指线性相关。因此，当 r 的绝对值小于或等于 0 时，并不表示 x 与 y 之间就不存在任何关系，只能说明 x 和 y 之间不存在线性相关关系。

2.1.4　排列图

排列图又称帕累托图（Pareto chart），是将出现的质量问题和质量改进项目按照重要程度依次排列而采用的一种图表。利用排列图,可以快速地从影响质量的众多因素中找出主要因素。排列图最早由意大利经济学家帕累托提出,他在分析社会财富分布状态时发现少数人占有绝大多数财富,从而总结出"关键的少数,次要的多数"这一客观规律,也就是通常所说的"二八原则"——80%的结果源于20%的原因。朱兰把这一原理最先应用到质量管理中,他认为,影响一个质量问题的因素可能有很多,但只有少数的因素对质量问题起着决定性的作用,这就是"关键的少数",如大多数废品是由少数人造成的、大多数设备故障是由少数几个原因引起的等。

排列图的目的是比较不同的问题原因和问题类型所导致缺陷的频率及其产生的影响,选出最重要的改进项目中的优先项目,设置优先权,定义问题/机会,确定关键变量或者决定主要原因。

1. 排列图的作图步骤

(1)确定分析对象。一般为不合格项目、废品件数、消耗工时等。

(2)收集与整理数据。可按废品项目、缺陷项目、不同操作者等进行分类。列表汇总每个项目发生的数量,即频数 f_i,按大小进行排列。

(3)计算频数 f_i、频率 P_i、累计频率 F_i 等。

(4)画图。排列图由两个纵坐标、一个横坐标、几个顺序排列的矩形和一条累计频率折线组成,左边的纵坐标表示频数 f_i,右边的纵坐标表示频率 P_i。其中,横坐标表示质量项目,按其频数大小从左向右排列;各矩形的底边相等,其高度表示对应项目的频数;对应右边纵坐标频率 P_i,应在各矩形的右边或右边的延长线上打点,各点的纵坐标值表示对应项目的累计频率,以原点为起点,依次连接各点,所得折线即为累计频率折线。

(5)根据排列图,确定主要因素、关键影响因素和次要因素。主要因素为累计频率 F_i 在 0~80% 的若干因素。它们是影响产品质量的关键原因,又称 A 类因素,其个数一般为 1~2 个,最多 3 个。

关键影响因素为累计频率 F_i 在 80%~95% 的若干因素。它们对产品质量有一定的影响,又称 B 类因素。

次要因素为累计频率 F_i 在 95%~100% 的若干因素。它们对产品质量仅有轻微影响,又称 C 类因素。

【例 2-1】 试用排列图分析某企业测量仪器发生故障的主要影响因素(表 2-6)。

表 2-6 测量仪器故障数据分析表

序号	因素	频数(次)	累计频数(次)	频率(%)	累计频率(%)
1	早期故障	54	54	41.86	41.86
2	操作失误	35	89	27.13	68.99
3	损耗	22	111	17.05	86.04
4	其他	18	129	13.96	100
	合计	129		100	

表 2-6 做排列图如图 2-6 所示。

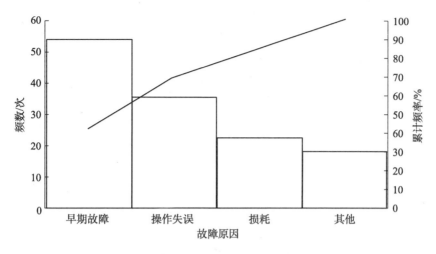

图 2-6 故障原因排列图

从图 2-6 可知，测量仪器发生故障的 A 类因素是早期故障和操作失误，B 类因素是损耗。A 类因素是质量改进考虑的重点因素，应予以解决。

2. 排列图的用途

（1）找出主要因素。排列图把影响产品质量的"关键的少数与次要的多数"直观表现出来，使我们明确应该从哪里着手来提高产品质量。实践证明，集中精力将主要因素的影响减半比消灭次要因素收效显著，而且容易得多。所以应当选取排列图前 1~2 项的主要因素作为质量改进的目标。如果前 1~2 项的难度较大，而第 3 项简易可行，马上可见效果，也可先对第 3 项进行改进。

（2）解决工作质量问题也可用排列图。不仅产品质量，其他工作也可用排列图改进工作，提高工作质量，检查质量改进措施的效果，如节约能源、减少消耗、安全生产等。采取质量改进措施后，为了检验其效果，可用排列图来核查。如果确有效果，则改进后的排列图中，横坐标上因素排列顺序或频数矩形高度应有变化。

2.1.5 因果图

因果图又名鱼骨图、石川图或特性要因图，由日本管理大师石川馨先生于 1953 年提出，是一种发现质量问题产生的根本原因的分析方法。在生产过程中，质量波动主要可以归结为六大类，即人（man）、机（machine）、料（material）、法（method）、环（environment）、测（measurement），简称 5M1E。一个问题的发生往往有多种引发因素交织在起，从表面上难以迅速找出其中的主要因素。因果图就是通过层层深入的分析研究来找出影响质量的大原因、中原因、小原因的简便而有效的方法，从交错混杂的大量影响因素中理出头绪，逐步把影响质量的主要、关键、具体原因找出来，从而明确所要采取的措施。

把所有能想到的原因，按它们之间的相依隶属关系，用箭头归纳联系在一起（箭杆写原因，箭头指向结果），绘成一张树枝状或鱼刺状的图形，如图 2-7 所示。主干箭头所指的为质量问题，主干上的大枝表示大原因，中枝、小枝表示中原因、小原因的依次展开。

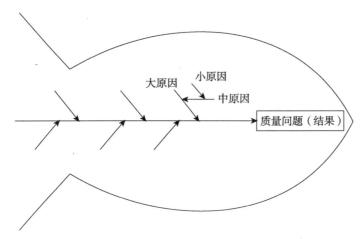

图 2-7　因果图（鱼骨图）

1. 因果图的绘制

（1）确定要研究分析的质量问题和对象，即确定要解决的质量特性是什么。将分析对象用肯定语气（不标问号）写在图的右边，最好定量表示，以便判断采取措施后的效果，画出主干，箭头指向右端的结果研究的对象。

（2）确定造成这个结果和质量问题的因素分类项目。影响工序质量的因素分为人员、设备、材料、工艺方法、环境等；再依次细分，画大枝，箭头指向主干，箭尾端记上分类项目，并加方框。

（3）把到会者发言、讨论、分析的意见归纳起来，按相互的隶属关系，由大到小，从粗到细，逐步深入，直到能够采取解决问题的措施为止。中枝表示对应的项目中造成质量问题的一个或几个原因；应言简意赅，记在箭头位置，使它平行于主干而指向大枝；把讨论、意见归纳为短语，如此展开下去，越箭杆的上面或下面，再展开，画小枝，小枝是造成中枝的原因，如此展开下去，越具体越细致就越好。

（4）确定因果图中的主要、关键原因，并用符号标出，再去现场调查研究，验证所确定的主要、关键原因是否找对、找准，以此作为制定质量改进措施的重点项目。一般情况下，主要、关键原因不应超过所提出的原因总数的 1/3。

（5）注明本因果图的名称、日期、参加分析的人员、绘制人和参考查询事项。

例如，对国货杭州基地地面服务质量存在的问题的原因分析，如图 2-8 所示。

2. 绘制因果图的注意事项

（1）确定原因要集合全员的知识与经验，集思广益，以免疏漏。

（2）主要或关键原因越具体，改进措施的针对性就越强。主要或关键原因初步确定后，应到现场去落实、验证主要原因，再制定切实可行的措施去解决。

（3）不要过分地追究个人责任，而要注意从组织上、管理上找原因，实事求是地提供质量数据和信息，不推脱责任。

（4）尽可能用数据反映、说明问题。

（5）作完因果图后，应检查图名、标明主要原因、检查文字是否简单通俗、检查编译是否明确、检查定性是否准确、尽可能量化,避免将改进措施放在图上。

(6)把重点放在解决问题上,绘制因果图时,重点先放在"发生的原因、结果",必要时,可再列出措施表。

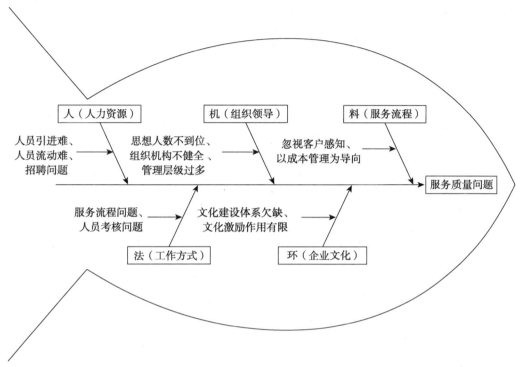

图 2-8　国货杭州基地地面服务质量存在问题的原因分析

2.1.6　层别法

层别法也称分类法或分组法,它是将质量数据归类整理的一种统计分析方法。在生产过程中,影响质量波动的原因是多方面的,因此,人们所收集的质量数据往往带有综合性。为了真实地反映质量问题的原因和变化规律,应将收集到的数据按其来源分类,再进行质量分析。

层别法是分析质量影响因素的一种基本工具,它能将杂乱无章的数据和错综复杂的因素按不同的目的、性质、来源等加以分类,使之条理化、系统化,以便抓住主要矛盾,找出影响质量的主要因素,从而采取相应的措施。分层法可以与质量管理中的其他方法和工具联合使用,形成分层排列图、分层相关图等,以提高分析研究的效率和质量。

在确定分层依据时,应使同一层数据在性质上的差异尽可能小,而层与层之间的差异尽可能大。在分析影响质量因素时,通常按下列标志将数据分层。

(1)按操作人员分层,如按新、老工人,或男、女工人,或不同技术等级的工人等。

(2)按操作方法分层,如按操作条件、速度、温度、压力、流量、切削用量等。

(3)按使用设备分层,如按设备种类、型号、精度等级、工夹具等。

(4)按原材料分层,如按不同的供应商、产地、尺寸、批号、型号等。

（5）按时间分层，如按早、中、晚班，日、周、旬、月、季度等。
（6）按检验手段分层，如按测量者身份、所用仪器、抽样方法等。
（7）按操作环境分层，如按清洁程度、采光、运输形式等。
（8）按其他标志分层，如按合作单位、过程、故障项目等。

1. 层别法的实施步骤

（1）明确调查目的，确定调查原因与对象。
（2）设计收集数据所使用的表格。
（3）设定数据收集点并培训相关人员如何填制表格。
（4）观察及记录所得的数值。
（5）整理数据、分类绘制应有的图表。
（6）比较分析与最终推论。

2. 层别法使用注意事项

（1）实施前，首先确定层别的目的：如不良率的分析、效率的提升、作业条的确认。
（2）使用同一层次内的数据波动幅度尽可能小，而层与层之间的差别尽可能大，否则就起不到归类、汇总的作用。
（3）调查表应针对所调查对象设计。
（4）数据的性质分类应清晰详细地记载。
（5）依照各种可能原因加以区别，直到找出真正原因所在：分层时不要将两个以上角度混杂分类。
（6）分层时应尽量融进其他手法，如排列图、直方图、散布图、控制图；分层所得到的分析信息应与对策相连接，并逐步付诸实际行动。

【例 2-2】某发动机装配车间，装配好的汽缸体与汽缸盖经常漏油。通过调查发现，漏油的主要原因是汽缸密封不好。汽缸的装配过程是由甲、乙、丙三个人各自完成的，漏油的原因是：三个人涂黏结剂的方法不同，所使用的汽缸垫分别来自 A 和 B 两个供应商。调查的数据结果是：调查汽缸总数 50 个，漏油汽缸的数量为 21 个，漏油发生率为 42%。表 2-7 和表 2-8 分别提供了按照操作人员和供应商分成收集整理的分层数据表。

表 2-7 按操作人员分层数据表

操作人员	漏油数/个	不漏油数/个	漏油发生数/%
甲	7	12	33
乙	4	8	
丙	10	9	48
合计	21	29	42

表 2-8 按供应商分层数据表

供应商	漏油数/个	不漏油数/个	漏油发生数/%
A	10	13	
B	11	16	
合计	21	29	42

对表 2-7 和表 2-8 进行分析发现，操作人员乙的漏油发生率最低，供应商 B 提供的汽缸垫漏油发生率也比较低，因此建议采用乙的操作方法并选用供应商 B 的产品。但这一方案的采用反而使漏油发生率增加了。经过研究发现，失败的原因是没有考虑操作方法与汽缸垫之间的联系，应重新进行分层。进一步考虑操作人员与供应商之间联系的分层结果如表 2-9 所示。

表 2-9 操作人员与供应商联合分层数据表

			供应商 A	供应商 B	合计
操作人员	甲	漏油数/个	7	0	7
		不漏油数/个	2	10	12
	乙	漏油数/个	0	4	4
		不漏油数/个	4	4	8
	丙	漏油数/个	3	7	10
		不漏油数/个	7	2	9
合计		漏油数/个	10	11	21
		不漏油数/个	13	16	29
总计/个			23	27	50

从表 2-9 可知，在使用供应商 B 提供的汽缸垫时应采用甲的操作方法，而在使用供应商 A 提供的汽缸垫时应采用乙的操作方法。采用这个对策后，该发动机的漏油问题得到了圆满解决。

2.1.7 控制图

控制图将在 2.2 统计过程控制方法给予专门介绍。

2.2 统计过程控制方法

2.2.1 质量波动理论

在生产制造过程中，无论把环境和条件控制的多么严格，任何一个过程所生产出的任意两件产品都是不可能完全一样。也就是说，任何一个过程所生产出来的产品，其质量特性值总是存在一定的差异，这种客观差异称为产品质量波动性。

1. 质量因素的分类

影响质量的因素称为质量因素，根据不同的划分方法，质量因素可以做如下分类。

1）按不同来源分类

按不同来源分类，可分为：人（man）、机（machine）、料（material）、法（method）、环（environment）、测（measurement），简称 5M1E。国际标准 ISO9000 系列则分得更细，除上述因素外，还有计算机软件、辅助材料与水电公用设施等，这也反映了时代的进步。

2）按影响大小与作用性质分类

（1）偶然因素又称随机因素。偶然因素具有四个特点：①影响微小。对产品质量的影响微小。②始终存在。只要生产，这些因素就始终在起作用。③逐件不同。由于偶然因素是随机变化的，因此每件产品受到偶然因素的影响是不同的。④难以除去，指在技术上有困难或在经济上不允许。偶然因素的例子很多，如机床开动时的轻微振动、原材料的微小差异、操作的微小差异等。

（2）异常因素又称系统因素。与偶然因素相对应，异常因素也有四个特点：①影响较大，即对产品质量的影响大。②有时存在。异常因素是某种原因所导致的，不是在生产过程中始终存在的。③同一系列产品受到同一方向的影响，指加工件质量指标受到的影响都是变大或变小。④不难除去，指异常因素在技术上不难识别和消除，在经济上也往往是允许的。异常因素的例子也很多，如由于固定螺母松动造成机床的较大振动、刀具的严重磨损、违反规程的错误操作等。

2. 质量波动性分类

1）偶然波动

偶然因素引起产品质量的偶然波动，又称随机波动。一个只表现出偶然波动的一过程所产生的值一般都处于中心值两侧（见表 2-10 中的实际意义 A）。这样的过程称为处于统计控制状态的过程。偶然波动是由许多原因引起的，而每一个原因只起很小的作用。由于排除一个单一的原因只会对最终结果起到很小的影响，因此从经济角度考虑，减少偶然波动是非常困难的。

2）异常波动

异常因素引起产品质量的异常波动，又称系统波动。异常波动能引起系统性的失效或缺陷。异常波动可能会引起某种趋势（见表 2-10 中的实际意义 B），如持续地沿着一个方向变化。这是由于某种因素逐渐加深对过程的影响，像磨损和撕裂，或者是温度的变化等。此外，还有一种异常波动的例子是水平的突变（见表 2-10 中的实际意义 C），这种类型的变化可能是由于操作人员的变化、使用了新的材料、改变了设备调试等因素导致的。异常波动一般由单一的不明原因造成，而这个原因能引起明显的后果。因此，及时确定异常波动，检验并采取措施消除异常波动的后果是非常重要的。这种措施从经济角度考虑是值得的，见表 2-10。

表 2-10 波动的形式

实 际 意 义	波动的形式
A. 制造过程处于统计控制状态，引起波动的只有偶然因素	
B. 制造过程具有某种趋势，引起波动的既有偶然因素也有异常因素	
C. 制造过程的水平发生突变，引起波动的既有偶然因素也有异常因素	

2.2.2 控制图原理

1. 控制图的概念

控制图是用于分析和判断过程是否处于稳定状态所使用的带有控制界限的图,是具有区分正常波动和异常波动的功能图表,是现场质量管理中重要的统计工具。世界上第一张控制图是由贝尔实验室质量课题研究小组过程控制组学术领导人休哈特提出的不合格品率 p 控制图。第二次世界大战后期,美国开始在军工部门推行休哈特的统计过程控制方法(SPC)。目前,控制图作为质量控制的主要方法广泛应用于各个国家的各行各业。

控制图上有三条平行于横轴的直线:中心线 CL、上控制限 U_{CL} 和下控制限 L_{CL},并有按时间顺序抽取的样本统计量数值的描点序列。U_{CL}、CL、L_{CL} 统称为控制限(control limit),通常控制界限设定在 $\pm3\sigma$ 的位置。中心线是所控制的统计量的平均值,上下控制界限与中心线相距数倍标准差。若控制图中的描点落在 U_{CL} 与 L_{CL} 之外或描点在 U_{CL} 和 L_{CL} 之间的排列不随机,则表明过程异常,如图 2-9 所示。

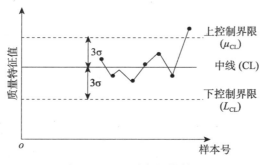

图 2-9 过程异常的控制图

2. 控制图的分类

根据统计数据的类型不同,控制图可分为计量值控制图和计数值控制图。计量值控制图常见的有均值—极差控制图、均值—标准差控制图、中位数—极差控制图、单值—移动极差控制图,适用于用来监控产品的质量特性为连续型随机变量的情况。计数值控制图常见的有不合格品数控制图、不合格品率控制图、缺陷数控制图、单位缺陷数控制图,适用于用来监控产品的质量特性为离散型随机变量的生产过程,如表 2-11 所示。

2.2.3 控制图的统计原理

实践结果表明,当加工工序处于稳定状态时,大多数计量数据都服从正态分布,或近似服从正态分布。假设产品的某一质量特性服从均值为 μ、方差为 σ^2 的正态分布,即 $X \sim N(\mu, \sigma^2)$,那么由正态分布理论可知,产品质量计量值在 $\mu \pm 3\sigma$ 上下界限之间出现的可能性(即概率)为 99.73%。因此,一般将产品质量特性值的均值作为控制图的中心线,均值加(减)3 倍标准差作为控制图的上(下)控制界限。另外,在制作各种控制图时,3 倍标准差并不容易求得,故可按统计理论计算出近似系数,用于各种控制图的计算信息输入表,如表 2-12 所示。例如,要求平均值控制图,则平均值 $\bar{x}$ 的中心线值为 $\bar{x}$,控制界限值为

$$U_{CL} = \mu + 3\sigma = \overline{\overline{X}} + A_2\overline{R}$$
$$L_{CL} = \mu - 3\sigma = \overline{\overline{X}} - A_2\overline{R}$$

表 2-11 控制图的分类

数据类型	分布类型	控制图名称及记号		中心线	上、下控制界限值	说明
计量型	正态分布	均值-极差控制图 ($\overline{X}$-R 图)	$\overline{X}$ 图	$\overline{\overline{X}}$	$\overline{\overline{X}} \pm A_2\overline{R}$	$\overline{\overline{X}} = \dfrac{\sum \overline{X}}{K}$
			R 图	$\overline{R}$	$D_4\overline{R}$（上限） $D_3\overline{R}$（下限）	$\overline{R} = \dfrac{\sum R}{K}$
		均值-标准差控制图 ($\overline{X}$-S 图)	$\overline{X}$ 图	$\overline{\overline{X}}$	$\overline{\overline{X}} \pm A_3\overline{S}$	$\overline{S} = \dfrac{\sum S}{K}$
			S 图	$\overline{S}$	$B_4\overline{R}$（上限） $B_3\overline{R}$（下限）	
		中位数-极差控制图 ($\tilde{X}$-R 图)	$\tilde{X}$ 图	$\overline{\tilde{X}}$	$\overline{\tilde{X}} \pm m_3 A_2 \overline{R}$	$\overline{\tilde{X}} = \dfrac{\sum \tilde{X}}{K}$
			R 图	$\overline{R}$	$D_4\overline{R}$（上限） $D_3\overline{R}$（下限）	$\overline{R_s} = \dfrac{\sum R_s}{K-1}$
		单值-移动极差控制图 (X-R_S 图)	X 图	$\overline{X}$	$\overline{X} \pm E_2 \overline{R_S}$	式中，K 为测验样本的组数；系数 $A_2, A_3, D_4, D_3, B_4, B_3, m_3, E_2$ 与 n 有关，可查表得到
			R_s 图	$\overline{R_s}$	$D_4\overline{R_s}$（上限） $D_3\overline{R_s}$（下限）	
计数型	二项分布	不合格品数控制图（np 图）		$n\overline{p}$	$n\overline{p} \pm 3\sqrt{n\overline{p}(1-\overline{p})}$	$n\overline{p} = \dfrac{\sum np}{K}$
		不合格品率控制图（p 图）		$\overline{p}$	$\overline{p} \pm 3\sqrt{\dfrac{\overline{p}(1-\overline{p})}{n}}$	$\overline{p} = \dfrac{\sum np}{\sum n}$
	泊松分布	缺陷数控制图（c 图）		$\overline{c}$	$\overline{c} \pm 3\sqrt{\overline{c}}$	$\overline{c} = \dfrac{\sum c}{K}$
		单位缺陷数控制图（u 图）		$\overline{u}$	$\overline{u} \pm 3\sqrt{\dfrac{\overline{u}}{n}}$	$\overline{u} = \dfrac{\sum c}{\sum n}$ 式中，n 为测验样本的容量

表 2-12 计量值控制图计算公式中的系数值表

小组观察数目（n）	A_2	A_3	D_3	D_4	$m_3 A_2$	E_2	d_2	d_3	B_3	B_4
2	1.880	2.658	—	3.267	1.880	2.660	1.13	0.85	—	3.287
3	1.023	1.955	—	2.575	1.187	1.772	1.69	0.89	—	2.568
4	0.729	1.629	—	2.232	0.976	1.457	2.06	0.88	—	2.266
5	0.577	1.427	—	2.115	0.691	1.290	2.33	0.86	—	2.089
6	0.483	1.286	—	2.004	0.549	1.184	2.53	0.85	0.030	1.970
7	0.419	1.182	0.076	1.924	0.509	1.109	2.70	0.83	0.118	1.882
8	0.373	1.099	0.136	1.864	0.432	1.054	2.85	0.82	0.185	1.815
9	0.337	1.032	0.184	1.816	0.412	1.010	2.97	0.81	0.239	1.761
10	0.308	0.975	0.223	1.777	0.363	0.945	3.08	0.80	0.284	1.752

这样，根据正态分布的特点，在只有偶然性因素的生产过程中，100 个数据中最多有 3 个数据（点）可能超出控制界限。且发现某点在界外，就可判断生产过程发生了异常，需立即查明原因，这种判断的错判率只有 3%。

2.2.4 控制图的绘制与应用程序

1. 控制图的绘制步骤

（1）确定受控质量特性。选出符合应用目的、可控、重要的质量特性。

（2）选择控制图。若存在多波动源，则需要用多变异分析确定最大的波动源。确定抽样方案时，要确定样本容量、如何抽取数据和抽样的时间间隔。

（3）收集预备数据。初始建立分析用控制图的控制限，至少要抽取 20 组样本，尽量使用反映当前信息的数据，并记录数据收集的日志，包括人员、时间、地点、事件和方案等，同时，要保证抽样的随机性。

（4）计算控制界限。要根据选择的控制图类型，计算出上控制限（U_{CL}）和下控制限（L_{CL}）。

（5）分析用控制图。

（6）控制用控制图。根据控制图的判定准则，确定过程的状态，必要时重新计算控制限。如果过程能继续处于统计控制状态，则要定期评价控制限；当操作人员、原材料、机器设备、操作方法等发生变化时，要重新计算控制限，实施对过程的控制。

2. 实例

【例 2-3】某厂生产直径为 10 ± 0.20 mm 的圆柱销，每隔一定时间随机抽取 5 个样品为一组，共取 20 组，所得数据如表 2-13 所示。试画出 $\bar{X}$-R 控制图。

表 2-13 $\bar{X}$-R 控制图数据表

序号	X_1	X_2	X_3	X_4	X_5	$\sum X$	$\bar{X}$	R
1	10.009	9.978	10.010	9.937	10.010	49.945	9.989	0.073
2	9.947	10.088	10.016	10.013	9.962	50.026	10.005	0.141
3	10.031	9.981	10.021	9.950	10.051	50.034	10.007	0.101
4	10.010	9.915	10.009	10.020	9.982	49.936	9.987	0.105
5	9.982	10.026	9.948	10.012	9.912	49.880	9.976	0.114
6	10.035	9.995	10.038	9.965	10.010	50.043	10.009	0.073
7	9.920	10.070	9.884	10.015	10.000	49.889	9.978	0.186
8	10.006	9.981	10.009	10.026	9.939	49.961	9.992	0.087
9	10.000	9.996	10.057	9.940	10.019	50.012	10.002	0.117
10	9.970	10.095	9.975	10.059	9.942	50.041	10.008	0.153
11	10.140	10.007	9.998	10.051	9.934	50.130	10.026	0.206
12	9.950	10.047	10.009	10.010	10.068	50.084	10.017	0.118
13	10.030	9.990	9.968	9.911	9.972	49.871	9.974	0.119
14	9.930	9.960	10.109	9.973	10.005	49.997	9.995	0.179
15	10.070	10.025	9.988	10.029	9.950	50.062	10.012	0.120
16	9.960	10.052	9.925	10.009	10.008	49.954	9.991	0.127
17	10.010	9.958	10.150	10.090	9.969	50.177	10.035	0.192

续表

序号	X_1	X_2	X_3	X_4	X_5	$\sum X$	$\bar{X}$	R
18	9.990	10.028	9.978	9.919	10.081	49.996	9.999	0.162
19	10.120	9.940	10.010	10.089	9.942	50.101	10.020	0.180
20	9.948	10.093	9.971	10.012	9.986	50.010	10.002	0.145

$\bar{X}$ 控制图 $U_{CL} = \bar{\bar{X}} + A_2\bar{R}$ $L_{CL} = \bar{\bar{X}} - A_2\bar{R}$	R 控制图 $U_{CL} = D_4\bar{R}$	系数表	$\bar{\bar{X}}$=10.001　　$\bar{R}$=0.135		
			n	A_2	D_4
			4	0.729	2.232
			5	0.577	2.115

解：

第 1 步，从过程中随机抽取 20 组共获得 100 个数据，列入上表，其中 $n=5$。

第 2 步，计算各组平均值，将计算结果填入表 2-13。

第 3 步，计算各组的极差值，将计算结果填入表 2-13。

第 4 步，计算 $\bar{\bar{X}}$，$\bar{R}$，其中

$$\bar{\bar{X}} = \frac{\overline{X_1 + X_2} + \cdots + \overline{X_k}}{k} = \frac{9.989 + 10.005 + \cdots + 10.002}{20} = 10.001$$

$$\bar{R} = \frac{R_1 + R_2 + \cdots + R_k}{k} = \frac{0.073 + 0.141 + \cdots + 0.145}{20} = 0.135$$

第 5 步，计算 $\bar{X}$-R 控制图的控制界限。查表得 $A_2 = 0.577$，$D_4 = 2.115$，D_3（不考虑），所以 $\bar{X}$ 控制图界限为

$$U_{CL} = \bar{\bar{X}} + A_2\bar{R} = 10.001 + (0.577 \times 0.135) = 10.079$$

$$L_{CL} = \bar{\bar{X}} - A_2\bar{R} = 10.001 - (0.577 \times 0.135) = 9.923$$

R 控制图的界限为

$$U_{CL} = D_4\bar{R} = 2.11 \times 0.135 = 0.285$$

$$L_{CL} = D_3\bar{R}（不考虑，取 0）$$

第 6 步，根据以上数据作图 2-10 并打点。

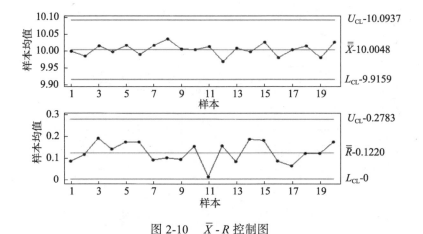

图 2-10　$\bar{X}$-R 控制图

【例 2-4】 表 2-14 的数据给出了对型开关使用自动检测装置进行全检测所发现的关于开关失效的每小时不合格数,小型开关由一自动装配线生产。由于开关失效是严重的质量问题,要利用不合格品率控制图对开关使用过程进行监控。收集 25 组数据,作为预备数据,绘制 p 控制图。

表 2-14 开关的预备数据

子组号	检查的开关数 n/件	不合格开关数 np/件	不合格百分比数 p/%
1	4000	8	0.200
2	4000	14	0.350
3	4000	10	0.250
4	4000	4	0.100
5	4000	13	0.325
6	4000	9	0.225
7	4000	7	0.175
8	4000	11	0.275
9	4000	13	0.325
10	4000	5	0.125
11	4000	14	0.350
12	4000	12	0.300
13	4000	8	0.200
14	4000	15	0.375
15	4000	11	0.275
16	4000	9	0.225
17	4000	18	0.450
18	4000	6	0.150
19	4000	12	0.300
20	4000	6	0.150
21	4000	12	0.300
22	4000	6	0.150
23	4000	8	0.200
24	4000	15	0.375
25	4000	14	0.350
总计	100000	260	

$$\text{CL} = \bar{p} = \frac{8+14+\cdots+14}{4000 \times 25} = 0.0026 = 0.26\%$$

$$U_{\text{CL}} = \bar{p} + 3\sqrt{\bar{p}(1-\bar{p})/n_i} = 0.0026 + 3\sqrt{0.0026(1-0.0026)/4000} \approx 0.0050 = 0.50\%$$

$$L_{\text{CL}} = \bar{p} - 3\sqrt{\bar{p}(1-\bar{p})/n_i} = 0.0026 - 3\sqrt{0.0026(1-0.0026)/4000} \approx 0.0002 = 0.02\%$$

p 控制图如图 2-11 所示,尽管每小时不合格品百分数比较大,但开关的质量仍处于统计控制状态。

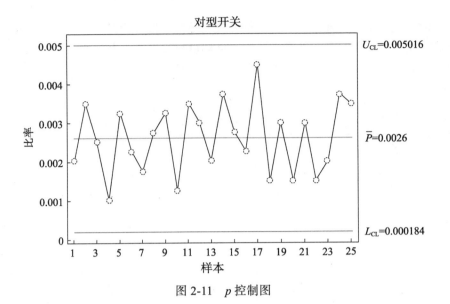

图 2-11 p 控制图

np 控制图同样也适用于这些数据，因为所有的样本大小相等，np 控制图的计算如图 2-12 所示。

$$CL = n\bar{p} = 4000 \times 0.0026 = 10.40$$

$$U_{CL} = n\bar{p} + 3\sqrt{n\bar{p}(1-\bar{p})} = 10.40 + 3\sqrt{10.40 \times (1-0.0026)} = 20.06$$

$$L_{CL} = n\bar{p} - 3\sqrt{n\bar{p}((1-\bar{p})} = 10.40 - 3\sqrt{10.40 \times (1-0.0026)} = 0.74$$

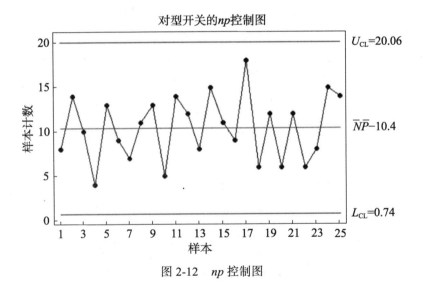

图 2-12 np 控制图

【例 2-5】对某产品同一部位 $10\,\mathrm{cm}^2$ 进行检验，统计资料如表 2-15 所示，试画出 c 控制图。

表 2-15　统计资料

样本号	缺陷数 c	样本号	缺陷数 c
1	5	14	3
2	3	15	4
3	6	16	6
4	8	17	8
5	4	18	2
6	6	19	5
7	3	20	7
8	2	21	3
9	8	22	5
10	7	23	3
11	2	24	7
12	4	25	3
13	6	合计	120

解：

第 1 步，收集数据，从过程中随机抽取 25 组数据，记录其中的缺陷数，填入上表。

第 2 步，计算样本的平均缺陷数

$$\bar{c} = \frac{1}{k}\sum_{i=1}^{k} c_i = \frac{120}{25} = 4.8$$

第 3 步，计算控制界限

$$\text{CL} = \bar{c} = 4.8$$
$$U_{\text{CL}} = \bar{c} + 3\sqrt{\bar{c}} = 4.8 + 3\sqrt{4.8} = 11.37$$
$$L_{\text{CL}} = \bar{c} - 3\sqrt{\bar{c}} = 4.8 - 3\sqrt{4.8} = -1.77（这种情况通常取 0）$$

第 4 步，根据以上数据作图 2-13 并打点。

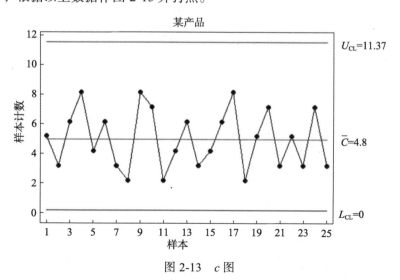

图 2-13　c 图

2.2.5 控制图的分析与判断

1. 判断异常准则

用控制图识别生产过程的状态，主要是根据样本数据形成的样本点位置及变化趋势进行分析和判断，判断工序处于受控状态还是失控状态。

为了便于操作，GB/T 17989.2—2020《常规控制图》明确给定八种失控模式判定准则，它将控制域划分为带宽为 σ 的六个条形区域（见图2-14），出现下列任意一种情况，就可判定为过程失控：

准则1：1个点落在 A 区以外。
准则2：连续9点落在中心线同一侧。
准则3：连续6点递增或递减。
准则4：连续14点中相邻点上下交替。
准则5：连续3点中有2点落在中心线同一侧的 B 区以外。
准则6：连续5点中有4点落在中心线同一侧的 C 区以外。
准则7：连续15点落在中心线两侧的 C 区内。
准则8：连续8点落在中心线两侧且无一在 C 区内。

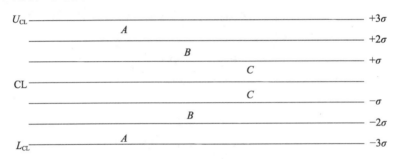

图2-14 控制图的分区

2. 两种错误判断

利用控制图判断生产过程是否稳定，实质是利用样本数据进行的统计推断。既然是统计推断，就不可避免地会出现两种错误：第一种是将正常的过程判为异常，即生产仍处于统计控制状态，但由于偶然性因素的影响，使得点超出控制界限，从而虚发警报将生产过程判为异常。出现这种情况的概率为0.27%，将犯这种错误的概率称为第Ⅰ种风险，记作 α。第二种错误是将异常判为正常，即生产过程已经有了异常，产品质量的分布偏离了典型分布，但总还有一个部分产品的质量特征值是在上下控制界限之内的。如果我们抽取到这样的产品进行检验，那么这时由于点未出界而判断生产过程正常，就会出现漏发警报的错误，将犯这种错误的概率称为第Ⅱ种风险，记作 β。其中，α 与 β 是此消彼长的关系，导致两类错误发生的因素主要有以下两个。

1）控制界限

控制界限的宽窄对于 α 和 β 都有影响，在样本容量一定的情况下，把控制界限的间距拉大，这时犯第一种错误的可能性减小，而犯第二种错误的可能性增大。反之，当缩小控制界限之间的差距，犯第一种错误的可能性增大，而犯第二种错误的可能性减小。因此，合理确定控制界限的原则能使得两种错误造成的总损失最小。经验证明，$U_{CL} = \mu - 3\sigma$，$L_{CL} = \mu - 3\sigma$ 的三西格玛（3σ）方式就是两种错误所造成的总损失最小的控制界限。美国、日本和中国等大多数国家都采用三西格玛方式，英国和北欧等地则采用概率界限方式。

2）样本容量 n 的大小

如果需要同时降低 α 与 β，则需要增加样本容量 n。

2.3 过程能力分析

2.3.1 过程能力的基本概念

过程能力也称为工序能力，指处于稳定状态下的过程的（或工序）实际加工能力，是衡量过程加工内在稳定性的标准。过程能力的测定一般是在成批生产状态下进行的，过程满足产品质量要求的能力主要表现在两个方面：①产品质量是否稳定；②产品质量精度是否足够。因此，当确认过程能力可以满足精度要求的条件时，过程能力是以该过程产品质量特性值的变异或波动来表示的。

2.3.2 过程能力指数及其计算

1. 过程能力指数的概念

在稳定生产状态下，影响过程能力的偶然因素近似服从正态分布。为了便于过程能力的量化，可以用 3σ 原理来确定其分布范围：当分布范围取为 $\mu \pm 3\sigma$ 时，产品质量合格的概率可达 99.73%，接近于 1。因此以 $\pm 3\sigma$，即 6σ 为标准来衡量过程的能力是具有足够的精确度和良好经济特性的。所以在实际计算中就用 6σ 的波动范围来定量描述过程能力。将过程能力用 B 表示，则 $B = 6\sigma$。

过程能力指数表示过程能力满足产品技术标准的程度。技术标准指加工过程中产品必须达到的质量要求，一般用符号 T 表示。质量标准（T）与过程能力（B）的比值，称为过程能力指数，即 $C_p = \dfrac{T}{B}$，记为 C_p。

C_p 是衡量过程能力满足产品技术要求程度的指标。过程能力指数越大，说明过程能力越能满足技术要求，甚至有一定的储备能力。

2. 过程能力指数的计算

这里仅讨论计量值指标的过程能力指数的计算。计件值和记点值指标过程能力指数的计算，相当于计量值指标的过程能力指数计算的单侧公差情况。对于计量值指标的过程能力指数的计算，主要有以下几种情况。

（1）双侧公差且分布中心 μ 和公差（标准）中心 M 重合，如图 2-15 所示。此时过程能力指数 C_p 为

$$C_p = \frac{T}{6\sigma} = \frac{T_U - T_L}{6\sigma} \approx \frac{T_U - T_L}{6S}$$

式中，T 为公差范围，T_U 为公差上限，T_L 为公差下限，σ 为总体标准差，S 为样本标准差，p_U 为超出公差上限的不合格品率，p_L 为低于公差下限的不合格品率。

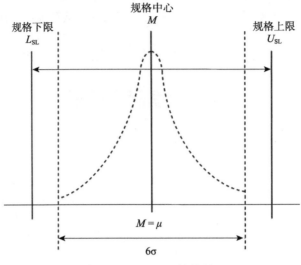

图 2-15 $\mu = M$ 的情况

【例 2-6】 某螺栓外径设计要求为 10 ± 0.024mm，现从生产现场随机抽取样本，测得 $\bar{X} = 10$mm，$S = 0.005$mm，试求过程能力指数。

解：

因为公差中心 M 为

$$M = \frac{T_U + T_L}{2} = \frac{10.024 + 9.976}{2} = 10 = \bar{X}$$

所以，分布中心 μ 和公差中心 M 重合，则

$$C_p = \frac{T_U - T_L}{6\sigma} \approx \frac{T_U - T_L}{6S} = \frac{10.024 - 9.976}{6 \times 0.005} = 1.6$$

（2）双侧公差且分布中心 μ 和公差（标准）中心 M 不重合，如图 2-16 所示。这时，分布中心 μ 与公差（标准）中心 M 偏移了一定的距离。虽然分布标准差 σ 不变，C_p 值也没变，但也出现了过程能力不足的现象，可能出现较多的不合格品。

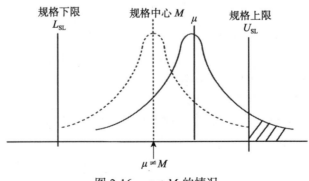

图 2-16 $\mu \neq M$ 的情况

令 $\varepsilon = |M - \mu|$，其中 ε 为分布中心对公差（标准）中心的绝对偏移量。由于正态分布的对称性，一般用 ε 与 $T/2$ 的比值来修正 C_p 值，这个比值称为相对偏移量或偏移系数，记为 K，即

$$K = \frac{\varepsilon}{T/2} = \frac{|M - \mu|}{T/2}$$

又

$$M = \frac{T_U + T_L}{2}$$
$$T = T_U - T_L$$

所以，有

$$K = \frac{|(T_U + T_L)/2 - \mu|}{(T_U + T_L)/2}$$

此时，过程能力指数需加以修正，设有偏情况下的过程能力指数为 C_{pk}，计算公式为：

$$C_{pk} = C_p(1-K) = \frac{T}{6\sigma}\left(1 - \frac{\varepsilon}{T/2}\right) = \frac{T - 2\varepsilon}{6\sigma} \approx \frac{T - 2\varepsilon}{6S}$$

由上式可知：

当 $K = 0$ 时，μ 恰好位于公差中心，$C_{pk} = C_p$，这是理想状态。

当 $0 < K < 1$，μ 位于公差界限之内，且不与公差中心重合，$C_{pk} < C_p$，这属于一般情况。

当 $K \geq 1$，μ 位于公差界限之外，此时加工过程中的不合格品率等于或大于 50%。由于不合格品率已不能满足加工产品的质量要求，故通常规定此时的 C_{pk} 值为 0。

显而易见，K 值在 0~1 之间，K 值越小越好，$K = 0$ 是理想状态。

【例 2-7】 已知某过程加工的零件尺寸要求为 30 ± 0.025mm，加工数量为 100 件的一批零件后，计算得 $\bar{X} = 29.995$mm，$S = 0.005$mm，试求过程能力指数 C_{pk}。

解：
因为公差中心为

$$M = \frac{T_U + T_L}{2} = \frac{30.025 + 29.975}{2} = 30(\text{mm})$$
$$T = 30.025 - 29.975 = 0.050(\text{mm})$$
$$\varepsilon = |M - \bar{X}| = |30 - 29.995| = 0.005(\text{mm})$$

所以，分布中心 μ 和公差中心 M 不重合，则

$$C_{pk} = \frac{T - 2\varepsilon}{6\sigma} \approx \frac{T - 2\varepsilon}{6S} = \frac{0.050 - 2 \times 0.005}{6 \times 0.005} = 1.33$$

（3）单侧公差情况。技术要求以不大于或不小于某一标准值的形式表示，这种质量标准就是单侧公差，如机电产品的机械强度、耐电压强度、寿命、可靠性等只规定下限的质量特性界限。而如机械加工中的形状位置公差、光洁度、材料中的有害杂质含量，只规定上限标准。因此，这种情况下的公差范围是不确定的，公差中心也无法确定。此时应将过程能力指数计算公式加以分解，得

$$C_p = \frac{T}{6\sigma} = \frac{T_U - T_L}{6\sigma} = \frac{T_U - \mu}{6\sigma} + \frac{\mu - T_L}{6\sigma}$$

当总体为正态分布，且 μ 与 M 重合时，$T_U - \mu = \mu - T_L$，则

$$C_p = 2 \times \frac{T_U - \mu}{6\sigma} = 2 \times \frac{\mu - T_L}{6\sigma} = \frac{T_U - \mu}{3\sigma} = \frac{\mu - T_L}{3\sigma}$$

整理可得

$$T_U - \mu = \mu - T_L = 3\sigma C_p$$

当只有公差上限时，如图 2-17 所示，过程能力指数为

$$C_{pk_U} = \frac{T_U - \mu}{3\sigma} \approx \frac{T_U - \mu}{3S}$$

若 $T_U \leq \mu$，说明此时分布中心已经超过公差上限，故认为过程能力严重不足，规定 $C_{pk_U} = 0$。

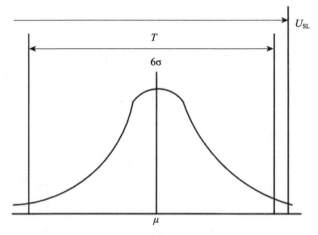

图 2-17 上侧公差情况图

当只有公差下限时，如图 2-18 所示，过程能力指数为

$$C_{pk_L} = \frac{\mu - T_L}{3\sigma} \approx \frac{\mu - T_L}{3S}$$

若 $\mu \leq T_L$，同理，规定 $C_{pk_L} = 0$。

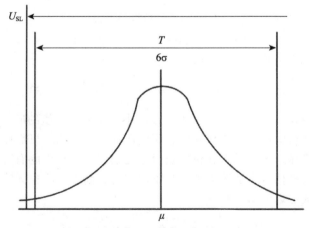

图 2-18 下侧公差情况图

【例 2-8】 某航空企业在制造中要求单位体积含某种原料不能高于 0.01 mg，现在根据随机抽样的数据检测，得 $\bar{X} = 0.005$ mg，$S = 0.001$ mg，试求过程能力指数。

解：

$$C_{pk_U} = \frac{T_U - \bar{X}}{3\sigma} \approx \frac{T_U - \bar{X}}{3S} = \frac{0.01 - 0.005}{3 \times 0.001} = 1.67$$

【例 2-9】 某飞机制造厂生产的机轮寿命要求不能低于 3600 h，现在随机抽取 100 个机轮进行检测，得 $\bar{X} = 3800$ h，$S = 60$ h，试求过程能力指数。

解：

$$C_{pk_L} = \frac{\bar{X} - T_L}{3\sigma} \approx \frac{\bar{X} - T_L}{3S} = \frac{3800 - 3600}{3 \times 60} = 1.11$$

2.3.3 过程不合格品率的计算

过程能力指数与不合格品率有着极其密切的关系。当过程处于受控或稳定状态时，一定的过程能力指数 C，与一定不合格品率相对应，因此，过程能力指数的大小，反映出产品质量水平的高低。例如，当 $C_p = 1$ 时，$B = 6\sigma$，由正态分布理论可知，此时不合格品率 $p = 0.27\%$；当 $C_p = 1.33$ 时，$B = 8\sigma$，此时不合格品率 $p = 0.007\%$，等等。

下面分几种情况来讨论。

1）双侧公差，分布中心与公差中心重合

由图 2-16 可知，在 $\mu = M$ 时，p_L 为低于公差下限的不合格品率，p_U 为高于公差上限的不合格品率，且 $p_L = p_U$，即总的不合格品率 $p = p_L + p_U = 2p_L$。

$$p = p_L + p_U = 2p_L = 2pX < T_L = 2p\left(\frac{X-\mu}{\sigma} < \frac{T_L - \mu}{\sigma}\right)$$

$$= 2\Phi\left(\frac{T_L - \mu}{\sigma}\right) = 2\Phi\left(\frac{(\mu - 3\sigma C_p) - \mu}{\sigma}\right)$$

$$= 2\Phi(-3C_p) = 2(1 - \Phi(3C_p))$$

【例 2-10】 当 $C_p = 1.17$，求该工序的不合格品率。

解：

$$p = p_L + p_U = 2(1 - \Phi(3C_p)) = 2 \times (1 - \Phi(3 \times 1.17))$$

$$\approx 2 \times (1 - 0.99978) = 0.00044$$

（查正态分布表，见附表 1）

所以

$$p = 0.044\%$$

2）双侧公差，分布中心与公差中心不重合

首先计算合格品率

$$p(T_L \leqslant X \leqslant T_U) = \int_{\frac{T_L-\mu}{\sigma}}^{\frac{T_U-\mu}{\sigma}} \frac{1}{\sqrt{2\pi}} e^{-\frac{t^2}{2}} dt$$

$$= \Phi\left(\frac{T_U-\mu}{\sigma}\right) - \Phi\left(-\frac{T_L-\mu}{\sigma}\right)$$

$$= \Phi\left(\frac{T_U-M}{\sigma} - \frac{\mu-M}{\sigma}\right) - \Phi\left(-\frac{T_L-M}{\sigma} - \frac{\mu-M}{\sigma}\right)$$

$$= \Phi\left(\frac{T}{2\sigma} - \frac{\varepsilon}{\sigma}\right) - \Phi\left(-\frac{T}{2\sigma} - \frac{\varepsilon}{\sigma}\right)$$

$$= \Phi(3C_p - 3KC_p) - \Phi(-3C_p - 3KC_p)$$

$$= \Phi(3C_p(1-K)) - \Phi(-3C_p(1+K))$$

所以，不合格品率 $p = 1 - \Phi(3C_p(1-K)) + \Phi(-3C_p(1+K))$。

【例 2-11】已知某零件直径尺寸要求为 40 ± 0.012mm，加工数量为 100 件的一批零件后，经检测，得 $\bar{X} = 39.995$mm，$S = 0.004$mm，试求不合格品率。

解：
因为公差中心为

$$M = \frac{T_U + T_L}{2} = \frac{40.012 + 39.988}{2} = 40 \text{(mm)}$$

$$T = 40.012 - 39.998 = 0.024 \text{(mm)}$$

$$\varepsilon = |M - \bar{X}| = |40 - 39.995| = 0.005 \text{(mm)}$$

$$= \frac{T}{6\sigma} \approx \frac{T}{6S} = \frac{0.024}{6 \times 0.004} = 1$$

$$K = \frac{\varepsilon}{\frac{T}{2}} C_p = \frac{2 \times 0.005}{0.024} = 0.42$$

所以

$$p = 1 - \Phi(3C_p(1-K)) + \Phi(-3C_p(1+K))$$

$$= 1 - \Phi(3 \times 1 \times (1-0.42)) + \Phi(-3 \times 1 \times (1+0.42))$$

$$= 1 - \Phi(1.74) + \Phi(-4.26)$$

$$= 1 - 0.9591 + 1 - 0.99999 = 0.04091 \approx 4.09\%$$

（查正态分布表，见附表 1）

3）用查表法求不合格品率

为了实际应用方便，可以查根据过程能力指数 C_p 和偏移系数 K 求不合格品率 p 数值表（见表 2-16），单侧公差情况下的过程能力指数所对应的不合格品率是双侧界限的一半，也可以通过该表查得，但要将查到的数值除以 2。

【例 2-11】已知某零件直径尺寸要求为 40 ± 0.012mm，加工数量为 100 件的一批零件后，得 $\bar{X} = 39.9952$mm，$S = 0.004$mm，试用查表法求不合格品率。

解：
查表 2-16 得，从 $C_p = 1$，$K = 0.4$ 相交处查出对应的不合格品率 p 为 3.59%。这与我们在上道例题中计算出来的数值是完全相同的，故在实际工作中查表法比较快捷。

表 2-16　不同 K 与 C_p 时的不合格品率 p 的数值表（%）

C_p	K													
	0.00	0.04	0.08	0.12	0.16	0.20	0.24	0.28	0.32	0.36	0.40	0.44	0.48	0.52
0.5	13.36	13.43	13.64	13.99	14.48	15.10	15.86	16.75	17.77	18.92	20.19	21.38	23.09	24.71
0.6	7.10	7.26	7.48	7.85	8.37	9.03	9.85	10.81	11.92	13.18	14.59	16.81	17.85	19.69
0.7	3.57	3.64	3.83	4.16	4.63	5.24	5.99	6.89	7.94	9.16	10.55	12.10	13.84	15.74
0.8	1.64	1.69	1.89	2.09	2.46	2.94	3.55	4.31	5.21	6.28	7.53	8.98	10.62	12.48
0.9	0.63	0.73	0.83	1.00	1.25	1.60	2.05	2.62	3.34	4.21	5.27	6.53	8.02	9.75
1.0	0.27	0.29	0.35	0.45	0.61	0.84	1.14	1.55	2.07	2.75	3.59	4.65	5.94	7.49
1.1	0.10	0.11	0.14	0.20	0.29	0.42	0.61	0.88	1.24	1.74	2.39	3.23	4.31	5.66
1.2	0.03	0.04	0.05	0.08	0.13	0.20	0.31	0.48	0.72	1.06	1.54	2.19	3.06	4.20
1.3	0.01	0.1	0.02	0.03	0.05	0.09	0.15	0.25	0.40	0.63	0.96	1.45	2.13	3.06
1.4	0.00	0.00	0.01	0.01	0.02	0.04	0.07	0.13	0.22	0.36	0.59	0.93	1.45	2.10
1.5			0.00	0.00	0.01	0.02	0.03	0.06	0.11	0.20	0.35	0.59	0.96	1.54
1.6					0.00	0.01	0.01	0.03	0.06	0.11	0.20	0.36	0.63	1.07
1.7						0.00	0.01	0.01	0.03	0.06	0.11	0.22	0.40	0.72
1.8							0.00	0.01	0.01	0.03	0.06	0.13	0.25	0.48
1.9								0.00	0.01	0.01	0.03	0.07	0.15	0.31
2.0									0.00	0.01	0.02	0.04	0.09	0.20
2.1										0.00	0.01	0.02	0.05	0.18
2.2											0.00	0.01	0.03	0.08

2.3.4　过程能力分析与评定

在求出过程能力指数后，就可以对过程能力是否充分做出分析和判定，也就是判断 C_p 值在多少时，达到设计要求，一般会出现下面几种情况。

（1）根据过程能力指数的计算公式，如果质量特性值的分布中心与标准中心重合，这时 $K=0$，则标准界限范围是 $\pm 3\sigma(6\sigma)$；过程能力指数 $C_p=1.00$，可能出现的不合格品率为 0.27%。这种过程能力基本满足设计质量要求。

（2）当标准界限范围是 $\pm 4\sigma(8\sigma)$ 时，$K=0$，则过程能力指数为 $C_p=1.33$。这时的过程能力不仅能满足设计质量要求，而且有一定的富余能力。这种过程能力状态是理想的状态。

（3）当标准界限范围是 $\pm 5\sigma(10\sigma)$，$K=0$，则过程能力指数为 $C_p=0.67$。这时的过程能力有更多的富余，即过程能力非常充分。

（4）当过程能力指数 $C_p<1.00$ 时，可判断为过程能力不足，应采取措施提高过程能力。过程能力的判断标准如表 2-17 所示。

在实际的过程能力调查中，质量特性值的分布中心与标准中心完全重合的情况极少，大多数情况下都存在一定量的偏差。所以过程能力分析时，计算的过程能力指数一般都是修正过程能力指数。从修正过程能力指数的计算公式 $C_{pk} = \dfrac{T-2\varepsilon}{6\sigma}$ 中看出，式中有 3 个影响过程能力指数的变量，即质量标准 T、偏移量 ε 和过程质量特性分布的标准差 σ。由此可知要提高过程能力指数就有 3 条途径：减小偏移量、降低标准差和扩大标准范围。

表 2-17 过程能力判断标准表

C_p 的范围	级别	过程能力的评价参考
$C_p \geq 1.67$	Ⅰ	过程能力过高（应视具体情况而定）
$1.33 \leq C_p < 1.67$	Ⅱ	过程能力充分，表示技术管理能力很好，应继续维持
$1.00 \leq C_p < 1.33$	Ⅲ	过程能力充足，但技术管理能力勉强，应设法提高为Ⅱ级
$0.67 \leq C_p < 1.00$	Ⅳ	过程能力不足，技术管理能力很差，应采取措施改善
$C_p < 0.67$	Ⅴ	过程能力严重不足，应采取紧急措施，必要时可停工整顿

（1）减小偏移量。偏移量是质量特性值的分布中心和技术标准中心偏移的绝对值，即 $\varepsilon = |M - \mu|$。当过程存在偏移量时，会严重影响过程能力指数。假设在两个中心重合时过程能力指数是充足的，但偏移量的存在，过程能力指数下降，造成过程能力严重不足。

（2）降低标准差。由公式 $B = 6\sigma$ 可知，过程能力是由人员、机器、材料、方法、环境 5 个因素所决定的，这是过程固有的分布宽度，当技术标准固定时，过程能力对过程能力指数的影响是十分显著的。由此看出，降级标准差 σ 就可以减小分散程度，从而提高过程能力，以满足技术标准的要求程度。一般来说，可以通过以下措施减小分散程度。

①修订操作规程优化工艺参数。补充增添中间过程，推广应用新工艺、新技术。

②改造更新与产品质量标准要求相适应的设备，对设备进行周期性检查，按计划进行维护，从而保证设备的精度。

③提高工具、工艺装备的精度，对大型的工艺装备进行周期性检查，加强维护保养，以保证工装的精度。

④按产品质量要求和设备精度要求来保证环境条件。

⑤加强人员培训，提高操作者的技术水平和质量意识。

⑥加强现场质量控制，设置关键、重点过程的过程管理点，开展 QC 小组活动，使过程处于控制状态。

（3）扩大标准范围。标准范围的大小直接影响对过程能力的要求。当确认若降低标准要求或放宽公差范围不致影响产品质量时，就可以修订不切实际的现有公差的要求。这样既可以提高过程能力指数，又可以提高劳动生产率。但必须以切实不影响产品质量，不影响用户使用效果为依据。

2.3.5 过程性能指数

1. 过程性能指数的概念

过程性能指数最先出现在美国三大汽车公司（福特、通用和克莱斯勒）联合制定的 QS9000 标准中，该标准将过程性能指数与过程能力指数并列，共称为度量过程的参数。过程性能指数反映了当前过程的性能满足标准与规定的程度，是对瞬时或实时过程性能的描述，通常记为P_p。

2. 过程性能指数的计算方法

1）双侧公差，分布中心与公差中心重合

过程性能指数P_p的计算公式为

$$P_p = \frac{T}{6S} = \frac{T_U - T_L}{6S}$$

式中，S为根据过程统计量的观测值估计出的样本标准差，则

$$S = \sqrt{\sum_{i=1}^{n} \frac{(X_i - \bar{X})^2}{n-1}}$$

2）单侧公差，分布中心与公差中心重合

单侧规格情形的过程性能指数，若只有规格上限的要求，面对规格下限无要求，则过程性能指数计算公式为

$$P_{pk_U} = \frac{T_U - \bar{X}}{3S}$$

式中，P_{pk_U}为上单侧过程性能指数，$\bar{X}$为根据过程统计量的观测值估计出的样本均值。若$\bar{X} \geq T_U$，则令$P_{pk_U} = 0$，表示当前的过程性能严重不足，此时的过程不合格率达50%以上。

若只有规格下限的要求，而对规格上限无要求，则过程性能指数的计算公式为

$$P_{pk_L} = \frac{\bar{X} - T_L}{3S}$$

式中，P_{pk_L}为下单侧过程性能指数。若$\bar{X} \leq T_L$，令$P_{pk_L} = 0$，表示当前过程性能严重不足，此时的过程不合格率同样达50%以上。

3）分布中心与公差中心不重合

对于样本均值$\bar{X}$与公差中心M存在偏离情况的过程性能指数，记为P_{pk}，P_{pk}的定义为

$$P_{pk} = \min\left(\frac{T_U - \bar{X}}{3S}, \frac{\bar{X} - T_L}{3S}\right)$$

若存在偏移的情况下，对应规格上限和规格下限各有一个单侧过程性能指数，此时的过程性能指数P_{pk}利用二者中的最小值来反映当前过程的性能。

3. 过程性能指数与过程能力指数的区别

（1）过程能力指数（C_p, C_{pk}）只有在已经判定过程处于稳态以后才可以通过计算得到；过程性能指数（P_p, P_{pk}）则无此要求，它是在实际情况（不一定是稳态）下计算的，可以随时反映实时过程的性能。

（2）分布中心与公差中心重合的P_p用来表示过程加工的一致性，即"过程质量能力"，P_p越大，质量能力越强；而分布中心与公差中心不重合的P_{pk}，反映了分布中心与公差中

心的偏移情况，P_{pk} 越小，则偏离越大。P_{pk} 是过程的"质量能力"与"管理能力"的综合反映。P_p 仅用来与 C_p 及 C_{pk} 对比，或一起度量和确定一段时间内改进的优先次序。

（3）进入正常生产后，可以通过 C_p，C_{pk} 和 P_{pk} 这三个指数之间的差别来判断过程是否有问题，如果有问题，是技术问题还是管理问题。例如，当 $C_p > 1.33$ 时，表示过程是否有问题，如果有问题，是技术问题还是管理问题。例如，当 $C_p > 1.33$ 时，表示过程能力变差较小，此时要再看 C_{pk}，当 C_p 与 C_{pk} 相差很大时，表明分布中心与公差中心有较大的偏移，需要采取措施，减少或消除过程中的偏移；再看 P_{pk}，比较 C_p 与 C_{pk}，如果二者相差不大，表明受异常因素的影响小，如果相差大，表明受异常因素并的影响大，要找到异常因素消除掉。

2.3.6 过程控制的实施

1. 过程控制概述

过程控制的实施指为实现产品的符合性质量而进行的有组织的、系统的过程管理活动。过程控制的实施实际上是对过程的分析、控制和改进。

过程分析的目的主要是分析过程质量影响因素的状态，确定主导性因素，并分析主导性因素的影响方式、途径和程度，据此明确过程主导性因素的最佳水平或最优条件组合，实现过程标准化。

在过程分析的基础上应制订并实施过程控制计划，按标准化过程实施，以最大限度地实现质量因素的最佳组合，并不断实现过程的改进。

根据过程控制的对象和范围不同，可将其划分为管理点、生产线和生产现场控制三个层次，即点、线和面的控制。

管理点的控制是对工序的质量特性、关键部位及主导性因素进行的重点控制，主要包括设置管理点、管理点控制图表及文件的编制与管理。

生产线控制也是对过程的全面控制，是针对某产品（或流程）的全部过程进行的控制，主要内容为编制质量控制过程计划和各个过程的控制文件，在质量控制过程表中，明确过程的重要程度和应控制的质量特性值及控制方法。

2. 过程分析方法

过程分析的方法可分为技术分析方法和统计分析方法。

1）技术分析方法

技术分析方法主要依据工程技术手段和长期生产实践经验来进行。不懂得技术分析方法，或对所分析的过程一知半解，都是无法进行过程分析的。对于一些数据收集困难的过程，技术分析是主要的方法。

2）统计分析方法

常用的统计分析方法除上文介绍的常用工具与技术外，还有试验设计/析因分析、方差/回归分析、安全性评价/风险分析、显著性检验、累计和技术及统计抽样检验等。在过程分析实践中，技术分析方法和统计分析方法难以截然分开，而是相互补充、相互促进、融为一体的。随着计算机技术的普及，过程分析技术和方法的运用出现了新的局面。

3. 过程分析步骤

过程分析，即判断过程的运行状态是否符合产品质量要求，是进行过程设计、设备选择及制定操作标准、技术规范的基础。过程分析步骤如图 2-19 所示。

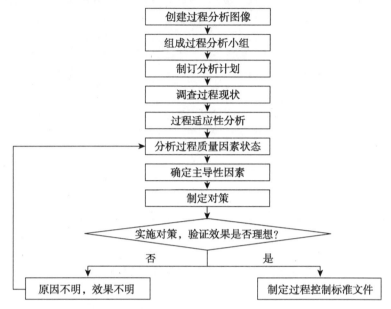

图 2-19　过程分析步骤

1）过程适宜性分析

（1）直接测定法。这种方法直接测定过程质量因素的技术特性，观察其是否达到所规定的标准，从而对未来过程运行的可能状态作出判断。

（2）差错分析法。"差错"指操作、技术文件阅读、传递等方面出现的失误。它难以用仪表测量方法进行分析，但可以利用对操作者以往工作差错的统计资料进行分析，从"差错"的类型、频数、原因及后果等方面来判断过程"软配合"方面是否适宜。

（3）实际产品测定法。这种方法是依据首件检验、样品检验来判断过程的适宜性。

（4）过程能力分析法。

2）过程主导性因素分析

主导性因素也称支配性因素，指在众多的过程质量因素中，对产品质量特性值有决定性影响的因素。依据帕累托原理，与无关紧要的多数相比，它是极其重要的少数。过程的主导性因素往往是由特定的加工方式和性质决定的，人们往往可凭借专业技术和实践经验加以识别，表 2-18 所示的过程主导性因素分类可供参考。

表 2-18　过程主导性因素分类

主导性因素	典型过程	基本特征	管理方法
操作者	手工点焊、涂装装配、修理、校正、检验等	操作者的素质和技能对产品质量产生重要影响	岗位培训，资格认定，健全操作规范和标准，贯彻岗位责任制，运用自检表、np 控制图、c 控制图等

续表

主导性因素	典型过程	基本特征	管理方法
机器设备	各种自动加工设备、试验和测试仪表等	机械设备精度、运行状态和参数制约产品质量	推行预防维修制度，设备检查，过程能力查定，运用 X-R 控制图等
加工工艺	电镀、热处理、机械加工流程或生产线等	工艺流程、工艺参数制约产品质量	加强工艺验证，完善工艺规程，使用工艺参数点检表、工艺变更管理书、波动图、np 控制图等
工装模具	压力加工、拉削、钻孔、造型、仿形车削等	加工复杂性高，工装磨具精度及调整、安装精度影响产品质量	工装、模具定期检定，首件检查，画过程能力图，不合格频率统计等方法
物料元器件	铸造用料、电子元件加工、商品配方、装配等	物料、元器件本身质量影响整机质量	加强入场检验、理化实验，进行科学物料管理，建立协作厂质量诊断体系及质量信息反馈
时间	铸件时效、炉温控制、工具磨损	随时间变化引起工艺、物料、工具变动	监控工艺参数，画相关图、波动图等
信息	自动控制	利用信息反馈制约加工过程，影响产品质量	记录仪表测量数据，填写信息反馈单

4. 过程控制计划制订和实施

过程控制计划分为过程全面控制计划与过程管理点控制计划。

1）过程全面控制计划

过程全面控制计划是针对某产品（或流程）的全部过程编制的控制计划，计划的内容包括以下几个方面。

（1）编制质量控制过程表

质量控制过程表是在过程流程图的基础上，通过过程分析，明确过程的重要程度（即划分关键、重要及一般过程），确定过程应控制的质量特性值（或项目）和应采用的控制方法等。它包括了每个过程质量保证（控制与检验相结合）的手段和方法，是编制过程管理点计划的依据。图 2-20 及表 2-19 为 WT-200 型电缆工序过程流程图及工序质量控制过程表。

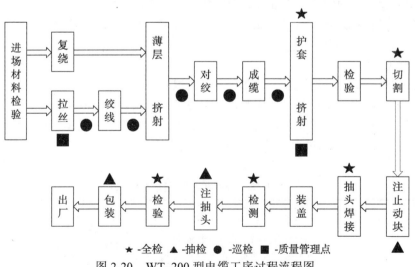

图 2-20 WT-200 型电缆工序过程流程图

表 2-19 工序质量控制过程表

序号	工序名称	工序图	质量要求	重要程度	控制性检验 手段与方法	频数	负责人	记录	有关标准
1	拉丝		光滑、圆整、无露铜、拉力>2.5N、伸长率>14%	A	杠杆、千分尺、拉力机	抽检50%	张××		
2	绞线		绞合松紧一致，绞合根数7根，拉力>28.0N	B	千分尺、拉力机	全检	李××		
3	复绕		排线整齐，无压线、乱线、伤线现象，拉力>15.5N	A	千分尺、拉力机	抽检	王××		
4	薄层		绝缘表面光滑，色泽均匀，最薄处厚度控制在0，每千米少于2个击穿点，外径为0.6±0.02mm，拉力>13N	A	高压检测、显微镜、张力计	抽检	刘××		
5	对绞		节距、颜色准确，对绞后两导线应导通，没有断线	B	卡尺、DT-830万用表	巡检	黄××		
6	成缆		圆整，松紧一致，颜色正确，线对102对，外径10.5~10.8mm	B	卡尺	巡检	唐××		
7	护套		外径无气孔、结疤，表面圆整，护套偏心度最薄厚度不小于1.2mm	A	千分尺、卡尺、万用表	全检	申××		
8	切割		保证200跟芯线导通，绝缘达到内控要求；根据线长计算好线断数2与长度，并做A、B端标志	A	500V摇表、108型万用表	全检	齐××		
9	抽头焊接		焊点光滑，无毛刺，按颜色焊接，极性正确；绝缘要求达到内控标准	B	计算机	全检	韩××		

（2）编制各个过程的控制文件

根据各个过程的质量要求，编制相应的各种实施控制的标准文件、信息记录表，传递和反馈程序，检查、考核、奖惩制度等。

工序质量控制过程表可以使所控制的项目一目了然，做到"总揽全局"，便于实施全面的控制和"目视管理"。工序质量控制过程表不在生产现场使用，只供质量、技术部门控制工序活动时使用。

2）过程管理点控制计划

过程管理点是为了保证过程处于稳定状态，重点是控制质量特性、关键部位及主导性因素等。过程管理点控制计划应包括以下几方面内容。

（1）设置管理点

管理点的设置必须依据过程的重要性及质量管理的要求来确定，具体应参照以下标准。

①设计所规定的A级质量特性及关键部位，少量的B级质量特性。

②本身有特殊要求的质量特性和项目。特殊要求指有的加工部位本身对产品质量没有

直接影响,但一旦出现问题会对下一过程产生重大影响,如机械加工工艺面、基准面等。

③质量不稳定、事故多发部位。

④用户反馈意见多或经质量审核发现问题较多的项目。

(2)对管理点的要求

所设立的管理点应符合如下要求。

①控制的部位或项目应尽可能定量化、图表化,便于实施目标管理。

②管理点应有控制标准,为发现异常提供依据,并说明纠正对策。

③管理点既可以是控制质量特性的点,也可以是控制因素的点;既可以是随产品变化的"活点",也可以是不随产品变化的固定点。

(3)过程管理点控制图表和文件编制

过程管理控制计划是以质量管理点的控制图表和文件编制为中心展开的。它的编制应按照"5W1H"程序进行,即管什么(What),怎么管(How),依据是什么(Why),在什么地方管(Where),什么时间管(When)和由谁来管(Who)。

过程管理点控制图表和文件是以过程质量分析表为核心形成的管理网。图2-21是某机加工过程控制图表和控制文件编制程序示意图。

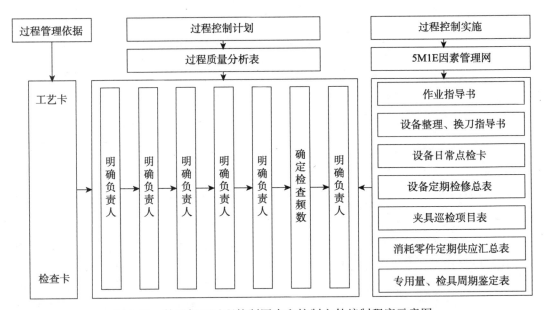

图2-21 某机加工过程控制图表和控制文件编制程序示意图

(4)过程管理点的管理办法

过程管理点的管理办法包括管理点检验实施办法、质量审核、评定条例、奖惩规则、信息收集和传递线路等。

5. 生产现场质量控制系统

现场质量控制系统构成因素为生产过程描述、控制依据的标准、信息系统、管理点的设置、质量记录等。

2.4 质量管理"新七种工具"

2.4.1 关联图

关联图是表示事物依存或因果关系的连线图,把与事物有关的各环节按相互制约的关系连成整体,从中找出解决问题的切入点。关联图用于搞清各种复杂因素相互缠绕、相互牵连等问题,寻找、发现内在的因果关系,用箭头连接,并掌握全貌,找出解决问题的措施。

关联图与因果图相似,也用于分析问题的因果关系。但因果图对各大类因素进行纵向分析,不能解释因素间的横向关系。而关联图法则是一种分析各因素之间的横向关系的有效工具。两种方法各有所长,相辅相成,互为补充,有利于对问题进行更深入的分析。

1. 关联图的作图步骤

(1)提出主要质量问题,列出全部影响因素。
(2)用简明语音表达或示意各因素。
(3)用箭头把因素间的因果关系指明,绘制全图,找出重点因素。
(4)从图中掌握全貌,复核有无遗漏或不确切之处。

2. 作图时注意事项

(1)重点因素最好有特殊标记。
(2)尽可能用短句、短语表达因素,不宜仅用名词表达。
(3)注意箭头指向,如原因→结果、手段→目的。
(4)为了归纳重点因素,应反复修改图形。

3. 关联图的适用范围

(1)制订、执行质量方针及质量保证等计划。
(2)分析、研究潜在不良品和提高质量的因素及其改进措施。
(3)制订开展质量管理小组活动的规划。
(4)改善企业劳动、财务、计划、外协、设备管理等部门的业务工作。

4. 关联图的优缺点

1)关联图的优点
(1)从整体出发,从混杂、复杂中找出重点。
(2)把个人的意见、看法照原样记入图中。
(3)多次绘图,了解过程、关键要素和根据。
(4)不断绘图,预测未来。
(5)整体和各因素之间的关系一目了然。
(6)可绘入措施及其结果。

2)关联图的缺点
(1)同一问题,图形、结论可能不一致。

（2）表达不同，箭头有时与原意相反。
（3）比较费时间。
（4）开头较难。

5. 应用实例

【例 2-13】 某飞机制造厂用关联图分析了装配线的质量不良原因。其结果如图 2-22 所示。通过作关联图改变了管理人员对不良原因的看法，采取了适当的措施，结果使产品不良率大幅度降低。

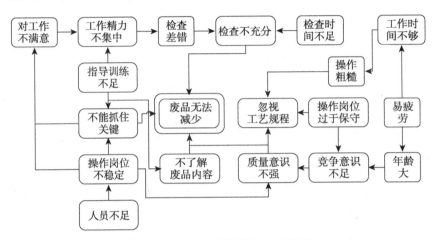

图 2-22　追查产品质量不良相关图

2.4.2　KJ 法

KJ 法也称亲和图法，是由日本的川喜田二郎（Kawakita Jiro）于 1964 年提出的一种属于创造性思考的开发方法。

1. KJ 法的基本含义

KJ 法是把事件、现象和事实用一定的方法进行归纳整理，引出思路，抓住问题的实质，提出解决问题的办法。具体讲，就是把杂乱无章的语言资料，依据相互间的亲和性（相近的程度，相似性）进行统一综合，把未知的、未曾接触过的问题的语言文字资料收集起来，利用其内在的相互关系绘成亲和图，以期明确怎样解决问题。KJ 法适用于需要时间慢慢解决的问题，不适用于那些简单的、需要马上解决的问题。

2. KJ 法的作图步骤

（1）确定课题。一般选择下列范围的题目：澄清事实，事物表象处于杂乱无章的状态，希望进行系统整理，了解其规律性；形成构思，思维处于混乱状态，希望理出头绪、明确思路；变革现状，希望摆脱现状，建立新理论、新思想；创立新体系，把已有的思想体系加以分析；策划组织，组成相互理解的小组；贯彻意图，倾听下级的意见，借以贯彻自己的意图和方针。

（2）收集语言、文字资料。收集时，要尊重事实，找出原始思想。收集的方法有：直接观察法，即到现场去观察，从中得到某种启发的方法；面谈阅览法，即通过与有关人谈话、开会、访问来获得资料的方法，在具体使用的过程中，面谈阅览法又可把查阅文献分出来单独使用；个人思考法，即通过个人自我回忆、检讨、总结经验来获得资料；头脑风暴法，即通过集体讨论，进行智力激励。语言文字资料的收集方法及资料的形式根据 KJ 法的用途与目的的不同而不同。

（3）把所有收集到的资料，包括"思想火花"，都写成卡片。

（4）整理卡片。对于这些杂乱无章的卡片，不是按照已有的理论和分类方法来整理，而是把自己感到相似的归并在一起，逐步整理出新的思路。

（5）做标题卡。把同类的卡片放在一起，编号后作为一张卡片使用，把该类卡片的本质内容用简练的语言归纳出来，并记录在一张卡片上，作为标题卡。

（6）作图。无法归类的卡片自成一组。把最终归集好的卡片按照比较容易寻找的相互位置进行排列，并按照既定的位置，把卡片粘在一张大纸板上，用适当的记号勾画相互关系。

（7）口头发表，按照已勾画出的图的内容进行讲解，说明卡片的内容和自己的理解。

（8）写调查报告。按照构思的内容写文章。

3. KJ 法的主要用途

（1）认识新事物（新问题、新办法）。

（2）整理归纳思想。

（3）从现实出发，采取措施，打破现状。

（4）促进协调，统一思想。

（5）贯彻上级方针，使上级方针变成下属的主动行为。

4. 应用实例

【例 2-14】 辅导浙江某企业设计目标树，组织企业的中高层管理人员，采用 KJ 法，首先，请每位中高层管理人员，结合企业规划的中长期的目标，将思考后助力企业达成目标的战略内容写在 N 字贴上面，每张 N 字贴写 1 项内容；其次，组织进行归纳总结，提炼拔高，逐渐形成第二层和第一层的高度精练的方向，然后根据确定的战略任务，再继续采用 KJ 分析法，进行举措、项目等内容的提炼；最后，形成 s 企业的目标树。

2.4.3 系统图

系统图能将事物或现象分解成树枝状，故又称树形图或树图。

1. 系统图法的基本概念

系统图法就是把要实现的目的或目标与需要采取的措施或手段系统地展开，并绘制成图，以明确问题的重点，寻找最佳手段或措施。

在计划与决策过程中，为了达到某个目标或解决某一质量问题，就要采取某种手段。而为了实现这一手段，又必须考虑下一级水平的目标，上一级水平的手段，就成为下一级水平的目标。如此，可以把达到某一目标所需的手段层层展开，总览问题的全貌，明确问题的重点,合理地寻找出达到预定目标的最佳手段或策略。系统图的基本形式如图 2-23 所示。

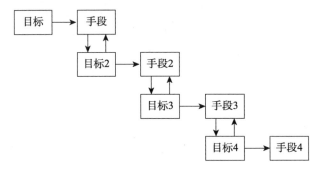

图 2-23　系统图的基本形式

2. 系统图的作图步骤

(1) 确定具体的目的或目标,用简明的语言表达并记录所要达到的目标。

(2) 提出手段和措施。无论是从上向下展开目标依次提出下一级水平的手段和措施,还是从下向上达到目标提出上一级水平的手段和措施,只需要能够针对具体目标,依靠集体智慧,得出有效的手段和措施。

(3) 评价手段和措施。要对提出的各种手段进行评价,可以用一些符号或采取打分方式评价手段和措施能否实施,然后做出更改和修正。

(4) 绘制手段、措施卡片。

(5) 目标手段系统化,即制成互相连接、顺序排列的系统图。

(6) 制订实施计划。根据上述方案,逐项制订实施计划,确定其具体内容、日程进度、负责单位乃至负责人等。

3. 系统图的使用注意事项

(1) 系统图常常用在报订对策阶段,在实际解决问题阶段时,每个步骤都可以应用系统图法,可以充分发掘问题的潜在原因。

(2) 用系统图法分析出的对策都需要进行有效性评估,以保证对策的有效性。

4. 系统图的用途

在质量管理中,系统图应用范围很广,主要有以下几个方面。

(1) 新产品开发过程中设计质量的展开。

(2) 企业制订质量保证计划,维护健全的质量管理体系,展开质量保证活动。

(3) 对解决企业有关产品质量、成本、交货期等问题进行措施展开。

(4) 绘制手段、措施卡片。

(5) 展开各种目标、方针、实施措施。

(6) 与因果图结合使用。

5. 应用实例

【**例 2-15**】某厂卷扬机的质量保证系统图如图 2-24 所示。目的是把用户对卷扬机所要求的质量展开为设计质量,进而把设计质量贯穿到管理质量特性、设计检验项目和工序管理等方面。

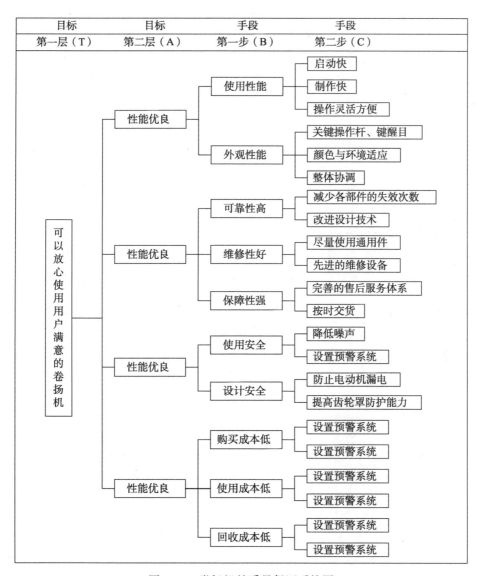

图 2-24 卷扬机的质量保证系统图

2.4.4 矩阵图

1. 矩阵图的基本概念

矩阵图是通过多因素综合思考,探索解决问题的方法。矩阵图借助矩阵,把影响问题的各对应因素列成一个矩阵图，然后根据矩阵的特点找出确定关键点的方法。矩阵图用于多因素分析时，可做到条理清楚、重点突出。矩阵图在质量管理中可用于寻找新产品研制和老产品改进的着眼点、寻找产品质量问题产生的原因等方面，如寻找不合格现象。

2. 矩阵图的分类

（1）L 型矩阵图。它是一种最基本的矩阵图，L 型矩阵图将一组对应数据用行和列排列成二元（A 因素、B 因素的对应）表格形式，如图 2-25 所示。

（2）T 型矩阵图。它是由 A 因素和 B 因素、A 因素和 C 因素的两个 L 型矩阵图组合而成的，如图 2-26 所示。

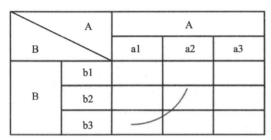

图 2-25　L 型矩阵图

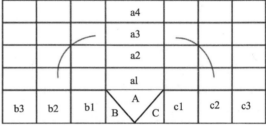

图 2-26　T 型矩阵图

（3）X 型矩阵图。它是由 A 因素和 B 因素、B 因素和 C 因素、C 因素和 D 因素、D 因素和 A 因素的四个 L 型矩阵图组合而成的，如图 2-27 所示。

（4）Y 型矩阵图。它是由 A 因素和 B 因素、B 因素和 C 因素、C 因素和 A 因素的三个 L 型矩阵图组合而成的，如图 2-28 所示。

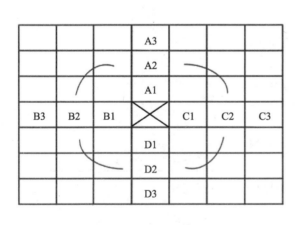

图 2-27　X 型矩阵图

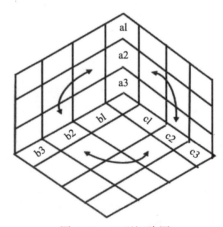

图 2-28　Y 型矩阵图

（5）C 型矩阵图。把 A 因素、B 因素、C 因素的对应关系用立方体来表示，如图 2-29 所示。

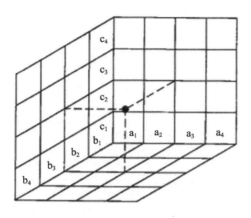

图 2-29 C 型矩阵图

3. 矩阵图的作图步骤

（1）列出质量因素。
（2）将成对质量因素排成行与列，表示对应关系。
（3）选择恰当的矩阵图类型。
（4）在成对因素交点处表示关联程度，一般通过经验进行定性判断。
（5）根据关系程度，确定必须控制的关键因素。
（6）针对重点因素列出措施表。

4. 矩阵图的用途

矩阵图的用途很广泛。一般来说，应用对象在具有两种以上的目的和结果，且需要把它们的手段和原因对应展开时，可应用矩阵图。以质量管理为中心的矩阵图有以下几种用途。

（1）在开发系列新产品或改进老产品时，提出设想方案。
（2）为使产品毛坯的某种代用质量特性适应多种质量要求，进行质量展开。
（3）明确产品应该保证的质量特性与承担这种保证的部门的管理职能之间的关系，以确定和加强质量保证体系并找出关键。
（4）加强质量评价体制并提高工作效率。
（5）探求生产工序中产生不良现象的原因。
（6）根据市场和产品的联系，制定产品占领市场的策略。
（7）当进行多因素分析时，寻求从何入手、需用什么资料、归纳成怎样的形式。

5. 应用实例

【例 2-16】 某公司为了降低产品 AT25 B88 2020 的泄漏率，已采取了一些措施，将泄漏率降低到 1.66%。但是对标国外兄弟工厂，此类件的泄漏率水平 <1%，该公司还有很大的改善空间，所以立项对该产品的泄漏率进行改善。质量部 IPQC 主管组织了一次头脑风暴，团队成员提出了 16 条改进建议，如表 2-20 所示。

表 2-20 改进建议表

与会者		建议
张 A	1	从国外兄弟工厂寻求帮助，远程指导
	2	招聘一个焊接专家
乔 B	1	派 IE 工程师出国培训，学习国外工厂经验教训
郭 C	1	将钎焊工序外委
	2	对焊接定位工装进行三坐标测量，根据结果维修或更换
黄 D	1	咨询焊接专家
	2	要求焊机厂家来公司指导
韦 E	1	将圆盘焊改为手焊
	2	在周末对圆盘焊机进行大修
	3	对原材料进行清洗
杨 F	1	更改焊接间隙配合公差
	2	将焊接区域进行封闭
	3	增加报警压力表监控外网燃气稳定性
李 G	1	对圆盘焊接温度、速度等参数进行试验设计 DOE
赵 H	2	买一批进口原材料试试
	3	重新提 TR，采购圆盘焊机

表 2-20 中的改进建议涉及多种类别，团队将这些方案用矩阵图进行评估和排序，选出较好的方案。团队根据评估矩阵排序结果，得出最优的方案为对圆盘焊接参数进行试验设计，如图 2-30 所示。

序号	建议	实施成本	实施时间	实施难度	预期效果	评分	优先级
1	从国外兄弟工厂寻求帮助，远程指导	◎	○	◎	○	30	5
2	招聘一个焊接专家	△	△	○	○	12	14
3	派 IE 工程师出国培训，学习国外工厂经验教训	△	△	○	◎	17	9
4	将钎焊工序外委	○	○	○	△	16	11
5	对焊接定位工装进行三坐标测量，根据结果维修或更换	○	◎	◎	○	30	5
6	咨询焊接专家	◎	◎	◎	△	31	4
7	要求焊机厂家来公司指导	○	○	◎	△	21	7
8	将圆盘焊改为手焊	△	○	○	○	16	11
9	在周末对圆盘焊机进行大修	○	△	◎	○	21	7
10	对原材料进行清洗	○	◎	◎	◎	35	2
11	更改焊接间隙配合公差	◎	△	△	○	17	9
12	将焊接区域进行封闭	△	△	○	○	12	14
13	增加报警压力表监控外网燃气稳定性	◎	◎	◎	◎	35	2
14	对圆盘焊接温度、速度等参数进行试验设计 DOE	◎	◎	◎	◎	40	1
15	买一批进口原材料试试	○	○	○	△	16	11
16	重新提 TR，采购圆盘焊机	△	△	△	○	8	16

备注：
◎：实施成本非常低、实施所需时间很短、容易实现、预期效果良好。
○：实施成本较低、实施所需时间较短、比较容易实现、预期效果相对较好。
△：实施成本大、实施所需时间长、不容易实现、预期效果差。
◎=10 分，○=5 分，△=1 分。

图 2-30 改善矩阵图

2.4.5 过程决策程序法

1. 过程决策程序图法的基本含义

过程决策程序图法(process decision program chart)又称 PDPC 法。它是为了实现研究开发的目的或完成某个任务,在制订行动计划或进行系统设计时,预测可以考虑到的、可能出现的障碍和结果,从而事先采取预防措施,择优把此过程引向最理想的目标的方法。从 PDPC 法的过程和思路来看,它是运筹学在质量管理中的应用。

PDPC 法实质就是一种我们习以为常的分析方法。在解决一些具体问题的过程中,即使在正常条件下,都会遇到许多无法预料的问题和事故。因此,采用 PDPC 法要不断取得新情报,并经常考虑按原计划执行是否可行,采取哪一种方案效果最好,预测今后还会有什么情况,应采取什么措施等。这样,即使在计划执行过程中遇到不利情况时,也能有条不紊地按第二、第三或其他计划方案进行,以便达到预定的计划目标。

2. PDPC 法应用思路与步骤

(1)首先确定课题,然后召集有关人员讨论问题所在。

(2)从讨论中提出实施过程中各种可能出现的问题,并一一记录下来。例如,如图 2-31 所示,若把不良品率从较高的状态 A_0(如 10%)降到较低状态 Z(如 2%),在此阶段应考虑从 A_0 的手段有 A_1,A_2,A_3,…,A_p 这一系列活动,希望此系列能顺利实现。

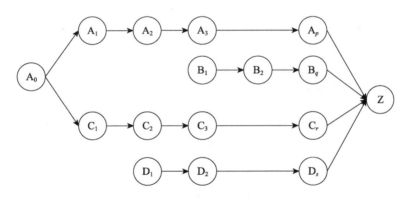

图 2-31 PDPC 法的思考方法

(3)确定每一个问题的对策,对提出的手段和措施,要列举出预测的结果,当提出的措施方案行不通或难以实施时,应采取其他的措施和方案。例如,如图 2-31 所示,若认为从技术上或管理上看,实现 A_3 有很大困难,则可考虑转经 B_1,B_2,…,B_q 而达到 Z 的第二系列活动。如果上述两个系列活动成功的把握都不大,就要考虑第三个系列 C_1,C_2,C_3,…,C_r 或第四个系列 D_1,D_2,…,D_s。

因此,在运用 PDPC 法时,实现目标并非只有一种方案,而是要考虑多种方案,从而提高实现目标的可靠性。在实施时,可以将各系列按时间顺序进行,也可以考虑几种系列同时进行。

3. PDPC 法的特征

（1）从整体上掌握系统的状态，因此可进行全局性判断。
（2）可以按时间顺序掌握系统的进展情况。
（3）可以密切注视系统进程的动向，掌握系统输入和输出之间的相互关系，前因后果较为紧凑。
（4）情报及时，计划措施不断补充、修订。
（5）只要对系统、事物基本理解，就易于使用此法。

PDPC 法显示了高度的预见性和随机应变性。利用这个特性，可事先估计出各种实施措施所产生的效果，找出最佳的解决办法。在实施过程中，遇到新情况时，可以随机应变，改变系列活动，朝着预定的目标前进。

2.4.6 箭条图法

1. 箭条图法的基本概念

箭条图法是把计划协调技术（program evaluation and review technique，PERT）和关键路线法（critical path method，CPM）用于质量管理，用于制订质量管理日程计划、明确质量管理的关键和进行进度控制的方法。其实质是把一项任务的工作（研制和管理）过程作为一个系统加以处理，将组成系统的各项任务细分为不同层次和阶段，按照任务的相互关联和先后顺序，用图或网络的方式表达出来，形成工程问题或管理问题的一种确切的数学模型，用于求解系统中的各种实际问题。箭条图也被称为活动图、网络图、节点图或关键路径法图。

由于箭条图法在各个领域都有广泛的应用，在运筹学、系统工程、项目管理等课程中都有详细的描述，这里不再赘述。

2. 箭条图法的主要用途

箭条图法主要用于解决一项工程或任务中的工期、费用、人员安排等合理优化的问题。其涉及的内容包括以下几点。
（1）调查工作项目，按先后顺序、逻辑关系排列序号。
（2）按箭条图的绘图要求，画出箭条图。
（3）估计各工序或作业的时间。
（4）计算节点和作业的时间参数，如最早开工时间、最晚必须完成时间等。
（5）计算寻找关键路线，进行网络系统优化。
（6）计算成本斜率、估算完工概率、绘制人员配备图，最终达到缩短工时、降低成本、合理利用人力资源的目的。

2.4.7 矩阵数据分析法

矩阵数据分析法与矩阵图类似，但其与矩阵图的主要区别是：不是在矩阵图上填符号，而是填数据，形成一个分析数据的矩阵。这种定量分析问题的方法也可称为主成分分析法。

矩阵数据分析法的基本思路是通过收集大量数据，组成矩阵，求出相关系数矩阵，及矩阵的特征值和特征向量，确定出第一主成分、第二主成分等。通过变量变换的方法把相关的变量变为若干不相关的变量,即能将众多的线性相关指标转换为少数的线性无关指标(由于线性无关,因此在分析与评价指标变量时,切断了相关的干扰,找出主导因素,从而做出更准确的估计),显示出其应用价值。由此,找出进行研究攻关的主要目标或因素。

矩阵数据分析法的主要用途如下。

(1)根据市场调查的数据资料,掌握所要求的质量,分析用户对产品质量的期望。

(2)分析由大量数据组成的不良因素。

(3)分析复杂因素相互交织在一起的工序。

(4)把功能特性分类体系化。

(5)进行复杂的质量评价。

(6)分析曲线的对应数据。

2.4.8 新、老工具区别及使用范围

1. 区别

"新七种工具"结合统计方法和思考过程,充分体现全面质量管理特点,完善了质量管理理论,偏重思考分析。"老七种工具"偏重统计分析。

2. "老七种工具"使用范围

在质量管理中,通过因果图可以找到问题的根本原因,常用于分析产品或过程中的问题;检查表通常用于收集和整理产品或过程中的问题信息;排列图是一种表示问题的工具,它可以将问题按照重要性排序;直方图用于表示数据的分布情况,广泛用于过程控制和质量改进;散点图通常用于分析产品或过程中的变量之间的关系,了解变量之间的相关性;控制图通常用于监控产品或过程的稳定性,判断过程是否处于控制状态;层别法常用于分析和改进产品或过程的流程,找到瓶颈和改进点,提高产品的质量和过程的效率。

3. "新七种工具"使用范围

在质量管理中,关联图法通常可用于制订企业方针计划和实施措施、生产过程不良品对策、工序管理故障对策及 QC 小组目标规划等,可用来改善各部门的质量工作及各项工作质量;KJ法可以对难以理出头绪的事情进行归纳整理,提出明确的方针和见解,同时可以迅速掌握未知领域的实际情况,找出解决问题的途径;系统图通常根据目的找出手段,再将上一级手段作为目的找出手段,按顺序层层展开形成树状图;矩阵图通常可用于明确各职能与各单位之间、质量要求和原料特性之间及质量要求和制程条件之间的关系;PDPC法通常用来制订新产品开发的实施计划、重大事故防范措施及生产质量问题的防治措施,提出选择处理质量纠纷的方法;箭条图法可用于产品改进计划、生产阶段计划及工程安装、修缮计划的制订和管理;矩阵数据分析法可用于新产品的开发和一些复杂的质量评价,它可以用来把握顾客所要求的质量,进行各种质量功能的展开,同时它可以从大量的资料中分析不良因以及进行一些牵涉到的复杂性要因的工程分析。

复习思考题

1. 质量过程控制"老七种工具"有哪些?分别适用于什么问题,如何应用?

2. 质量过程控制"新七种工具"有哪些？分别适用于什么问题，如何应用？
3. 质量过程控制新、老工具的有何区别？
4. 质量波动通常分为哪几类？各有什么特点？
5. 控制图的原理是什么？试用简洁的语言加以描述。
6. 简述进行过程能力分析与评价的步骤。

 案例分析题

面对日益提高的国防建设要求及经济建设的需求，航空发动机必须满足超高速、超远航程、高空、长航时的新一代飞机的需求。随着对航空发动机性能要求的提高，航空发动机的结构更加复杂，机械加工精度要求更高，这一改变使航空制造业的质量管理体系面临严峻挑战。如何把握市场机遇，确保航空发动机零部件的质量，保证总装后的航空发动机正常运行成为航空发动机零部件企业当下面临的严峻挑战。

航空产品质量的特殊性和重要性决定了航空企业质量管理的重要性。航空产品关系到战争胜负，抑或是乘客生命安全，因此，质量是航空制造企业自诞生以来永恒不变的关注点，被航空工作人员视为生命。为保证航空制造的标准化和高质量，航空制造企业的质量管理体系需要同时满足适合自身生产情况和航空制造标准化的两大特点：既需满足企业保证产品质量、持续改进、降低生产成本的需求，又需保证产品符合航空制造供应链质量要求及质量标准认证要求。

M公司是一家航空制造企业，主营民用航空产品，主要生产航空发动机零部件、飞机结构件及操纵系统。在该公司机械加工事业部中，制造阶段包括了采购、加工、搬运、检验、交付等过程，其产品具有材料难加工且对原材料要求高、形状与结构复杂、加工精度高等特点。M公司严格遵守关注客户需求并持续改进的服务宗旨，力求全方位完善自身的质量管理体系，保证产品质量、持续改进、降低生产成本，获取客户满意。

M公司质量方针为：提供给客户世界级的产品和服务，通过应用合适的质量纪律和工具获得客户的满意；在我们的业务中把维持质量作为一项基本的价值观；建立一个使领导和员工关注过程和服务的质量改善的环境。

M公司装配件J14螺母与M14上端面外径的测量数据如下。

1. 表2-21为M公司装配件J14来料检验缺陷记录，根据表中的数据绘制排列图，分析其主要缺陷类型制定相应的预防措施。

表2-21 装配件J14来料检验缺陷记录表

批次	内螺纹缺失	缺少支柱	外径尺寸不合格	检验损坏	总数量
1	0	7	3	38	996
2	1	3	2	32	793
3	0	3	2	30	680

2. 图2-32为M公司质量检验员技能矩阵图，结合本章知识分析其作用，并结合生活实际，试举例子说明矩阵图在生活中的应用。

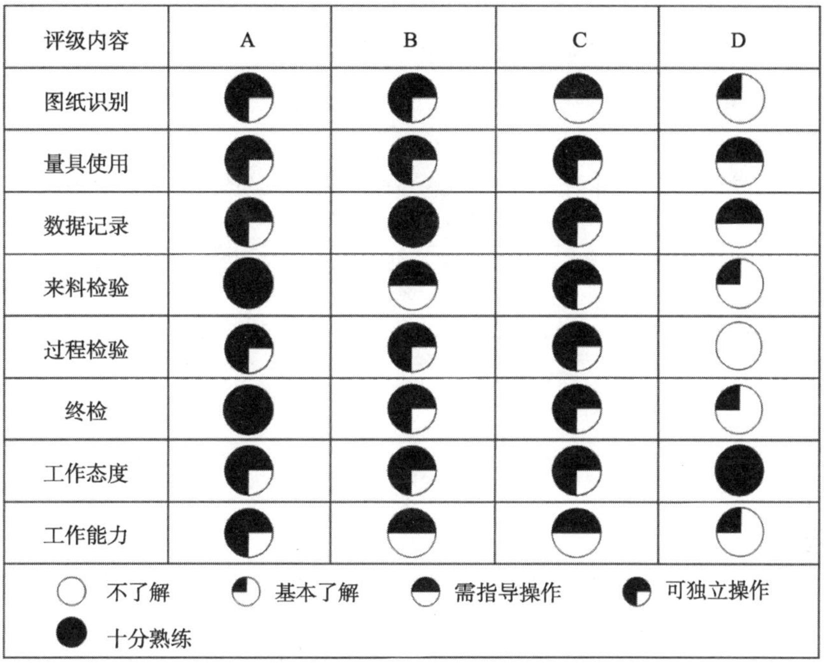

评级内容	A	B	C	D
图纸识别	可独立操作	可独立操作	需指导操作	基本了解
量具使用	可独立操作	可独立操作	可独立操作	需指导操作
数据记录	十分熟练	十分熟练	十分熟练	可独立操作
来料检验	十分熟练	需指导操作	十分熟练	基本了解
过程检验	可独立操作	需指导操作	十分熟练	不了解
终检	十分熟练	可独立操作	需指导操作	基本了解
工作态度	可独立操作	可独立操作	可独立操作	十分熟练
工作能力	可独立操作	需指导操作	需指导操作	基本了解

○ 不了解　◐ 基本了解　◐ 需指导操作　◐ 可独立操作　● 十分熟练

图 2-32　质量检验员技能矩阵图

3. 表 2-22 为 M 公司 M14 上端面外径测量值。

表 2-22　M14 上端面外径测量值表

编号	测量值	编号	测量值	编号	测量值	编号	测量值	编号	测量值
1	24.4385	21	24.4975	41	24.4685	61	24.6585	81	24.5765
2	24.4985	22	24.5280	42	24.3985	62	24.3980	82	24.5280
3	24.3985	23	24.4500	43	24.7655	63	24.7650	83	24.4865
4	24.4985	24	24.5280	44	24.5585	64	24.4580	84	24.5525
5	24.4560	25	24.5920	45	24.4785	65	24.4580	85	24.6755
6	24.5950	26	24.4975	46	24.6955	66	24.6950	86	24.5320
7	24.5760	27	24.5930	47	24.5665	67	24.5365	87	24.4985
8	24.5280	28	24.4285	48	24.4385	68	24.4975	88	24.4685
9	24.4965	29	24.4885	49	24.4985	69	24.5280	89	24.3985
10	24.5520	30	24.3785	50	24.3985	70	24.4585	90	24.7655
11	24.6750	31	24.4985	51	24.4985	71	24.5280	91	24.5585
12	24.5620	32	24.4555	52	24.4560	72	24.5920	92	24.4785
13	24.4980	33	24.5955	53	24.5950	73	24.4975	93	24.6955
14	24.4600	34	24.5765	54	24.5760	74	24.5930	94	24.5665
15	24.3980	35	24.5280	55	24.5280	75	24.4685	95	24.6755
16	24.7650	36	24.4865	56	24.4965	76	24.4885	96	24.5320
17	24.4580	37	24.5525	57	24.5520	77	24.3785	97	24.4985
18	24.4580	38	24.6755	58	24.6750	78	24.4985	98	24.4685
19	24.6950	39	24.5320	59	24.5620	79	24.4555	99	24.3985
20	24.5365	40	24.4985	60	24.4980	80	24.5955	100	24.7655

第 2 章　质量管理工具

请根据案例回答下列问题：
（1）进行统计整理，做出直方图。
（2）计算平均值和标准差。
（3）作 $\bar{x}$-R 控制图，判断该工序是否处于稳定状态。
（4）求过程能力指数，并对过程能力是否充足做出分析。

第3章 质量检验技术

学习目标

1. 熟悉质量检验的职能、工作内容和意义。
2. 掌握抽样检验的定义。
3. 掌握抽样特性曲线的定义、性质和计算。
4. 掌握计数标准型抽样检验方案的设计原理和抽检程序。
5. 掌握计数调整型抽样检验方案的设计原理和抽检程序。
6. 熟悉计量抽样检验方案的特点和抽检程序。

课程思政导读

舌尖上的安全,高质量的检测

3.1 质量检验概述

质量检验是对实体的一个或各个特性进行的,如通过测量、检查、试验和度量等行动,并将结果与规定的要求相比较,以确定每项特性合格情况等所进行的活动。

3.1.1 质量检验的职能

在产品质量形成全过程中,质量检验起着非常重要的作用。它的管理职能就是在正确鉴别的基础上,通过合格性判定把住产品质量关;通过质量信息报告和反馈,采取纠正和预防措施,从而达到防止质量问题再次发生的目的。具体讲,质量检验具有以下五个方面的职能。

1. 鉴别职能

检验过程的实质就是要确定被检物品的质量特性是否达到规定的要求,即要对被检物品质量是否合格做出判定,这就是质量检验的鉴别职能。鉴别是质量检验的基本职能,而且是把关的前提,只有通过鉴别才能判断产品质量是否合格。不进行鉴别就不能确定产品的质量状况,也就难以实现把关。

2. 把关职能

质量检验的把关职能指在检验过程中,一旦发现原材料、毛坯、半成品、零件或成品不能满足规定要求,应立即对不合格品做出标记并进行隔离,防止不合格品在适当处置前被误用的情况发生,实现不合格原材料不投产、不合格毛坯不加工、不合格零件不转序、不合格部件不装配、不合格产品不出厂的目标,保证产品的符合性过程。把关职能是质量检验一出现时就存在的。不管是过去、现在还是在高度自动化的未来,质量检验的把关作用都不可缺少。

3. 预防职能

现代质量检验有别于传统检验的重要之处在于现代质量检验不是单纯的事后把关，同时还起到预防的作用。现代质量检验的很多手段（如工序能力、控制图等）的使用都需要对产品进行检验以测得质量数据，但这种检验的目的并不是为了判断某个产品或某批产品是否合格，而是为了发现该产品的工序能力是否满足质量要求和判断过程是否处于稳定状态。也就是说，这些检验的目的是为工序质量提供生产过程和产品数据信息，然后再通过工序控制，把影响工序质量的因素都有效管理起来，从而达到质量预防的目的。

4. 报告职能

报告职能就是信息反馈的职能。即对于在检验中获得的质量数据和异常情况，在通过整理、分析和评价并报告后，可使有关领导、相关部门及人员能及时了解质量信息，从而为质量控制提供决策支持和依据。

5. 监督职能

检验的结果有助于企业主管人员对产品质量产生、形成和实现过程的综合情况进行了解并实施监督，这就是质量检验的监督职能。由上述分析可知，检验的作用并不只是把不合格品剔除出来；如果能够对检验结果进行分析和研究，那么对于查明质量问题产生的原因并采取相应措施防止问题重复发生等方面同样具有重要作用。因此，在生产过程中要充分利用检验数据，加强工序控制，把各种工序切实有效地控制起来，使工序保持稳定，如此才能充分发挥质量检验的作用。

3.1.2 质量检验的工作内容和意义

1. 质量检验的工作内容

从质量检验的定义可以看出，质量检验主要包括以下几项工作内容。

（1）明确质量标准。明确质量标准指进行质量检验时必须要根据产品技术标准，明确待检项目及各项目的技术要求，如此质量检验才有判定依据。

（2）测定质量特性。测定质量特性指在进行质量检验时，需要采用各种计量器具、检验设备和理化分析仪器等科学技术手段和方法，对产品的一个或多个质量特性进行观察、测量、试验，才能获取质量检验所需要的质量信息。

（3）对比测定结果。对比测定结果指将实际测定结果与质量标准做对比，观察质量特性值是否符合规定要求。

（4）判定质量状况。判定质量状况指根据质量特性值的对比结果，判定被检对象是否合格。

（5）处理检验对象。处理检验对象指根据质量判定状况，对产品对象进行相应的结果处理。例如，对于产品的检验合格品进行放行，不合格品给出返修、降级使用的决定；对于工序的检验，决定停产、调整、保持等；对于原材料的检验，决定是入库还是退回。

（6）记录检验信息。记录检验信息指对质量检验的数据进行记录，并出具评价和改进建议的报告，向上级和有关部门及时反馈信息。

2. 质量检验的意义

质量检验在企业生产和管理中有重要的意义，它是企业管理科学化和现代化的基础工作之一，也是企业最重要的信息来源，它的意义体现在以下几方面。

（1）进货检验可以保证产品原材料的质量符合性。进货检验是质量检验的关键内容之一，通过进货检验，企业可以获得具有质量符合性的原材料、外购件及外协配套件，这对保证企业产品质量特别重要。此外，通过进货检验，还可以为企业的索赔提供依据。

（2）过程检验可以保证工艺过程的质量符合性。过程检验是对生产过程中的在制品和与质量有关的要素进行的检验，这也是质量检验的重要组成内容之一。通过过程检验，可以使工艺过程处于受控状态，确保工艺过程的质量符合性，避免加工过程中出现大量不合格品及不合格品流入下道工序等问题。

（3）最终检验可以保证最终产品的质量符合性。最终检验又称完工检验，指过程全部结束后的半成品或成品检验，它是供方质量检验的重点。通过最终检验，可确保向用户提供合格的产品。最终检验不仅可以减少用户的索赔、换货等损失，还增强用户的信赖，不断扩大自己的市场份额。

3.1.3 质量检验方式

根据特征的不同，质量检验方式可以分为不同类型。对不同的检验对象，在不同的生产条件下可采取不同的检验方式。合理选择检验方式，不仅可以正确地反映质量情况，还能降低检验成本，缩短检验周期。选择的原则是既要保证检验质量又要便于生产，还要能提高检验的经济性。

1. 按生产过程次序分类

（1）进货检验：由检验部门对工厂的原材料、外购件、外协件等进行的入库前的检验。

（2）过程检验：以监督和控制为主要目的的检验，常用于判断工序或生产过程是否正常。

（3）完工检验：以验收为主要目的的检验，常用于过程全部结束后的半成品和成品的检验。

2. 按检验人员特征分类

（1）自检：由生产工人对零件或产生质量进行检验。
（2）互检：同工序或上下道工序生产工人相互之间对产品进行互相检验。
（3）专检：由专职检验人员进行的质量检验活动。

3. 按检验数量分类

（1）全数检验：全数检验即对全部产品逐个进行检验，从而判断每个产品合格与否，主要适用于非破坏性检验、待检验物的数量和费用允许全部检验、待检验项目是产品质量的关键项目等条件。

（2）抽样检验：按照规定的抽样方案和程序从待检验的一批产品中随机抽取部分单位

产品作为样本进行全检，根据样本的合格情况判定整批待检产品的质量状况。相对于全数检验，抽样检验可以大幅减少检验工作量。

4. 按检验后果特征分类

（1）破坏性检验：产品在经过检验后其完整性遭到一定破坏，不再具有原有使用功能的检验。因此，破坏性检验在数量特征上常采用抽样检验的方式。

（2）非破坏性检验：产品经过检验后完整无损，不影响其使用性能的检验。

5. 按检验手段特征分类

（1）器具检验：也称理化检验，指利用仪器、量具或检验设备等手段，运用物理或化学的方法对产品的质量特性进行的检验，适用于产品的性能、强度、可靠性等的检验。

（2）感官检验：利用人的感觉器官对质量特性作出评价和判断的检验，常用于对产品外观的颜色、伤痕、锈蚀、物品温度、粗糙度、噪声、气味等特征的检验。

6. 按检验数据性质分类

（1）计量值检验：检验获取的数据是连续的，适用于产品的长度、强度、压力、时间等特征检验。

（2）计数值检验：检验数据是离散的，不能连续取值，只能用自然数表示，如件数、废品数、点数等。

7. 按检验地点分类

（1）固定检验：在特定的地方设立固定的检验站，适用于不便搬动或精密的检验仪器设备。

（2）流动检验：也称临床检验，即由检验人员到工作地区进行检验。

3.2 抽样检验基础

3.2.1 抽样检验的定义

抽样检验是从所考虑的产品集合中抽取若干单位产品进行的检验。抽样检验从一批产品或一个过程中随机地抽取样本进行检验，从而对总体质量作出判断。

抽样检验的特点是：检验对象是一批产品，经检验判为接收的产品中可能包含不合格品，不接收的产品中也可能包含合格品。

3.2.2 抽样检验中常用的名词术语

1. 单位产品

单位产品指能被单独描述和考虑的一个事物，它是为实施抽样检验的需要而划分的单位体。有的单位产品可以按自然形态划分，是可分离的货物，如一台机床、一个电阻等，分别可以看成一个单位产品；而有的产品不能自然划分，其量具有连续的特性，产品的状态可以是液体、气体、颗粒、固体、线状或板材，如钢水、布匹、大米等，可以根据不同要求，人为规定一个单位量，如一炉钢水、1 m 布、1 kg 大米等。

2. 检验批

检验批简称批，是提交进行检验的一批产品，也是作为检验对象而汇集起来的一批产品。

构成检验批的所有单位产品，在质量方面不应有本质差别，只能有随机波动。所以，一个检验批应当由同一种类、同一规格型号、同一质量等级，且工艺条件和生产时间基本相同的单位产品所组成。检验批的形式有稳定批和流动批两种：稳定批是将批中所有单位产品同时提交检验；流动批是指将批中各单位产品一个个从检验点通过。

3. 批量

批量指检验批中包含的单位产品数量，常用 N 表示。

有关批量大小和识别批的方式，应由供方与使用方协商确定。通常，体积小、质量稳定的产品，批量宜大些，但也不宜过大。过大的批量难以获得有代表性的样本，而且该批一旦被拒收，则会造成较大的经济损失。

4. 不合格品与合格品

具有一个或一个以上不合格的产品称为不合格品；没有任何不合格的单位产品为合格品。根据不合格的分类，不合格品可分为以下三种。

（1）A 类不合格品。包含一个或一个以上 A 类不合格（也可能同时包含 B 类和 C 类不合格）的单位产品称为 A 类不合格品。

（2）B 类不合格。包含一个或一个以上 B 类不合格（也可能包含 C 类不合格，但不包含 A 类不合格）的单位产品称为 B 类不合格品。

（3）C 类不合格品。包含一个或一个以上 C 类不合格（不包含 A 类和 B 类不合格）的单位产品称为 C 类不合格品。

5. 抽样方案

抽样方案指在抽样检验中规定样本容量和有关接收准则的一个具体方案。对于一次抽样方案，一般可用 $(n, C), (n, C, R), (N, n, C), (n, K)$ 的形式表示。其中 N 为总体规模数量，n 为样本量，C 为合格判定数，即在抽样方案中预先规定的判定批产品合格的那个样本中最大允许不合格数；R 为不合格判定数，即预先规定的判定批产品不合格的那个样本中最小不合格数；K 为可接受常数，即用户能够接受的产品批的极限不合格品数。如果一批产品的合格判定标准用不合格品率 p 表示，则 C 和 p 的关系为

$$C = np$$

显然，如果全检样本中的不合格品数大于 C，则可判定该批产品不合格。

6. 批质量的表示方法

批质量的表示方法就是对一批产品质量状况的描述。由于质量特性值的属性不同，衡量批质量的方法也不相同。以下分别介绍计数值和计量值批质量水平的表示方法。

1）计数值批质量水平的表示方法

（1）批不合格品率 p：批中不合格品数 D 除以批量 N。其计算公式为

$$p = \frac{D}{N} \times 100\% \approx \frac{d}{n} \times 100\%$$

式中，D 为总体或批中不合格品数，d 为样本中的不合格品数，N 为总体量或批量，n 为样本量。

（2）批不合格品百分数：批中不合格品数 D 除以批量 N，再乘以 100。其计算公式为

$$100p = \frac{D}{N} \times 100 \approx \frac{d}{n} \times 100$$

式中，p 为批不合格品率，D 为总体或批中不合格品数，N 为总体量或批量，d 为样本中的不合格品数，n 为样本量。

以上两种表示方法用于计件抽样检验。

（3）批每百单位产品不合格数：批中不合格数 D 除以批量 N，再乘以 100。其计算公式为

$$\text{批每百单位产品不合格数} = \frac{D}{N} \times 100 \approx \frac{d}{n} \times 100$$

式中，D 为总体或批中不合格数，d 为样本中的不合格数，N 为总体量或批量，n 为样本量。

这种表示方法用于计点抽样检验。

2）计量值批质量水平表示方法

用批平均值 μ、批标准差 σ 和批产品不合格率 p 表示计量值批质量水平。

（1）批平均值 μ：批中单位产品质量特性值之和除以批量 N，其计算公式为

$$\mu = \frac{\sum_{i=1}^{N} x_i}{N}$$

（2）批标准差的计算公式为

$$\sigma = \sqrt{\frac{\sum_{i=1}^{N}(x_i - \mu)^2}{N}}$$

（3）批产品不合格品率的计算公式为

$$p = \frac{D}{N} \times 100\%$$

式中，p 为批产品不合格率，D 为质量特性超出公差范围的产品件数，N 为批量。

7. 接受概率

接受概率即某批产品的合格概率，又称批合格概率，是指根据规定抽样方案把质量为 p 的交验批判断为合格而接受的概率，用符号 $L(p)$ 表示。也可以把接受概率定义为：当该批的质量为给定值 p，使用一定的抽样方案验收时接受该批的概率。接受概率是批不合格品率 p 的函数，因此又称 $L(p)$ 为抽样检验方案 (n, C) 的抽样特性函数。

8. 两类错误及风险

抽样检验是用样本的质量来推断总体的质量。因此，只要采用抽样检验方法，就不可

避免地会产生两种错误的判断：可能将合格批判断为不合格批，此为"第Ⅰ类错误"；可能将不合格批判断为合格批，此为"第Ⅱ类错误"。

第Ⅰ类错误将合格批判断为不合格批，从而被拒收，对生产方不利。这是由生产方承担的风险，即好的质量批被拒收的风险，其概率用 α 表示。

第Ⅱ类错误将不合格批判断为合格批，从而被接受，对需求方不利。这是由需求方承担的风险，的质量批被接受的风险，其概率用 β 表示。

3.2.3 抽样检验方案的分类

在具体实践应用中，应根据不同要求选取适合的抽样方案类型。

1. 按检验次数分类

（1）一次抽检方案。从交验批中只抽取一次样本，根据其检测结果来判定批合格与否。

（2）二次抽检方案。先从交验批中抽取 n_1 个样本，根据对 n_1 的检验结果判定批合格与否，当不能做出批合格与否的判断时，再抽取 n_2 个样本进行检验，并根据 n_1 和 n_2 中累计不合格品数来判定批合格与否。

（3）多次抽检方案。按每次规定的样本容量 n_i 进行检验，以每次抽检的结果与判定基准做比较，判定批合格与否或继续抽检，直到检验进行到规定次数为止，再判定合格与否。

2. 按抽样检验方案的实施分类

（1）标准型抽检方案。它在抽样方案中对供需双方都规定质量保护和质量保证值（p_0 或 μ_0，α；p_1 或 μ_1，β）（其中，p_0 和 μ_0 分别为供方规定的不合格品率和合格品率；p_1 和 μ_1 分别为需方规定的不合格品率和合格品率；α 和 β 分别为供方所承担的合格批被判为不合格批的概率风险和需方所承担的不合格批被判为合格批的风险），具有可满足供需双方要求的抽样检验。标准型抽检方案适合于偶然市场交易等对产品质量不了解的场合。

（2）挑选型抽检方案。按事先规定的抽样方案对产品进行抽检，若产品达到判定基准就接受；达不到判定基准就对整批产品进行全数检验，然后将其中的不合格品换成合格品后再出厂。该方案适用于不能选择供货单位时的收货检验、工序间半成品检验和产品出厂检验，而对于抽样检验被判定为不合格批后可以退货或降价处理的产品及破坏性检验的产品批则不适用。

（3）调整型抽检方案。根据供方提供产品质量的好坏来调整检验的宽严程度，一般分为放宽、正常和加严三种方案。调整型抽检方案一般从正常检验开始，然后根据数批的检验结果和转换条件决定采用放宽或加严，这种检验一般适用于连续购进同一供货产品的检验。

（4）连续生产型抽检方案。先从全检的连续检验开始，当合格品连续累计到一定数量后，即转入每隔一定数量抽检一个产品；在继续抽检过程中，如果出现不合格品，则继续恢复全检状态。这种抽检方案适用于连续流水线生产中的产品检验，并不要求产品形成批。

3. 检验特性值的属性分类

（1）计数抽检方案。样本中不合格品数或缺陷数作为判定交验批产品是否合格的依据。

（2）计量抽检方案。计量数据作为判断依据，通过对样本质量特性的统计分析来判断交验批是否合格。

3.2.4 抽样特性曲线

根据 $L(p)$ 的计算公式，对于一个具体的抽样方案 (n, C)，当检验批的批质量 p 已知时，方案的接收概率是可以计算出来的。但在实际中，检验批的不合格品率 p 是未知的，而且是一个不固定的值，因此，对于一个抽样方案，有一个 p 就有一个与之对应的接收概率 $L(p)$。如果用横坐标表示自变量 p 的值，纵坐标表示相应的接收概率 $L(p)$，则 p 和 $L(p)$ 构成的一系列点子连成的曲线就是抽样检验特性（operating characteristic，OC）曲线，简称 OC 曲线。

由接收概率的计算公式可知，OC 曲线与抽样方案是一一对应的，即一个抽检方案对应一条 OC 曲线，而每条 OC 曲线又反映了其所对应的抽检方案的特性。OC 曲线可以定量地告诉人们产品质量状况和被接收可能性大小之间的关系；也可以告诉人们采用该抽检方案时，不被判接收的可能性有多大，或者要使检验批以某种概率接收，它应该拒绝的批不合格品率 p。同时，人们可以通过比较不同抽样方案的 OC 曲线，从而增强对产品质量的辨别能力，选择合适的抽检方案。

理论上，OC 曲线存在以下三种不同的情况。

（1）理想的 OC 曲线。如果规定当批的不合格品率 p 不超过 p_t 时，这批产品是合格的，一个理想的抽检方案应当满足：当 $p \leq p_t$ 时，接受概率 $L(p)$ 等于 1；当 $p > p_t$ 时，接受概率等于 0，如图 3-1 所示。

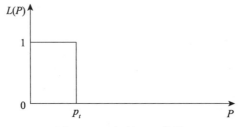

图 3-1 理想的 OC 曲线

在图中的两段直线，完全反映出一个理想的抽检方案特性。然而，由于抽检中存在以真当假和以假当真两种错误，这样的理想抽检方案实际上并不存在。这种形状的曲线在全数检查中是可能存在的，但在抽检中，由于抽样误差，难免会将一定的不合格品错认为合格品，或将合格品错认为不合格品。

（2）线性的 OC 曲线。线性的 OC 曲线就是 $(N, 1, 0)$ 方案所产生的 OC 曲线，由于这种方案的 OC 曲线是一条直线，因此称为线性的 OC 曲线，如图 3-2 所示。

由图 3-2 可知，线性抽检方案是从产品批中随机地抽取 1 个产品进行检查，若这个产品不合格，则判产品为批不合格品，进而判产品批不合格。这个方案的抽样特性函数为：$L(p) = 1 - p$。也就是说，当这批产品的质量已经差到含有一半的不合格品（$p = 0.5$）时，其接受概率 $L(p)$ 依然高达 50%（$L(p) = 1 - p = 1 - 0.5 = 50\%$）。可见，这种抽检方案对批质量的判断能力及对用户的质量保证都是很差的，是一种很不理想的抽检特性曲线。

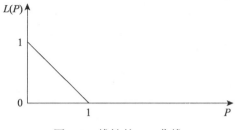

图 3-2　线性的 OC 曲线

（3）实际 OC 曲线。当这批产品质量较好，如 $p \leq p_0$ 时，则以高概率判定它为合格；当这批产品质量较差，且已超过某个规定的界限时，如 $p > p_1$ 时，则以高概率判定它为不合格；当产品质量变坏时，如 $p_0 < p < p_1$，接受概率应迅速是实际中经常遇到的情况，称为实际 OC 曲线，如图 3-3 所示。

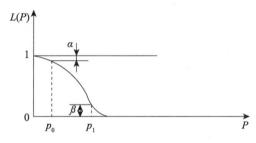

图 3-3　实际 OC 曲线

1. OC 曲线的性质

（1）OC 曲线和抽检方案是一一对应的关系，也就是说有一个抽检方案就有一条对应的 OC 曲线；相反，有一条抽检特性曲线，就有一个与之对应的抽检方案。

（2）OC 曲线是一条通过（0，1）和（1，0）两点的连续曲线。

（3）OC 曲线是一条严格单调下降的函数曲线，即对于 $p_1 < p_2$，必有 $L(p_1) > L(p_2)$。

2. OC 曲线与 (N, n, C) 方案中参数的关系

由于 OC 曲线与抽检方案是一一对应的，因此改变方案中的参数必然导致 OC 曲线发生变化。下面分四种情况对其变化进行讨论。

（1）保持 n 和 C 固定不变，令 N 变化：如果 N 增大，曲线向上变化，方案放宽；如果 N 减小，曲线向下变化，方案加严。但是总体变化幅度较小，N 对 OC 曲线形状的影响甚微。

（2）保持 N 和 n 固定不变，令 C 变化：如果 C 增大，则曲线向上变化，方案放宽；如果 C 减小，则曲线向下变化，方案加严。

（3）保持 N 和 C 不变，令 n 变化：如果 n 增大，则曲线向下变化，方案加严；如果 n 减小，则曲线向上变化，方案放宽。

（4）保持 N 不变，n，C 同时发生变化：如果 n 增大而 C 减小，方案加严；若 n 减小而 C 增大，方案放宽。此外若 n 和 C 同时增大或减小，则对 OC 曲线的影响比较复杂，要看 n 和 C 的变化幅度各有多大，不能一概而论。如果 n 和 C 尽量减小，则方案加严；对于 n 和 C 不同量变化的情况，只要适当选取它们各自的变化幅度，就能使方案在 $(0, p_t)$ 和 $(p_t, 1)$ 这两个区间的一个区间上加严，而另一个区间上放宽。

3. 抽检特性曲线的计算

$L(p)$ 称为抽检方案 (N, n, C) 的抽检特性函数。为了确定 $L(p)$ 的形式，首先计算"在样本中不合格品个数 $x = d$"这个事件出现的概率，记作 $P\{x = d\}$。由于批量为 N，不合格品率为 p，因此，批产品中不合格品的总数应为 Np 个，则"在样本中不合格品个数 $x = d$"这个事件出现的概率为超几何分布，即

$$P\{x = d\} = \frac{C_{pN}^{d} \times C_{N-pN}^{n-d}}{C_{N}^{n}}$$

式中，C_{pN}^{d} 为从批的不合格品数 pN 中抽出 d 个不合格品的全部组合数，C_{N-pN}^{n-d} 为从批的合格品数 $(N-pN)$ 抽出 $n-d$ 个合格品的全部组合数，C_{N}^{n} 为从批量为 N 的一批产品中抽出 n 个单位产品的全部组合数。

关于 OC 曲线的计算，根据具体情况可采用超几何分布、二项分布和泊松分布三种不同形式进行求解。

（1）超几何分布计算法。当采用 (N, n, C) 抽检方案时，只要样本中不合格品的个数 d 不超过 C，则认为此批产品是合格的。所以，当一批产品的不合格品率为 p 时，接受概率的计算公式为

$$L(p) = \sum_{d=0}^{C} \frac{C_{pN}^{d} \times C_{N-pN}^{n-d}}{C_{N}^{n}}$$

（2）二项分布计算法。当 N 很大时，一般 $N/n > 10$，阶乘计算很麻烦，$L(p)$ 可用二项分布求近似值，具体公式为

$$L(p) = \sum_{d=0}^{C} C_{n}^{d} p^{d} (1-p)^{n-d}$$

（3）泊松分布计算法。当 $N/n > 10$，且 $p < 10\%$ 时，$L(p)$ 可用泊松分布计算其近似值，具体公式为

$$L(p) = \sum_{d=0}^{C} \frac{(np)^{d}}{d!} e^{-np} = \sum_{d=0}^{C} \frac{\lambda^{d}}{d!} e^{-\lambda}$$

式中，$np = \lambda$，即抽检样本中的缺陷数。

【例 3-1】设一批产品，$N = 1000$，现用抽样方案（30，3）对它进行检验，试画出此抽样方案的 OC 曲线。

解：

利用接收概率的计算公式，分别求出 $p = 5\%$，$p = 10\%$，$p = 15\%$，$p = 20\%$ 时得接收概率，并列于表 3-1 中，然后用表中的数据画出该抽样方案的 OC 曲线，如图 3-4 所示

表 3-1 接收概率(N=1000, n=30, C=3)

$P(\%)$	d			
	5	10	15	20
0	0.210	0.040	0.007	0.001
1	0.342	0.139	0.039	0.009
2	0.263	0.229	0.102	0.032
3	0.128	0.240	0.171	0.077
$L(p)$	0.943	0.648	0.319	0.119

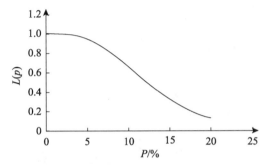

图 3-4 抽样方案（30，3）的 OC 曲线

可以看出，当 $p \leqslant 5\%$ 时，接收概率 $L(p)$ 为 94%左右。但随着批不合格率 p 的增加，接收概率 $L(p)$ 迅速减小，当 $p = 20\%$ 时，接收概率 $L(p)$ 就已经只有 12%左右。因此，（30，3）就是一个比较好的抽样方案。

通过抽检特性曲线讨论百分比抽检法的不合理性，百分比抽检法是指不论产品批量 N 的大小，都规定相同的判定数 C，而样本也是按照相同的比例 k 从产品批中抽取，即抽检方案为 $(N, n = k, N, C)$。

对于这种抽检方案，通过 OC 曲线与抽检方案变化的关系分析，很容易弄清楚百分比抽检的不合理性。图 3-5 为百分比抽检方案的 OC 曲线。

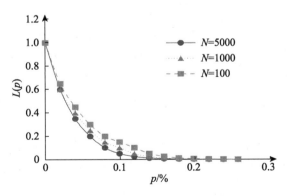

图 3-5 百分比抽检方案的 OC 曲线

由图 3-5 分析可知，在批的质量相同的情况下，批量 N 越大，接受概率 $L(p)$ 越小，方

案越严；反之，批量 N 越少，接受概率 $L(p)$ 越大，方案越宽松。也就是说，对相同质量的检验批，批量 N 不同导致的判断能力不同，存在对大批量严而对小批量松的不合理现象。

由此可知，百分比抽检方案实际是一种凭直觉的经验做法，并没有科学依据，在实际应用中应注意纠正这种不合理的做法。

3.2.5 抽样质量检验的标准及注意事项

在进行抽样质量检验时，必须掌握以下几点注意事项。

（1）抽样检验是对批量进行合格与否的判定，而不是逐一检查批量中的每个产品。所以，如果产品不是作为批量处理时，就不应采用抽样检查。

（2）抽样质量检验标准选定后，就必须按照抽样质量检验标准严格正确执行。

（3）通过抽样质量检验后，即使是判定合格的批量，也应允许有一定数量不合格品存在。

（4）抽样检验是以随机抽取样本为基本条件的，如果不能满足这种条件就不适用。因此，抽样质量检验时必须具备能随机取样的具体条件和实施措施。

3.3 计数标准型抽样检验

3.3.1 计数标准型抽样检验方案的设计原理

计数标准型抽样检验指为了保证生产方和需求方双方利益，事先把生产方风险和需求方风险固定为某一特定数值的抽样检验方案。其设计原理是给定接受上限 p_0、拒收下限 p_1 及两种错判概率 α, β，控制优质批 $(p \leq p_0)$ 错判为不合格批的概率不得超过 α、劣质批 $(p \geq p_1)$ 错判为合格批的概率不得超过 β。即计数标准型抽检方案的 OC 曲线必须通过预先规定的两个点 $(p_0, 1-\alpha)$ 和 (p_1, β)。因此，要使一个计数标准型一次抽检方案 (n, C) 的 OC 曲线通过预先规定的这两个点，只要 n 和 C 满足下列联立方程即可。

$$\begin{cases} \alpha = 1 - L(p_0) \\ \beta = L(p_1) \end{cases}$$

大多数情况下，上述联立方程有很多组解，一般应取 n 为最小的那一组解。此外，为帮助供需双方正确选择抽样检验方案，国家制定了有关标准：GB/T 13393—2008《验收抽样检查导则》，因此在实际应用中常采用查表法。

3.3.2 计数标准型抽样检验方案的特点

（1）通过选取相应于 p_0 和 p_1 的 α、β 值，同时满足供需双方的要求，对双方提供保护。

（2）不要求提供检验批验前资料（如制造过程的平均不合格品率），因此，它适合于对孤立批的检验。

（3）同时适用于破坏性检验和非破坏性检验。

（4）由于同时对供需双方实施保护，在同等质量要求的条件下，所需抽取的样本量较大。

3.3.3 计数标准型抽样检验方案的抽检步骤

1. 确定单位产品的质量特性

一个单位产品往往有多个检测项目。在技术标准或合同中,必须对单位产品规定需抽检的质量特性及该质量特性合格与否的判定准则。

2. 规定质量特性不合格的分类与不合格品的分类

一般将产品质量特性的不合格划分为 A 类、B 类和 C 类三种类别。例如,螺钉的直径不合格为 A 类不合格、长度不合格为 B 类不合格、螺纹不合格为 C 类不合格。

3. 确定生产方风险质量与使用方风险质量

p_0 和 p_1 的值需由生产方和使用方协商确定。作为选取 p_0 和 p_1 的依据,通常取生产方风险 $\alpha = 5\%$,使用方风险 $\beta = 10\%$。

决定 p_0 时,应综合考虑生产能力、制造成本、质量要求以及检验费用等因素,一般来说,A 类不合格品的 p_0 值要选得比 B 类的小,而 B 类不合格或 B 类不合格品的 p_0 值要选得比 C 类的小。

对于 p_1 的选取,一般应使 p_1 和 p_0 拉开一定的距离,通常多数 $p_1/p_0 = 4 \sim 10$。如果 p_1/p_0 过小,会增加抽检的样本量,使检验费用增加;而 p_1/p_0 过大,又会放松对质量的要求,对使用方不利。因此,若能够承受较大的样本量,p_1/p_0 间的距离可小一些,以求得较强的判别力;若不允许检验较多的样品,只好牺牲判别力而选用与 p_0 较远的 p_1 点。

4. 组成检验批

如何组成检验批,对质量保证有很大影响。检验批应由同一种类、同一规格型号、同一质量等条件和生产时间基本相同的单位产品组成,它可以与投产批、销售批、运输批相同或,但一般按包装条件及贸易习惯组成的批,不能直接作为检验批。

批量越大,单位产品所占的检验费用的比例就越小;一旦发生错判,损失将会非常惨重。因此,应考虑以下几点。

(1)当过程处于稳定状态时,尽可能组成大批。这时从整体来看,检验个数就少。为了组成大的批,可以将几个小批集中为一批。

(2)当过程未处于稳定状态时,尽可能将批分得小些。这时,从总体来看,检验个数就多。如果批大,当发生错判时,和合格率高的批次混在一起的不合格产品都判成了合格的,和合格率低的批次混在一起的合格产品都判成了不合格的,这是不利的。

(3)当过程大致稳定但又经常不稳定时,一般应根据不稳定状态的程序来检查此批的组成。

(4)当没有过程情报时,先形成小批,在小批中进行抽检,把接连进行检验的情报收集起来,判断是否处于稳定状态,再根据前面所叙述的方法确定组成多大批为好。批的组成、批量大小及识别批的方式等应由生产方与使用方协商确定。

5. 确定抽检方案 (n, C)

确定样本大小 n 及合格判定数 C,见 GB/T 13262—2008《不合格品百分数的计数标准型一样检验程序及抽样表》，该标准规定了生产方风险 $\alpha=5\%$，使用方风险 $\beta=10\%$ 的一次性抽样检验程序，在抽样表中给出了 p_0 和 p_1 检索的一次抽样方案。按照事先确定的 p_0 和 p_1，在表中先找到 p_0 所在的行和 p_1 所在的列，其相交栏即为抽检方案，对应的相交栏左边为样本容量 n，右边为合格判定数 C。

当批量不超过250，且样本大小与批量的比值大于10%时，由 GB/T 13262—2008 检索的抽样方案是近似的，应当慎重使用。这时也可以按照 GB/T 13264—2008《不合格品百分数的小批技术抽样检验程序及抽样表》确定抽样方案。

【例3-2】 规定 $p_0=0.67\%$，$p_1=2.40\%$，$\alpha=5\%$，$\beta=10\%$，求抽样方案。

解：

在 GB/T 13264—2008 中查表（见附表2），$p_0=0.67\%$ 时所在行与 $p_1=2.40\%$ 所在列的相交栏查到（390，5），即样本大小为390，接收数为5。

6. 抽取样本

样本应从整批中随机抽取，可在批构成之后或在批的构成过程中进行。抽样检验的目的就是通过样本推断总体，这就要求从被检验批中选取样本的程序必须使得所抽到的样本是无偏的。为了能够抽得无偏的样本（能够代表总体的样本），通常采用的取样方法是随机抽样法。随机抽样包含简单随机抽样、分层随机抽样、整群随机抽样和系统随机抽样等方法。

7. 检验样本

按技术标准或合同等有关文件规定的试验、测量或其他方法，对抽取的样本中每一个单位产品逐个进行检验，判断是否合格，并且统计出样本中的不合格品总数。

8. 批的判断

根据样本检验的结果，若在样本中发现的不合格品数小于或等于接收数，则接收该批；若在样本中发现的不合格品数大于接收数，则不接收该批。

9. 检验批的处置

对于判为接收的批，订货方应整批接收，并剔除样本中的不合格品，同时允许订货方在协商的基础上向供货方提出某些附加条件；对于判为拒收的批，应全部退回供货方，未经有效处理不得再次提交检查。

3.4 计数调整型抽样检验

3.4.1 计数调整型抽样检验方案的设计原理

计数调整型抽样检验方案是根据已检验过的批的质量信息，随时按一套转移规则调整检验的严格程度的检验过程。具体设计原理为：当批质量正常时，采用一个正常的抽检方案，以保护供方利益；当批产品质量下降或生产不稳定时，改用加严方案进行检验，以减小需求方承担的风险；当批产品质量上升时，改用一个放宽方案进行检验，以加强对供方的保护；如果供方不能保持产品质量，在抽检中发现稍有质量下降的趋势，就应立即放宽加严，转为正常检验。计数调整型抽样检验的设计原理也就是根据批产品质量的变化，适时调整抽样检验方案的宽严程度，使整个检验过程达到一种既能防范达不到质量要求的批次漏网，又能使达到质量要求的批次轻易通过。

3.4.2 计数调整型抽样检验方案的特点

调整型抽样方案有三个特点。

（1）对于一个确定的质量要求，它不是固定采用一个方案，而是采用一组方案进行动态转换。

（2）有利于刺激生产方提高产品质量。

（3）适用于连续多批的产品检验，包括成品、部件和原材料、库存品等。

3.4.3 计数调整型抽样检验方案的抽检程序

1. 确定质量标准

在订货合同中必须明确规定单位产品的质量特性，并明确规定区分合格品与不合格品的标准。当产品比较复杂时，还可以对质量特性进行分类和分组。

2. 规定接收质量限

接收质量限（acceptable quality limit，AQL）指当一个连续系列批被提交验收抽样时，可容忍的最差过程平均质量水平。AQL 是调整型抽检方案的基本参数，也是选择方案时依据的质量标准。因此，采用计数调整型抽样检验在设计抽检方案时，首先要考虑 AQL 值。如果供应者的产品质量水平接近规定 AQL，则运用正常检查。对质量水平比 AQL 好的产品运用放宽检查，对质量水平比 AQL 差的产品则加严检查。

AQL 可根据需方的要求、供方生产能力和单位产品本身的价值等因素，由双方协商确定。主要有以下几种确定方法。

（1）按需方的质量要求决定 AQL 值。当需方根据使用要求、经济条件提出必须保证的质量水平（不合格品率或百单位不合格品数）时，则应将其质量要求规定为 AQL 值。一般根据使用要求规定 AQL 时，则应将其质量要求规定为 AQL 值。可参考表 3-2 所列经验数据。

表 3-2 按照使用要求确定 AQL 值参考表

使用要求	特高	高	中	低
AQL（%）	<0.1	<0.65	<2.5	≥4.0
适用范围	关键工业产品	重要工业产品	一般工业产品	一般农业产品

（2）根据不合格级别确定 AQL 值。根据不合格级别确定 AQL 值，就是按照 A 类不合格品、B 类不合格品和 C 类不合格品分别规定 AQL 值。越是重要的检验项目，验收后的不合格品所造成的损失越大，AQL 值应更严格。此种方法多用于多品种、小批量生产及产品质量信息不多的场合。按照不合格类别确定 AQL 值可参考表 3-3 所列的经验数据。

表 3-3　按照不合格类别 AQL 值参考表

不合格类别	一般企业							军工企业		
	原材料进厂检验			成品出厂检验				购入检验		
	A	B	C	A	B	C		A	B	C
AQL（%）	0.65	1.5	2.5	4.0	6.5	1.5	2.5	4.0	6.5	0.25	1.0	2.5

（3）根据项目数量确定 AQL 值。检验项目越多，AQL 值越大。根据项目数量确定 AQL 值可参考表 3-4 所列经验数据。

表 3-4　按照项目数量确定 AQL 值参考表

A 类不合格	项目数	1~2	3~4	5~7	8~11	12~19	20~48	>48
	AQL（%）	0.25	0.40	0.65	1.0	1.5	2.5	4.0
B 类不合格	项目数	1	2	3~4	5~7	8~18	18	
	AQL（%）	0.65	1.0	1.5	2.5	4.0	6.5	

（4）根据过程平均值确定 AQL 值。用过程平均值作为 AQL 值的方法多用于单一品种大批量生产，且已掌握大量供方产品质量信息的情况。一般要求 AQL 值高于过程平均质量，有利于促进提高产品质量。

（5）依据益损平衡点值确定 AQL 值。以供方为检出一个不合格品所需费用与需方因使用一个不合格品所造成的损失费用的比例大小来确定 AQL 值，它能同时反映出生产方与使用方的要求，这个比值叫益损平衡点，即

$$益损平衡点 = \frac{供方检出一个不合格品所需费用}{需方使用一个不合格品所造成的损失费用} \times 100\%$$

求出益损平衡点后，可按表 3-5 所列经验数据确定 AQL 值。

表 3-5　按照益损平衡点确定 AQL 值

益损平衡点	0.5~1	1~1.75	1.75~3	3~4	4~6	6~10.5	10.5~17
AQL（%）	0.25	0.65	1.0	1.5	4.0	6.5	10

3. 确定检验水平

检验水平是用来决定批量与样本量之间关系的等级。GB/T 2828.1—2012《计数抽样检验程序第 1 部分：按接收质量限（AQL）检索的逐批检验抽样计划》标准中规定了三个一般检验水平（Ⅰ，Ⅱ，Ⅲ）和四个特殊检验水平（S-1，S-2，S-3，S-4），如表 3-6 所示。一般检验水平Ⅱ是标准检验水平，无特殊要求时采用水平Ⅱ；当需要的判别能力比较低时，可规定使用一般检验水平Ⅰ；当需要的判别能力比较高时，可规定使用一般检验水平Ⅲ。四个特殊检查水平适用于相对小的样本量而且能容许较大抽样风险的情形。在三个一般检验水平中，当批量给定后，样本量随检验水平而变化。一般情况下，检验水平Ⅰ，Ⅱ，Ⅲ需要抽取的样本量关系为：水平Ⅲ大于水平Ⅱ，水平Ⅱ大于水平Ⅰ。检验水平Ⅰ，Ⅱ，Ⅲ样本量比例为 0.4∶1∶1.6。同时，检验水平的规定直接影响对需方的保护程度，检验水平Ⅲ的保护程度最高。

表 3-6 样本量字码表

批量/件	特殊检验水平				一般检验水平		
	S-1	S-2	S-3	S-4	Ⅰ	Ⅱ	Ⅲ
2~8	A	A	A	A	A	A	B
9~15	A	A	A	A	A	B	C
16~25	A	A	B	B	B	C	D
26~50	A	B	B	C	C	D	E
51~90	B	B	C	C	C	E	F
91~150	B	B	C	D	D	F	G
151~280	B	C	D	E	E	G	H
281~500	B	C	D	E	F	H	J
501~1200	C	C	E	F	G	J	K
1201~3200	C	D	E	G	H	K	L
3201~10000	C	D	F	G	J	L	M
10001~35000	C	D	F	H	K	M	N
35001~150000	D	E	G	J	L	N	P
150001~500000	D	E	G	J	M	P	Q
500001 以上	D	E	H	K	N	Q	R

4. 确定检查批量

根据 GB/T 2828.1—2012 的设计原则，批量越大，样本容量越大，区分优质批与劣质批的能力越强。但批量越大，检查费用就越高，由错判给双方带来的损失也越大。为此，批量大小及其组成应由供需双方协商确定。

5. 确定检验严格度

检验严格度指交验批所接受检验的宽严程度。GB/T 2828.1—2012 中规定了正常检验、加严检验和放宽检验三种不同严格度。正常检验是当过程平均优于接收质量限时，所使用的一种能保证批以高概率接收的抽样方案的检验；加严检验使用比相应正常检验抽样方案接收准则更严厉的接收准则的一种抽样方案的检验；放宽检验是使用样本量比相应正常检验抽样方案的样本量小，接收准则和正常检验抽样方案的接收准则相差不大的一种抽样方案的检验。在这三种严格度中，加严检查是强制性的，放宽检查是非强制性的，当无特殊要求时，验收批产品一般从正常检查开始。根据 GB/T 2828.1—2012 的规定，三种严格度的调整可按图 3-6 所示转移规则进行。

6. 确定抽样方式

GB/T 2828.1—2012 给出了一次、二次、多次三种类型的抽样方式。抽样方式的确定需要通过比较这些抽样方式的平均样本量与管理上的难易程度来使用哪一种类型的抽样方式。因此，一般情况下多采用二次抽样方式，但对于费时的检验和管理费用比检验费用高的检验，则宜采用一次抽样方案。

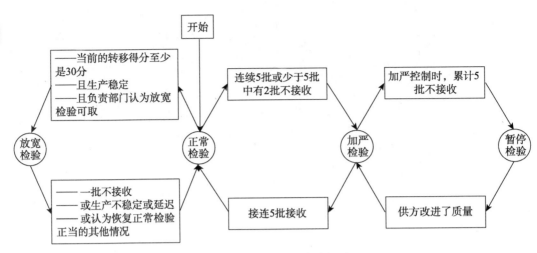

图 3-6　检查严格度转移规则

7. 确定抽样方案

抽样方案的确定共包括以下三项内容。

（1）读取样本字码。应根据批量和检查水平从样本量字码表（表 3-6）中读取字码。在表中找到批量大小所在的行及制定检查水平所在的列，从相交栏中可得样本量的字码。

（2）确定抽样方案。根据样本量字码、接收质量限（AQL 值）、抽样方式及宽严程度，在 GB/T 2828.1—2012 所提供的抽样检验表中检索三种抽样方案。在标准中列有三组（一次、二次和多次抽样），共计 9 个抽样方案表。

（3）查表确定抽样方案。在所选用的抽样方案表中，由样本量字码所在行的样本量栏内读出样本量 n，再从这一字码所在行和所指定的 AQL 值所在列的相交栏，读出合格判定数 C 和不合格判定数 R。如果相交栏是箭头，则沿箭头方向读出箭头所指的第一个合格判定数 C 不合格判定数 R，然后由此判定数组所在行向左，在"样本量"栏读出相应的样本量 n。

【例 3-3】某产品采用计数调整型抽样方案检验，批量为 800，AQL = 4%，检验水平为 Ⅱ，求正常检验一次抽样方案。

解：从样本量字码表（见表 3-6）中，在 $N = 800$ 和检验水平 Ⅱ 的相交栏中查到字码 J，再根据 J、AQL 的值从 GB/T 2828.1—2012 所提供的正常检验一次抽样方案表（见附表 3）中检索出 1 次抽样方案为 $n = 80$，$C = 7$，$R = 8$，即从 800 个产品中，随机抽取 80 个进行检验，如果不合格品数 $d \leqslant 7$，则 800 个产品全部接收，如果 $d \geqslant 8$，则 800 台产品全部不接收。

【例 3-4】对例 3-3 产品进行检验则由 GB/T 2828.1—2012 所提供加严检验一次抽样方案表（见附表 4）中检索出 1 次抽样方案为 $n = 80$，$C = 5$，$R = 6$，即从 800 个产品中，随机抽取 80 个进行检验，如果不合格品数 $d \leqslant 5$，则 800 个产品全部接收，如果 $d \geqslant 6$，则 800 台产品全部不接收。

8. 抽取样本

采用随机抽样法，从批量中按抽样方案规定抽取样本。采用二次和多次抽检方案时，每次样本也必须从批的全体中抽取。

9. 样本的检测

检测样本，按确定的质量标准判定不合格品或合格品数。

10. 判定批是否合格

统计样本中出现的不合格数或不合格总数，与抽样方案中规定的合格判定数和不合格判定数比较，判定批合格或不合格。如果样本中不合格品数小于或等于合格判定数 C，则判定该批合格，如果不合格品数大于或等于不合格判定数 R 判定该批不合格。

11. 检验批的处置

合格批接受，不合格批原则上全批退给供方。合格批中发现的不合格品可根据供需双方事前约定进行处置。由抽样检验方案的分类可知，除计数标准型抽检方案和计数调整型抽检方案外，在实际应用中还存在其他类型的抽检方案，如计量抽样检验。

3.5 计量抽样检验

计数抽样检验方法在实践应用中存在的一个明显的缺陷：对一个产品，只检测它是合格品还是不合格品，从中得到的信息不多，从而导致抽样检验往往需要较大的样本量才能做出判断。为此，有学者在假设质量特性是正态分布随机变量的基础上，提出了计量抽样检验方法和理论，以减少抽样检验的样本需求量。我国于 2008 年发布了 GB/T8054—2008《计量标准型一次抽样检验程序及表》作为该检验方法的参照标准。

3.5.1 计量抽样检验概述

1. 计量抽样检验的定义和特点

计量抽样检验是定量地检验从批中随机抽取的样本，利用样本数据计算统计量，并与判断标准比较，以判断产品批是否合格的活动。随着检测技术的不断发展和电子计算机在生产领域的广泛应用，计量抽样检验越来越受到人们的重视。

与计数抽样检验相比，计量抽样检验具有以下特点。

（1）从难易程度来讲，计数抽样检验较简单，计量抽样检验较复杂。

（2）从获得的信息来看，计量抽样检验能获得更多、更精密的信息，能指出产品的质量状况，一旦产品质量下降能及时发出警告。

（3）计量抽样检验的可靠性比计数抽样检验大，这是因为对每批产品的某种质量特性进行严格的计量检验要比对每批产品的质量究竟合格与否的计数检验更为确切。

（4）与计数抽样检验相比，在同样的质量保护下，计量抽样检验所需的样本量可以减少 30%，因而当检验过程的费用消耗很大时（如破坏性检验），计量抽样检验显示出其巨大的优越性。

（5）计数抽样检验易于接受和理解，但计量抽样检验却并非如此，使用计量抽样检验时有可能会出现在样本中没有发现不合格品而被拒收的情况。

（6）计量抽样检验要求被检验的质量特性必须服从或近似服从正态分布，因为设计计量抽样检验方案的依据是正态分布理论。

（7）计量抽样检验只适用于单一质量特征，若一个产品有多个计量质量特征，则需要有多个计量抽样检验方案，而计数抽样检验可以把多个质量特征合并成一个抽样检验方案。

2. 计量抽样检验方案的分类

（1）按产品质量水平的衡量方式分类。GB/T 8054—2008 把计量抽样检验的方式分为两类：一是以质量特性总体分布的均值 μ 为衡量质量水平的抽样检验方案；二是以总体不合格品率 p 为衡量质量水平的抽样检验方案。GB/T 8054—2008 规定了以均值和不合格品率为质量指标的计量标准型一次抽样检验程序与实施方法。在 GB/T 8054—2008 里共有 7 个抽样检验表，其中第一个表至第四个表是以平均值 μ 为衡量质量水平的抽样表，第五个表至第七个表是以总体不合格品率 p 为衡量质量水平的抽样检验表。以上两种抽样检验方案是相互关联的，可以通过分布参数 (μ, σ) 推算出总体不合格品率 p。

（2）按总体分布的标准差是否已知分类。按总体分布的标准差是否已知，计量抽样检验可分为以下两类：一是 σ 法，即总体分布的标准差 σ 已知，可以利用样本均值与批标准差来判断交验批是否可以接；二是 s 法，当批标准差未知时，利用样本均值与样本标准差来判断批能否接收。

（3）按产品规格界限分类。GB/T 8054—2008 按产品规格界限把计量抽样检验的方式分为三类。

①单侧上规格限 U 的计量抽检方案（针对望小质量特性）。

②单侧下规格限 L 的计量抽检方案（针对望大质量特性）。

③双格限的计量抽检方案（针对望目质量特性）。

3. 相关术语与定义、符号

（1）标准型抽样检验。为保护生产、使用双方的利益，把生产方风险和使用方风险固定为某特定数值的抽样检验。GB/T 8054—2008 规定：$a=5\%$，$\beta=10\%$。

（2）接收常数 k。计量验收抽样的接收准则中，由合格质量水平和样本量所确定的用于决定批是否可接收的一个常数。

（3）抽样方案。规定样本容量和有关接收准则的一个具体方案，计量抽样检验标准抽样方案的形式写作 (n, k)。

（4）检验方式。检验方式由所要求质量规格界限的情况确定，有上规格限 U、下规格限 L 和双侧规格限三种方式。

（5）质量统计量。由规格限、样本均值和批标准差（或样本标准差）构成的函数，用来判断批能否被接收。分上规格限 Q_U 和下规格限 Q_L 两种质量统计量。

（6）规格限（分为上规格限和下规格限）。上规格限——合格单位产品所允许的质量特性最大界限值 U；下规格限——合格单位产品所允许的质量特性最小界限值 L。

（7）p：批不合格品率。

（8）p_0：可接受质量水平（合格质量）。以批不合格品率为指标时的合格质量；满足规定的要求的质量水平。抽样检验中，对应一个确定的、较高接受概率的、被认为满意的批质量水平（p_0）。

（9）p_1：极限质量（水平）。以批不合格品率为指标时的极限质量；对于孤立批，为进行抽样检验，限制在某一低概率的（被认为不满意的批）质量水平 p_1。

（10）μ：批质量特性值的均值，简称批均值。

（11）σ：批质量特性值的标准差，简称标准差。

（12）$\hat{\sigma}$：批标准差的统计估计值或经验估计值。

（13）μ_{0L}：可接受质量水平（合格质量）的下规格限。

（14）μ_{1L}：极限质量的下规格限。

（15）μ_{0U}：可接受质量水平（合格质量）的上规格限。

（16）μ_{1U}：极限质量的上规格限。

（17）Q_U：上规格限的质量统计量。σ 法为 $Q_U = (U - \bar{x})/\sigma$；$s$ 法为 $Q_U = (U - \bar{x})/s$，两个式子是以不合格品率为质量指标的。当以均值为质量指标时，σ 法为 $Q_U = (\mu_{0U} - \bar{x})/\sigma$，$s$ 法为 $Q_U = (\mu_{0U} - \bar{x})/s$。

（18）Q_L：下规格限的质量统计量。σ 法为 $Q_L = (\bar{x} - L)/\sigma$；$s$ 法为 $Q_L = (\bar{x} - L)/s$，两个式子是以不合格品率为质量指标的。当以均值为质量指标时，σ 法为 $Q_L = (\bar{x} - \mu_{0L})/\sigma$，$s$ 法为 $Q_L = (\bar{x} - \mu_{0L})/s$。

（19）P_a：检验批的接受概率。

3.5.2 均值为质量指标的计量标准型一次抽样检验

均值为质量指标的计量标准型一次抽样检验方法适用于产品质量特性 X 为正态分布的均值控制。例如，棉纱的平均直径、药粉成分的平均含量等。

1. 选择检查方式

检查方式主要包括两种方法：σ 法和 s 法。当产品质量稳定，并有近期质量管理或抽样检验的数据能预先确定批标准差时，可选用 σ 法。如果无近期数据，或即使有近期数据，但质量不稳定时，应选用 s 法。

当生产方与使用方有较长期供货合同时，无论采用 s 法或 σ 法，都要以控制图方式记录样本均值与样本标准差。若在应用 s 法过程中控制图显示样本标准差已处于统计控制状态，允许由 s 法转换为 σ 法。若在应用 σ 法过程中，控制图显示样本标准差已不处于统计控制状态，须立刻由 σ 法转换为 s 法。如果控制图虽然未显示失去统计控制状态，但表明批标准差变小或变大时，应随时更新所采用的批标准差值。

2. 确定检验方式

检验方式的确定即规格限的选取。规格限是规定的用于判定单位产品或某计量质量特征是否合格的界限值。GB/T 8054—2008 里有三种检验方式：上规格限、下规格限、双侧规格限。可根据产品标准对质量要求的不同确定其中一种规格限作为检验方式。

3. 规定上下限

规定可接受质量水平（AQL）与极限质量（LQ）的上规格限和（或）下规格限一般情

况下，AQL 和 LQ 的规定如下。

（1）在抽样检验方式为控制上规格限情况下，使用方提出均值的极限质量 μ_{1U}，相应的 $\beta=10\%$；生产方提出均值的 AQL 值 μ_{0U}，相应的 $\alpha=5\%$。

（2）在抽样检验方式为控制下规格限情况下，使用方提出均值的极限质量 μ_{1L}，相应的 $\beta=10\%$；生产方提出均值的 AQL 值 μ_{0L} 相应的 $\alpha=5\%$。

（3）在抽样检验方式为控制双侧规格限情况下，使用方提出均值的极限质量 μ_{1U} 及 μ_{1L}，相应的 $\beta=10\%$；生产方提出均值的 AQL 值 μ_{0U} 及 μ_{0L}，相应的 $\alpha=5\%$。但必须满足以下两个条件才能引用本标准：第一个条件为 $\mu_{1U}-\mu_{0U}=\mu_{0L}-\mu_{1L}$；第二个条件为 $\dfrac{\mu_{0U}-\mu_{0L}}{\mu_{0L}-\mu_{1L}}>0.89$，$\dfrac{\mu_{0U}-\mu_{0L}}{\mu_{1U}-\mu_{0U}}>0.89$。

此外，可接受质量水平与极限质量的上下规格限还可根据产品标准对质量的要求，由生产方和使用方协商确定。

4. 确定抽样方案

在确定抽样方案时，根据 σ 法和 s 法的不同，其计算过程稍有不同。

（1）σ 法。以均值为质量指标的计量标准型一次抽样检验 σ 法抽样方案确定步骤，如表 3-7 所示。

表 3-7　以均值为质量指标的计量标准型一次抽样检验 σ 法抽样方案确定步骤

工作步骤	工作内容	检验方式		
		上规格限	下规格限	双侧规格限
1	规定质量要求	μ_{0U}，μ_{1U}	μ_{0L}，μ_{1L}	μ_{0U}，μ_{1U} μ_{0L}，μ_{1L}
2	确定 σ	由生产厂近期生产的 20~25 组 $\bar{x}-R$ 或 $\bar{x}-S$ 控制图数据，近期 20~25 批的抽样检验数据，来进行估计		
3	计算	$\dfrac{\mu_{1U}-\mu_{0U}}{\sigma}$	$\dfrac{\mu_{0L}-\mu_{1L}}{\sigma}$	$\dfrac{\mu_{1U}-\mu_{0U}}{\sigma}$ 或 $\dfrac{\mu_{0L}-\mu_{1L}}{\sigma}$
4	检索抽样方案	由计算值在 GB/T 8054—2008 中查表《单侧规格限"σ"法的样本量与接收常数（以均值为质量指标）》，检出 n，k 值		由计算值在 GB/T 8054—2008 中查表《双侧规格限"σ"法的样本量与接收常数（以均值为质量指标）》，检出 n，k 值

（2）s 法。以均值为质量指标的计量标准型一次抽样检验 s 法抽样方案确定步骤，如表 3-8 所示。

表 3-8　以均值为质量指标的计量标准型一次抽样检验 s 法抽样方案确定步骤

工作步骤	工作内容	检验方式		
		上规格限	下规格限	双侧规格限
1	规定质量要求	μ_{0U}，μ_{1U}	μ_{0L}，μ_{1L}	μ_{0U}，μ_{1U} μ_{0L}，μ_{1L}
2	确定 σ	由生产方与使用方根据以往经验协商出双方可接受的 $\hat{\sigma}$ 值，或直接协商出适合的试抽样样本量。从各检验批中抽取样本，将标准差 s 作为批标准差的估计值。		

续表

工作步骤	工作内容	检验方式		
		上规格限	下规格限	双侧规格限
3	计算	$\dfrac{\mu_{1U} - \mu_{0U}}{\hat{\sigma}}$	$\dfrac{\mu_{0L} - \mu_{1L}}{\hat{\sigma}}$	$\dfrac{\mu_{1U} - \mu_{0U}}{\hat{\sigma}}$ 或 $\dfrac{\mu_{0L} - \mu_{1L}}{\hat{\sigma}}$
4	检索抽样方案	由计算值在表《单侧规格限"s"法的样本量与接收常数（以均值为质量指标）》，检出 n，k 值		由计算值在表《双侧规格限"s"法的样本量与接收常数（以均值为质量指标）》，检出 n，k 值

5. 构成批及抽取样本

单位产品必须以批的形式提交，提交的批可以与投产批、销售批、运输批相同或不同，但应由同一规格型号、同一质量等级或由同一原料成分在同一工艺条件下生产的单位产品构成，批量大小按销售情况和实际生产条件由生产方和使用方商定，所需样本应当从整批产品中随机抽取。

6. 样本的检测与统计量的计算

按产品标准或订货合同等有关文件规定的试验、测量或其他方法，对抽取的样本中的每一个单位产品逐个进行检测。检测结果应完整准确，并计算出样本的平均值与标准差。

7. 判断批能否接收

1）σ 法判断规则

当给定上规格限时：$Q_U = \dfrac{U_{0U} - \bar{x}}{\sigma}$，若 $Q_U \geq k$，批接收；$Q_U < k$，批拒收。

当给定下规格限时：$Q_L = \dfrac{\bar{x} - U_{0L}}{\sigma}$，若 $Q_L \geq k$，批接收；$Q_L < k$，批拒收。

当给定双侧规格限时：$Q_U = \dfrac{U_{0U} - \bar{x}}{\sigma}$，$Q_L = \dfrac{\bar{x} - U_{0L}}{\sigma}$，若 $Q_U \geq k$ 且 $Q_L \geq k$，批接收；$Q_U < k$ 或 $Q_L < k$，批拒收。

对于不接收的批，以 95% 的概率确认该批产品不合格。

【例 3-5】 要求固体苛性钠中的氧化铁含量要低，批均值在 0.004% 以下则该批合格，在 0.005% 以上以低概率接收。已知 $\sigma = 0.0006\%$，试确定抽样方案，并判断批能否接收。

解：

已知 $\mu_{0U} = 0.004\%$，$\mu_{1U} = 0.005\%$，$\sigma = 0.0006\%$，有

$$\frac{\mu_{1U} - \mu_{0U}}{\sigma} = \frac{0.005 - 0.004}{0.0006} = 1.667$$

在 GB/T 8054—2008 中查表（见附表 6）找出 1.667 所在位置，在表的第 3 行数值范围（1.463～1.689）内，由此得到 $n = 4$，$k = -0.882$，所以抽样方案为 (4, -0.822)，从批中抽取 4 个单位产品，检测后得到应变均值 $\bar{x}$ 和 $Q_U = \dfrac{0.004 - \bar{x}}{0.0006}$，判断规则为：若 $Q_U \geq -0.822$，接收该批；若 $Q_U < -0.822$，拒收该批。

【例 3-6】 某种钢材的抗拉强度以大为好，批均值在 46×10^7 Pa 以上该批合格，在 43×10^7 Pa 以下则为低概率接收。已知该批标准差为 4×10^7 Pa，试确定抽样方案，并判断能否接收。

解：

已知 $\mu_{0L} = 46 \times 10^7$ Pa，$\mu_{1L} = 43 \times 10^7$ Pa，$\sigma = 4 \times 10^7$ Pa，有

$$\frac{\mu_{0L} - \mu_{1L}}{\sigma} = \frac{46 - 43}{4} = 0.75$$

在 GB/T 8054—2008 中查表（见附表 6）找出 0.75 所在位置，在表的第 15 行数值范围（0.731~0.755）内，由此得到 $n = 16$，$k = -0.411$，所以抽样方案为 $(16, -0.411)$，从批中抽取 16 个单位产品，检测后得到应变均值 $\bar{x}$ 和 $Q_L = \dfrac{\bar{x} - 46}{4}$，判断规则为：若 $Q_L \geq -0.411$，接收该批；若 $Q_L < -0.411$，拒收该批。

【例 3-7】 某种产品的标准尺寸为 100 mm。如果批平均尺寸在 100 ± 0.2 mm 之内，该批合格。在 100 ± 0.5 mm 之外，以低概率接收。已知 $\sigma = 0.3$ mm，试确定抽样方案，并判断该批能否接收。

解：

已知 $\mu_{0L} = 99.8$ mm，$\mu_{1L} = 99.5$ mm，$\mu_{0U} = 100.2$ mm，$\mu_{1U} = 100.5$ mm，$\sigma = 0.3$ mm，有

$$\frac{\mu_{0L} - \mu_{1L}}{\sigma} = \frac{\mu_{0U} - \mu_{1U}}{\sigma} = \frac{0.3}{0.3} = 1$$

$$\frac{\mu_{0U} - \mu_{0L}}{\sigma} = \frac{100.2 - 99.8}{0.3} = 1.333$$

在 GB/T 8054—2008 中查表（见附表 7）找出 $\dfrac{\mu_{0L} - \mu_{1L}}{\sigma}$ 的计算值 1 所在的范围（0.98~1.039）和样本量 $n = 9$，然后由此范围所在的列找出计算值 $\dfrac{\mu_{0U} - \mu_{0L}}{\sigma} = 1.333$ 所在范围为 0.867 以上，并由此得到 $k = -0.548$。

于是，求得抽样方案为 $(9, -0.548)$。从批中抽取 9 个单位产品，检测后得到样本均值 $\bar{x}$ 和 $Q_U = \dfrac{100.2 - \bar{x}}{0.3}$，$Q_L = \dfrac{\bar{x} - 99.8}{0.3}$，判断准则是：若 $Q_U \geq -0.548$ 并且 $Q_L \geq -0.548$，接收该批；若 $Q_U < -0.548$ 或 $Q_L < -0.548$，拒收该批。

2）s 法判断规则

当给定上规格限时：$Q_U = \dfrac{U_{0U} - \bar{x}}{s}$，若 $Q_U \geq k$，批接收；$Q_U < k$，批拒收。

当给定下规格限时：$Q_L = \dfrac{\bar{x} - U_{0L}}{s}$，若 $Q_L \geq k$，批接收；$Q_L < k$，批拒收。

当给定双侧规格限时：$Q_U = \dfrac{U_{0U} - \bar{x}}{s}$，$Q_L = \dfrac{\bar{x} - U_{0L}}{s}$，若 $Q_U \geq k$ 且 $Q_L \geq k$，批接收；$Q_U < k$ 或 $Q_L < k$，批拒收。

8. 检验批得处置

凡判为接收的批，需求方应整批接收。判为拒收的批，生产方不得在未经任何处理的情况下再次提交检验，应按照预先签订的合同规定予以处理。

3.5.3　不合格品率为质量指标的计量标准型一次抽样检验

以不合格品为质量指标的计量标准型次抽样检验和以质量特性的均值为质量指标的计量抽样检验的抽样检验程序是相同的。只是在确定抽样方案和判断批接收与否这两个步骤的细节上有差异，下面就只介绍这两个方面，其余的不再赘述。

1. 确定抽样方案

1）σ 法

以不合格品率为质量指标的计量标准型一次抽样检验 σ 法抽样方案确定步骤，如表3-9所示。

表3-9　以不合格品率为质量指标的计量标准型一次抽样检验 σ 法抽样方案确定步骤

工作步骤	工作内容	检验方式		
		上规格限	下规格限	双侧规格限
1	规定质量要求	U，p_0，p_1	L，p_0，p_1	U，L，p_0，p_1
2	确定 σ	由生产厂近期生产的 20~25 组 $\bar{x}-R$ 或 $\bar{x}-S$ 控制图数据，近期 20~25 批的抽样检验数据，来进行估计		
3	检索抽样方案	由 p_0，p_1 值在表《单侧规格限"σ"法的样本量与接收常数（以不合格率为质量指标）》，检出 n，k 值		由 p_0，p_1 值及 $\dfrac{U-L}{\sigma}$ 在表《单侧规格限"σ"法的样本量与接收常数（以不合格率为质量指标）》，检出 n、k 值

2）s 法

以不合格品率为质量指标的计量标准型一次抽样检验 s 法抽样方案确定步骤见表3-10。

表3-10　以不合格品率为质量指标的计量标准型一次抽样检验 s 法抽定步骤

工作步骤	工作内容	检验方式		
		上规格限	下规格限	双侧规格限
1	规定质量要求	U，p_0，p_1	L，p_0，p_1	U，L，p_0，p_1
2	检索抽样方案	由 p_0、p_1 值在表《单侧规格限"s"法的样本量与接收常数（以不合格率为质量指标）》，检出 n、k 值		由计算值表《双侧规格限"s"法的样本量与接收常数（以不合格率为质量指标）》，检出 n、k 值

2. 批能否接收的判断

1）σ 法判断规则

当给定上规格限时：$Q_U = \dfrac{U-\bar{x}}{\sigma}$，若 $Q_U \geq k$，批接收；$Q_U < k$，批拒收。

当给定下规格限时：$Q_L = \dfrac{\bar{x} - L}{\sigma}$，若 $Q_L \geq k$，批接收；$Q_L < k$，批拒收。

当给定双侧规格限时：$Q_U = \dfrac{U - \bar{x}}{\sigma}$，$Q_L = \dfrac{\bar{x} - L}{\sigma}$，若 $Q_U \geq k$ 且 $Q_L \geq k$，批接收；$Q_U < k$ 或 $Q_L < k$，批拒收。

2）s 法判断规则

当给定上规格限时：$Q_U = \dfrac{U - \bar{x}}{s}$，若 $Q_U \geq k$，批接收；$Q_U < k$，批拒收。

当给定下规格限时：$Q_L = \dfrac{\bar{x} - L}{s}$，若 $Q_L \geq k$，批接收；$Q_L < k$，批拒收。

当给定双侧规格限时：$Q_U = \dfrac{U - \bar{x}}{s}$，$Q_L = \dfrac{\bar{x} - L}{s}$，若 $Q_U \geq k$ 且 $Q_L \geq k$，批接收；$Q_U < k$ 或 $Q_L < k$，批拒收。

复习思考题

1. 质量检验包括哪些职能？有哪些常用的方法？这些方法分别适用于什么场合？
2. 全数检验与抽样检验的优缺点是什么？
3. 什么是抽样特性曲线（OC 曲线）？它与抽样方案有什么关系？
4. 简述抽样过程中的两类错误。
5. 什么是合格质量水平？如何确定 AQL？
6. 试分享所了解到的抽样检验工具的应用。

案例分析题

质量检验在军工产品质量管理中的重要性探讨

就现如今我国军工产品质量管理来说，如果要想有效提升军工质量工作效率及工作效果，那么与其相关的企业就必须要加强对军工产品的质量检查与验收力度，跟随时代的变化，不断对质量管理理念进行创新优化，最大程度上使军工产品质量缺陷减少，进而有效提升我国的国防水平。综上，质量检验在军工产品质量管理中具有重要意义。

首先，国际安全环境越来越复杂，那么这就要求我国一定要加强国防的力量。因此，在军工质量管理中落实质量检验十分重要，能够有效提升军工产品质量，促使军工产品的制造水平提高，进而达到加强国防力量的目的。增强国防实力能使我国更好地面对世界争端，进而获得更好的发展，保证我国人民的生活安全。

其次，军工产品生产质量有效提升，促使我国国防水平提高。对于一个国家来说国防建设至关重要，要想更好地提升国防水平，那么仅仅凭借着加大军队建设的力度是远远不够的，此外，更要重视军工产品，针对军工产品质量严格把控，以此保证军工产品高质量。在现如今社会发展的背景下，军工产品的作用价值更为突出，已经成为国防水平的关键因素。并且在复杂且激励的战争环境中，谁也不能够保证战争问题的下一步发展，如果在这个过程中，军工产品没有高质量，那么不仅会为军人的生命安全带来隐患，同时也不能够将军工产品的运用价值充分发挥。只有军工产品达到高质量没有缺陷的质量要求，才能够满足于国防建设的装备要求，全面提高我国国防水平，为我国的安全发展及人民的生命安全提供保障。

质量检验在军工产品中的运用主要体现在以下几方面。

实施自检、互检、专检结合的质量三检制度。我国的各个行业都非常重视质量管理，并且将质量管理作为提升企业竞争力的重要途径。三检制度指自检、互检及专检，该制度能够在质量管理中充分发挥作用。对于军工产品企业来说，应围绕着整个三检制度的流程进行全方位的跟踪检验，对军工产品中的各个生产环节及时充分的了解，并且对于可能会出现的质量隐患或者是存在质量缺陷的环节更要严格把控，特别是针对零散元器件或者是原材料的使用过程中一定要加大质量检验力度，从源头杜绝质量问题发生。在落实三检制度时，首先要做到的就是让所有的工作人员对于三检制度进行充分的了解，明确三检制度的各个要求，这样才能够为后续的自检及互检提供落实保障。另外，军工企业一定要掌握质量检验的主动权，这样能够有效减低在质量检验过程中因自身因素产生的不良事件，维持质量检验工作良好风气。在自检的过程中，军工产品质量检验的重点应放在首件上，要不断地优化及完善首件质量检验，最大程度上对于首件的质量检验各项要求拥有全面了解。另外，在自检及互检的过程中能够有效避免质量隐患的存留。

落实零缺陷产品理念，实现产品零缺陷管理目标。零缺陷管理理念是质量检验中的一种管理理念，在军工产品质量检验过程中落实零缺陷管理理念，能够实现产品零缺陷的管理目标。在落实零缺陷质量管理理念的过程中对工作人员提出了非常高的要求，工作人员应在实施质量管理的过程中全面投入到质量检验中，使军工产品得到零缺陷保证。又因为军工产品本身对质量管理就具有非常高的要求，所以在军工产品的生产过程中落实零缺陷管理理念十分重要，能够有效保证军工产品质量。另外，在实际军工产品生产的过程中落实零缺陷质量管理理念能够实现对整个生产环节进行严格控制，针对每一个生产环节严格把关，在最大程度上保证生产环节不会发生错误现象。

加强对工序及关键工序的严格控制。在军工产品生产过程中，每一道工序都要实现严格把控，质量检验就能够很好地做到这一点。首先，零缺陷管理理念能够对于每一个生产环节进行严格控制，那么这就能够保证严格控制每一个生产工序；其次，在质量检验过程中，验收环节是必要的环节，在每一道生产工序后实施验收能够在最大程度上确保产品质量，并且还可以及时发现产品质量问题，进而减少军工产品企业的成本损失。而关键工序的严格控制也是十分重要的，关键工序指军工产品在生产过程中一些具有特点的生产工序、加工难度相较更大的生产工序及变废概率最高的生产工序，在整个军工产品的生产过程中关键工序对于产品的质量影响非常之高，直接决定军工产品的质量及使用效果，如果在关键工序中发生质量问题，那么将直接导致军工产品出现质量问题，严重情况下军工产品将直接报废，进而给军工产品企业带来非常大的经济损失。因此，在军工产品实际生产过程中一定要注重加强对关键工序的质量管理，实现严格控制，减少在关键工序中出现质量隐患的概率，最大程度上避免关键工程质量问题发生。另外，质量管理相关工作人员还应在军工产品生产过程中的关键工序中做好标记，这样能够加强工作人员对关键工序的重视程度，最大程度上减少军工产品生产损失，提升质量管理工作效果。

制订质量检验计划，实施批次质量管理。没有计划就不能够保证有序进行，进而不能够保证产品质量。首先，在实施质量检验的过程中应制订质量检验计划，按照计划有序实行质量检验，确保质量管理高效进行。军工产品企业应根据实际生产状况制定质量检验计划，主要目的就是为了使所建立的质量检验计划更加具备真实性及实用性特点，聘请专业工作人员制订质量检验计划，保证质量检验计划的科学性、规范性，另外，在制订质量检验计划时还要遵守相关法律法规，以此保证质量检验计划的标准性及合理性，使其有法可依，将检验工作做到精致，这样能够使得质量检验计划的落实更加高效。其次，实施批次质量管理。批次质量管理简单来说就是将军工产品的投料分批、加工分批、入库分批等，这样能使军工产品数量更加清晰化，质量情况更加透明化，能够有效提升质量管理效率，并且还能够在保证军工质量的同时避免企业产生不必要的开支。

质量是军工产品的核心因素，而军工产品又对国家的安全有着十分重要的作用价值，因此，加强军工产品质量、检验强化质量管理至关重要。加强质量检验能够进一步有效提升质量管理工作效果及工作质量，保证军工产品质量高效提高，为国家的安全做出更大的贡献，更好地呈现出军工质量管理中质量检验的重要性。

（资料来源：任翀，陈浩. 质量检验在军工产品质量管理中的重要性探讨[J]. 科技资讯，2020，18(26): 82-83, 86. DOI：10.16661/j.cnki.1672-3791.2004-5150-5071.）

请根据案例回答下列问题：

1. 军工产品的质量检验包括哪些方式？
2. 简述军工产品零缺陷产品理念。

第二篇

设计质量管理

第4章 质量功能展开

学习目标

1. 了解质量功能展开的发展过程。
2. 掌握质量功能展开的四阶段分解模型。
3. 熟悉质量功能展开的基本原理。
4. 掌握"质量屋"的基本结构与参数配置。
5. 了解质量功能展开在各行业的应用。
6. 思考如何运用质量功能展开的思想,培养大学生人文素养和爱国情怀?

课程思政导读

创新设计,质量展开

4.1 质量功能展开的起源与发展

4.1.1 质量功能展开的起源

20 世纪 60 年代,在戴明和朱兰的推广下,日本从美国引入统计质量控制(statistical quality control,SQC)技术,在制造阶段取得了显著的成果,唤醒了日本社会对质量管理的重视,兴起质量兴国运动,并逐步成为日本社会尤其是日本制造行业主要的质量管理工具。

后来,在朱兰、石川馨、费根鲍姆等人的推动下,日本质量管理由统计质量管理阶段向全面质量管理阶段不断推进。日本一直紧跟最新管理前沿动态,产品质量有了很大的提升。但是,随着日本经济急速发展,人民物质需求越来越高,人们开始要求符合自己偏好的产品,这也导致企业间竞争越来越激烈,企业迎来了新产品开发需求与质量保证要求高度增加的新时代。自此以来,企业之间展开了新产品开发的激烈竞争,并开始寻找一种方法用于新产品开发过程的质量保证。

1966 年,普利司通轮胎公司(Bridgestone)的 Kiyotaka Oshiumi 提出了"工序保证项目一览表",用以表示由真实的质量转化而来的质量特性与过程因子之间的关联关系。赤尾洋二从普利司通的"工序保证项目一览表"中获得启发,意识到在新产品制造开始之前便应该创建 QC 工序表。赤尾洋二考虑在新产品开发中如何计划、设计、制造为满足顾客要求应该具有的质量,在几家企业试行之后,结果表明这种想法对新产品的开发非常的有效。于是,赤尾洋二总结了之前的研究成果,于 1972 年在《标准化与质量管理》中发表了《新产品开发与质量保证——质量展开的系统》一文,首次提出"质量展开"概念。文中给出了 17 项工作步骤,创建了在产品制造开始前便对重要的质量保证工序进行展开以保证整个过程质量的方法。但是,此时的方法规模庞大,导致在实际应用中非常复杂,主要是针对制造工序中用因果分析，对于如何根据顾客的要求设计质量考虑不够充分。

后来，在水野滋和布留川靖的指导下，三菱重工神户造船所针对产品质量与可靠性问题，创建了质量表的雏形，大大简化了质量展开的规模，增强了质量展开的可用性，这也就是后来西方学者在质量功能展开理论研究中常用的"质量屋"。质量表就是把顾客方面要求的真正的质量以功能为中心，进行体系化，并表示出与质量特性之间相互关联的表格。质量表与赤尾洋二的思想相结合便诞生了质量展开（quality deployment，QD）。另一方面，石原胜吉基于价值工程（value engineering，VE）中的产品功能分析拓展提出了业务展开（business deployment，BD）方法，并逐步发展形成了狭义的质量功能展开概念。广义的质量功能展开就是现如今我们所用的质量功能展开（quality function deployment，QFD）技术。强调从产品设计开始就同时考虑质量保证的要求及实施质量保证的措施，是先进生产模式及并行工程（concurrent engineering，CE）环境下面向质量设计（design for quality，DFQ）的最有力工具，对企业提高产品质量、缩短开发周期、降低生产成本和增加顾客的满意程度有极大的帮助。

此后，QFD理论在日本国内的学术和实业界都得到了推广和应用。随后，在《质量》《质量管理》和《标准化与质量管理》等日本国内质量管理领域的权威杂志，刊发了大量QFD理论、应用相关的文章和案例研究。日本在QFD理论和应用方面的研究专著也相继出版并被翻译为多种语言版本以推动QFD在世界各地的传播。

4.1.2 质量功能展开的发展

质量功能展开在被神户造船所使用不久后，丰田公司（Toyota）、松下电器（Matsushita Electric）、Kayaba等多家公司相继开始利用QFD改进产品质量。20世纪70年代后期，丰田公司引进QFD，并将其运用到新产品的开发设计中，使新产品开发启动成本下降61%，开发周期下降1/3，QFD的引进使丰田公司取得了巨大的经济效益，其产品质量得到了极大的改善。松下电器运用QFD技术，不仅使顾客们的需求得以了解，而且精准预见顾客们在将来的要求。Kayaba公司利用QFD技术解决了产品开发中的瓶颈技术。在日本，质量功能展开已经广泛运用到农业、建筑设备、消费电子、家用电器、集成电路、软件系统、钢铁、合成橡胶和纺织等领域。

1977年，日本质量管理协会（Japan Society for Quality Control，JSQC）成立了以赤尾洋二为首的质量功能展开研究委员会，其主要工作是推进QFD的发展。随后，赤尾洋二以研究会和培训班为主要方式积极开展QFD相关研究与推广工作。在1978年6月，水野滋和赤尾洋二将各企业应用QFD成果汇编成《质量功能展开》一书，从全公司质量管理的角度，详细介绍了QFD方法的主要内容，给出了应用性的指导。1987年，日本规格协会也编辑发行了以应用事例为中心的QFD单行本，并在美国和德国出版了翻译本。1988年，日本科学技术联盟成立了质量功能展开研究会，并从1991年开始定期召开质量功能展开研讨会，1995年开始每年举办一届国际质量功能展开研讨会。

在QFD诞生十多年后传到了美国，1983年，赤尾洋二与木暮正夫合作，在美国质量管理协会（American Society of Quality Control，ASQC）会刊《质量进展》上发表了一篇题为《日本的质量功能展开和全公司范围的质量控制》的论文，使QFD开始向美国传播。1983

年10月,当时在剑桥研究公司的今井正明、赤尾洋二、木暮正夫、布留川靖参加了在芝加哥举办的"全公司质量管理和质量展开"研讨班,研讨班的举办,促成了QFD在北美的快速传播。1984年,美国质量专家鲍勃·金(Bob King)从日本回国,率先在福特汽车推行QFD;随后,马萨诸塞州劳伦斯成长机会联盟/质量与生产力中心(Growth Opportunity Alliance of Lawreace/Quality Productivity Center, GOAL/QPC)和美国供应商协会(American Supplier Institute, ASI)在美国开展QFD培训和咨询,每年举办大规模专题研讨会,用来宣传QFD理论与实践;1988年,麻省理工学院的Don. Clausing与J. Hauser在《哈佛商业评论》上发表了划时代意义的文章《质量屋》,这些都为QFD在美国的应用起到推进器的作用。福特汽车公司通过使用QFD使其市场占有率得到了改善,许多国际著名的公司,如克莱斯勒、宝洁、惠普、英特尔、麦道、波音等都先后将QFD运用到新产品的开发中,缩短开发周期、降低开发成本。克莱斯勒运用QFD开发中型汽车的LH平台,设计周期大幅缩减,原型设计完成时间比过去提前35周,而且整个项目需要人数比过去减少了860人;宝洁运用QFD改进了销售模式;惠普在软件工程中应用QFD,用于改进硬件和软件产品的设计;英特尔将QFD用于改进产品的稳健性;麻省医疗中心利用QFD设计医院护理服务;麦道利用QFD开发战斗机和模拟飞行系统。美国军事工业也十分重视QFD方法运用,许多美国军方管理文件都把QFD技术列为应推广的质量工程技术。

意大利是第一个应用QFD的欧洲国家,在赤尾洋二的指导下,意大利应用质量功能展开的企业迅速增加,并于1993年在米兰成功举办了第一届欧洲QFD研讨会。1992年,英国出版了 *Total Quality Management—The Key to Business Improvement*,专门介绍了QFD的原理和使用方法。瑞典也是欧洲国家中推广及应用QFD相当活跃的国家,在Bo. Bergman带领下,瑞典从1987年也开始QFD的研究,并于1997年举办了第三届欧洲QFD研讨会。后来,QFD传播到丹麦、奥地利、土耳其等欧洲国家。日本的大藤正先后多次到南美洲的巴西指导QFD应用和实践,被称为巴西QFD的播种者。在1996年的第一届环太平洋质量功能展开国际研讨会后,QFD也在澳大利亚引起注意。

1979年,我国开始引进、学习和关注QFD理论,刘源张率领质量专家团队赴日本学习全面质量管理,其中有QFD的相关内容,该团队回国后发表文章介绍了质量表的编制方法。20世纪90年代初,熊伟与日本新藤久和合作发表了《日本质量功能展开的动向与今后的发展》一文。之后,熊伟参与了以赤尾洋二为首的日本科学技术联盟的QFD研究活动,并开始从日本向国内介绍QFD相关理论,在《世界标准化与质量管理》《中国质量》《船舶质量》《工厂管理》和《管理工程学报》等发表QFD的研究成果。在QFD理论刚引入我国时,受众范围较小,直到1994年和1995年,中国国家技术监督局两次邀请赤尾洋二到北京和上海开展QFD讲座,国内部分学者才开始集中开展对QFD的研究。1996年,在玉川大学留学的张晓东在《中国标准化》和《中国质量》等发表相关论文,出版了《质量机能展开——质量保证的系统方法》。此外,邵家骏等赴美考察的质量专家引入了美国的简化版QFD,翻译出版了《质量功能展开概论》等。这两个渠道引入的QFD内容和介绍形式虽有不同,但无论是来自美国或是日本,其QFD实质相同,都是通过"质量屋"实现。此后,QFD理论与应用相关的研究在国内也得到了国家自然科学基金委的资助,国内著名高校,如清华大学、浙江大学、西北工业大学、东北大学等都陆续开展QFD方面的研究,并发表了大量学术论文和专著,有效推动了QFD理论在中国的传播和发展。2005年,中国质量协会组织成立了QFD研究会，为QFD理论的本土化和进一步推动中国QFD的研究和实践提供了平台。2008年，中国质量协会开展了质量技术奖QFD优秀项目评选，同年，我国召开了第十四届国际质量功能展开研讨会，将QFD研究与实践推上了新的高度。我国最早引入QFD的是航空企业，经过对QFD应用领域的不断拓展，目前在汽车、机械、房地产、教育、餐饮、政府职能运作等均有QFD应用案例，QFD技术已经在中国各界引起了越来越广泛的重视。

4.1.3 综合性质量展开的形成

在最初的"质量展开"中，赤尾洋二给出了17项工作步骤，但是，在实际产品开发过程中，不只关注质量，还应该考虑为实现质量所涉及的技术、成本及可靠性。所以，赤尾洋二等以设计阶段为中心，归纳总结了由64步工作步骤组成的综合性质量展开框架。其中，包含质量保证核心、技术、可靠性和成本。

1. 技术展开

质量表制定的规划质量和设计质量，如果现有的技术不能实现，开发进程将会大幅推延，甚至需要变更设计方案。因此，为了在新产品开发初期保证对象产品的质量，必须确认现有技术能否实现用户要求的质量，尽早发现和解决在新产品开发过程中成为障碍的技术问题。这些技术问题被称为"瓶颈技术"，在质量展开中有组织地抽出瓶颈技术的工作被称为技术展开。

日本萱场工业公司最先应用技术展开，该公司把生产技术整理成一览表，可以针对各技术水平和国内外动向等进行研讨。此外，日本制钢横滨制作所也发表了运用技术展开实例的文章，灵活使用技术展开能使开发效率得到提高。

2. 可靠性展开

可靠性展开的目的是保证产品的使用寿命，事先对产品故障原因进行分析展开，明确并掌握在故障发生时如何快速查找原因并解决问题。可靠性展开是用来进行预测故障，为了避免有故障的质量，在开发新产品过程中，必须把可靠性手法与质量展开相结合。在设计阶段对产品可靠性策划，可以利用以往产品资料进行故障树分析，通过相应展开表，进行要求质量与故障的关联分析。在零部件层次上，可对重要零部件进行失效模式及影响分析。

赤尾洋二等人在新产品设计过程中，将可靠性手法与展开表阶段相结合，预测故障类型，研究其产生原因及其对产品的影响，在投产之前制定对策，排除故障，对可靠性展开进行尝试，取得了很大的成效。

3. 成本展开

质量和成本是衡量产品的两个基本指标，在考虑策划质量时，要确定目标成本，并在设计阶段就应该揭示需要解决的难点和技术上的瓶颈问题，降低成本。开发新产品时，事先核定制造成本是一件重要的工作。只进行质量和技术展开可以实现适合顾客需要的质量，确保产品可靠性，但有可能会增加成本。因此，必须平衡考虑质量和成本，通过成本展开，可以更好地满足顾客需求。

日本制钢广岛制作所最早将质量展开和成本展开进行结合。该方法是在设定计划质量的同时设定计划成本，制定各费用项目和各部件的成本计划，并利用保证质量计划表实现预测质量保证上的问题点并加以解决。1980年丰田汽车公司车身厂发表了相关的成本展开方法。1983年，日本制钢横滨制作所根据要求质量的重要程度，把目标成本分配给质量需求，求得质量需求成本，通过这些数据再求功能成本和机构成本，而部件成本则由质量需求重要度变换得到，这种方法被认为是最具有设计性的方法。

4.2 质量功能展开的原理

4.2.1 质量功能展开的概念

质量功能展开又称质量机能展开，是将顾客需求分解到产品形成的各个过程，是一种新产品开发的质量工具。该方法是采用矩阵图将顾客对产品或服务的需求转化为设计要求、零部件特性、工艺技术要求、生产制造要求等的分析方法。这里所说的质量功能展开包含质量展开和职能展开（狭义的质量功能展开）两部分，是广义的质量功能展开。

质量展开中质量含义是多方面的，包含质量、成本和可靠性，赤尾洋二将其定义为："将顾客的需求转换成代用质量特性，进而确定产品的设计质量（标准），再将这些设计质量系统地（关联地）展开到各个功能部件的质量、零件的质量或服务项目的质量上，以及制造工序各要素或服务过程各要素的相互关系上。"质量展开要求企业不断倾听顾客的意见和需求，并通过合适的方法、采取适当的措施在产品形成的全过程中予以体现这些需求。

职能展开（狭义的质量功能展开）由水野滋定义为："将形成质量保证的职能或业务，按照目的、手段系统地进行详细展开。"职能展开是在实现顾客需求过程中，帮助产品形成过程中所涉及的企业各职能部门制定出各自相应的技术要求的实施措施，并使各职能部门协同工作，共同采取措施保证和提高产品质量。

质量功能展开、质量展开、职能展开的关系可由图 4-1 表示。

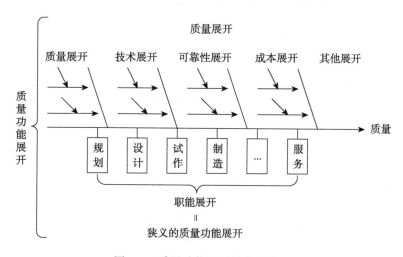

图 4-1　质量功能展开结构示意图

质量功能展开是依靠质量关系矩阵，将顾客需求转换为产品特性要求、关键零部件要求及工艺要求和生产控制要求，质量功能展开使用的技术工具是一个类似房屋结构的关系矩阵，因此也被称为"质量屋"（House Of Quality，HOQ）。

质量功能展开传入我国时，由于对其理解和翻译存在差异。因此，质量功能展开在我国有"质量功能展开""质量机能展开""品质功能展开""质量职能展开""质量功能配置""质量功能部署""质量功能与发展"等名称。

4.2.2 质量功能展开的核心思想和基本原理

1. 质量功能展开的核心思想

质量功能展开技术是一种直观地对顾客需求进行分析、转换和展开的分析方法，适用于产品开发早期，首先，通过"质量屋"的形式，将顾客需求逐层展开为产品的设计要求、零件的设计要求、工艺要求和生产要求等；其次，评定设计、工艺要求的重要性，量化分析顾客需求与工程措施之间的关系度；最后通过数据分析处理，找出满足顾客需求贡献最大的工程措施，即关键措施，从而指导设计人员抓住主要矛盾，开展稳定性优化设计，最终保证开发和设计产品的质量，开发设计出满足顾客需求的产品。因此，在质量功能展开技术中体现了"顾客至上""源头抓起""系统策划""定量化分析"等质量管理理念。

质量功能展开的核心思想是从产品的设计到生产都以顾客需求为驱动，采用系统化、规范化的方法，强调把顾客的需求转化为产品开发的管理者、设计者、生产者、制造工艺部门等有关人员能够理解和执行的技术语言，通过协调组织各个部门的工作来预先保证产品的质量，使所设计和生产的产品能最大程度地满足顾客需求，是一种以顾客需求为驱动的产品设计方法论。

2. 质量功能展开的基本原理

日本学者大藤正将质量功能展开的原理总结为展开的原理、细分化与统合化的原理、多元化与可视化的原理、全体化与部分化的原理。之后，赤尾洋二又在此基础上总结提出了变换的原理和面向重点的原理。

（1）展开的原理。质量功能展开在实施过程中，将顾客需求进行层次化展开：先将低层次的抽象需求逐级展开并得到高层次的具体需求，再将具体的顾客质量需求展开得到产品规划、设计规划、生产规划、管理规划等。

（2）细分化与统合化的原理。产品的整体质量由各个质量要素构成，顾客对不同的质量要素要求强度不同，因此需要将质量要素细分，明确各要素的状态。需注意，如果只对质量要素进行细分化，产品的整体质量就难以表达清楚。为解决此矛盾，通常采用分层次水平的质量要素划分方法进行统合化，并用展开表进行归纳，各质量要素的层次水平和权重合计等就能具体确定整体质量水平。低层次水平的质量要素体现产品的整体质量需求，高层次水平的质量要素体现细化后的产品质量要求。

（3）多元化与可视化的原理。质量功能展开依靠各种图表，图表能够反映产品设计、生产工艺、生产管理的要求，多元化解答"如何满足需求"的问题。以前的质量要素依存于设计者个人的经验，缺乏客观性，而通过图表实现质量要素信息的可视化，不仅促进各部门间的交流，而且经营者也能进行客观的质量决策。

（4）全体化与部分化的原理。质量的集合是庞大的，将其层次化展开后，可根据层次水平进行"全体化"与"部分化"设计之间的切换。以把控产品各组成部分的质量水平，实现产品整体质量与各组成部分质量之间的最佳配置。

（5）变换的原理。变换的原理贯穿质量功能展开的全过程，庞大的质量集合能够展开就是基于该原理。它通过质量表将质量信息由客户语言变换成工程语言，进而向子系统、零部件、生产等不同侧面变换，把设计过程中的质量信息转换为生产、管理过程中的质量信息。在两种侧面的变换中，起重要作用的是关系矩阵。

（6）重点导向的原理。企业的资源是有限的，要完全满足产品各方面的质量要求是不现实、不可行的，因此重点导向的原理就显得尤为重要。它通过调查顾客对质量要素的关心度及比较本公司与其他公司，选定战略性重点项目，通过各种展开表将上游质量信息向下游进行变换。实现了对企业有限资源的优化配置，优先保证客户的核心需求，根据需求重点有选择地传递质量表中的重点信息。

4.2.3 质量功能展开的分解模型

实施 QFD 的关键是将顾客需求分解到产品形成的各个过程，将顾客需求转换成产品开发过程具体的技术要求和质量控制要求，通过对这些技术和质量控制要求的实现来满足顾客的需求。为了保证产品能被顾客接受，企业要仔细分析和研究顾客需求，并将顾客需求转换成最终产品的特征配置到制造过程的各工序和生产计划中。对于如何将顾客需求一步一步地分解和配置到产品开发的各个过程中，则需要采用 QFD 分解模型。目前没有固定的模式和分解模型，使用者可以根据不同目的按照不同路线、模式和分解模型进行分解和配置。不过，经过多年的实践和改进，QFD 理论体系不断发展完善，现有三种典型的分解模型：日本的赤尾模式、美国的四阶段模式和 GOAL/QPC 模式。

1. 赤尾模式

日本的赤尾模式也被称为综合 QFD 模式，是由赤尾洋二、水野滋等人提出，主要包括质量展开、技术展开、成本展开、可靠性展开四部分内容。赤尾洋二最初发表的质量展开表中，对狭义的质量归纳了 17 个工作步骤，但在后续的实践中发现，在产品的实际开发过程中，保证产品质量的同时还需综合考虑具体技术实现、产品成本、产品质量的可靠性等因素。基于此，赤尾洋二等人以设计阶段为中心，归纳总结了由 64 步工作步骤组成的综合性质量展开框架，使完善后的 QFD 方法能更好地用于解决产品开发过程中遇到的多方面问题。该模式通过众多矩阵和图表来详细描述产品开发的步骤，较为全面地反映了 QFD 的实质，充分体现了日本式质量管理的特点，被认为是 QFD 发展史上的里程碑。赤尾模式基本结构图如图 4-2 所示。

2. 四阶段模式

四阶段模式由美国供应商协会（American Supplier Institute，ASI）的沙利文（Sullivan）提出。质量功能展开在日本提出时共有 27 阶段 64 工作步骤，在引入美国后被简化为四个阶段分别是：产品规划、零件规划、工艺规划和工艺质量控制。四阶段模式就凭借这四个阶段依次完成对顾客需求的分解，进而将其贯穿于产品开发全过程的各个阶段。该模式的

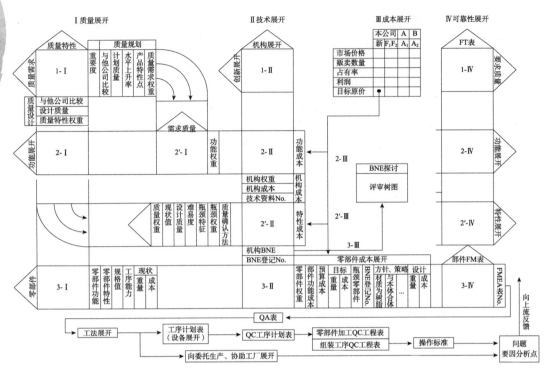

图 4-2 赤尾模式（包含技术、可靠性、成本的综合质量功能开展）

每个阶段都由一个关联矩阵（"质量屋"）来实现。因此，四个阶段分别对应于产品规划"质量屋"、零件规划"质量屋"、工艺设计"质量屋"和生产控制"质量屋"。四个阶段呈现一种瀑布式的前后关联关系，即上一段的输出信息将作为下一阶段的输入信息，直至产品开发过程完成，如图 4-3 所示。

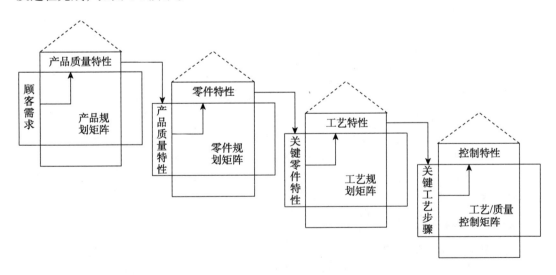

图 4-3 四阶段模式

下面以四阶段模式为例，简要描述质量功能展开的分解流程。

1）确定顾客的需求

由市场研究人员选择合适的顾客对象，利用适当的方法和手段，通过市场调查，全面收集顾客对产品的需求，然后将其总结、整理并分类，得到正确、全面的顾客需求及各种需求的权重（相对重要程度）。需注意，顾客需求是 QFD 最基本输入，顾客需求的获取是 QFD 实施中最关键也是最困难的工作，在确定顾客需求时应避免主观想象，注意获取资料的全面性和真实性。

2）进行产品规划

将顾客需求转换成设计用的技术特性，并根据顾客需求的竞争性评估和技术需求的竞争性评估，确定各个技术需求的目标值。在该步骤需要完成的工作包括：完成从顾客需求到技术需求的转换、从顾客角度对市场上同类产品进行评估、从技术角度对市场上同类产品进行评估、确定顾客需求和技术需求的关系及相关程度、分析并确定各技术需求相互之间制约关系、确定各技术需求的目标值。

3）确定产品设计方案

依据上一步所确定的产品技术需求目标值，进行产品的概念设计和初步设计，并优选出一个最佳的产品整体设计方案。该部分工作主要由产品设计部门及其工作人员负责，产品生命周期中其他各环节、各部门的人员共同参与，协同工作。

4）进行零件规划

基于优选出的产品整体设计方案，按照产品规划矩阵所确定的产品技术需求，确定对产品整体组成有重要影响的关键部件/子系统及零件的特性，利用失效模式及影响分析、故障树分析等方法对产品可能存在的故障及质量问题进行分析，以便采取预防措施。

5）进行零件设计

根据零件规划中所确定的关键零件的特性及已完成的产品初步设计结果等，进行产品的详细设计，完成产品各部件/子系统及零件的设计工作，选择好工艺实施方案，完成产品工艺过程设计，包括制造工艺和装配工艺。

6）进行工艺规划

通过工艺设计矩阵，确定为保证实现关键的产品特征和零件特征所必须保证的关键工艺参数，即从产品及其零部件的全部工序中选择和确定出对实现零件特征具有重要作用或影响的关键工序，确定其关键程度。

7）生产/质量控制

通过生产/质量控制矩阵，将关键零件特征所对应的关键工序及工艺参数转换为具体的工艺/质量控制方法，包括控制参数、控制点、样本容量及检验方法等。

3. GOAL/QPC 模式

GOAL/QPC 模式包含 30 个矩阵，涉及产品开发过程诸方面的信息，对于 QFD 系统中的各种活动提供了良好的支持，比较适合复杂的系统和产品。但是其中各种活动之间缺乏逻辑的联系，使人们难以理解，在应用上缺乏可操作性。

此三种模式既有联系又有区别，代表了研究和实践的基本形式。日本的赤尾模式是起源，而四阶段模式和 GOAL/QPC 模式则由此模式演化而来。虽然四阶段模式不适合复杂的系统和产品，但由于其结构简明，抓住了 QFD 的实质，有助于人们对 QFD 本质的理解，因此迅速成为欧美企业实践的主流模型，在理论研究上，许多学者也立足于该模型。

4.3 "质量屋"

4.3.1 "质量屋"的基本概念

质量功能展开的核心内容是需求变换，需求变换正是通过一系列图表和矩阵实现，起重要作用的是质量表。赤尾洋二将质量表定义为："质量表是将顾客要求的真正的质量，用语言体现，并进行体系化，同时表示它们与质量特性的关系，是为了把顾客需求变换成代用特性，进一步进行质量设计的表。"

日本的质量表在传入美国后，于 1988 年，由美国学者 J. R. Hauser 和 Don Clausing 定义为"质量屋"，如图 4-4 所示，原因是质量表的形状很像一个房屋。"质量屋"为将顾客需求转换为产品技术需求、将产品技术需求转换为关键零件特性、将关键零件特性转换为关键工艺步骤、将关键工艺步骤转换为关键工艺/质量控制参数等一系列瀑布式分解过程提供了一个基本工具。广义的"质量屋"指质量功能展开中的所有关联矩阵，狭义的"质量屋"指质量功能展开过程在产品规划阶段的"质量屋"。

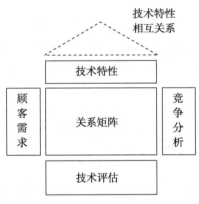

图 4-4 "质量屋"

在"质量屋"中，顾客需求是顾客关注的特性，是顾客的语言，而技术特性是技术方面的要求，是生产者的语言，是技术领域的东西。但顾客的语言经常是抽象的、不具体、无法定量的，只依据这些信息构筑产品有一定的难度，而"质量屋"实现了把顾客需求转换成产品的技术特性，用工程技术语言表述顾客的需求，从顾客的世界转换成技术的世界。通过运用"质量屋"，企业把顾客的需求融入产品中去，真正实现了面向顾客，满足了顾客的要求。

4.3.2 "质量屋"的结构和内容

目前，在多种 QFD 分析模型中，"质量屋"是最通用的。一个完整的"质量屋"包括六个部分，"质量屋"基本结构如图 4-5 所示。在实际应用中，"质量屋"的结构根据具体要求可能会有所不同。

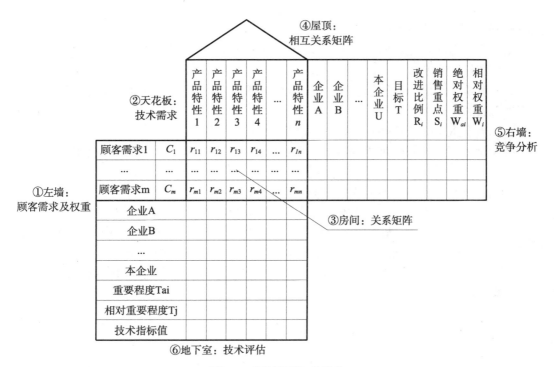

图 4-5 "质量屋"的结构

1)左墙——顾客需求及权重

顾客需求(质量需求):由顾客确定的产品或服务的特性,顾客需求表达了顾客对产品质量性能的意愿和期望。

重要度(权重):顾客对其各项需求进行定量评分,以表明各项需求对顾客的重要程度。

2)天花板——技术需求

技术需求(产品质量特性):针对各项顾客需求转换得到的可执行、可度量的技术要求或方法,这些要求的有效实施能使顾客需求得以实现。

3)房间——关系矩阵

关系矩阵:反映从顾客需求到技术需求(产品质量特性)的映射关系,表明各项技术需求(产品质量特性)对各项顾客需求的贡献和相关程度,要求技术需求(产品质量特性)要能够覆盖全部的顾客需求。

4)屋顶——相关关系矩阵

相关关系矩阵:表明评价各技术需求(产品质量特性)之间的相关程度。

5)右墙——竞争分析

站在顾客的角度,对本企业的产品和市场上其他竞争者的产品在满足顾客需求方面进行评估。

市场竞争性评估:对顾客需求进行的评价,用来判断市场竞争能力。

本企业产品评估:顾客对企业当前产品或服务满意的程度。

竞争对手产品评价:顾客对企业竞争对手的产品或服务的满意程度。

目标(计划质量):企业产品希望达到的顾客满意的程度。

6）地下室——技术评估

站在企业内部人员角度，对技术需求进行竞争性评估，确定技术需求（产品质量特性）的重要度和目标值等。

技术竞争性评估：企业内部的人员对此项技术需求（产品质量特性）的技术水平的先进程度所做的评价。

技术需求重要度：表示技术需求（最终产品特性）的重要程度。

技术指标值：为获得市场竞争力，企业所需达到的技术需求（最终产品特性）的目标值。

本企业技术评价：企业内部人员对企业当前技术水平的满意程度。

竞争对手技术评价：企业内部人员对企业竞争对手当前技术水平的满意程度。

以上为"质量屋"的基本框架，开发人员必须掌握第一手的市场信息，通过对输入信息的分析评价得到输出信息，从而实现需求转换。QFD 就是通过"质量屋"这一展开结构将顾客的期望、需求和偏好体现在产品或服务的开发过程中，从而实现顾客满意、源头管理、比较优势、系统展开和团队合作。

4.3.3 "质量屋"参数配置及计算

"质量屋"结构包含顾客需求及权重、技术需求、关系矩阵、技术需求相关关系矩阵、竞争分析、技术评估六大部分，应对如何构造"质量屋"六大部分以及构造过程中涉及的参数配置及计算进行说明。

1. 顾客需求展开及权重

构造"质量屋"，首先要对顾客需求进行展开，获取顾客的原始需求数据，然后对原始的顾客需求数据进行整理分类，将得到的顾客需求配置到产品规划"质量屋"中相应的位置。

1）获取顾客需求原始数据

在庞大的市场中提取有利的信息是一项非常大的挑战，顾客需求获取的完备性、准确性极大地影响到质量功能展开的整个过程。因此，获取顾客需求是质量功能展开过程中最关键也是最困难的一步。

顾客原始需求信息可以在调查中获取，如，问卷调查、面谈、电话调查等，也可以在营销活动、服务过程、顾客投诉中获取。无论采取何种方式，需要遵循的原则就是要把握顾客最原始、最真实的声音。很多情况下，来自营销人员获取的客户信息会包含他们的主观意识，通过这些信息推测出的顾客需求很难代表用户的心声。所以，为了得到顾客最原始的要求，一般要通过实施市场调查的方式。

在采用市场调查时可以遵循合理确定调查对象、选择合适的调查方法、确定调查内容、实施市场调查、整理分析调查结果的步骤。在确定调查方法时，可以根据实际需求和成本等因素，从问卷调查法、询问调查法、面谈调查法、电话调查法、邮寄调查法、留卷调查法及观察调查法等方法中选择。

需注意，在获取顾客需求过程中，不能只考虑组织外部接受产品或服务的"外部顾客"，"内部顾客"的需求也逐渐成为企业之间竞争的优势。相对于"外部顾客"而言，企业内部结构中相互有业务交流的那些人，包括企业员工包括股东、经营者、员工等，都称为是"内部顾客"。对于企业来说，要想满足其他顾客的需求，就必须先满足内部顾客的需求。拥有高满意度的员工的组织比拥有低满意度的员工的组织更有效率、员工流失率更低，更能贯彻顾客第一的思想。无法让内部顾客感到满意的企业，也无法给外部顾客提供令人满意的产品或服务。此外，在如今的消费市场中，人的创造力与想象力促使产品或服务不断推陈出新，顾客的需求不是固定不变的，存在着很大的不确定性。所以，要求对顾客需求的获取工作更加深入，不仅获取当前的需求，更要预测其"潜在的"顾客需求，以便在产品或服务设计开发过程中作出及时调整。

因此，对于企业来说，要想在激烈的竞争中得以生存和发展，必须不断和顾客接触，及时、准确地了解顾客的需求及其发展动向，抓住外部顾客需求，关注内部顾客需求，挖掘潜在顾客需求，才能生产或提供满足顾客需求的产品或服务。

2）顾客需求整理分类

收集到的顾客需求信息，其原始数据可能来自意见、投诉、评价、希望等多种形式，并且这些需求当中有对质量的需求，也有对价格、功能等的需求。因此，在调查结束之后，需要对原始数据进行翻译、变换、整理、分类。

首先，对原始数据进行考察，如运用5W1H考察；其次，以原始数据为基础，遵循不问其抽象程度、不拘于表现形式、用自己语言描述等要领，提取需求项目；再次，将需求项目变换成顾客需求；最后，对顾客需求可以按照性能（功能）、可信性（包括可用性、可靠性和维修性等）、安全性、适应性、经济性（设计成本、制造成本和使用成本）和时间性（产品寿命和及时交货）等方面进行分类和规范化处理，以便工程人员据此提出相应解决方案，根据分类结果将获取的顾客需求直接配置到产品规划"质量屋"中相应的位置。

传统的质量功能展开对顾客需求的整理、分类使用的是亲和图法。亲和图可以把大量收集到的事实、意见或构思等语言资料，按其相互亲和性归纳整理，使问题明确起来。

亲和图法的分类步骤如下。

步骤一：将顾客需求项目分别记在卡片上，去掉意思相同的卡片，把卡片排列成能够一览的形式。

步骤二：将存在相同内容的卡片集中成一组。

步骤三：为各组卡片命名标题要能概况卡片大致内容，记入蓝色卡片。

步骤四：将蓝色卡片内容意思相近的卡片集中成一组。

步骤五：命名能代表步骤四中各组内容的小标题，记入红色卡片。

步骤五中红色卡片的名称为一次水平，步骤三中蓝色卡片的名称即为二次水平，步骤二中原来卡片的内容就是三次水平的质量需求。

最终，将具有层次结构的质量需求整理成质量需求展开表，表4-1是整理的某空调质量需求展开表。

3）顾客需求权重

为了反映质量屋中各项需求对顾客的重要程度，通常需要顾客对各项需求进行定量评分，通过评分来确定顾客需求的权重（重要度）。顾客需求权重是质量功能展开中非常重要的数量指标，能够真实地反映顾客内心的需求。

获取质量需求重要度的方法有：通过询问调查重要度评判法直接进行市场调查；使用

表 4-1　空调质量需求展开表

一次水平需求	二次水平需求	三次水平需求
空调品质高	外观美	外形美观
		人机界面好
	服务好	清洗容易
		维修方便
	期望性能高	省电
		噪声低
		制冷制热快
		调温精确
		杀菌能力强
	基本性能优	安全
		寿命长
		可靠

重复频度重要度评判法,从原始数据向质量需求变换过程中的重复频率间接得出重要度;运用层次分析重要度评判法,比较两两质量需求重要性赋予重要度。三种方法各有自身的优点,询问调查重要度评判法相对来说更能反映顾客的意愿,重复频度重要度评判法可以根据变换过程中的重复频率得出下层质量需求的重要度,层次分析重要度评判法与另外两种方法相比,对评判过程赋予了一定的客观性,针对三种评判方法可根据实际情况进行取舍。

对各需求相互间的相对重要度,具体可划分为 9 个等级,用数字 1～9 标定各需求的重要度(有时也划分为 5 个等级,用数字 1～5 标定),数值越大,说明重要度越高,反之,说明重要度低。

顾客需求权重并不是不变的,需要根据市场及顾客的需求及时进行定期修正,这样才能充分反映顾客的心声。

2. 技术需求展开

技术需求是用以满足顾客需求的手段,顾客需求有时是以抽象的语言形式表示,仅凭借这些需求很难进行设计、生产。因此,在获知顾客需求信息后,必须将顾客需求数据转化为技术语言的技术需求(产品质量特征),这是关于顾客真正需求的代用特性。技术需求是由交叉功能小组从已获取的用户需求要素中抽取、转换得到的可执行、可度量的技术要求或方法。但在现实中,针对一些感性方面的特性,尤其是像服务这样的对象,很难抽取可以计测的技术需求。此时,应当从顾客需求中提取出质量要素,即评价质量的尺度,质量要素中能够计测的要素便可作为技术需求(质量特性)。

在抽取技术需求时,应注意满足以下三个条件。

针对性:即技术需求要针对所配置的顾客需求。

可测量性:为了便于实施对技术需求的控制,技术需求应可测定。

宏观性:技术需求只是为以后的产品设计提供指导和评价准则,而不是具体的产品整体方案设计。为此,要从宏观上以技术性能的形成来描述技术需求。

技术需求抽取完成后，可用亲和图法（KJ法）进行整理，构造技术需求展开表。

3. 构造关系矩阵

关系矩阵是用来描述顾客需求与实现这一需求的技术需求之间的关系程度，从而将顾客需求转化为技术需求的矩阵表。"质量屋"中关系矩阵构造步骤可以分为四步。

步骤一：顾客需求展开表的构造。
步骤二：技术需求展开表的构造。
步骤三：将顾客需求展开表与技术需求展开表合成关系矩阵。
步骤四：探讨对应关系，以特定符号记入关系矩阵中。

特定符号是用来表示顾客需求与技术需求之间的相关程度，如：用◎来表示强相关，用○来表示中等相关，用△来表示弱相关。也可以根据百分制的形式配置成[0，1]范围内的小数或用其他形式表示。

根据上述步骤构造某空调的"质量屋"，如表4-2所示。

表4-2 空调"质量屋"

顾客需求			技术需求									
一次	二次	三次	外形	操作面板	功耗	压缩机噪声	压缩机性能	线管排布	线管材质	风机噪声	网点覆盖率	服务响应时间
空调品质高	外观美	外形美观	◎	○								
		人机界面好	○	◎								
	服务好	清洗容易						◎	○		◎	○
		维修方便									◎	○
	期望性能高	省电			◎		◎	○				
		噪声低				◎			△	◎		
		制冷制热快			△		◎					
		调温精确		◎			◎	◎				
		杀菌能力强							◎			
	基本性能优	安全		△			◎	△	◎			
		寿命长		○			◎	◎				
		可靠		◎			◎		◎			△

注：◎为强相关，3分；○为中等相关，2分；△为弱相关，1分；空白为不相关，0分。

顾客需求与技术需求之间的关系矩阵直观地说明了技术需求是否适当地覆盖了顾客需求。在关系矩阵构造完成之后，为了避免由于顾客需求展开表与技术需求展开表构造时的各层次结构水平和相关关系与实际情况不符，需要在记入对应关系之后，对层次结构水平和相关关系进行适当调整，并对关系矩阵、顾客需求、技术需求进行检查分析与改良。

1）检查对应关系符号是否仅在对角线上

针对这种情况，有可能是将产品的规格和技术需求作为顾客需求，需要对顾客需求项目进行修正，重新制定质量需求展开表。

2）检查每行和每列中对应关系符号是否过多

出现一行对应关系符号过多的情况，可能是顾客需求项目中混杂层次水平偏高的顾客需求，针对这种情况，要对顾客需求的层次结构进行修正。若一列有关系符号过多的情况，说明技术需求水平不符，要对技术需求结构进行修正。

3）检查强相关符号是否集中在一起

如果在高水平质量需求中混杂低水平质量需求项目，同时在高层水平的质量特性项目中混杂底层水平质量特性，则会出现强相关符号集中的现象。

4）相关符号很少或大部分为弱相关

如果关系矩阵中相关符号很少或大部分是弱相关符号，则表示技术需求还无法满足顾客需求，应对它进行修正。

4. 竞争分析

竞争分析是通过对其他企业的情况及本企业的现状进行分析，并根据顾客需求的重要程度及对技术需求的影响程度等，确定对每项顾客需求是否要进行技术改进及改进目标。首先，竞争分析需要站在顾客角度，对市场进行竞争性评估；其次，设定企业需求计划，结合本企业现状和改进目标计算出对顾客需求的改进程度（比例）；最后，根据改进程度、顾客需求重要度等计算出顾客需求的权重（绝对值和百分比）。因此，竞争分析可分为三个阶段：市场竞争性评估阶段、设定需求计划阶段、计算顾客需求权重阶段。

1）市场竞争性评估

市场竞争性评估需要顾客针对每项质量需求，对本企业及竞争对手企业的产品进行评价，可通过市场调查得到。竞争能力一般分 5 个等级，用 1~5 五个数字表示顾客对产品某项质量需求的满意程度，1 表示最差，5 表示最好。市场竞争性评估能够反映市场上现有产品的优势和弱点及产品需要改进的地方。

2）计算改进比例

结合顾客需求的重要度及顾客对本企业和竞争对手企业的市场竞争性评估，对企业的顾客需求改进目标及销售重点（产品特性点）进行规划，设定营销战略。销售重点和顾客需求改进目标规划遵循以下原则。

（1）顾客需求重要度高，本企业竞争性高而竞争对手企业竞争性低，该顾客需求项目可作为销售重点用于营销战略。

（2）顾客需求重要度高，本企业竞争性低而竞争对手企业竞争性高，该顾客需求项目改进目标至少要与竞争对手企业同等，不能成为销售重点。

（3）顾客需求重要度高，本企业竞争性低而竞争对手企业竞争性也低，该顾客需求项目改进目标要高于竞争对手企业，可成为销售重点。

在设定企业改进目标时需注意，对于某顾客需求项目，当本企业竞争性低于竞争对手企业时，至少也要设定与竞争对手企业同等水平；当本企业竞争性高于竞争对手时，维持现状即可，不必都以高水平为目标。

改进目标与市场竞争性评估一样，一般分 5 个等级，用 1~5 五个数字表示，1 表示最差，5 表示最好。销售重点的量化一般以符号表示，◎为 1.5，○为 1.2，空白为 1（也可用◎为 3，○为 2，空白为 1 等其他形式）。

设定改进目标之后，想要知道每个顾客需求项目改进了多少，可结合本企业现状和改进目标计算出对顾客需求的改进程度（改进比例或水平上升率）R_i。改进目标 T_i 与本企业竞争性U_i的比值大小代表改进比例,它表示本企业现状水平在质量规划中提高程度的尺度。

$$改进比例 R_i = \frac{改进目标 T_i}{本企业竞争性 U_i}$$

3）计算权重

顾客需求重要度C_i与改进比例R_i和销售重点S_i三者的乘积为顾客需求项目的绝对权重W_{ai}（绝对重要度），绝对权重可以确定顾客需求的等级或排序。用绝对权重除以各顾客需求项目的绝对权重之和再乘以100可以得出相对权重（相对重要度），相对权重清楚地反映出了各顾客需求的排序情况。其中,i表示顾客需求编号。

$$绝对权重 W_{ai} = 重要度 C_i \times 改进比例 R_i \times 销售重点 S_i$$

$$相对权重 W_i = \frac{绝对权重 W_{ai}}{各顾客需求项目的绝对权重之和 \sum W_{ai}} \times 100$$

仍以空调"质量屋"为例，构造其质量规划表，如表4-3所示。

表4-3 空调质量规划表

顾客需求	重要度	本企业竞争性	A企业竞争性	B企业竞争性	改进目标	改进比例	销售重点	绝对权重	相对权重
外形美观	4	5	4	4	5	1		4.0	4.6
人机界面好	4	4	4	4	4	1		4.0	4.6
清洗容易	4	3	2	4	4	1.3	○	10.7	12.2
维修方便	3	3	3	3	4	1.3	○	8.0	9.1
省电	4	3	3	4	5	1.7	◎	20.0	22.8
噪声低	4	4	4	3	4	1		4.0	4.6
制冷制热快	3	2	3	2	3	1.5	○	9.0	10.3
调温精确	3	2	3	1	3	1.5	○	9.0	10.3
杀菌能力强	3	2	2	2	3	1.5	○	9.0	10.3
安全	4	4	4	4	4	1		4.0	4.6
寿命长	2	5	5	4	5	1		2.0	2.3
可靠	4	4	4	4	4	1		4.0	4.6

注：销售重点中,◎为3分,○为2分,空白为1分。

5. 技术评估

技术评估的配置主要是完成对各技术需求的技术水平及其重要性的计算与评估。技术评估可分为三部分：通过与相关竞争企业状况比较，针对技术需求评估本企业及相关竞争企业的现有技术水平；利用竞争分析结果和关系矩阵中的信息，计算各项技术需求重要程度（绝对值和百分比）并将其作为制定技术需求具体技术指标或参数的依据；结合技术评估结果等因素设定技术需求目标值。即技术竞争性评估、计算各项技术需求重要度、确定技术需求目标。

1）技术竞争性评估

技术竞争性评估与市场竞争性评估有相同之处，两种评估方式都需要对技术需求的技术水平先进程度进行评价。但技术竞争性评估与市场竞争性评估也有不同之处，技术竞争性评估是企业内部人员针对技术需求对本企业和竞争对手企业的技术水平进行技术评价,而市场竞争性评估是顾客针对顾客需求项对本企业和竞争对手企业的产品进行评价。技术评价结果,一般也是分5个等级,用1~5五个数字表示其满意程度,1表示最差,5表示最好。

相对来说,一般对竞争对手企业的技术水平信息数据掌握不会非常具体和全面,因此技术竞争性评估的难度较大,可以通过试验、查阅相关文献等方式进行,要尽可能充分地利用和收集本企业和竞争对手企业相关质量特性值的数据信息,确保评估的真实有效性。

2) 计算各项技术需求重要度

计算各项技术需求重要度的目的是对其进行评估、排队,找出关键技术要求,对关键技术要求采取有效措施,加大质量管理力度,予以重点关注和保证。技术需求重要度计算可采用比例分配法或独立配点法,以下使用独立配点法进行简要说明利用竞争分析结果和关系矩阵中的信息,计算各项技术需求重要程度的过程。

首先,需要将"质量屋"内顾客需求与技术需求关系矩阵中的◎○△符号进行量化。◎○△符号的数值可采用◎=5、○=3、△=1赋值,有时也用◎=4、○=2、△=1或◎=3、○=2、△=1等进行赋值,空白为0。

然后,通过将顾客需求的相对权重与◎、○、△所对应的数值相乘,再纵向相加得出每个质量特性的重要度值。设 T_{aj} 表示第 j 个技术需求的绝对权重,W_i 为第 i 个顾客需求的相对权重,R_{ij} 为第 i 个顾客需求和第 j 个技术需求之间相关关系所对应的数值,假设某关系矩阵中有 n 个质量需求项,m 个质量特性,则

$$绝对权重 T_{aj} = \sum R_{ij} \cdot W_i$$

$$相对权重 T_j = \frac{绝对权重 T_{aj}}{各技术需求项目的绝对权重之和 \sum T_{aj}} \times 100$$

使用独立配点法对空调案例计算各项技术需求重要度结果如表4-4所示。

表4-4 技术需求重要度计算表

	外形	操作面板	功耗	压缩机噪声	压缩机性能	线管排布	线管材质	风机噪声	网点覆盖率	服务响应时间	相对权重
外形美观	◎	○									4.6
人机界面好	○	◎									4.6
清洗容易						◎	○		◎	○	12.2
维修方便									◎	○	9.1
省电			◎		◎		○				22.8
噪声低				◎			△		◎		4.6
制冷制热快			△		◎						10.3
调温精确		◎			◎	◎	○				10.3
杀菌能力强							◎				10.3
安全		△			◎	△	◎				4.6
寿命长		○									2.3
可靠		◎			◎	◎	◎		△		4.6
技术需求重要度	22.8	76.4	78.7	13.7	164.3	97.0	176.0	13.7	68.4	42.6	

注:◎为强相关,3分;○为相关,2分;△为弱相关,1分;空白为不相关,0分。

3）确定技术需求目标值

确定技术需求目标值是一个复杂的多变量、多目标决策过程，需要权衡并优化质量屋中的各种矛盾和冲突。需要产品开发人员综合考虑技术需求权重、技术竞争性评估结果、技术实施难度、顾客需求与技术需求的关系矩阵和当前产品的优势劣势，设定具体的技术需求目标值，即为使产品具有市场竞争力而所需要达到的规格值等的最低标准。

经过以上步骤可得空调"质量屋"，如表 4-5 所示。

表 4-5 空调"质量屋"

顾客需求	重要度	技术需求									本企业竞争性	A企业竞争性	B企业竞争性	改进目标	改进比例	销售重点	绝对权重	相对权重
		外形	操作面板	功耗	压缩机噪声	压缩机性能	线管排布	线管材质	风机噪声	网点覆盖率	服务响应时间								
外形美观	4	◎	○									5	4	4	5	1		4.0	4.6
人机界面好	4	○	◎									4	4	4	4	1		4.0	4.6
清洗容易	4						◎	○		◎	○	3	2	4	4	1.3	○	10.7	12.2
维修方便	3									◎	○	3	3	3	4	1.3	○	8.0	9.1
省电	4			◎		◎						3	3	3	5	1.7	◎	20.0	22.8
噪声低	4				◎		△		◎			4	4	3	4	1		4.0	4.6
制冷制热快	3		△		◎		○					2	3	2	3	1.5	○	9.0	10.3
调温精确	3				◎		◎					2	3	1	3	1.5	○	9.0	10.3
杀菌能力强	3						◎					2	2	2	3	1.5	○	9.0	10.3
安全	4		△			◎	△					4	4	4	4	1		4.0	4.6
寿命长	2		○		◎		◎					5	5	4	5	1		2.0	2.3
可靠	4		◎		◎				△			4	4	4	4	1		4.0	4.6
技术需求重要度		22.8	76.4	78.7	13.7	164.3	97.0	176.0	13.7	68.4	42.6								
本企业技术评估		5	4	3	4	3	3	4	4	3	4								
A 企业技术评估		4	4	3	3	3	3	4	3	3	3								
B 企业技术评估		4	4	3	4	3	4	3	3	3	3								
质量设计目标值		不变	不变	改良	10dB	改良	改良	Cu	10dB	较高	迅速								

注：质量需求和质量特性关系矩阵中，◎为强相关，3 分；○为相关，2 分；△为弱相关，1 分；空白为不相关，0 分。产品特性点中，◎为 3 分，○为 2 分，空白为 1 分。

6. 技术需求相关关系

"质量屋"的最后一步是屋顶的构建，屋顶表示出了各技术需求之间的相互关系，该相互关系用来分析各技术需求之间的交互作用，使各技术需求相互协调，不重复。这种关系表现为三种形式：无相关、正相关和负相关。在产品开发过程中，开发人员可以根据技术需求相互关系直观地观察各技术需求之间的关系，有效地分析由于改善某一技术需求而对其他技术需求产生的负面影响，及时采取有关措施，消除或减少矛盾的发生。

第 4 章 质量功能展开

屋顶中的内容不需要计算,一般只是用符号表明,○表示正相关,×表示负相关,空白表示无相关,将其标注到"质量屋"屋顶的相应项上,作为确定各技术需求具体技术参数的参考信息。

4.4　质量功能展开的应用

4.4.1　质量功能展开在制造业的应用

质量功能展开在制造行业的应用非常的广泛,DVD刻录机是一种常见的电子工具,它的质量直接影响电子数据读写和转换能力。以某DVD刻录机为例,运用四阶段模式,说明QFD在其设计质量控制中的应用。

在四阶段模式中,新产品的开发要经历产品规划、零件配置、工艺设计、生产控制四个阶段,建立各阶段质量屋,完成产品开发的质量功能展开全过程。

1. 产品规划"质量屋"

产品规划阶段是将顾客质量需求转化为质量特性,通过市场竞争性评估及技术竞争性评估确定各质量特性的目标值,为零件配置阶段确定所需的关键质量特性,产品规划"质量屋"基本形式如图4-6所示。

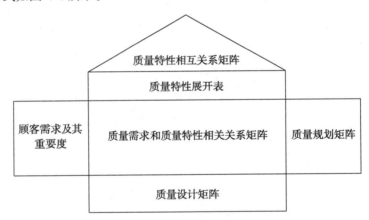

图4-6　产品规划"质量屋"

在产品规划阶段,应用QFD方法能够充分考虑顾客的需求,大大提高企业在激烈的市场竞争中取得成功的机会。下面根据"质量屋"的构造步骤,介绍产品规划屋的建立过程。

1) 确定顾客需求及重要度

顾客需求是质量屋最基本的输入,在制作产品规划"质量屋"之前要充分掌握顾客的需求信息。需注意,在收集顾客需求信息时,要抓住外部顾客需求、关注内部顾客需求、挖掘潜在顾客需求,充分进行市场调研,注重客户需求信息的全面性和真实性。

对于收集到的顾客需求信息,使用亲和图法,把相关的顾客需求放到同一类别当中,用顾客的语言命名同一类需求,根据需要进行分类,某DVD刻录机的顾客需求展开如表4-6所示。

表 4-6　DVD 刻录机质量需求展开

一次水平	二次水平	三次水平
刻录 DVD 品质高	记录速度快	译码速度快
		光盘转速快
	记录过程稳	缓冲内存大
		欠载现象少
		烧盘概率小
	规格方式多	记录方式多
		对应规格齐
		可写品牌多
	记录精度高	记录条件佳
		激光强度可调
		故障自我诊断
	数据传输快	传输方式多
		传输速率高
		抗干扰性强

针对顾客需求，可采用市场调查、层次分析、加权评分等方法进行重要度评判，以决定顾客需求重要度，对调查或分析结果按照 1~5 或 1~9 为基准标出其重要度。顾客需求重要度是从顾客角度对各项需求进行定量评分，反映了各项需求对顾客的重要程度，是顾客内心的需求。

2）质量特性展开

对于顾客的质量需求，需要从技术的角度出发，确定质量特性，把顾客的语言转换成技术的语言。质量特性可采用头脑风暴法确定，但是需注意质量特性要满足针对性、可测量性及全局性三个条件。该阶段的质量特性将会作为下一阶段"质量屋"左墙的输入项。

3）质量需求和质量特性关系矩阵

根据质量需求展开表和质量特性展开表，绘制两者的关系矩阵。质量需求与质量特性之间的关系用符号表示。例如，◎为强相关，3 分；○为相关，2 分；△为弱相关，1 分；空白为不相关，0 分。关系矩阵直观表明了质量特性是否适当的覆盖了顾客需求。如果关系矩阵中关系符号很少或大部分都是弱相关，则表示质量特性未能满足顾客需求，应该进行修改。

4）质量特性之间的相互关系

质量特性之间的相互关系，即是"质量屋"的屋顶，某一种质量特性的改变可能会影响到其他质量特性。在进行质量特性之间的交互作用分析后，在"质量屋"屋顶做出相应标记。质量功能展开中，质量特性之间的关系可分为正相关、负相关及无相关，一般以符号○、×和空白表示。

5）质量规划矩阵

质量规划矩阵即竞争分析矩阵，是对顾客质量需求进行市场评估的产品评估矩阵，根据质量需求重要度、本企业产品评价及竞争企业产品评价对企业的顾客需求改进目标及销售重点（产品特性点）进行规划。

首先，根据市场调查等方法得到各质量需求重要度，从顾客的角度，针对各项质量需求对本企业和竞争对手企业的同类产品进行比较，用数字 1~5 表示顾客对产品的满意程度，由此判断产品的市场竞争力。其次，综合质量需求重要度、市场竞争性评估，设定本企业产品的改进目标和销售重点。最后，计算改进比例、绝对权重和相对权重。

6) 质量设计矩阵

质量设计矩阵即技术评估矩阵，是产品规划阶段的技术和成本评估矩阵。在质量设计之前，企业技术人员对本企业和竞争对手企业的质量特性进行技术竞争性评估。技术竞争性评估可参考市场调查、试验、查阅相关文献等评价数据，分 5 个等级，用 1~5 来表示。利用质量需求与质量特性之间的关系矩阵，采用比例分配法或独立配点法，将质量需求重要度变换成技术特性的质量特性重要度。最后，结合质量特性重要度、技术竞争性评估结果、当前产品的优势和弱点确定质量特性目标值。

按上述步骤构造某 DVD 刻录机的产品规划阶段的"质量屋"（如表 4-7 所示），该阶段的基本输入是顾客需求质量，针对质量需求的对策是一组质量特性需求，最终输出的是质量特性要求阵列，通过实现质量特性要求保证市场顾客的需求。

表 4-7 DVD 刻录机产品规划"质量屋"

质量需求				质量特性									质量规划					
													竞争性评估		计划目标		权重	
一次	二次	三次水平	重要度	速度	缓存量	烧盘率	方式数	规格数	品牌数	激光强度	调整激光	故障率	传输率	本公司	竞争对手理光	竞争对手索尼	改进目标	改进比例	销售重点	绝对权重	相对权重
刻录 DVD 品质高	记录速度快	译码速度快	3	◎		△								4	4	4	4	1		3	3.4
		光盘转速快	4	○		△					△		△	3	4	3	4	1.33	○	6.4	7.3
	记录过程稳	缓冲内存大	2		◎	○								3	3	3	3	1		2	2.3
		欠载现象少	4		○	◎					△	△		3	3	3	5	1.67	◎	10	11.4
		烧盘概率小	5	△					△		△	○		3	4	4	5	1.67		10	11.4
	规格方式多	记录方式多	3				◎	△						4	4	4	4	1		3	3.4
		对应规格齐	3				◎	○	△					4	4	4	4	1		3	3.4
		可写品牌多	4				△	◎	◎					3	5	4	4	1.33	○	6.4	7.3
	记录精度高	记录条件佳	3		△		△		◎	△				4	4	4	4	1		3	3.4
		激光强度可调	5	△		○		△		◎	△			2	2	2	5	2.5	◎	18.8	21.5
		故障自我诊断	3			△				△	◎			3	3	3	4	1.33		4.8	5.5
	数据传输快	传输方式多	3			△						◎		3	4	4	4	1.33		4	4.6
		传输速率高	5								△	◎	◎	3	4	4	5	1.67	○	10	11.4
		抗干扰性强	3								△	◎		3	3	3	3	1		3	3.4
质量特性重要度				61.3	37.1	90.8	18.3	49.9	40.3	68.1	110.9	90.6	77.2							87.4	100
技术竞争性评估		本公司		8 倍	4M	2%	4	5	8	中	不可	1%	16.6								
		竞争者		8 倍	4M	1%	4	5	8	强	不可	1%	16.6								
质量设计目标值				8 倍	4M	<1%	4	5	12	较强	可调	<1%	33.3								

注：质量需求与质量特性关系矩阵中，◎为强相关，3分；○为相关，2分；△为弱相关，1分；空白为不相关，0分。销售重点中，◎为1.5分，○为1.2分，空白为1分。

7)分析产品规划"质量屋"

产品规划"质量屋"完成后,需要进行分析和检查。在质量需求与质量特性关系矩阵中,不能存在空行或空列。如果某行无关系符号或只有弱相关符号,则说明现有质量特性未能满足质量需求,需要补充新的质量特性;如果某列无关系符号或只有弱相关符号,说明该质量特性多余,应予以剔除。在质量规划矩阵和质量设计矩阵中,顾客竞争性评估与技术竞争性评估结果要保持一致,避免出现两者互相矛盾的情况。

在质量规划阶段结束时,要综合考虑质量特性重要度、顾客竞争性评估、技术竞争性评估、技术实施难度、成本及质量需求与质量特性关系矩阵等因素,选择合适的质量特性配置到下一阶段。

2. 零件规划"质量屋"

零件规划阶段是将产品规划阶段输出的质量特性作为输入项,输出能够保证质量特性的关键零部件特征及指标。该阶段用于指导产品的详细设计和有关技术要求的制定,完整的零件规划"质量屋"如图4-7所示。

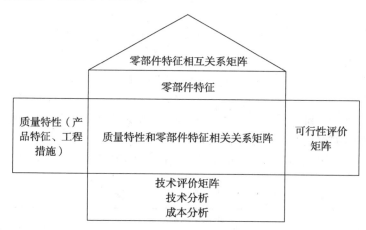

图4-7 零件规划"质量屋"

与产品规划矩阵相比,零件规划矩阵构建比较简单,但二者开发过程基本相同。由于关键零件特征只有在产品设计方案确定后才能确定,因此要先确定产品设计方案。在零件设计阶段,"质量屋"的建立分为四个步骤。

1)确定产品设计方案

根据产品规划阶段所确定的质量特性目标值,进行产品的概念设计和初步设计,然后根据评价准则分别评估各个设计方案,其中需要综合考虑顾客需求、成本、可行性等因素,选出最优的产品整体设计方案。

2)分析潜在故障原因

针对初步设计后的产品,要进行可靠性分析,可靠性分析可以对产品的潜在故障及质量问题进行预测、预防。常用的可靠性分析方法有失效模式及影响分析、故障树分析等,然后通过设计需求控制、工艺控制和产品质量的检验等措施,进行有效的预防和控制。

3)建立零件规划"质量屋"

完成设计方案可靠性分析之后,就能开始零件规划"质量屋"的建立工作。

（1）质量特性。综合考虑产品规划阶段中质量特性重要度、顾客竞争性评估、技术竞争性评估、技术实施难度、成本及质量需求与质量特性关系矩阵等因素，选择产品规划"质量屋"中的质量特性及其目标值转移至零件规划"质量屋"，作为其输入部分。

（2）关键零件特征。根据可靠性分析中确定的失效原因，待配置的质量特性和经验决定零件规划"质量屋"的关键零件特征。在DVD刻录机案例中，利用软件结构定量设计方法，刻录DVD可被分解成"记录""读取""播放""伺服"和"接口"五个子系统。"记录"子系统又被分解为数据通信、缓冲存储、速度变换、方式处理和译码写入五个模块，如图4-8所示。本案例以"记录"子系统为例，构建零件规划矩阵。

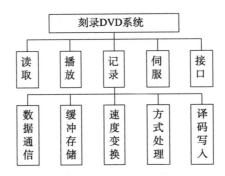

图4-8 刻录DVD系统分解图示

（3）质量特性和关键零件特征关系矩阵。与产品规划阶段中关系矩阵类似，用一组符号表示质量特性和关键零件特征之间的关系程度。

综合上述内容，建立某DVD刻录机零件规划"质量屋"（部分）如表4-8所示。

表4-8 某DVD刻录机零件规划"质量屋"（部分）

质量特性	记录子系统						质量特性重要度	质量特性目标值
	数据通信模块	缓冲存储模块	速度变换模块	方式处理模块	译码写入模块	激光调整模块		
速度	○		◎			△	61.3	8倍
缓存量	△	◎					37.1	4M
烧盘率		◎				△	90.8	<1%
方式数				◎	△		18.3	4
规格数		△		○			49.9	5
品牌数			△				40.3	12
激光强度					◎	△	68.1	较强
调整激光					△	◎	110.9	可调
故障率		△				◎	90.6	<1%
传输率	◎		○				77.2	33.3
模块重要度	391.3	524.2	378.6	235.3	333.5	824.7		
模块设计指标	DMA传输	欠载保护	8倍速处理	4种对应	错误小于1%	激光可调		

注：◎为强相关，3分；○为相关，2分；△为弱相关，1分。

4）分析零件规划"质量屋"

零件配置"质量屋"完成后，同样也需要进行分析和检查。质量特性与关键零件特征关系矩阵中，不能存在空行或空列。如果出现某行无关系符号或只有弱相关符号，则说明现有质量特性未能满足该质量需求，需要补充新的关键零件特征；如果某列无关系符号或只有弱相关符号，说明该质量特性多余，应予以剔除。

在零件配置阶段结束后，要综合质量特性与关键零件特征关系矩阵、可靠性分析结果、零件特征权重和经验知识等因素，选择合适的关键零件特征配置到下一阶段。

3. 工艺设计"质量屋"

工艺设计"质量屋"是将零部件规划阶段输出的关键零部件设计要求转换成工艺流程规划设计。该阶段用于指导工艺方案的编制，完整的工艺设计质量屋如图 4-9 所示。

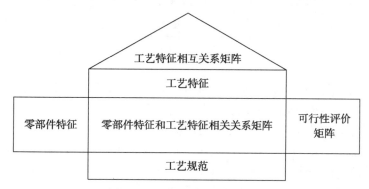

图 4-9 工艺设计"质量屋"

工艺设计"质量屋"与零件规划"质量屋"构建步骤类似，其开发步骤如下。

1）确定工艺方案

关键零件特征只有在产品设计方案确定后才能确定，关键工艺特征也与具体的工艺方案有关，所以需要先确定工艺方案。若企业使用现有工艺过程，则不用重新确定工艺方案；若企业有对加工工艺修改的需要，则产品开发人员需要采取相关方法和措施确定加工工艺方案。

2）构建工艺设计"质量屋"

确定工艺方案后，可以开始工艺设计质量屋各组成部分的建立工作。

（1）关键零件特征。综合质量特性与关键零件特征关系矩阵、可靠性分析结果、零件特征权重和经验知识等因素，选择合适的关键零件特征作为工艺设计质量屋输入部分。

（2）关键工艺特征。根据关键零件特征和经验等因素确定关键工艺特征，是为了保证零件满足其需求而在制造过程中必须加以控制的要素。不是所有的工艺特征都能进行测量，许多工艺特征规范通常是为了保证工艺质量所必须遵循某一项程序或标准。

（3）关键零件特征和关键工艺特征关系矩阵。与产品规划阶段和零件规划阶段中关系矩阵类似，关键零件特征和关键工艺特征关系矩阵也是用一组符号表示两种特征之间的关系程度。

在工艺设计质量屋阶段，根据各子系统模块规划目标和重要度，可以建立工艺规划矩阵，确定各模块所涉及工艺应达到的规范参数目标。在工艺设计阶段结束后，一般也要根据工艺特征的重要度和经验来选择要配置到下一阶段的关键工艺特征。

4. 生产控制"质量屋"

生产控制"质量屋"是将制造工艺特征要求转换成生产要求和控制方法,企业根据生产要求和控制方法就可以组织产品的具体生产。完整生产控制"质量屋"如图4-10所示。

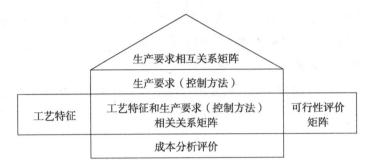

图4-10 生产控制"质量屋"

生产控制"质量屋"的目的是策划如何降低生产操作的成本,将生产波动最小化,同时提高产量。在生产控制阶段,左墙输入是关键工艺参数,天花板是一线技术人员的制造操作要求。根据工艺规范参数目标,可以从管理角度建立各工艺控制指标,包括工艺步骤、工艺参数、控制点、控制方法、检验方法等。对于关键工艺,必须进行重点控制。由于每个企业生产产品类型、规模、设备状况等情况不尽相同,所以企业之间的生产控制"质量屋"格式规范有所差异。因此,企业在进行生产控制规划中,要结合企业实际情况,充分利用本企业长期实际生产中积累的有效的制造过程控制方法。表4-9是一种常用的生产控制规划"质量屋"样表。

表4-9 生产控制规划"质量屋"样表

关键工艺步骤	关键工艺参数	控制点	控制方法	样本容量	检验方法

"质量屋"构造完成后,企业要结合市场需求及对产品质量特性的认识进行不断的迭代与完善。质量功能展开强调在产品早期概念设计阶段的有效规划,可以降低产品启动成本,缩短产品开发周期。总的来说,制造业应用质量功能展开后,在产品设计阶段就考虑制造问题,产品设计和工艺设计交叉并行,能有效减少工程设计变更。由于产品的开发全过程都是以客户需求直接驱动,所以客户对生产出来的产品的满意度会大大提高,增加企业市场竞争力。另外,在产品设计过程中引入故障模式和效应分析,可以降低产品开发风险,提高产品可靠性。

4.4.2 质量功能展开在服务业的应用

随着我国服务业迅速发展,服务业市场竞争日益激烈,为了取得竞争优势,服务行业也越来越重视服务质量的提高。服务业是以与顾客接触为条件,以满足顾客需求为目标;

QFD 以顾客需求为驱动，两者的特点和实现机制上存在着内在的逻辑联系，QFD 的原理与方法对服务业具有很大的适应性。但是由于服务业与制造业相比具有无形性、非存储性、同时性、差异性等特征，因此，在运用 QFD 过程中也会存在明显的区别。

服务与产品的生产不同，是一个无形不可逆的过程。QFD 在服务业得以应用的背景是行业内竞争的激化。要想在这样的条件下生存和发展，服务行业必须科学规划自身行为，不断提高服务质量。首先，根据自身服务群体对象，可采用询问调查、投诉报告、面谈等方式广泛收集顾客原始信息，了解顾客的需求，运用"质量屋"将顾客的需求转换为服务要素，这是对顾客需求的保证。其次，明确为达到顾客需求应开展的业务功能，将服务要素与业务功能进行展开，并确定重要业务，指明服务改进的方向。再次，为了将业务要求贯彻到服务活动中，需要找出提供服务所需要的技术，确定重要技术，评估本行业相关竞争范围内技术水平现状，设定技术水平目标。最后，根据市场及顾客需求变化及时调整和完善。

丽思卡尔顿酒店是一个酒店及度假村品牌，图 4-11 是该酒店为满足顾客需求，针对"房

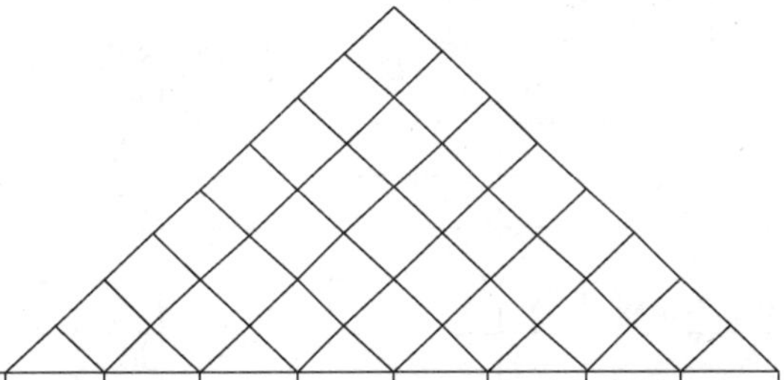

顾客需求	丽思措施	重要度	失误率（随机抽样）	房间整理时间	可能的打扰次数	固定的打扰次数	优惠事项与折扣	率处理的房间门数房客不在时一次打开	房间整理效率
顾客的要求	房间供应充足	4	◎				○		
	及时服务	5	◎		○	○			
	打扰尽可能少	3			◎	◎			
	打扰时间尽可能短	4		◎					△
	服务质量始终如一	5	◎				○		
	房客到达时房间已备好	5		○					
	在房客方便时清扫房间	5		○		◎			○
	优惠事项准确及时兑现	5	△				◎		
	随身物品安全保险	5		△	◎			◎	
丽思的要求	减少房间整理的成本与劳力	5		◎	△				◎
目标			××次失误	××分钟	每日××次	每日××次	没千房客比率	开××扇门	没人××间房

图 4-11　酒店服务质量功能展开
注：◎为强相关，○为相关，△为弱相关。

第 4 章　质量功能展开

间整理"所做的"质量屋"。根据对"质量屋"的设计和分析结果，明确努力目标，得出了问题关键在于安排好服务的流程。最后，确定了每套客房安排 3 名服务员同时整理。这一方案在当时降低了失误率、减少了对客房的打扰时间和打扰次数等方面。

在医疗护理中，外科治疗不仅要为病人解除身体上的疼痛，还要考虑手术疗程以后病人身体机能的恢复，所以考虑病人的生活满意度就变得十分有必要。为了让病人获得满意的外科治疗过程，可以运用质量功能展开对外科治疗的质量进行分析和评价。通过与其他医院的对比分析，帮助识别医院改进方向，检验医院战略管理计划。表 4-10 为某医院外科手术质量功能展开（部分）。

表 4-10 外科手术质量功能展开（部分）

质量需求		质量要素						质量规划						
		手术技术水平				伤口外形								
		处理紧急手术	手术可靠性	麻醉技术	术后护理周到	日常护理	伤口外观满意	伤口小	重要度	A医院	B医院	计划质量	水平提高率	产品特性点	绝对权重	相对权重
伤口小	外观漂亮						◎		4	4	4					
	能穿泳衣						◎		4	4	4					
优质的手术疗程	日常帮助		○		◎	◎			4	3	4	1.25	◎	9	0.08
	外科技术精湛	◎	◎		○	○			3	4	4	1.33	○	14.9	0.13
	麻醉术好	◎	○	◎	○	○			4	3	5			10.2	0.09
	术后护理周到		○		◎	○			4	4	5			9.2	0.08
质量特性权重		3	10	2	9	10	6	9								
A 医院		3	4	4	4	4	4	4								
B 医院		4	4	4	4	3	4	4								
设计质量		4	4	4	4	4	5	4								

注：◎为强相关，○为相关，空白为不相关。

随着服务业的发展，服务质量逐渐受到广大消费者及服务提供者的关注，而提高顾客满意度会有效改善服务质量，进而使企业在激烈的竞争中占据更大的市场份额、增加利润。在工业生产中获得成功的 QFD 方法，可以在服务业中得到很好的应用。但由于服务业与制造业之间的差别，在 QFD 应用过程中应当结合服务业的实际特点，对传统的 QFD 进行适当的改进。

4.4.3 质量功能展开在教育及其他行业的应用

QFD 的矩阵构造与分解方式多种多样，尽管 QFD 主要针对产品开发而提出，但经过多年的研究和推广应用，该方法已经在除制造业外的服务、教育及其他行业当中得到了有效应用。近年来，QFD 方法被引入到教育研究领域，尤其是在课程改进和教育评估方面取得了一定的研究成果。其中，如何科学合理地对高校课程进行系统的设计，已经成为教育界所关注的重要内容之一。熊伟教授运用 QFD 理论进行大学课程教学的设计，胡剑芬、冯良清等人也基于 QFD 理论对质量管理工程课程模块化教学体系进行设计。

为紧跟我国高等教育"双一流"建设时代背景，实现高等教育质量变革，探索高质量发展及特色化发展，建设与本校办学定位及办学特色相匹配的一流学科专业。胡剑芬、冯良清等人将质量功能展开理论应用于质量管理工程（quality management engineering, QME）课程的教学体系设计中，并结合院校特色和教学现状，以课程能力需求为导向，运用 QFD 理论设计 QME 课程教学质量功能展开模型，根据课程能力需求，逐步展开为"教学模块特性""模块内容特性""模块教学质量保证措施"，并构造"模块化教学质量设计""模块化教学内容配置""模块化教学质量控制"三个连续质量屋矩阵，提出 QME 课程模块化教学质量功能展开模型，如图 4-12 所示。

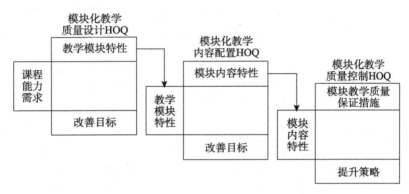

图 4-12　质量管理工程课程模块化教学质量功能展开模型

质量管理工程课程模块化教学质量功能展开分为五个部分：课程能力需求分析、课程目标规划矩阵、课程模块化教学质量设计矩阵、课程模块化教学内容配置矩阵、课程模块化教学质量控制矩阵，其中，模块化教学质量设计矩阵如表 4-11 所示。

表 4-11　模块化教学质量设计矩阵

课程需求			重要度	教学模块特性									竞争性评估		质量规划			规划目标	
				理论教学模块				案例教学模块		实践教学模块									
一次	二次	三次		基础质量管理	设计质量管理	集成质量管理	发展质量管理	普通教学案例	航空教学案例	QE实验室	专业比赛	互联网+质量创新	某航空院校	其他同类高校	目标质量	水平提升率	差异化评估	绝对权重	相对权重
课程目标	基础知识掌握	质量管理基础理论	4	◎	○	○	○	○	○	○		△	4	4	4	1.00	1.00	4.00	6.70
		质量数据处理能力	4	○						◎	○		4	5	4	1.00	1.00	4.00	6.70
		分析质量问题能力	4					○	○	△		○	3	4	4	1.33	1.50	7.98	13.40
		质量工具运用能力	4	◎	◎		○			◎	○	△	5	4	5	1.00	1.00	4.00	6.70
	知识运用能力	质量控制能力	5	◎	○	○	○			○			5	5	5	1.00	1.00	5.00	8.40
		质量检验能力	3	◎		○	△			○			4	4	4	1.00	1.00	3.00	5.00
		质量体系建设能力	3	○	○	○	○	◎	◎		○	△	3	4	4	1.33	1.50	5.99	10.10
		质量经济分析能力	2	○	○		○				△		3	4	4	1.33	1.50	3.99	6.70
		质量改进能力	4	◎	◎	○				○			4	4	4	1.00	1.00	4.00	6.70

第 4 章　质量功能展开

续表

课程需求			重要度	教学模块特性								竞争性评估		质量规划		规划目标	
				理论教学模块			案例教学模块		实践教学模块								
一次	二次	三次		基础质量管理	设计质量管理	集成质量管理	发展质量管理案例	普通教学案例	航空教学案例	QE实验室	专业比赛	互联网+质量创新	某航空院校	其他同类高校	目标质量	水平提高率	差异化评估	绝对权重	相对权重
课程目标	综合实践能力	质量创新能力	3	○	△		◎			○		◎	3	5	4	1.33	1.50	5.99	10.10
		质量设计能力	5	○	◎	△		○	○	◎	○		4	5	5	1.25	1.20	7.50	12.60
		质量集成能力	2			◎		◎	◎			○	3	4	4	1.33	1.50	3.99	6.70
重要度				243.2	188.7	133.3	124.3	159.4	159.4	107.2	175.4	112.5						59.44	99.80
竞争性评估	某航空院校			5	4	4	3	4	4	3									
	其他同类高校			4	5	3	4	3	3	4									
目标				5	5	4	5	4	5	4									

注：课程需求与教学模块特性关系矩阵中，◎为强相关，3 分；○为相关，2 分；△为弱相关，1 分。

胡剑芬、冯良清等人利用 QFD "将顾客的声音转化为产品质量" 理念，系统设计 QME 课程模块化教学体系，提出了基于 QFD 理论的质量管理工程课程模块化教学质量提升策略，明确了 QME 课程需求，对形成教学内容设计体系、提高现代化质量教学手段、保证质量管理工程课程教学质量带来了帮助，同时，该提升也满足了企业对质量管理能力人才的需求。

总之，QFD 的引入对于有针对性、有目的性地提高高等教育的质量具有极其重要的实际价值。与其说 QFD 是一种方法，倒不如说是一种思想，是一种将来自顾客和市场的需求，精确转移到产品开发各个阶段的有关技术需求和措施的思想。QFD 方法是被公认的满足顾客需求、赢得市场、提高企业经济效益的有效方法，应用领域涉及制造业、服务业、高等教育、国防工业、软件工程与信息系统开发、企业战略规划等。随着 QFD 的不断发展，其应用领域必将不断地拓宽。

复习思考题

1. 狭义质量功能展开与广义质量功能展开的区别是什么？
2. 简要说明质量功能展开与"质量屋"的关系。
3. 简要说明质量功能展开的核心思想。
4. 四阶段分解模型是哪四个阶段？简要概述各个阶段的任务。
5. "质量屋"结构分为哪几个部分？各部分所代表的含义是什么？
6. 简要概述构建"质量屋"的步骤。
7. 试分享你在其他行业所了解到的质量功能展开的应用。

案例分析题

天线是发射或接收电磁波的装置,机载天线指飞机上使用的所有天线装置,包括天线、传输线、天线罩,还包括用于匹配、调谐、隔离、安装、连接及防护等所有零部件的完整连接组合。机载天线的种类较多,有中波天线、短波天线、超短波天线、导航天线、微带天线等。

进行零件规划之前,必须首先确定或选择一个最佳的产品整体设计方案。确定了产品整体设计方案,才能够进一步确定产品的组成及哪些零件是关键的,它们的技术特征都包括哪些内容等。

随着航空电子设备的增多,机载天线的数目也随之增多,而飞机上安装天线的部位是有限的,为此要尽可能选用天线综合技术,将几个频段的天线合为一体,缩小天线占用空间,对顾客的需求调查表明,顾客提出了将三个频段通信天线与罗盘定向天线集合为一体,研制出一种可与多种超短波电台和无线电罗盘配套使用的新型天线的要求。由于机载天线的特殊环境,决定了它与常见的卫星接收天线及电视天线的结构和形状不同。它所需要的主要零部件为:用于发射或接收电磁波的电路板、天线罩体、天线底盘、导电橡胶和填充物。

机载天线的五个主要零部件都有自己的主要技术特征,即关键零部件特征。例如,天线罩体技术性能的保证主要取决于天线罩体材料、结构强度、透波性和表面涂层。所有主要零部件的关键技术特征都与天线整体的技术性能有着密切的关系。只有这些主要零部件的关键技术特征得到保证,天线整体的技术性能才能得以实现,顾客才会满意。机载天线零部件规划的目的是找出关键的零部件,并确定其关键零部件特征,为机载天线零部件的设计工作提供指南,以保证这些零部件特征的设计质量。

机载天线零件规划质量屋的建立步骤及方法、技术等在此不展开论述,只给出最后的配置结果,如表 4-12 所示。

请根据案例回答下列问题:

1. 结合本案例的机载天线零件规划"质量屋",分析应选择哪些关键零部件特征为机载天线零部件的设计工作提供指南?

2. 在本案例的机载天线零件规划"质量屋"中,并未画出"质量屋"的屋顶、竞争分析等内容,结合本案例目的,试分析是否需要画出完整的"质量屋"?

表 4-12 机载天线零件规划"质量屋"

零件特征 \ 技术要求	电路板				天线罩体				天线底盘				导电橡胶		填充物			技术要求重要度
	通信电路	罗盘电路	元器件	材料	材料	强度	透波性	表面涂层	材料	强度	导电性	导电电阻	耐水性	硬度	透波性	耐高温	柔韧性	
通信距离	●										●	●			●			9
有效高度		●	●	△	●		●				○	○						9
外形尺寸	●	●		△														8
安装特性				○	○	○												9
静载荷						●				●								7
外密封性													●	●		○		7
表面光洁度								●										7
电塔接性	○										●	●						8
抗振动能力						●									●	●		7
电磁兼容性			●									○					○	8
零件特征目标值	印刷版电路	印刷版电路	按给定目录	双面覆铜板 73~300 cm	玻璃钢罩	≥3000N	≥85%	白色透波漆	YL-12	满足国家相关标准	≥500 μΩ	50~200 Ωcm	6167-89	A54±5	损耗≥5%	−50℃~+60℃	≥2200%	
零件特征重程度	321	321	234	126	213	234	153	162	72	63	204	204	63	126	153	156	93	

第5章 正交试验分析设计

1. 掌握正交试验设计的相关概念。
2. 学会正交表的用法。
3. 熟悉田口方法的相关概念。
4. 了解质量损失函数。
5. 了解三次设计的相关概念。
6. 学会应用试验设计处理多因素试验方案。

课程思政导读

清除质量"冰山",助力航空发展

5.1 正交试验设计

产品的设计研发和生产制造需要经过大量的试验,但是实际过程中,影响试验指标的因素众多。针对各项因素进行全面试验固然能得到满意的结果,但花费大量的人力、物力、财力及时间,往往得不偿失。例如,在研究飞机飞行速率的试验中,发动机、风机的设计、外部温度、云层、风向等因素都会对试验指标造成影响,显然,我们无法对所有的因素都进行全面试验,因此怎样合理地安排试验并对试验结果进行分析就成了一个值得思考的问题。

正交试验设计正是通过正交表来进行部分试验,能较好地反映全面试验可能出现的各种情况,并从中选出较优的试验方案。通过正交试验设计,可以实现以最少的试验次数达到与全面试验等效的结果,从而能够节约大量的成本。

试验设计发展历史上有三个里程碑,分别是费歇尔(R. A. Fisher)创造了早期试验设计的理论和方法、正交表的发明和正交实验设计的应用、信噪比(signal to interference plus noise ratio,SINR)试验设计和产品三次设计的应用。试验设计的基本思想和方法是由英国统计学家费歇尔创立的,他是试验设计的奠基人,为试验设计的发展做出了巨大的贡献。20 世纪 40 年代末,以田口玄一为代表的日本电讯研究所(EOL)的研究人员在研究电话通信设备质量时,从英、美等国引进了试验设计技术,并提出了"正交试验设计法"。此后该方法在日本迅速推广,并在日本的经济发展中起到了不可忽视的作用,现已成为日本科技工作者和产业工人必备的方法。据日本相关专家估计,日本经济的发展至少有 10%应归功于正交试验设计。1957 年,田口玄一提出了信噪比试验设计,20 世纪 70 年代田口玄一又提出了产品三次设计。

我国试验设计的发展从 20 世纪 50 年代开始,著名数学家华罗庚在国内积极倡导和普及"优选法",从而使试验设计的概念得到普及;20世纪60年代我国开始提出试验设计的观点;20世纪70年代试验设计在我国开始实质应用;20世纪80年代我国学者方开泰提出了均匀实验设计,该设计考虑如何将设计点均匀地散布在试验范围内,使得能用较少的试验点获得最多的信息。

5.1.1 基本概念

1. 试验指标

试验指标指在试验中用来衡量试验效果好坏的特性(可以为质量特性、产量特性或其他特性),它是一个随机变量,可以是单一的指标(包括综合评价指标),也可以是多个指标,通常用 x 表示。试验指标按性质可以分为定量指标和定性指标。定量指标能够通过仪器或工具准确测量的指标,如长度、产率、光电流等;定性指标指不能用数量表示,只能通过人的感官直接评定的指标,如油漆的亮度、衣服的颜色等。

2. 因素

因素指影响试验结果的原因或要素。通常来说,正交表中包含多个因素,有时候即使增加1到2个因素,也不会增加试验次数。所以除能够确定对试验结果影响较小的因素外,都值得考察。另外,必要时将区组因素加以考虑,能够提高试验的精确性。因素可以分为可控因素和不可控因素。可控因素指在试验过程中可以控制的因素,如零件的尺寸、电压的强度等。这些因素又被称之为设计变量,通常用 A、B、C 等大写英文字母表示。不可控因素指的是那些在试验过程中难以控制的因素,它们对产品质量特性也有着一定影响,如操作人员、环境因素等。

3. 水平

水平指的是因素在试验中所处的各级状态和条件。因素在试验中所对应的水平不同,往往都会引起指标的变动。因此,在试验中一个因素都会考察多个水平,如不同的电压、不同的药剂用量等。如果因素 A 在试验中有 k 个不同的状态或条件,则说明该因素在此试验中有 k 个不同水平。因素 A 的 k 个水平常用 $A_1, A_2, \cdots, A_k$ 表示。

4. 重复试验和重复取样

重复试验(每次试验的样品不完全相同)和重复取样(每次试验的样品完全相同)在概念和试验操作上都是不同的。尤其是当使用动物作为试验对象时,由于动物个体差异较大,因此需要重复试验来使误差更小,试验结果更精确。

5. 正交试验设计

正交试验设计指通过正交表来对多因素试验进行统计分析,并找出较好试验方案的一种试验方法,它是最常用的试验分析方法之一。正交试验设计不仅具备一般试验设计所具有的特点,还具有自身所特有的特点。

(1)对因素的个数没有严格的要求。

(2)无论因素间有没有交互作用都可以运用正交试验设计。

(3)可以通过正交表得出初步结论,也能通过方差分析得出具体结论,并可得出最优的生产条件。

(4)根据正交表和试验结果可以预估任意组合水平下试验结果的理论值。

(5)通过正交表可以从不同的水平组合中选出具有代表性的试验点进行试验,相比较于全面试验,这样不仅大大减少了试验次数,还能挑出具有代表性的试验点进行试验(即使试验点不在正交表中)。

(6)利用正交表的试验,可以将实验室的小规模试验结果直接运用到实际中,即使其他因素改变了,因素效应也能够保持一致。

5.1.2 正交表

1. 正交表的基本格式

正交表是正交试验设计的基本工具,它能给出不同因素和水平代表性很强的试验组合。正交表的特点是其安排的试验方法具有均衡搭配特性,通常用于因素较多、周期较长和多指标的试验。

我们以 $L_9(3^4)$ 为例来认识正交表,其中 L 为正交表的符号;9 表示正交表的行数,即试验次数;4 表示最多可以安排 4 个因素;3 表示每个因素有三个水平,如表 5-1 所示。

表 5-1 正交表 $L_9(3^4)$

试验号	因素			
	A	B	C	D
1	1	1	1	1
2	1	2	2	2
3	1	3	3	3
4	2	1	2	3
5	2	2	3	1
6	2	3	1	2
7	3	1	3	2
8	3	2	1	3
9	3	3	2	1

通过表 5-1,我们可以总结出正交表的两个特点。

(1)在每一列中不同数字出现的频率是相同的,每列只会出现"1""2"和"3"三个数字,且每个数字都出现 3 次。这说明了各个因素的每个水平参与试验的概率是相同的,这样就能排除其他因素水平的干扰,能有效地得出试验结果。

(2)任意两列数字组成的不同数字对个数都相同,表中任何两列能组成 9 个数字对,分别为(1,1)、(1,2)、(1,3)、(2,1)、(2,2)、(2,3)、(3,1)、(3,2)、(3,3),且每个数字对都只出现一次。这个特点保证了试验点均匀地分散在因素与水平的完全组合中,因此具有很强的代表性。

除 $L_9(3^4)$ 正交表外，常见的正交表还有很多，如 $L_8(2^7)$，$L_{12}(2^{11})$，$L_{16}(2^{15})$，它们也具备以上这些特点。

2. 正交表的性质

正交表的两个特点体现出了它的两大优越性，即"均匀分散性，整齐可比性"。正是这两个性质保证了用正交表安排的试验会具有比较好的代表性。

（1）均匀分散性。正交表安排的试验都是均匀分布在全面试验的各个位置。由于每个试验点都有着很强的代表性，因此能够比较全面地反映试验域内的大致情况。所以，即使正交试验中的好点不是全面试验中最好的点，但往往也是比较好的点，正交试验中对试验结果的分析得到的生产条件自然也是全面试验中较优的生产条件。

（2）整齐可比性。正交试验设计分析试验数据是在其他因素水平变动的情况下比较一个因素的水平。这样通过比较各因素的极差就能得到各因素的主次，再通过各因素各水平的结果就能得到因素各个水平的优劣。

【**例 5-1**】 假设某个试验中的试验指标受到三个因素影响，且每个因素取三个水平，分别记为：

A：A_1、A_2、A_3

B：B_1、B_2、B_3

C：C_1、C_2、C_3

如果该试验选择全面试验，则需要进行 27 次试验，这显然要大量的成本。若从 27 次试验中选取一部分试验，先将 A 和 B 两个因素固定在 A_1，B_1 两个水平上，再将因素 C 的三个水平分别与之搭配，即 $A_1B_1C_1$，$A_1B_1C_2$，$A_1B_1C_3$。在这三次试验后，如果 $A_1B_1C_3$ 最优，则选定 C_3 这个水平。再让 A_1 和 C_3 固定，分别与因素 B 的两个水平搭配，即 $A_1B_2C_3$，$A_1B_3C_3$。两次试验后，若 $A_1B_2C_3$ 最优，则选取 B_2，C_3 这两个水平。最后再将 B_2，C_3 固定，将因素 A 的两个水平与之搭配，即 $A_2B_2C_3$，$A_3B_2C_3$。两次试验后，若 $A_3B_2C_3$ 最优，则判断 $A_3B_2C_3$ 是最优组合。这样仅仅经过 7 次试验就得出了最佳水平组合。

但是，以上试验结果都分布在立方体的一角，代表性很差，所以按该方法选出来的试验组合并不是真正的最佳组合。

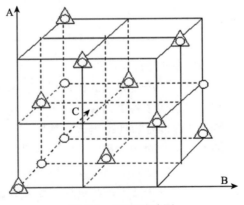

图 5-1 正交试验图

通过正交表来安排正交试验，可以选用 $L_9(3^4)$ 正交表，需要安排 9 次试验，用 "△" 表示，标在图 5-1 中。假设每个平面代表一个水平，共有 9 个平面，能够发现每个平面上有 3 个 "△" 点，立方体的每条直线上也都有一个 "△"，并且这些 "△" 点是均匀分布的，所以这 9 次试验的代表性很强，能够更好地反映出全面试验的结果，这正是正交试验设计所特有的均衡分散性。

5.1.3 正交试验设计

正交试验设计是一种简单、常用的试验设计方法，其设计基本程序由试验方案设计和试验结果分析两部分组成。

1. 正交试验方案的设计

正交试验设计的任务就是通过正交表来对试验方案进行确定，一般来说，正交试验方案设计有确定试验指标、选定试验因素和水平、选择正交表、表头设计和列出试验方案五个步骤。

（1）确定试验指标指根据试验目的和要求，从试验对象身上选择一个能衡量试验条件好坏的特性作为试验指标。

（2）选定试验因素和水平指根据专业知识和过去的研究结果，从影响试验指标的诸多因素中选出需要考察的因素。确定因素时，应该优先考虑对试验指标影响大的因素、尚未考察过的因素和尚未完全掌握其规律的因素。确定每个因素的水平时，一般以 2～4 个水平为宜。确定因素的水平间距时，应根据专业知识和已有的资料，尽可能把水平值取在理想区域。

（3）选择正交表需要根据因素、水平及需要考察的交互作用来选择。选择的原则是在能够安排下试验因素和交互作用的前提下，尽可能选用较小的正交表，以减少试验次数。同时试验因素的水平数应等于正交表中的水平数，因素个数（含交互作用）应不大于正交表的列数。各因素及交互作用的自由度之和要小于所选正交表的总自由度，以便估计试验误差（即留有空列）。若各因素及交互作用的自由度之和等于所选正交表总自由度，则可采用重复试验来估计试验误差。

（4）表头设计就是把试验因素和交互作用分别安排到正交表的各列中去的过程。不考察交互作用时，各因素随机排列在各列上；考察交互作用时，应按所选正交表的交互作用列表安排各因素与交互作用，以防止设计混杂。

（5）列出试验方案需要编制试验方案，进行试验，记录试验结果。把正交表中安排各因素的列（不包含欲考察的交互作用列）中的每个水平数字，换成该因素的实际水平值，便形成了正交试验方案。

【**例 5-2**】 某工厂一零件的镗孔工序质量不稳定，经常出现内径偏差较大的质量问题。为了提高镗孔工序的加工质量，拟通过正交试验确定影响内径偏差的各因素的主次顺序，以探求较好的工艺条件来改进工艺操作规程。根据历史资料，认为影响内径偏差的因素有四个，分别是镗孔时所用刀具数量（A）、切削速度（B）、走刀量（C）和刀具种类（D），并确定了各因素的三个水平,如表 5-2 所示。问:应如何安排试验?

表 5-2 因素水平表

水平	因素			
	A 刀具数量/把	B 切削速度/(r/min)	C 走刀量/(mm/r)	D 刀具种类(型)
1	2	30	0.6	常规刀
2	3	38	0.7	Ⅰ型刀
3	4	56	0.47	Ⅱ型刀

解: 首先,明确试验指标,即内径偏差。其次,根据以往的资料选定镗孔时所用刀具数量(A)、切削速度(B)、走刀量(C)和刀具种类(D)四个因素,并确定了各因素的三个不同水平。因为例 5-2 是一个三水平试验,所以应该从三水平表中选择一张比较合适的表,而表 $L_9(3^4)$ 可以安排四个因素,且只需要做 9 次试验,所以选择 $L_9(3^4)$ 比较合适。最后,将 A,B,C,D 四个因素随机地填在各列上方即可,如将 A,B,C,D 四个因素依次填在 1,2,3,4 列上方,这就是表头设计,如表 5-3 所示。

表 5-3 试验方案表

序号	因素			
	A	B	C	D
1	1	1	1	1
2	1	2	2	2
3	1	3	3	3
4	2	1	2	3
5	2	2	3	1
6	2	3	1	2
7	3	1	3	2
8	3	2	1	3
9	3	3	2	1

2. 正交试验结果的分析

试验方案确定之后,就必须要按照试验方案严格地进行试验,并记录下试验结果,如表 5-4 所示。试验结果的计算与分析主要解决以下三个问题。

(1)分清各因素对试验指标影响的主次顺序。

(2)确定优化生产方案,即找到能使试验指标达到最优的试验方案。

(3)明确进一步试验方向,即分析试验因素对试验指标的影响趋势,以确定下一步试验该如何进行。

表 5-4 试验结果表

序号	因素				孔径偏差
	A	B	C	D	
1	1	1	1	1	0.390
2	1	2	2	2	0.145
3	1	3	3	3	0.310
4	2	1	2	3	0.285
5	2	2	3	1	0.335
6	2	3	1	2	0.350
7	3	1	3	2	0.285
8	3	2	1	3	0.050
9	3	3	2	1	0.315

对试验数据直接分析可以看出,在 8 号试验($A_3B_2C_1D_3$)的条件下,镗出来的孔孔径偏差最小。但该条件是否为最佳条件,在上述方案外是否有更优的水平搭配方式,都需要进一步计算分析才能得出。

通过对原始试验数据的计算,确定各因素水平的影响程度,最终找出最佳生产条件,如表 5-5 所示。

表 5-5 数据结算表

序号	因素				孔径偏差
	A	B	C	D	
1	1	1	1	1	0.390
2	1	2	2	2	0.145
3	1	3	3	3	0.310
4	2	1	2	3	0.285
5	2	2	3	1	0.335
6	2	3	1	2	0.350
7	3	1	3	2	0.285
8	3	2	1	3	0.050
9	3	3	2	1	0.315
K_1	0.845	0.960	0.790	1.040	
K_2	0.970	0.530	0.745	0.780	T=2.465
K_3	0.550	0.975	0.930	0.645	
$\bar{K}_1$	0.282	0.320	0.263	0.347	
$\bar{K}_2$	0.323	0.177	0.248	0.260	
$\bar{K}_3$	0.217	0.325	0.310	0.215	
R	0.106	0.148	0.062	0.132	

表 5-5 中,K_i(i=1~3)为 i 水平下的偏差之和,T 为 9 次试验的偏差之和,$\bar{K}_i$ 为 i 水

平下各偏差的平均值，R为平均偏差的极值。

由上述计算结果可以分析得出，为使孔径偏差最小，刀具数量为4把最好（A_3），切削速度以38r/min（B_2）最优，走刀量以0.7mm/r（C_2）最优，刀具类型以Ⅱ型刀（D_3）最优。因此最佳水平组合应为：$A_3B_2C_2D_3$。

根据极差计算结果可以得出主次因素，极差越大则影响越主要，极差越小则影响越次要。因此主次因素为：B→D→A→C。

通过比较直接分析和计算分析结果可以发现，两者所得出的最优方案不同。直接分析的结果为$A_3B_2C_1D_3$，而计算分析的结果为$A_3B_2C_2D_3$。这是因为直接分析的结果是正交表中9次试验里的最佳水平搭配，但不一定是所有可能的水平中（$3^4=81$）的最佳搭配。

为了得出更优的水平搭配，应通过计算分析来找出比直接分析更好的水平搭配。但是有时计算分析的结果可能不如直接分析，其主要原因可能是试验误差大、因素选取不当、存在其他影响因素没有考虑等。

5.2 田口方法

田口方法是一种低成本、高效益的质量工程方法，它强调产品质量的提高不是通过检验，而是通过设计。田口方法由田口玄一博士提出，其核心内容被日本视为"国宝"。现在日本和许多欧美国家仍在使用田口方法。众多的产品开发方法中，田口方法不失为提高产品质量，促进技术创新，增强企业竞争力的理想方法。

使用田口方法的目的在于使所设计的产品质量稳定、波动性小，使生产过程对各种噪声不敏感。在产品设计过程中，利用质量、成本、效益的函数关系，在低成本的条件下开发出高质量的产品。田口方法认为，产品开发的效益可用企业内部效益和社会损失来衡量。企业内部效益体现在功能相同条件下的低成本，社会效益则以产品进入消费领域后给人们带来的影响作为衡量指标。例如，由于一个产品功能波动偏离了理想目标，给社会带来了损失，我们就认为它的稳健性设计不好，而田口式的稳健性设计恰能在降低成本、减少产品波动上发挥作用。

田口方法的基本思想是把产品的稳健性设计到产品的制造过程中，通过控制源头质量来抵御大量的下游生产或顾客使用中的杂讯或不可控因素的干扰，这些因素包括环境湿度、材料老化、制造误差、零件间的波动，等等。田口方法不仅提倡充分利用廉价的元件来设计和制造出高品质的产品，而且使用先进的试验技术来降低设计试验费用，这也正是田口方法对传统思想的革命性改变，为企业增加效益指出了一个新方向。田口方法是一种聚焦于最小化过程变异或使产品、过程对环境变异最不敏感的试验设计方法，是一种能设计出环境多变条件下能够稳健和优化操作的高效方法。

田口方法的特色主要体现在以下几个方面。

"源流"管理理论。田口方法认为，开发设计阶段是保证产品质量的源流，是上游；制造和检验阶段是下游。在质量管理中，"抓好上游管理，下游管理就很容易"，若设计质量水平上不去，生产制造中就很难造出高质量的产品。

产品开发的三次设计法。产品开发设计（包括生产工艺设计）可以分为三个阶段进行，即系统设计、参数设计、容差设计。参数设计是核心，传统的多数设计优先追求目标值，通过筛选元器件来减少波动,尽管都是一级品的器件,但整机由于参数搭配不佳而性能不稳定。田口方法则先追求产品的稳定性,强调为了使产品对各种非控制因素不敏感,而使用低级品元件。通过分析质量特性与元部件之间的非线性关系(交互作用),找出使稳定性达到最佳水平的组合。产品的三次设计方法能从根本上解决内外干扰引起的质量波动问题,利用三次设计这一有效工具,设计出的产品质量好、价格便宜、性能稳定。

质量与成本的平衡性。引入质量损失函数这个工具使工程技术人员可以从技术和经济两个方面分析产品的设计、制造、使用、报废等过程,使产品在整个寿命周期内社会总损失最小。在产品设计中,采用容差设计技术,使得质量和成本达到平衡,提高产品的竞争力。

新颖、实用的正交试验设计技术。使用综合误差因素法、动态特性设计等先进技术,用误差因素模拟各种干扰,使得试验设计更具有工程特色,大大提高试验效率,增加试验设计的科学性,其试验设计出的最优结果在加工过程和顾客环境下都达到最优。采用这种技术可大大节约试验费用。

20世纪70年代,日本的田口玄一将数理统计、工程技术和经济学互相结合,并应用于质量管理学中,创造了田口方法,并以此为基础进一步建立了田口质量工程,如图5-2所示。田口方法以田口质量概念为基础,不仅研究了产品制造阶段的线内质量管理,还研究了产品研发阶段的线外质量管理,这极大提升了日本产品的质量和日本产业界的研发能力。

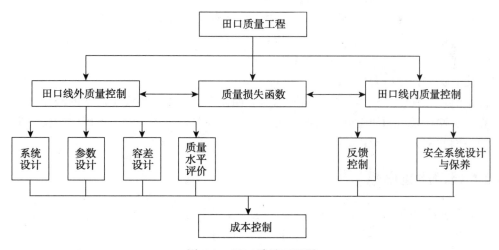

图 5-2 田口质量工程图

5.2.1 基本概念

1. 质量特性

(1)以衡量标准可划分为计量特性值和计数特性值。

计量特性值指产品的质量特性可以用连续量表示,它符合一种连续的概率分布,一般认为服从正态分布 $X \sim N(\mu, \sigma^2)$。计数质量特性指产品的质量特性只能定性地分为不同等级，如上、中、下等。计数质量特性通常服从二项分布 $Y \sim B(n, p)$。

（2）以目标值的趋向可划分为望目特性、望小特性和望大特性。

望目特性指存在目标值 m，希望质量特性 Y 围绕 m 波动，波动越小越好，则称 Y 为望目特性。

望小特性指在不取负值的情况下，希望质量特性 Y 越小越好，波动越小越好，则称 Y 为望小特性。

望大特性指在不取负值的情况下，希望质量特性 Y 越大越好，波动越小越好，则称 Y 为望大特性。

2. 可控因素与不可控因素（噪声）

在产品设计和制造的过程中，有很多因素会对质量产生影响。如原材料、机器设备、人的行为、测量、方法、管理和环境等，因素的波动会导致产品质量的波动，这些因素可以分为可控因素和不可控因素。

1）可控因素

可控因素指在产品研发和制造过程中可以人为控制的因素。例如，零件的尺寸、反应温度、时间、压力、材料种类、电流大小等，这些因素也被称为设计变量。

2）不可控因素

不可控因素指在产品研发和制造过程中无法人为控制的因素，即噪声因素。田口玄一将噪声分为外部噪声、内部噪声和随机噪声。

外部噪声指由于环境因素和使用条件的变化或变异而使产品质量特性产生波动的因素。例如，温度、湿度、电磁干扰及操作者人为错误等。

内部噪声指产品在库存和使用过程中，产品本身的零件、材料会随着时间的推移发生质量变化。例如，材料老化、磨损、腐蚀等。

随机噪声指生产中人、机、料等的差异而使产品质量特性发生波动的因素。例如，制造参数、操作人员和加工环境的改变等。虽然这种差异无法预测，但他们服从一定的统计规律，因此称为随机噪声。

5.2.2 田口质量思想

田口质量思想是田口方法的基础。田口玄一把质量定义为："所谓质量是商品上市后给予社会的损失。但是，由功能本身所产生的损失除外。"田口玄一认为只要质量特性值偏离目标值就会产生质量损失，同时他认为决定产品规格的不应是工程师，而应是消费者容许的界限。

田口玄一将质量分为两大类：一类是消费者要的，如产品外观、种类、售价等；另一类是消费者不需要的，如社会损失、污染、机能变异等。第一类的质量与消费者个人相关，这种质量问题不是工程师所能决定的。第二类质量问题正是工程师所要改善的，它对产品的市场率有着很重要的影响，能提升产品竞争力。田口玄一查阅书籍时发现，讨论产品机能的研究有许多，但讨论如何预防失效、如何降低变异方向的研究却很少。田口方法就是要谈如何预防失效、如何降低变异、如何降低成本等问题。

田口方法的基本思想是把产品的稳健性设计到产品的制造过程中，通过控制源头质量来抵御大量的下游生产或顾客使用中的杂讯或不可控因素的干扰，这些因素包括环境湿度、材料老化、制造误差、零件间的波动等。田口方法不仅提倡充分利用廉价的元件来设计和制造出高品质的产品，而且使用先进的试验技术来降低设计试验费用，这也正是田口方法对传统思想的革命性改变，为企业增加效益指出了一个新方向。

由此可见，田口方法是一种聚焦于最小化过程变异或使产品过程对环境变异最不敏感的试验设计方法，是一种能设计出环境多变条件下能够稳健和优化操作的高效方法。

1. 田口方法的工具

田口方法有两个重要的工具——正交表和信噪比。正交表是建立试验计划的基础，信噪比是评价品质优劣的基础。

1）正交表（乘积表）

田口方法中所用的正交表与正交试验设计中的正交表略有不同，田口方法中所用的正交表由内表和外表组成，即乘积表。乘积表一般将可控因子安排在内表（控制表），将噪声因子安排在外表（噪声表），如表 5-6 所示。同时考虑可控因子及噪声对响应的影响也是田口方法的特点之一，这样就能通过调整可控因子的水平来降低噪声对产品质量的影响，从而提高设计的抗干扰能力。

表 5-6 乘积表

序号	内表				外表	
					噪声 1	噪声 2
					1	2
	A	B	C	D	Y_1	Y_2
1	1	1	1	1		
2	1	2	2	2		
3	1	3	3	3		
4	2	1	2	3		
5	2	2	3	1		
6	2	3	1	2		
7	3	1	3	2		
8	3	2	1	3		
9	3	3	2	1		

2）信噪比（SN 比）

1957 年，田口玄一第一次提出信噪比的概念，以 SN 比作为分析改善对象和评价方案的核心指标。信噪比能综合反映响应位置和离散度两个特性的信息，从而达到获得最理想的品质效果，这也是稳健设计的核心机理，虽然缺少统计理论支持，但实践证明它是最优良的方法。

在通信工程里，常以电讯的输出"信号（signal）"与"噪声（noise）"之比作为品质指标，以此值越大表示通信品质越好。SN 比的原始定义指信号噪声比，可用以下公式表示：

$$\eta = \frac{S}{N}$$

第 5 章　正交试验分析设计

其中，S 表示因素的主效应，N 表示误差效应。

设有 n 个数据：$y_1, y_2, y_3, \cdots, y_n$（均为正值），则有：

总误差：

$$S_T = \sum_{i=1}^{n} y_i^2$$

平均误差：

$$S_m = \frac{1}{n}\left(\sum_{i=1}^{n} y_i^2\right)$$

误差方差：

$$V_e = \frac{S_T - S_m}{n-1}$$

信噪比：

$$\eta = 10\lg\frac{S_m - V_e}{n * V_e}$$

望目特性希望输出特性围绕目标值波动且波动越小越好，其信噪比可由下式计算。

$$\eta = 10\lg\frac{\frac{1}{n}(S_m - V_e)}{V_e}(\mathrm{dB})$$

望小特性希望输出结果不为负值的情况下越小越好，理想值为 0，其信噪比可由下式计算。

$$\eta = -10\lg\frac{1}{n}\sum_{i=1}^{n} y_i^2 (\mathrm{dB})$$

望大特性希望输出结果不为负值的情况下越大越好，理想值为无穷大，其信噪比可由下式计算。

$$\eta = -10\lg\frac{1}{n}\sum_{i=1}^{n}\frac{1}{y_i^2}(\mathrm{dB})$$

在设计质量控制中，用 SN 比模拟误差因素（噪声效应）对产品设计质量特性的影响。对于设计质量特性是望目特性和望大特性的，SN 比越大，产品设计质量特性越好、越稳定。而对于望小特性，则 SN 比越小越好。因此，根据正交试验设计所进行的试验，分析对比各个影响因素不同水平的 SN 比值，就能确定各个因素的最适宜水平和组合。

2. 田口方法的实施步骤

田口方法的试施分为九个步骤。

（1）确定试验的范围。

（2）确定要分析的质量特性和 SN 特性。

（3）收集影响质量特性的因素并决定其中可控因素。

（4）建立可控因素的水平及误差因素的水平。

（5）根据可控因素和水平选择合适的正交表。

（6）进行试验和收集数据。

（7）数据分析和处理。
（8）进行确认试验。
（9）实施和记录结果。

其中步骤 1~5 为试验设计阶段，步骤 6~9 为试验分析阶段。

5.2.3 质量损失函数

在传统观念上，通常采用废品率和过程能力指数来评价产品的质量特性。废品率是一种最直接有效、最广泛应用的评价质量特性的方法；过程能力指数则是由摩托罗拉公司的六西格玛理论而受到企业推崇的。田口玄一针对产品质量提出了新概念，他认为质量就是产品上市后对于社会的损失。一个产品的成本分为两个主要部分：一部分是销售前成本，指制造成本；另一部分是出售后成本，指产品销售给用户后由于产品质量的损失（质量特性偏离目标值）所需的费用，即上述产品质量定义中的"给予社会的损失"。对此损失，田口玄一提出用质量损失函数来度量。

一般来说，产品的质量特性有三种评价指标。

（1）废品率。废品率是产品缺陷数与被检验数的产品总数之比，它是用得最多的一种指标。废品率造成的质量损失 Q 定义为：

$$Q = K \frac{P_d}{1-P_d}$$

其中，K 为质量损失系数；P_d 为废品率（$0 \leqslant P_d \leqslant 1$）。

（2）过程能力指数（C_{pk}）。过程能力指处于稳定状态下的过程实际加工能力。在实际生产中，为了便于过程能力的量化，可以用三西格玛原理来确定其分布范围；当分布范围为 $\mu \pm 3\sigma$ 时，产品质量合格的概率可达 99.73%，接近 1。因此以 $\pm 3\sigma$，即 6σ 为标准来衡量过程的能力是否具有足够的精确度和良好的经济特性。所以，通常记过程能力为 $B = 6\sigma$。

过程的输出终归要满足设计要求的，因此仅一个过程能力并不足以说明问题，必须把设计的公差范围与过程的自然输出能力进行比较。

过程能力指数公式如下：

$$C_p = \frac{U_{SL} - L_{SL}}{6\sigma} \quad \text{（工序中心与设计目标值重合）}$$

$$C_{pk} = (1-k)C_p \quad \text{（工序中心与设计目标值不重合）}$$

其中，$k = \dfrac{|y_0 - \bar{y}|}{(U_{SL} - L_{SL})/2}$；$y_0 = (U_{SL} + L_{SL})/2$；$U_{SL}$ 为公差上限；L_{SL} 为公差下限；$\bar{y}$ 为功能特性 y 的均值。

（3）质量损失函数。田口玄一认为，从顾客的角度来看，一个刚好处于规范内的产品与一个刚好处于规范外的产品是没有实质性区别的。而一个位于目标值处的产品的质量与一个位于边界附近的产品的质量却有很大的区别。因此，田口玄一认为质量就是产品上市后给社会造成的损失。这种损失指产品出售后的成本，即产品销售给用户后由于产品质量的损失（质量特性偏离目标值）所需的费用。即使输出特性在用户的公差范围内，其输出特性的波动仍可给用户造成损失，离目标值越远，损失越大。可以通过建立质量损失函数的方式，来计算损失的大小。

望目特性、望大特性和望小特性的质量损失函数表达式如表 5-7 所示。表 5-7 中，y 表示实际生产的产品的质量特性值；$L(y)$ 表示实际生产的产品质量特性相对于目标值的质量损失；K 表示质量损失系数，它是在产品质量设计时就应该确定的量。

表 5-7　质量损失函数公示表

序号	质量特性的类型	质量损失函数表达式
1	望目特性	$L(y) = K(y - y_0)^2$
2	望大特性	$L(y) = Ky^2$
3	望小特性	$L(y) = \dfrac{1}{y^2}$

从表 5-7 中的质量损失函数表达式可以知道，不仅产品质量波动偏差超过容差的不合格产品会造成质量损失，即使在容差范围内的合格产品，相对于目标值而言也存在着质量损失，偏差越大质量损失越大。因此产品的输出特性值偏离目标值越大，造成的质量损失就越大。

5.3　三　次　设　计

三次设计理论是日本著名质量管理专家田口玄一于 20 世纪 70 年代创立的一种系统化设计方法，其核心思想是在产品设计阶段就进行质量控制，试图用最低的制造成本生产出满足顾客要求的、对社会造成损失最小的产品。如今三次设计已广泛应用于科学研究、工程和商业领域，已经成功应用在日本，美国和其他发达国家的很多研究机构和公司中，这个方法还在继续发展。

5.3.1　三次设计的概念

三次设计即三阶段设计，指在专业设计的基础上用正交试验方法选择最佳组合和最合理的容差范围，尽量用价格低廉的、低等级的零部件来组装整机的优化设计方法。

1. 三次设计的组成

三次设计由系统设计（system design）、参数设计（parameter design）和容差设计（tolerance design）三个阶段组成。

系统设计指根据产品规划所要求的功能，利用专业知识和技术对该产品的整个系统结构和功能进行设计。系统设计的主要目的是确定产品的主要性能参数、技术指标及外观形状等重要参数。系统设计是产品设计的基础，又叫基础设计，是运用系统工程的思想和方法，对产品的结构、性能、寿命、材料等进行综合考虑，以探讨如何最经济、最合理地满足用户要求的整体设计过程。系统设计的设计质量是由设计人员专业技术水平和应用这些专业知识的能力所决定，在此阶段，试验设计方法不起作用。

参数设计是在系统设计的基础上，对影响产品输出特性值的各项参数及水平，运用试验设计的技术方法，找出使输出特性值波动最小的最佳参数水平组合的一种优化设计方法。

参数设计就是要找出参数水平的最佳组合，是质量的优化设计，是设计的重要阶段、核心阶段，稳健设计主要用于这个阶段。

参数设计是一种非线性设计，它主要利用非线性性质减少输出特性的波动，减少质量损失，主要使用正交设计法，具体步骤如下。

（1）分析、明确问题的要求，选择出因素及水平。

（2）选择正交表，按表头设计确定试验方案。

（3）具体进行试验，测出需要的特性值。

（4）进行数据分析。

（5）确定最佳方案。

容差设计又叫公差设计，是在参数设计完成之后再进行的一种设计，指对产品质量和成本（包括市场情况）进行综合考虑，通过试验设计方法找出各因素重要性的大小，据此给予参数更合理的容差范围。容差设计的任务是针对主要的误差因素，选择波动值较小的优质元器件、零部件，以减少质量特征值的波动，但这样必定使成本提高，故只有在参数设计未能使内、外干扰充分缩小的情况下，才进行容差设计。在容差设计中，为减少用户的损失，需要计算质量损失，以便对容差设计方案的优劣进行评价。

2. 三次设计和传统设计的区别

在传统的质量改进过程中，对质量的控制往往要经过检验和审查两道工序。但经验表明，这种方法只能控制低劣的产品流入市场，并不能改进质量。而通过对产品的三次设计，能从产品周期的顾客需要和产品概念阶段寻找控制质量的方法，只需要较低的成本，就能有效提高产品质量。质量是设计出来的，而不是制造出来的。只有在设计源头上进行治理，才是最有效和最经济的质量控制方法，这也正是三次设计的意义所在。

1）客户需求重视程度不同

传统产品的研制和设计，往往都是以工程师和产品经理的意见为主，而三次设计则是以市场为主，根据顾客的需求来设计产品，能更帮助产品更有效、快速地占领市场。

2）设计目标及评价标准不同

传统设计以产品满足验收标准的上、下限为目标。三次设计则是以客户所要求的指标为目标值，用参数设计方法控制产品的质量波动，使产品性能稳定在目标值附近，对产品设计质量的评价采用信噪比和质量损失函数。

3）着重点不同

传统设计往往在产品开发设计阶段投入不足，而三次设计则会在产品开发设计阶段加大投入。

4）工程更改次数不同

传统设计在产品研制后期有大量的工程更改。而三次设计大部分的工程更改都出现在产品研制早期，而且在图样上进行，从而大大降低了成本，缩短了研制周期。

5）主导思想不同

传统设计方式是被动应付式的，只有当产品的问题暴露出来才会着手解决。而三次设计方式则通过采取各种手段，把可能出现的问题消灭在"萌芽"状态，从根本上提高了产品的质量和可靠性。

5.3.2 系统设计

产品设计的第一次设计被称为系统设计，指决定产品功能和结构的设计。它是在市场调查确定用户需求的基础上，应用科学理论、专业技术知识，探索新产品功能原理，对产品功能原型进行设计开发，决定产品的功能、结构，因此也称为功能设计。它是三次设计的第一阶段设计，是专业技术人员利用专业技术知识来对产品的结构、性能、寿命等进行系统的设计，以设计出具有事先所要求的某种功能的产品。即根据专业技术人员选择一个基本的模型系统，来确定产品质量特性的目标值和容差，使产品达到所要求的功能。可以利用系统设计来求出产品性能指标与各有关元器件参数之间的函数关系（针对可计算型），能够帮助选择需要考察的因子和其水平。系统设计属于专业技术范畴，不属于管理技术范畴。一般情况下，产品设计有两种类型。

1）计算型

计算型产品设计指产品质量特性和元件参数之间的函数关系已知，能够通过理论公式来计算质量特性值，并对计算结果进行统计分析。

2）试验型

试验型产品设计指产品质量特性和元件参数之间的函数关系未知，只有通过试验才能得到质量特性值。

对于计算型的产品设计，在系统设计阶段要求得出输出质量特性与影响因素之间的函数关系，并能给出影响因素的变化范围；而对于试验型的产品设计，则不用确定明确的关系，只要确定质量输出特性及其类别，并能给出影响因素的变化范围。

【例 5-3】某气动换向装置的设计中，关键是要使换向末速度 V 达到 $V_0 = 960$ mm/s。根据力学原理，换向末速度的运动方程式如下所示。

$$V = \sqrt{\frac{Ag}{E}\left(\frac{\pi}{2}B^2 C - 2D\right)}$$

式中，A 为换向行程；B 为换向活塞直径；C 为气缸内气压；D 为换向阻力（不可控，但可测，在 750 ± 20 N）；E 为系统重量（可在 90 ± 5 kg 取值）；$g = 9800$ mm/s^2（重力加速度）。

在这个问题中可控因素、噪声因素及其水平见表 5-8。

表 5-8 某气动换向装置因素水平表

	水　平	因　素		
		1	2	3
可控因素	换向行程 A/mm	52	56	60
	换向活塞直径 B/mm	22	24	26
	气缸内气压 C/（N/mm^2）	2.2	2.6	3.0
噪声因素	换向行程 A'/mm	A−0.2	A	A+0.2
	换向活塞直径 B'/mm	B−0.1	B	B+0.1
	气缸内气压 C'/（N/mm^2）	C−0.2	C	C+0.2
	换向阻力 D	730	750	770
	系统重量 E/kg	85	90	95

请使 V 尽量接近目标值 V_0，而使波动小。

解：

气动换向装置的技术指标是：

（1）能在一定的阻力作用下，带动 90kg 左右的载荷完成六个转换动作，且动作可靠，到位冲击力小，重量轻，体积小。

（2）在 1 秒内完成最长距离的换向动作。

（3）在 $0.2\sim 0.4$ kgf/mm^2 的压缩空气作用下，气耗量尽可能小。

通过对以上特性要求的分析，专家认为在六个转换动作中，最长的转向动作是问题的关键，解决这一问题，其他问题就迎刃而解。因此，设计如图 5-3 所示的最长的转向动作的基本结构，建立运动方程为 $y=\sqrt{\dfrac{1}{N}xg\left(\dfrac{1}{2}\pi D^2P-2F\right)}$（mm/s）的力学模型。式中，$y$ 为换向本速度，目标值为 9.6 dm/s；x 为换向行程；F 为换向阻力；N 为系统重量；D 为换向活塞直径；P 为气缸内气压；g 为重力加速度。

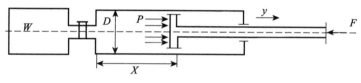

图 5-3　气动换向装置示意图

5.3.3　参数设计

1. 参数设计的基本原理和目的

参数设计是产品设计的第二次设计，它是稳健设计的核心，是在系统设计确定产品功能、结构之后进行的。参数设计是为了提高和保证产品性能，同时考虑成本因素，以优化产品性能为目标，设计出质量稳定、成本合理的产品。

参数设计主要有以下两个目的。

1）使产品质量特性的均值尽可能达到目标值

为了使产品质量特性的均值尽可能达到目标值，可以通过产品的方案设计，改变输入输出的关系，使产品功能特性尽可能接近目标值，还可以通过参数设计来调整设计变量的名义值，使输出均值达到目标值。

2）使产品质量特性波动的方差尽可能小

为了使产品的质量特性波动的方差尽可能小，可以通过减小参数名义值的偏差，缩小输出特性的方差，利用非线性效应，合理选择参数在非线性曲线上的工作点或工作值，使质量特性值的波动缩小。

在产品设计过程中，噪声因素是影响产品质量特性波动的主要原因，但是寻找改变产品质量特性的噪声因素并控制这些因素是不可能的或代价昂贵的。所以，在参数设计的过程中，应该通过对可控因素的控制，降低产品对噪声因素的敏感程度，从而使噪声对产品质量的影响作用减少或消失，从而提高产品质量。

例如，某产品的质量特性即输出特性 y 与某个设计参数 x_1 和 x_2 之间的关系分别如图 5-4 所示的非线性和线性关系。

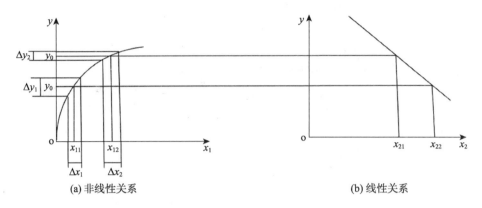

图 5-4　参数设计调整优化产品质量的一般原理

从图 5-4(a)可以看出，如果参数 x_1 的水平取 x_{11}，波动值为 Δx_1 时，引起的质量波动值为 Δy_1，但产品的输出特性值 y 为 y_0，与目标值一致。如果参数 x_1 的水平取 x_{12}，波动值同样为 Δx_1，引起的质量波动为 Δy_2，此时 Δy_2 明显小于 Δy_1，质量波动减少了。但是输出特性值 y 却变为 y_0'，偏离了目标值，偏移量为 $y_0' - y_0$。

如何消除此偏移量，做到既能使产品的质量特性值的波动小，又能使其值与目标值相一致，就是参数设计所要考虑的问题。这时，如图 5-4(b)所示，可设法找到与产品质量特性值 y 呈线性关系的设计参数 x_2。只要将参数 x_2 的水平值由 x_{21} 增加到 x_{22}，即可补偿图 5-4(a)中输出质量特性的偏移量，从而使其值由 y_0' 降低到 y_0，与目标值一致。从图 5-4 中可知，通过参数设计，可以确定该产品设计参数 x_1 和 x_2 的最佳水平组合为 $x_{12}x_{22}$，就可以稳定产品的性能。由此可见，在产品的质量设计过程中，采用参数设计对改进产品质量是非常有意义的。

2. 参数设计的框架

在产品质量的形成过程中，由于受到很多因素（如人员、机器、材料、方法、环境等）的影响而发生波动，在设计过程中就需要考虑这些因素的影响，并尽量减小其影响，使产品的质量特性对这些因素的变化不敏感，即提高产品质量特性的健壮性。参数设计从设计质量工程的角度保证产品的质量性能，同时提高产品质量对外界干扰的抵抗力，使得所设计的产品无论在制造和使用中当结构参数产生偏差，或是在规定寿命内结构发生老化和变质时都能保持产品性能稳定。基本框架如图 5-5 所示。

3. 参数设计最佳方案的判定标准

根据传统方式，设计工程师为了提高设计质量，首先会追求产品质量的目标值，然后采用高质量的材料。而参数设计的第一步是减小波动，然后再去调整目标值。通常情况下，参数设计的最佳方案是由信噪比和灵敏度来衡量的，这两个指标分别代表了稳健性和平均值，因此可以通过两步优化法得出最佳参数组合。

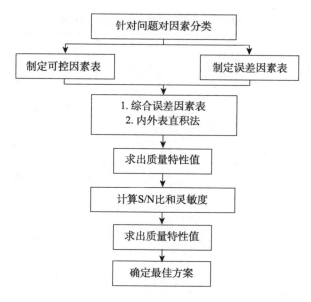

图 5-5 参数设计框架图

第一步优化,选出信噪比最大的可控因素水平。通常将这种因素称为稳定因素,稳定因素决定了输出质量特性的波动大小,只有首先按非线性原理缩小波动,才能制造出稳健的产品。

第二步优化,选定不影响信噪比而影响灵敏度的可控因素水平。用这些可控因素把灵敏度调整到期望的水平。因为灵敏度是代表平均值的指标,通过调整这些因素的水平就可以使质量特性的中心值的偏离缩小。

通过以上两步优化,就能确定参数设计,得出最佳方案。

【例 5-4】 续【例 5-3】

解:

1)制定可控因素表

可控因素有三个:换向行程 x、换向活塞直径 D 及汽缸内气压 P。可控因素水平如表 5-9 所示。

表 5-9 气动换向装置可控因素水平表

水平	因 素		
	换向行程 x/mm	换向活塞直径 D/mm	汽缸内气压 P/(kgf/mm²)
1	52	22	0.22
2	56	24	0.26
3	60	26	0.30

2)制定误差因素表

安排可控因素的正交表,称为内正交表,相应的设计称为内设计。根据可控因素来判断,这是一个三因素三水平问题,故选择 $L_9(3^4)$ 表。试验方案如表 5-10 所示。

表 5-10 气动换向装置试验方案（内表）

试验号	因素			
	换向行程 x/mm	换向活塞直径 D/mm	汽缸内气压 P/（kgf/mm²）	
	1	2	3	4
1	1（52）	1（22）	1（0.22）	1
2	1（52）	2（24）	2（0.26）	2
3	1（52）	3（26）	3（0.30）	3
4	2（56）	1（22）	2（0.26）	3
5	2（56）	2（24）	3（0.30）	1
6	2（56）	3（26）	1（0.22）	2
7	3（60）	1（22）	3（0.30）	2
8	3（60）	2（24）	1（0.22）	3
9	3（60）	3（26）	2（0.26）	1

安排考虑误差因素，是为模拟内干扰、外干扰及产品间干扰误差因素，以探求抗干扰性好，质量性能稳定、可靠的方案。需注意，虽然误差因素众多，但只需考虑几个性质不同的主要误差因素。因为不受主要误差因素影响的质量特性稳定性的产品，通常也不受其他误差因素的影响。就本例而言，主要误差因素有：换向阻力、系统重量、换向行程、汽缸内压和换向活塞直径的变化，五个因素均取三个水平。误差因素的水平如表 5-11 所示。

表 5-11 误差因素水平表

水平	因素				
	换向行程	换向活塞直径	汽缸内压	换向阻力	系统重量
	x'	D'	P'	$F' = 75$	$N' = 90$
1	$x' - 0.2$	$D' - 0.1$	$P' - 0.02$	$F' - 2$	$N' - 5$
2	x'	D'	P'	F'	N'
3	$x' + 0.2$	$D' + 0.1$	$P' + 0.02$	$F' + 2$	$N' + 5$

然后，根据误差因素水平表，选择正交表设计试验。本例选 $L_{18}(2 \times 3^7)$ 为外正交表，据此进行试验设计。

因为五个因素中换向行程、汽缸内压和换向活塞直径的中心值与内表有关，故误差水平也与内表有关。例如，内表 2 号试验，可控因素换向行程、换向活塞直径和汽缸内压的水平分别为 1、2、3，则相应的误差因素水平如表 5-12。与之相应的外表为表 5-13。

表 5-12 内表 2 号试验的误差因素水平表

水平	因素				
	换向行程 x'	换向活塞直径 D'	汽缸内压 P'	换向阻力 F'	系统重量 N'
1	51.8	23.9	0.24	73.0	85.0
2	52.0	24.0	0.26	75.0	90.0
3	52.2	24.1	0.28	77.0	95.0

表 5-13 内表 2 号试验的外表

试验号	因素					Y_i/(mm/s)
	换向行程 x'	换向活塞直径 D'	汽缸内压 P'	换向阻力 F'	系统重量 N'	
1	1（51.8）	1（23.9）	1（0.24）	1（73.0）	1（85.0）	
2	1（51.8）	2（24.0）	2（0.26）	2（75.0）	2（90.0）	
3	1（51.8）	3（24.1）	3（0.28）	3（77.0）	3（95.0）	
4	2（52.0）	1（23.9）	1（0.24）	2（75.0）	2（90.0）	
5	2（52.0）	2（24.0）	2（0.26）	3（77.0）	3（95.0）	
6	2（52.0）	3（24.1）	3（0.28）	1（73.0）	1（85.0）	
7	3（52.2）	1（23.9）	2（0.26）	1（73.0）	3（95.0）	
8	3（52.2）	2（24.0）	3（0.28）	2（75.0）	1（85.0）	
9	3（52.2）	3（24.1）	1（0.24）	3（77.0）	2（90.0）	
10	1（51.8）	1（23.9）	3（0.28）	3（77.0）	2（90.0）	
11	1（51.8）	2（24.0）	1（0.24）	1（73.0）	3（95.0）	
12	1（51.8）	3（24.1）	2（0.26）	2（75.0）	1（85.0）	
13	2（52.0）	1（23.9）	2（0.26）	3（77.0）	1（85.0）	
14	2（52.0）	2（24.0）	3（0.28）	1（73.0）	2（90.0）	
15	2（52.0）	3（24.1）	1（0.24）	2（75.0）	3（95.0）	
16	3（52.2）	1（23.9）	3（0.28）	2（75.0）	3（95.0）	
17	3（52.2）	2（24.0）	1（0.24）	3（77.0）	1（85.0）	
18	3（52.2）	3（24.1）	2（0.26）	1（73.0）	2（90.0）	

表中的 y_i 需根据公式 $y = \sqrt{\dfrac{1}{N} x g \left(\dfrac{1}{2} \pi D^2 P - 2F \right)}$ 计算。

3）计算 SN 比

算出换向本速度后，由 $V_e = \dfrac{1}{n-1} \sum\limits_{i=1}^{n}(y_i - \bar{y})^2$，$S_m = \dfrac{1}{n}\left(\sum\limits_{i=1}^{n} y_i\right)^2$ 分别计算 V_e 和 S_m。再根据化为分贝值的望目特性 SN 比计算公式：

$$\eta = 10 \lg \dfrac{(S_m - V_e)/n}{V_e} (\text{dB})$$

算出与内表 2 号试验相应的 SN 比：

$$\eta = 20.35$$

由于计算量较大，可用 Excel 来完成（见图 5-6）。

4）对计算结果进行分析

逐个算出与其余 8 个试验相应的外表的 SN 比，将结果填入内表（表 5-14）。表 5-14 对结果进行统计分析，方差分析见表 5-15。

由于 F 统计量临界值 $F_{2,2,0.05}$ =9.00，方差来源按换向行程 x、换向活塞直径 D 及汽缸内气压 P 来分时，F 统计量均不显著。故对方差重新分组，将不显著的换向行程项与误差项合并，有新的误差项 $\tilde{e}$，其波动平方和为：

$$\text{SS}\tilde{\text{E}} = \text{SSE} + \text{SSX} = 16.94 + 16.69 = 33.63$$

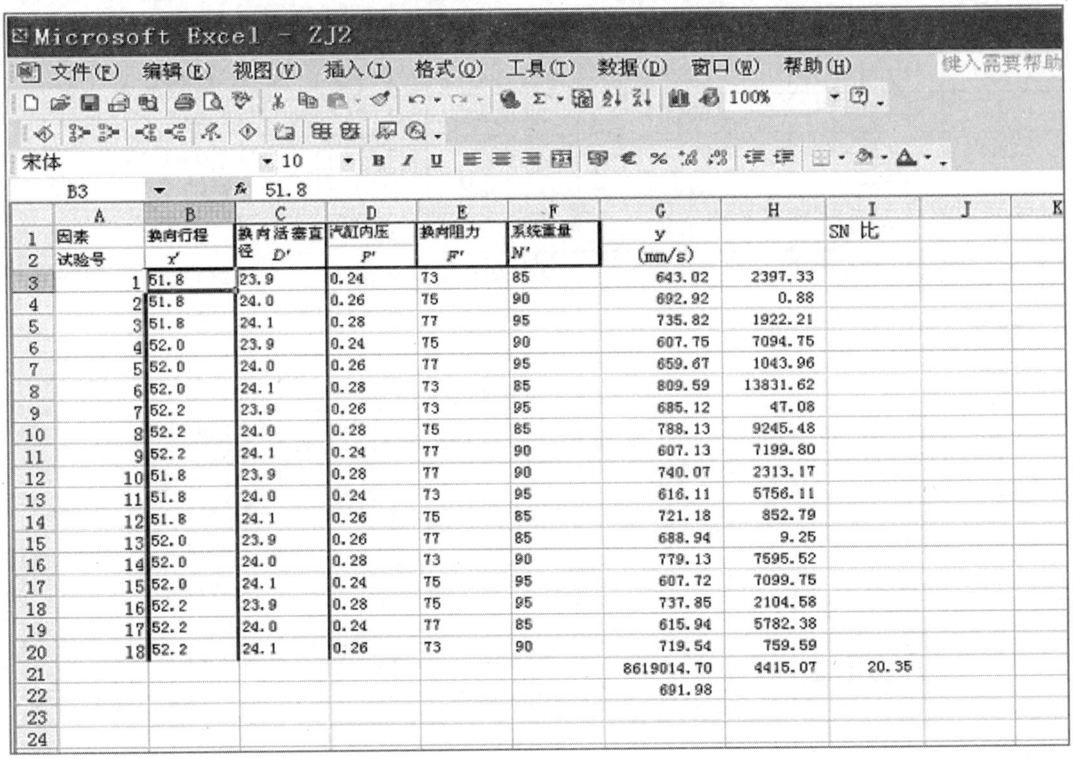

	A	B	C	D	E	F	G	H	I	J	K
1	因素	换向行程	换向活塞直径	汽缸内压	换向阻力	系统重量	y		SN 比		
2	试验号	x'	D'	P'	F'	N'	(mm/s)				
3	1	51.8	23.9	0.24	73	85	643.02	2397.33			
4	2	51.8	24.0	0.26	75	90	692.92	0.88			
5	3	51.8	24.1	0.28	77	95	735.82	1922.21			
6	4	52.0	23.9	0.24	75	90	607.75	7094.75			
7	5	52.0	24.0	0.26	77	95	659.67	1043.96			
8	6	52.0	24.1	0.28	73	85	809.59	13831.62			
9	7	52.2	23.9	0.26	73	95	685.12	47.08			
10	8	52.2	24.0	0.28	75	85	788.13	9245.48			
11	9	52.2	24.1	0.24	77	90	607.13	7199.80			
12	10	51.8	23.9	0.28	77	90	740.07	2313.17			
13	11	51.8	24.0	0.24	73	95	616.11	5756.11			
14	12	51.8	24.1	0.26	75	85	721.18	852.79			
15	13	52.0	23.9	0.26	77	85	688.94	9.25			
16	14	52.0	24.0	0.28	73	90	779.13	7595.52			
17	15	52.0	24.1	0.24	75	95	607.72	7099.75			
18	16	52.2	23.9	0.28	75	95	737.85	2104.58			
19	17	52.2	24.0	0.24	77	85	615.94	5782.38			
20	18	52.2	24.1	0.26	73	90	719.54	759.59			
21							8619014.70	4415.07	20.35		
22							691.98				
23											
24											

图 5-6 Excel 计算过程

表 5-14 内表及 SN 比数据

试验号	因素				SN 比 η/dB
	换向行程	换向活塞直径	汽缸内气压		
	1	2	3	4	
1	1（52）	1（22）	1（0.22）	1	5.05
2	1（52）	2（24）	2（0.26）	2	20.35
3	1（52）	3（26）	3（0.30）	3	24.96
4	2（56）	1（22）	2（0.26）	3	16.81
5	2（56）	2（24）	3（0.30）	1	23.23
6	2（56）	3（26）	1（0.22）	2	18.96
7	3（60）	1（22）	3（0.30）	2	21.01
8	3（60）	2（24）	1（0.22）	3	15.83
9	3（60）	3（26）	2（0.26）	1	22.34
K_1	50.36	42.87	39.84	50.62	$\sum y_i$=168.54
K_2	59.00	59.41	59.50	60.32	T=3156.19
K_3	59.18	66.26	69.20	57.60	$\sum y_i^2$=3435.40
T	16.94	96.40	149.18	16.69	S_T=279.21

表 5-15 方差分析表

方差来源	平方和	自由度	均方差	F 统计量
换向行程 x	16.94	2	8.47	1.01
换向活塞直径 D	96.40	2	48.20	5.77
汽缸内气压 P	149.18	2	74.59	8.93
误差 e	16.69	2	8.35	
总偏差	279.21	8		

5）最优方案的确定

按 $P \to D \to x$ 的主次关系，P、D 分别取最优水平 P_3 和 D_4，而由于 x 的影响可忽略，故原则上可任选。因此有 $P_3D_3x_1$、$P_3D_3x_2$、$P_3D_3x_3$ 三种方案可供选择。考虑到目标是输出特性 y 尽可能接近 960（mm/s），于是分别计算以上三种方案的 y 值，以便比较选择。计算结果见表 5-16。

表 5-16 各方案的输出特性值 y 的比较

方案	y 值
$P_3D_3x_1$	976.47
$P_3D_3x_2$	1013.33
$P_3D_3x_3$	1048.90

因此，最佳方案为 $P_3D_3x_1$，即 $P = 0.30$（kgf/mm²），$D = 26$（mm），$x = 52$（mm），是为 9 种方案（试验）中 SN 比最大，最接近目标的设计。

以上是望目特性的参数设计的例题，望大、望小特性的参数设计步骤与望目特性的参数设计相同，不再举例。

5.3.4 容差设计

1. 容差设计的基本原理和目的

容差设计是产品设计中的第三次设计。容差即设计中所规定的最大容许偏差，规定的容差越小，该产品的制造难度就越大，制造成本或费用也就越高。容差设计的目的是在参数设计给出最优条件的基础上，确定各参数最合适之容差。因此，在参数设计阶段，出于经济性的考虑，一般选择波动范围较宽的零部件尺寸。若经参数设计后，产品能达到质量特性的要求，一般就不再进行容差设计，否则就要调整各个参数的容差。

容差设计的目的是确定各种影响产品质量波动因素的主次，即确定哪一项是质量波动的主要原因，哪些是次要的，这样就有针对性地衰减或缩小主要因素所引起的质量波动。因此容差设计的主要任务就是针对主要的误差因素，选择容差小的优质零部件，衰减或减小产品质量的波动。但若选择价格较高的优质零部件，就要增加相应的成本。为此，在参数设计阶段，一般都是选用容差较大的价格低廉的零部件。因此，如果参数设计后，产品的质量特性能达到要求，则不需要再进行容差设计。

2. 容差设计的基本框架

容差设计中的正交试验设计和参数设计相似,但是评价的指标不同,容差设计需要用质量损失函数来确定质量水平,即综合衡量最优的容差组合,基本框架如图 5-7 所示。

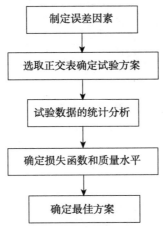

图 5-7 容差设计基本框架图

3. 容差设计最佳方案的判定准则

容差设计的最佳方案可以通过质量损失函数来判断。将质量损失函数计算原方案(参数设计所得的最佳方案)的质量损失,记为 $L(y)$;然后再计算新方案的质量损失 $L'(y)$,由于新方案用容差范围比较小的一级品、二级品代替容差比较大的三级品,这样就增加了一定的成本 C。

当 $L(y) > L'(y) + C$,则新的容差设计最佳,方案可取。

当 $L(y) \leq L'(y) + C$,则新的方案不可取。

以上判断准则是以用户质量损失最小化为依据的,站在顾客的角度考虑设计问题,但这种方法也会遭到非议。因为站在零缺陷的角度,追求完美是每个企业不断的目标。"质量是免费的"指因改进质量而增加了很高的有形成本时,它有可能减少了大量无形质量损失;当第一次就把事情做对,即使增加了成本,也会节省很多质量控制、质量检验、产品返修等方面的费用。因此,综合起来,质量改进仍然是"免费"的。这种解释并非全无道理,在产品设计阶段,就应努力把事情做得尽善尽美。

【例 5-5】 续【例 5-4】,对气动换向装置进行容差设计。

解:

1)制定误差因素

因为最佳设计为方案 $P_3D_3x_1$,即 $P = 0.30 \text{ kgf/mm}^2$,$D = 26 \text{ mm}$,$x = 52 \text{ mm}$。

通过系统设计、参数设计和容差设计,就能获得价格合理、性能稳定的产品。五个误差因素水平如表 5-17,仍采用 L_{18}(2×3)为外表(见表 5-18),依次将 x',D',P',F',N',填入表内,按公式 $y = \sqrt{\dfrac{1}{N'}x'g\left(\dfrac{1}{2}\pi D'^2 P' - 2F'\right)}$

计算输出特性 y_i，$T = \sum_{i=1}^{18}(y_i - 960) = 285.61$，误差波动总平方和 $SST = \sum_{i=1}^{18}(y_i - \bar{y}) = 57106.6$，以及 K_1'，K_2'，K_3'，然后由公式 $SSA_j = \sum_{i=1}^{t_j}\frac{(K_{ij}')^2}{n/t_j} - \frac{T^2}{n}$ $(j=1,2,\cdots,k)$ 计算 SSA_j，将结果填入表 5-18。从而计算其他误差因素导致的波动平方和：

$$SSE = SST - \sum_{j=1}^{k}SSA_j = 17.24$$

表 5-17 误差因素水平表

水平	因素				
	换向行程 x'	换向活塞直径 D'	汽缸内压 P'	换向阻力 $F'=75$	系统重量 $N'=90$
1	51.8	25.9	0.28	73	85
2	52.0	26.0	0.30	75	90
3	52.2	26.1	0.32	77	95

表 5-18 相应于最佳方案的外表

试验号	因素					
	换向行程 x'	换向活塞直径 D'	汽缸内压 P'	换向阻力 F'	系统重量 N'	y_i/(mm/s)
1	1（51.8）	1（25.9）	1（0.28）	1（73.0）	1（85.0）	942.97
2	1（51.8）	2（26.0）	2（0.30）	2（75.0）	2（90.0）	974.59
3	1（51.8）	3（26.1）	3（0.32）	3（77.0）	3（95.0）	1002.93
4	2（52.0）	1（25.9）	1（0.28）	2（75.0）	2（90.0）	905.75
5	2（52.0）	2（26.0）	2（0.31）	3（77.0）	3（95.0）	968.91
6	2（52.0）	3（26.1）	3（0.31）	1（73.0）	1（85.0）	1054.70
7	3（52.2）	1（25.9）	2（0.30）	1（73.0）	3（95.0）	956.64
8	3（52.2）	2（26.0）	3（0.32）	2（75.0）	1（85.0）	1068.28
9	3（52.2）	3（26.1）	1（0.28）	3（77.0）	2（90.0）	909.28
10	1（51.8）	1（25.9）	3（0.32）	3（77.0）	2（90.0）	1016.02
11	1（51.8）	2（26.0）	1（0.28）	1（73.0）	3（95.0）	898.77
12	1（51.8）	3（26.1）	2（0.30）	2（75.0）	1（85.0）	1010.13
13	2（52.0）	1（25.9）	2（0.30）	3（77.0）	1（85.0）	985.37
14	2（52.0）	2（26.0）	3（0.32）	1（73.0）	2（90.0）	1047.06
15	2（52.0）	3（26.1）	1（0.28）	2（75.0）	3（95.0）	895.40
16	3（52.2）	1（23.9）	3（0.32）	2（75.0）	3（95.0）	1003.52
17	3（52.2）	2（24.0）	1（0.28）	3（77.0）	1（85.0）	928.25
18	3（52.2）	3（24.1）	2（0.30）	1（73.0）	2（90.0）	996.92
K_1'	85.41	50.26	−279.58	167.0329	259.66	$T=285.61$
K_2'	97.32	96.02	102.72	97.66046	89.62	
K_3'	102.88	139.33	462.47	20.91596	−63.37	
SSA_j	26.57	661.25	45900.96	1780.68	8719.89	
SSA_{jq}	1.12	0.17	14.11	1.51	7.80	
SSA_{jl}	25.42	661.08	45886.85	1779.17	8712.09	

由于本例 5 个误差因素的水平等间隔，故可利用正交多项式回归理论，进一步将误差引起的波动平方和分解成线性项引起的波动平方 S_l 及二项引起的波动平方和 S_q，即

$$\mathrm{SSA}_j = \mathrm{SSA}_{jl} + \mathrm{SSA}_{jq}$$

其中

$$\mathrm{SSA}_{jl} = \frac{(-K'_{1j} + K'_{3j})^2}{12}$$

$$\mathrm{SSA}_{jq} = \frac{(K'_{1j} - 2K'_{2j} + K'_{3j})^2}{36}$$

据此，分解误差因素换向行程 x'，换向活塞直径 D'，汽缸内压 P'，换向阻力 F' 和系统重量 N' 引起的波动平方和。线性项引起的线性项引起的波动平方 S_l 及二项引起的波动平方和 S_q 的自由度均为 1。

于是，总偏差平方和可分解如下：

$$\mathrm{SST}' = \sum(y_i - m)^2 = \sum(y_i - \overline{y})^2 + \sum(\overline{y} - m)^2 = \sum(y_i - \overline{y})^2 + n((\overline{y} - m)^2)$$

$$= \frac{\left[\sum(y_i - m)\right]^2}{n} + \sum(y_i - \overline{y})^2$$

记

$$\mathrm{SSM} = \frac{\left[\sum(y_i - m)\right]^2}{n}, \quad \mathrm{SST} = \sum(y_i - \overline{y})^2$$

从而，有

$$\mathrm{SST}' = \mathrm{SSM} + \mathrm{SST} = \mathrm{SSM} + \left(\sum \mathrm{SSA}_j + \mathrm{SSE}\right) = \mathrm{SSM} + \left(\sum \mathrm{SSA}_{jl} + \sum \mathrm{SSA}_{jq}\right) + \mathrm{SSE}$$

利用 Excel 完成以上计算（见图 5-8，将结果整理成方差分析表（表 5-19）。

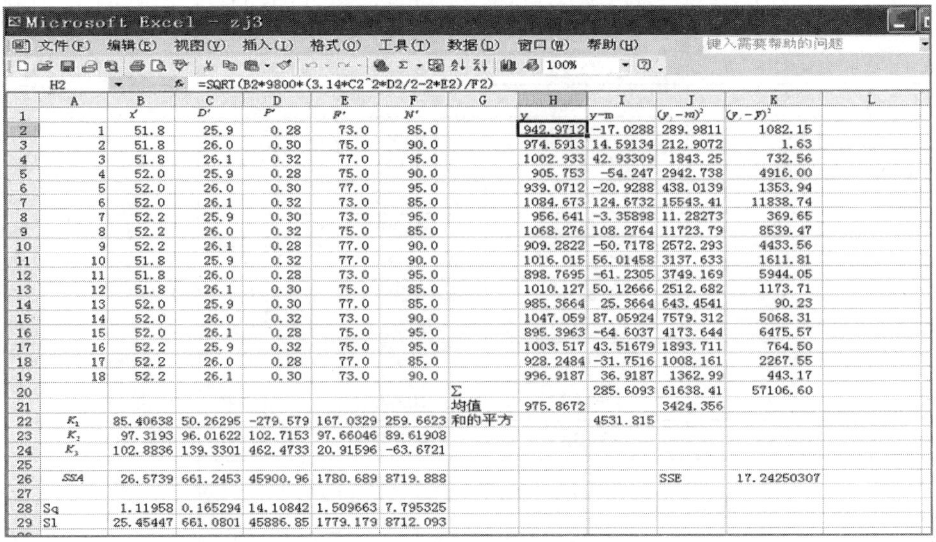

	A	B	C	D	E	F	G	H	I	J	K
1		x'	D'	P'	F'	N'		y	y−m	$(y_i-m)^2$	$(y_i-\overline{y})^2$
2	1	51.8	25.9	0.28	73.0	85.0		942.9712	−17.0288	289.9811	1082.15
3	2	51.8	26.0	0.30	75.0	90.0		974.5913	14.59134	212.9072	1.63
4	3	51.8	26.1	0.32	77.0	95.0		1002.933	42.93309	1843.25	732.56
5	4	52.0	25.9	0.28	75.0	90.0		905.753	−54.247	2942.738	4916.00
6	5	52.0	26.0	0.30	77.0	95.0		939.0712	−20.9288	438.0139	1353.94
7	6	52.0	26.1	0.32	73.0	85.0		1084.673	124.6732	15543.41	11838.74
8	7	52.2	25.9	0.30	73.0	95.0		956.641	−3.35898	11.28273	369.65
9	8	52.2	26.0	0.32	75.0	85.0		1068.276	108.2764	11723.79	8539.47
10	9	52.2	26.1	0.28	77.0	90.0		909.2822	−50.7178	2572.293	4433.56
11	10	51.8	25.9	0.32	77.0	90.0		1016.015	56.01458	3137.633	1611.81
12	11	51.8	26.0	0.28	73.0	95.0		898.7695	−61.2305	3749.169	5944.05
13	12	51.8	26.1	0.30	75.0	85.0		1010.127	50.12666	2512.682	1173.71
14	13	52.0	25.9	0.30	77.0	85.0		985.3664	25.3664	643.4541	90.23
15	14	52.0	26.0	0.32	73.0	90.0		1047.059	87.05924	7579.312	5068.31
16	15	52.0	26.1	0.28	75.0	95.0		895.3963	−64.6037	4173.644	6475.57
17	16	52.2	25.9	0.32	75.0	95.0		1003.517	43.51679	1893.711	764.50
18	17	52.2	26.0	0.28	77.0	85.0		928.2484	−31.7516	1008.161	2267.55
19	18	52.2	26.1	0.30	73.0	90.0		996.9187	36.9187	1362.99	443.17
20							Σ		285.6093	61638.41	57106.60
21							均值	975.8672		3424.356	
22	K_1	85.40638	50.26295	−279.579	167.0329	259.6623	和的平方		4531.815		
23	K_2	97.3193	96.01622	102.7153	97.66046	89.61908					
24	K_3	102.8836	139.3301	462.4733	20.91596	−63.6721					
25											
26	SSA	26.5739	661.2453	45900.96	1780.689	8719.888				SSE	17.24250307
27											
28	Sq	1.11958	0.165294	14.10842	1.509663	7.795325					
29	Sl	25.45447	661.0801	45886.85	1779.179	8712.093					

图 5-8 用 Excel 计算 SST′

表 5-19 方差分析表

方差来源	平方和	自由度	均方差	F 统计量	纯波动	贡献率 ρ
m	4531.82	1	4531.82	1790.59	4531.82	7.35
换向行程 x'（二次）	1.12$^\Delta$	1$^\Delta$	1.12			
换向行程 x'（线性）	25.45	1	25.45	10.06	22.92	0.04
换向活塞直径 D'（二次）	0.17$^\Delta$	1$^\Delta$	0.17			
换向活塞直径 D'（线性）	661.08	1	661.08	261.20	658.55	1.07
汽缸内压 P'（二次）	14.11	1	14.11	5.58	11.58	0.02
汽缸内压 P'（线性）	45886.85	1	45886.85	18130.58	45884.32	74.44
换向阻力 F'（二次）	1.51$^\Delta$	1$^\Delta$	1.51			
换向阻力 F'（线性）	1779.17$^\Delta$	1	1779.17	702.98	1776.64	2.88
系统重量 N'（二次）	7.80$^\Delta$	1$^\Delta$	7.80			
系统重量 N'（线性）	8712.09	1	8712.09	3442.28	8709.56	14.13
误差 e(SSE)	17.24$^\Delta$	7$^\Delta$	2.46			
误差 $\tilde{e}$(SSẼ)	(27.84)	(11)	(2.53)		43.03	0.07
$\sum(y_i-\bar{y})^2$	57106.60	17				
$\sum(y_i-m)^2$	61638.41	18	3424.36			100.00

由于换向行程 x'，换向活塞直径 D'，汽缸内压 P'，换向阻力 F' 和系统重量 N' 是二次关系，且对输出特性 y 的影响不显著，可忽略不计，故将它们与误差项合并。计算合并后 F 统计量，结果显示，换向行程 x'（线性），换向活塞直径 D'（线性），汽缸内压 P'（线性），换向阻力 F'（线性）和系统重量 N'（线性）对输出特性 y 的影响均显著，汽缸内压 P'（线性），高度显著。

为判定因素的影响大小，需计算因素的贡献率。首先，按公式 $\text{SSA}'_j = \text{SSA}_j + -\nu_j\text{SS}\tilde{E}$ 计算因素的纯波动平方和（公式中的 ν_j）：

其次，利用分解公式 $\text{SS}\tilde{E}' = \text{SST}' - \sum\text{SSA}'_j$ 计算误差的纯波动平方和：

最后，利用公式 $\rho_i = \text{SSA}'_j / \text{SST}'$ 计算贡献率，即纯波动平方和在总波动平方和中所占的百分比。

由表 5-19 可知，汽缸内气压 P' 的贡献率高达 74.44%，因此属于重要的关键因素，只需讨论误差因素汽缸内气压 P' 的容差范围。

2）试验数据的统计分析

质量损失函数的形式是 $L(y) = k(y-m)^2$。其中，$m = 960$ mm，故气动换向装置的质量损失函数为

$$L(y) = k(y-960)^2$$

其中

$$k = \frac{A_0}{\Delta_0^2} = \frac{A}{\Delta^2}$$

第 5 章 正交试验分析设计

如果已知或能估算出丧失功能的损失 A_0 或不合格的损失 A_0，即可算出 k 值。但是，若产品尚在研究之中，即当产品为科研产品时，无法具体估算丧失功能的损失 A_0 或不合格的损失 A，可计算 $\tilde{L}(y)/\overline{L}(y)$ 相对比值，以消去未知参数 k。

3）确定损失函数和质量水平

n 产品的平均损失等于 $\overline{L}(y) = k \times \dfrac{1}{n}\sum (y_i - 960)^2 = k\dfrac{\text{SST}'}{n} = k V'_T$

因为部件为三级品时 $V'_T = 61638.41$，故部件为三级品时的平均损失为。

$$\overline{L}(y) = 3424.36k$$

如果将误差因素汽缸内气压 P' 的容差缩小一半，则其贡献率为

$$\overline{\rho_{D'}} = \left(\dfrac{1}{2}\right)^2 \rho_{D'l} + \left(\dfrac{1}{2}\right)^4 \rho_{D'q} = \dfrac{1}{4} \times 0.7444 + \dfrac{1}{16} \times 0.0002 = 0.1861$$

假如其他误差因素的容差保持不变，则此时的平均质量损失为

$$\tilde{L}(L) = k \times (0.1861 + (1 - 0.7446)) \times V'_t = 1511.85k$$

于是平均质量损失比为

$$\tilde{L}(y)/\overline{L}(y) = 1511.85k/3424.36k = 0.441$$

4）确定最佳容差方案

因为关键因素——汽缸内气压的容差压缩一半后，平均质量损失是压缩前的 0.441，说明损失函数的改善值大于误差因素成本的增加值，决定把汽缸内气压的容差压缩为原先的一半，即规定为 0.01kgf/mm^2。

因此，最后的结论为

$$x = (52.00 \pm 0.2) \text{ mm}$$
$$D = (26.00 \pm 0.1) \text{ mm}$$
$$P = (0.30 \pm 0.01) \text{ kgf/mm}^2$$
$$F = (75 \pm 25) \text{ kgf}$$
$$N = (90 \pm 5) \text{ kgf}$$

复习思考题

1. 简述正交表的格式和特点。
2. 正交试验设计的基本步骤有哪些？
3. 田口方法有哪些基本的观念和主要策略？
4. 田口方法的两大重要工具是什么？并分别简述。
5. 什么是质量损失函数？
6. 简述设计质量的形成过程。
7. 简述参数设计的基本原理和实施流程。

田口玄一是著名的质量专家，他以预防为主、正本清源的哲学方法运思，把数理统计、经济学应用到质量管理工程中，发展出独特的质量控制技术，创立了"品质工学（quality engineering）"，从而形成了自己的质量哲学。

质量不是靠检验得来的，也不是靠控制生产过程得来的；质量是把顾客的质量要求分解转化设计参数、形成预期目标值，最终生产出来低成本且性能稳定可靠的"物美价廉"的产品。

与传统的质量定义不同，田口玄一将产品的质量定义为：产品出厂后避免对社会造成损失的特许，可用"质量损失"来对产品质量进行定量描述。此处质量指产品上市后给社会带来的损失。但是功能本身所产生的损失除外。质量损失指产品出厂后"给社会带来的损失"，包括直接损失（如空气污染、杂讯污染等）和间接损失（如顾客对产品的不满意及由此造成的市场损失、销售损失等）。

1. 品质工学发展史

（1）1950—1970 年，田口玄一致力品质提升而实施 SPC，为了达成品质稳定，探讨品质问题原因，必须进行筛选设计，然而 DOE 数理统计在当时是非常复杂，因此田口玄一发展出用直交表、点线图方便进行设计实验筛选出品质的关键要因，此阶段的实验方法当时被称为田口方法，20 世纪 80 年代中期，田口玄一呼吁澄清，除非采用有噪音因子的内外表与 SN 比才能称作田口方法，目前日本企业学习实验计划主流内容仍是以直交表与点线图为主。

（2）20 世纪 80 年代以后，日本品质大幅提升，田口玄一致力于能够适用于设计阶段品质作入的实验计划法而发展出，采用有杂音因子的内外表与静态特性的 SN 比及二阶段设计等技术，而称为田口品质工学，但外人还是称为田口方法。

（3）1990 年以后，全球化贸易扩张，田口方法加入动态特性、基本机能、MT 法等观念，在日本被称为品质工学，其最新想法就是在商品企划后利用模拟方法实施田口方法，以求品质安定化设计，不过外人仍称为田口方法。

2. 源流管理

田口玄一认为，开发设计阶段是保证产品质量的源流，是上流，制造和检验阶段是下游；在质量管理中，"抓好上游管理，下游管理就很容易"，如果设计质量水平上不去，生产制造过程中就很难造成高质量的产品。

日本有许多企业采用田口玄一的质量管理方法进行质量管理。田口玄一将质量分为两类：第一类是顾客要的，包括机能本身、外观、产品种类、售价等；第二类是顾客不要的，如社会损失、失效、缺点、污染、机能变异等。

第一类的质量与顾客个人的所得收入与价值观有关，这方面的质量问题不是工程师所能决定的，它是取决于公司的产品策略。因此公司需决定市场区隔的大小、决定产品规格等。第二类的质量问题正是工程师所要改善的，它对于市场占有率有着重要的影响，并可提升出口市场的竞争力。

田口玄一认为所有第二类型的质量问题，都来源于三种杂音因子。

（1）环境使用状况。

（2）退化与磨损。

（3）个别的差异（即制造的不良）。

需注意，生产或制造工程师无法解决来自使用状况与退化等杂音的问题，他们只能解决来自制造不良的问题。然而产品设计工程师，却可以改善所有来自上述三种杂音因子的问题。所以，在研发阶段，训练产品设计工程师如何衡量产品机能的稳健性，是很重要的。也就是说，传统产品研发的测试与评估方式需要做改变，我们需要训练设计工程师如何评估产品机能性（相对于下游的使用状况），而这种训练对于达成竞争力而言是一种最急迫的投资，在日本已有许多世界级的公司大量投资在这方面的训练。

3. 要想得到品质，就不测量品质

日本已经迎来了令和的时代，而经济低迷的现状似乎不见起色，日本产业更加空洞化、GDP被中国赶超、技术革新力低下等诸多问题仍然存在。在令和时代，希望能够看到更多好的案例：可以满足顾客需求的新系统的创立、开发新的技能性评价，从而进行稳健设计。

如今，日本在系统创新，新价值创造的领域已经是不容乐观的状态，大多数技术者和管理者，仅仅把品质工学认为是评价和优化的一种更有效率的方法。然而，田口玄一十分强调创造性，强调系统的创造性，所以品质工学更应该是一种新技术，新产品开发的工具。

（资料来源：深思！以田口玄一为代表的日本质量观，https://www.sohu.com/a/355454107_650366。）

请根据案例回答以下问题：

1. 田口玄一所提出的质量的定义与传统的定义有什么区别？

2. 在"质量强国"的背景下，我们要如何做？

第6章 可靠性分析设计

学习目标

1. 掌握可靠性的概念。
2. 熟悉可靠性指标及其常用函数。
3. 了解产品失效模式、熟练应用故障树分析法。
4. 掌握可靠性管理的相关内容。

课程思政导读

中国航天 高可靠性

6.1 可靠性工程概述

6.1.1 可靠性工程的发展及其意义

1. 可靠性工程的发展

尽管产品的可靠性是客观存在的，但可靠性工程作为一门独立的学科却只有几十年的历史。可靠性科学的研究始于 20 世纪 40 年代美国对电子真空管失效的分析，是在第二次世界大战期间迅速发展起来的。可靠性不仅影响产品性能，也会影响一个国家经济和安全。在社会需求的强大力量推动下，可靠性工程从概率统计、系统工程、质量管理、生产管理等学科中脱颖而出，成为一门新兴的工程学科。可靠性工程历史大致可分为 4 个阶段。

1）萌芽阶段（20 世纪 40 年代）

第二次世界大战期间，美军电子设备在储存期就有一半失效，机载电子管寿命不到 20 小时，这让美国不得不进行可靠性方面的研究。最早的可靠性概念来自航空，1939 年，美国航空委员会发布《适航性统计学注释》，首次提出飞机故障率≤0.00001 次/h，相当于一小时内飞机的可靠度 R_S =0.99999，这是最早的飞机安全性和可靠性定量指标。1943 年，美国成立电子技术委员会并组建电子管研究小组，开始电子管的可靠性研究，这是有组织地研究电子管可靠性的开始。1949 年，美国无线电工程学会成立了可靠性技术组，这是第一个可靠性专业学术组织。

2）兴起阶段（20 世纪 50 年代）

20 世纪 50 年代初，可靠性工程在美国兴起。当时美国军用电子设备由于失效率很高而面临着十分严重的局面：1949 年，美国海军有 70%的电子设备失效，一个正在使用的电子管要有九个新的电子管作为临时替换的备件；1951—1952 年，有 24%的无线电设备会发生故障，而有 84%的雷达会发生故障；美国空军每年的设备维修费为设备购置费的两倍，还需要三分之一的地勤人员维修电子设备。

为扭转被动局面，1952年8月21日，美国国防部下令成立由军方、工业部门和学术界组成的"电子设备可靠性咨询组"（Advisory Group on Reliability of Electronic Equipment, AGREE）。1955年，AGREE开始实施一个从设计、试验、生产到交付、储存、使用的全面的可靠性发展计划，并于1957年发表了《军用电子设备可靠性》的研究报告。该报告从9个方面阐述了可靠性设计、试验及管理的程序及方法，确定了美国可靠性工程发展的方向，成为可靠性发展的奠基性文件，标志着可靠性已成为一门独立的学科，是可靠性工程发展的重要里程碑。此后美国制定一系列有关的可靠性军标，确立了可靠性设计方法、试验方法及程序，并建立了失效数据收集及处理系统。

同时，其他一些国家，如苏联、日本、瑞典、意大利、联邦德国等也纷纷成立可靠性的专业组织，开展可靠性活动。

3）全面发展阶段（20世纪60年代）

20世纪60年代是世界经济发展较快的年代。可靠性工程以美国为先行，带动其他工业国家，得到全面、迅速发展。1957年，AGREE报告提出的一整套可靠性设计、试验及管理方法被国防部及美国国家航空航天局（NASA）接受，在新研制的装备中得到广泛应用并迅速发展，形成了一套较完善的可靠性设计、试验和管理标准。在这些新一代装备的研制中，都制定了较完善的可靠性大纲，规定了定量的可靠性要求，进行可靠性分配及预计，开展故障模式及影响分析（FMEA）和故障树分析（FTA），采用余度设计，开展可靠性鉴定试验、验收试验和老练试验，进行可靠性评审等，使这些装备的可靠性有了大幅度提高。例如，20世纪50年代的"先驱者号"卫星共计发射11次，成功3次，而20世纪60年代发展的阿波罗登月船，除阿波罗13外，每次发射都成功着陆月球并安全返回。

此外，日本在1956年从美国引进了可靠性技术和经济管理技术，1960年，日本成立了质量委员会，20世纪60年代中期，成立电子元件可靠性中心。日本将美国在航空、航天及军事工业中的可靠性研究成果应用到民用工业，特别是民用电子工业中，使其民用电子产品质量大幅提高，产品在世界各国畅销，赢得良好的质量信誉。不到十年，日本的工业增长年速度就高达15%。

4）深入发展阶段（20世纪70年代至今）

20世纪70年代，更严格、更符合实际、更有效的可靠性设计和可靠性试验方法得到了发展和应用。例如，更严格的简化和降额设计、计算机辅助可靠性设计、复杂电子系统可靠性预计及精确的热分析和热设计、非电子设备的可靠性设计和试验。采用组合环境应力试验，如"温度-湿度-振动"三综合试验，更真实地模拟环境；加速应力筛选试验、可靠性增长试验等。

此外，维修工程内以预防为主的思想转变为以可靠性为中心的维修思想。1970年，英国联邦航空局颁布了以可靠性为中心的维修大纲，包括定时维修、视情维修和状态监控等三种维修方式，在军用、民用飞机上都得到了广泛应用。1978年，美国成立三军软件可靠性技术协调组来负责国防范围内的软件可靠性研究及协调工作。目前，对软件可靠性的研究工作迅速发展成一个新的可靠性分支。

2. 可靠性工程的重要意义

在科学实验、生产实践及日常生活各个方面，可靠性都具有重大意义。可靠性工程的重要意义归纳起来可分为以下几点。

1）保证和提供产品的可靠性水平

随着科学技术和生产不断发展，人们对可靠性的要求也越来越高。可靠性要求发生改变的原因主要在五个方面。一是产品和系统规模日益增大，产品的复杂性也越来越大，可靠性问题日益突出。根据研究表明，对于由 10 万个元件组成的系统，在单个元件可靠性为 99.99%时，系统的可靠性只有 36.79%。故在现代产品系统组成越来越复杂的背景下，提高元件可靠性十分迫切。二是现代制造业自动化水平日益提高，因此对设备可靠性的要求也越来越高。例如，生产线中的一台设备发生故障，可能会导致整条生产线停止运作。三是产品寿命周期费用的增长，要求提高产品的可靠性。产品复杂程度高，维修成本就高，导致产品全寿命周期费用也变高。四是现代高科技产品对产品可靠性的要求十分高。如通信卫星、现代化武器等。五是安全生产的需求，需要不断提高产品和设备的可靠性，如核工业、化工产业等领域，要求设备必须具备高度可靠性水平，因为一旦设备出现故障，造成的危害将是长期且非常严重的。

2）提高企业和社会经济效益

提高产品的可靠性，可以减少设备停机时间，提高产品可用率，可以使一台设备发挥出几倍的效益。美国 GE 公司经过分析认为，对于发电、冶金、矿山、运输等连续作业的设备，即使可靠性提高 1%，成本提高 10%也是合算的。同时，提高产品可靠性也可以减少故障或事故的发生，随着现代工业设备的容量、参数等方面的提高，一旦出现故障或事故，损失往往巨大。一方面，提高可靠性可以减少停机损失；另一方面，可以减少维修费用，从而提高企业和社会效益。

3）提高产品市场竞争力

现代科学技术的迅速发展，使同类产品之间的竞争加剧。由于现代科学技术的迅速发展，产品更新换代加快，这就要求企业不断引进新技术，开发新产品，而且新产品研制周期要短。实践告诉我们，如果在产品的设计过程中，仅凭经验办事，不注意产品的性能要求，或者没有对产品设计方案进行严格的、科学的论证，产品的可靠性将无法保证。如果等到试制、试用后才发现产品存在质量问题并进行改进设计，会导致产品研制周期加长，产品投入市场的周期推迟，竞争能力降低。在产品的全寿命周期中，只有在设计阶段采取措施，提高产品的可靠性，才会使企业在激烈的市场竞争中取胜，提高企业的经济效益。

6.1.2 可靠性的研究内容

1. 可靠性工程的研究对象

从可靠性工程的发展历程来看，可靠性工程是为了适应产品的高可靠性要求而发展起来的新兴学科，是一门以解决可靠性为出发点的综合性学科。它的研究对象是产品的故障发生原因及其消除和预防措施。其主要任务是保证产品的可靠性、可用性和维修性，延长产品使用寿命，降低维修费用，以提高产品使用效益。

2. 可靠性工程的主要内容

产品可靠性工程的主要内容可分为以下三个部分。

（1）可靠性管理。可靠性管理指制订可靠性计划和其他可靠性文件，如可靠性标准等，对供应厂的可靠性监督，计划评审，建立失效报告、分析和改进系统，建立失效评审委员会，收集可靠性数据和进行可靠性教育等。

（2）可靠性设计。可靠性设计包括建立可靠性模型，进行可靠性分配、可靠性预计和各种分析（失效模式、影响及后果分析，失效树分析，潜在通路分析，容差分析，贮备分析，功能试验、储存、装卸、包装、运输及维修的影响分析，并提出必要的对策），及部件选择和控制，确定可靠性关键部件等。

（3）可靠性试验。可靠性试验包括环境应力筛选试验，可靠性增长试验，可靠性鉴定试验，可靠性验收试验等。

事实上，还有许多内容可作为可靠性工程的分支或与可靠性工程有关的边缘学科。例如，由组成系统的单元可靠性出发研究系统可靠性问题的系统可靠性；专门研究可靠性工程数学基础的可靠性数学；专门研究机械结构可靠性问题的机械工程概率设计；研究在人-机系统中，人为因素造成的系统失效及对策的人机工程也与可靠性工程有关；还有研究软件故障及对策的软件可靠性等。

3. 可靠性工程的特点

可靠性工程主要有以下三个特点。

（1）管理和技术相结合。可靠性工程是一门交叉性学科，它既包含固有技术又包含管理理念。无论国内外和军品、民品，企业都需要根据其所在领域的技术特点，结合管理流程来打造适合本企业业务特点的可靠性工程体系，通过管理指导技术合理利用就是可靠性技术的基本思想。

（2）多学科的综合。可靠性工程是一门综合性学科，可靠性工程技术往往涉及许多领域的知识，如人机工程、数理统计、环境工程、材料工程等，并要综合运用这些领域的知识方法来解决产品的可靠性问题。

（3）反馈和循环。产品可靠性的第一个环节就是设计，然后通过制造来实现设计目标。在产品的设计阶段，要预测和预防一切可能发生的故障，而预测和预防的主要依据就是信息的反馈。反馈是可靠性工程的基本特点，没有反馈就没有可靠性。通过反馈，能让设计、试验制造和使用过程形成一个可靠性保证和改进的循环技术体系。

6.1.3 可靠性的相关基本概念

1. 可靠性的定义

可靠性指产品在规定的条件和时间内，完成规定功能的能力。可靠性的概率度量叫可靠度，从该定义可以看出，可靠性包含以下五大要素。

（1）对象。研究可靠性工程时，要明确对象。可靠性研究的对象可以是元件、组件、部件、机器、设备，甚至整个系统，如弹簧、电阻器、机床、飞机等。当可靠性的研究对象是整个系统时，则不仅包括了硬件，还包括软件和人的判断与操作等因素在内，需要站在人-机系统的角度去分析。

（2）规定的条件。规定的条件指对可靠性影响较大的条件，包括运输条件、储存条件、维护条件、使用时的环境条件（如温度、湿度、压力等）、使用方法等。如果对象不在规定的条件下运行，容易引起功能失效。

（3）规定的时间。对象随着时间的推移，会出现老化或功能失效，在不同的时间下，同一对象的可靠性是不同的，这里的时间可以是小时数，也可以是工作循环次数、行驶里程数等。规定的时间是可靠性区别于产品其他质量属性的重要特征。

（4）规定的功能。规定的功能指对象应该完成的使用目的，即预期功能，如灯泡的照明功能、冰箱的制冷功能等。

（5）能力。能力指对象完成其规定功能的可能性大小。衡量可能性的大小仅靠定性描述是不够的，必须要有定量的描述，即可靠度。只有对对象的可靠度进行测定、比较、评价、选择，产品可靠性才有保证。

在讨论和评估产品的可靠性时，必须要明确其对象、规定的条件、规定的时间、规定的功能和能力，不然就没有可比性。

2. 固有可靠性和使用可靠性

将产品按照可靠性的形成，可分为固有可靠性和使用可靠性。

（1）固有可靠性是产品在设计、制造过程中被赋予的固有属性，固有可靠性可以被产品开发者控制。电子元器件的固有可靠性十分重要，它直接关系到电子设备、整机、系统的使用性能，影响着电子设备、整机、系统的可靠性，特别是当前电子元器件在电子设备、整机、系统中的分量明显增加和作用凸显的情况下，电子元器件的固有可靠性尤其受到重视。

（2）使用可靠性是产品在实际使用过程中表现出的可靠性。除固有可靠性的影响因素外，还要考虑安装、操作使用、维修保障等方面因素的影响。

3. 基本可靠性和任务可靠性

将可靠性按具体用途分类，可分为基本可靠性和任务可靠性。

（1）基本可靠性指产品在规定的条件下和规定的时间内，无故障工作的能力。它与规定的条件有关，即与产品所处的环境条件、寿命周期等因素相关。

（2）任务可靠性指按要求完成该任务的可能性，部件失效不会导致任务失败，也就是考虑实际冗余的可靠性。任务可靠性反映了产品在执行任务时成功的概率，它只统计危及任务成功的致命故障。

4. 失效

失效，即失去原有的效力。工程中，零部件失去原有设计所规定的功能称为失效。失效包括完全丧失原定功能、功能降低和有严重损伤或隐患。若使用失效的产品，会失去可靠性及安全性。

6.2 可靠性指标及常用函数

6.2.1 可靠性指标

一般来讲，我们认为可靠性越高的产品工作时间越长，或是在规定时间内完成规定要求的概率越大。然而，产品的可靠性需要采用科学的指标来度量。常用的可靠性指标包括：可靠度、失效概率密度函数、失效概率分布函数、失效率、平均寿命、可靠寿命、中位寿命、特征寿命、维修度、平均维修时间、修复率、有效度、系统有效性、重要度和复杂度等。其中，失效概率密度函数、失效概率分布函数、失效率统称为失效特征量；平均寿命、可靠寿命、中位寿命、特征寿命统称为寿命特征量；维修度、平均维修时间、修复率统称为维修特征量；有效度和系统有效性统称为有效性特征量。

1. 可靠度

可靠度指产品在规定条件下规定时间内完成规定功能的概率，描述的是产品功能随时间保持的概率。因此可靠度是时间函数，一般用 $R(t)$ 表示。设 T 为产品寿命的随机变量，则

$$R(t) = P(T > t)$$

可靠度是产品寿命 T 超过规定时间 t 的概率，或产品在规定时间 t 内完成规定的功能的概率。例如，$R(1000)=0.9$，表示在 1000h 内，平均每 100 件产品中约有 90 件产品能完成规定的功能，有 10 件产品会失效。

由可靠度的定义可知，$R(t)$ 有两个性质。

（1）$R(t)$ 是随时间递减的函数。

（2）$0 = R(t) = 1$（$R(0)=1$，$R(\infty)=0$）。

可靠度是一个时间函数，在不同的时间，产品的可靠度也会不同。首先，在评价产品的可靠度时，必须要明确是哪一时刻。其次，可靠度是根据批量产品的整体参数计算获得的，是针对批量产品的，将可靠度应用到某一台设备上是不合适的。最后，产品的可靠度是从整体上来评价产品能否在规定时间内完成其预期的功能，而不是从一个侧面来衡量产品的优劣。综上，可靠度拥有时间性、统计性和综合性的特点。

2. 失效率函数

1）失效概率密度函数 $f(t)$

失效概率密度函数指产品在单位时间间隔内发生失效的比例或频率，它反映的是产品在所有可能工作时间范围内的失效情况。如果以 N_0 表示试验产品总数或投入使用产品总数，$\Delta N_f(t)$ 表示 $t \to t+\Delta t$ 时间间隔内产生的失效产品数，则 $\Delta N_f(t)/(N_0 \Delta t)$ 称为 $t \to t+\Delta t$ 时间间隔内的平均失效密度，表示这段时间内平均单位时间的故障概率，若 $N_0 \to \infty$，$\Delta t \to 0$，则频率可以近似为概率值，故可得失效概率密度函数。

$$f(t) = \lim_{N_0 \to \infty} \frac{1}{N_0} \frac{dN_f(t)}{dt}$$

2）失效概率分布函数 $F(t)$

失效概率指产品在规定条件下和规定时间内丧失规定功能的概率，它表示产品失效的累积效应。失效概率是关于时间的函数，因此又被称为失效概率函数。就概率分布而言，失效概率又被称为失效概率分布函数，记为 $F(t)$。设 t 为规定的工作时间，T 为产品故障前的时间，则得公式

$$F(t) = P(T < t), 0 \leq t \leq \infty$$

它表示在规定条件下，产品的寿命 T 不超过 t 的概率，即产品在 t 时刻之前发生故障或

失效的概率，因此 $F(t)$ 也称为不可靠度。它与可靠度呈互补关系，即
$$R(t) + F(t) = 1$$

3）失效率 $\lambda(t)$

失效率指工作到某一时刻 t 尚未失效的产品，在 t 时刻之后，单位时间内发生失效的概率，一般记为 λ。失效率也是关于时间的函数，故也称为失效率函数，记为 $\lambda(t)$，有时也被称为故障函数或风险函数，在极值理论中，失效率也被称为强度函数。$\lambda(t)$ 可表达为

$$\lambda t = \frac{1}{N_s(t)} \frac{\mathrm{d}N_f(t)}{\mathrm{d}t}$$

其中，$N_s(t)$ 为到 t 时刻未失效的产品个数，$\mathrm{d}N_f(t)$ 为 $\mathrm{d}t$ 时间内的故障产品数，当 $N_0 \to \infty$ 时，则

$$\lambda(t) = \frac{1}{N_0 - N_f(t)} \frac{\mathrm{d}N_f(t)}{\mathrm{d}t} = \frac{\mathrm{d}N_f(t)}{N_0\left(1 - \dfrac{N_f(t)}{N_0}\right)\mathrm{d}t} = \frac{f(t)}{R(t)}$$

$R(t)$，$F(t)$，$f(t)$，λt 是可靠性的四个基本描述指标，只要知道其中一个特征量的值，就可以求另外三个特征量的值。

3. 寿命特征量

寿命指产品能正常完成规定功能的时间长度，其基本含义与人的寿命类似，当产品不能工作了就称为失效。产品在工作过程中出现失效的时刻是随机的，因此产品寿命是一个随机变量。寿命特征量可以分为平均寿命、可靠寿命、中位寿命和特征寿命。

（1）平均寿命。平均寿命是最常用的寿命特征量，它的含义对于不可维修的产品和可维修的产品是不同的。对不可维修的产品而言，寿命指该产品失效前的工作时间，故平均寿命指一批同类产品从开始使用直到失效前的工作时间的平均值，也称为平均失效前时间（mean time to failure，MTTF）或首次故障前平均时间。对于可维修产品而言，平均寿命指产品两次相邻故障之间的工作时间平均值，即平均无故障工作时间（mean time between failure，MTBF），而不是指整个产品报废的时间。平均寿命的数学意义就是寿命的数学期望，以 θ 或 $E(t)$ 表示，其中

$$\theta = \int_0^\infty t f(t) \mathrm{d}t = E(t)$$

平均寿命的估计值 $\hat{\theta}$ 的表达式为：

$$\hat{\theta} = \frac{\text{所有产品的总工作时间}}{\text{总失效数}} = \frac{UT}{n_f}$$

（2）可靠寿命。可靠寿命指产品可靠度下降到某一可靠度 r 时对应的工作时间，一般用 $t(r)$ 表示。

（3）中位寿命。中位寿命指产品可靠度下降到50%时对应的时间，一般用 $t_{0.5}$ 表示。

（4）特征寿命。特征寿命指产品可靠度 $R = \mathrm{e}^{-1} \approx 0.368$ 时的产品可靠寿命，一般用 $T_{\mathrm{e}^{-1}}$ 表示。

4. 维修性特征量

对于可维修的产品，我们不仅要考虑它失效的概率，也要考虑它的维修性。维修性指

可维修的产品在规定条件下和规定时间内完成修复的可能性。

（1）维修度。维修度（maintain ability）是在规定条件下使用的产品，在规定时间内按规定的程序和方法进行维修时，保持或恢复到能完成规定功能状态的概率，一般记为 $M(t)$。它是维修时间的函数，因此也被称为维修度函数。

维修度函数、维修密度函数 $m(t)$ 和修复率 $\mu(t)$ 之间的关系，可用下式表示为

$$M(t) = 1 - e^{-\int_0^t \mu(t)dt}$$

$$m(t) = \mu(t) e^{-\int_0^t \mu(t)dt}$$

（2）平均维修时间。平均维修时间（mean time to repair，MTTR）指可维修产品的平均修理时间，可以表示为

$$\text{MTTR} = \int_0^\infty [1 - M(t)]dt$$

（3）修复率。修复率是修理时间已达到某个时刻尚未修复的产品，在该时刻后的单位时间内完成修理的概率，可以表示为

$$\mu(t) = \frac{m(t)}{1 - M(t)}$$

若 $M(t)$ 服从指数分布，则修复率 $\mu(t)$ 是平均维修时间 MTTR 的倒数，则有

$$\mu(t) = \frac{1}{\text{MTTR}}$$

5. 有效性特征量

有效性指可维修产品在规定的条件下使用时具有维持规定功能的能力，它反映了可维修产品的使用效率。

1）有效度

对可维修的产品来说，有效度（availability）指在规定的使用、维修条件下，在规定的时间内，维持其功能处于正常状态的概率。对于不可维修的产品，有效度仅决定于且等于可靠度。有效度是关于时间的函数，因此也被称为有效函数，记为 $A(t)$。有效度根据情况不同，可以分为不同的种类。

（1）瞬时有效度。瞬时有效度（instantaneous availability）指产品在某一时刻，具有或维持其规定功能的概率，通常记为 $A(t)$。它只反映 t 时刻产品的有效度，而与 t 时刻以前是否失效无关。

（2）平均有效度。平均有效度（mean availability）指可维修产品在时间区间 $[0, t]$ 内的平均有效度，是瞬时有效度 $A(t)$ 在区间 $[0, t]$ 的平均值，记为 $\overline{A}(t)$。

（3）稳态有效度。稳态有效度（steady availability）指时间趋向于无穷时的瞬时有效度 $A(t)$ 的极限值，即

$$A = \lim_{t \to \infty} A(t)$$

稳态有效度还可以用下式表示，其中，U 为可维修的产品平均能正常工作的时间；D 为产品平均不能工作的时间。

$$A = \frac{可工作时间}{可工作时间 + 不能工作时间} = \frac{U}{U+D}$$

此外,稳态有效度也可以表示为

$$A = \frac{\text{MTBF}}{\text{MTBF} + \text{MTTR}}$$

(4)固有有效度。对于事后维修,固有有效度可表示为

$$A = \frac{\text{MTBF}}{\text{MTBF} + \text{MADT}}$$

对于产品或系统故障发生之前进行的维修,在产品进入损耗期之前进行定期的更换、维修,或采用状态检测、故障诊断,根据故障的预兆采取的预防措施,固有有效度应将上式中的 MADT 换成平均维修时间(mean time through maintenance,MTTM),即

$$A = \frac{\text{MTBF}}{\text{MTBF} + \text{MTTM}}$$

2)系统有效性

系统有效性(system effectiveness)是一个综合了有效度 A、可靠度 R、完成功能概率 P 等内容的综合尺度,是系统开始使用时的有效度、使用期间的可靠度和功能的乘积。有效性 E 可表示为

$$E = ARP$$

6. 重要度和复杂度

(1)重要度。重要度指系统中某设备发生故障而引起的系统故障次数占整个系统故障次数的比率,一般记为 ω_j,即

$$\omega_j = \frac{第 j 个部件故障而引起系统故障的次数}{整个系统所有部件发生故障的总数}$$

(2)复杂度。复杂度可以用分系统的基本构建数占整个系统的构建数的比率来表示,一般记为 c_i,即

$$c_i = \frac{n_i}{N} = \frac{n_i}{\sum_{i=1}^{k} n_i}$$

式中,n_i 表示第 i 个分系统的构件数,N 表示系统的总构件数,k 为分系统数。

6.2.2 连续概率分布

在可靠性领域,通常会以量化的方式来描述产品的失效规律。但由于产品失效时间的不确定性,所以往往采用随机分布的手段来对其进行描述。故产品可靠性研究方面所用的方法很多来源于概率论、数理统计等理论。产品的失效分布是许多可靠性特征量及其统计推断方法的基础。分布的类型有很多,如指数分布、正态分布、威布尔(Weibull)分布。

1. 指数分布

在可靠性研究中,指数分布的应用最多,大部分的电子元器件寿命分布都符合指数分布。

指数分布的概率密度函数为

$$f(t) = \lambda e^{-\lambda t} \quad 0 \leq t < \infty, 0 < \lambda < \infty$$

指数函数的分布函数为

$$F(t) = 1 - e^{-\lambda t} \quad t \geq 0$$

指数分布的可靠度函数为

$$R(t) = 1 - F(t) = e^{-\lambda t} \quad t \geq 0$$

指数分布的失效率为

$$\lambda(t) = \frac{f(t)}{R(t)} = \frac{\lambda e^{-\lambda t}}{e^{-\lambda t}} = \lambda$$

可以发现，指数分布的失效率为常数，这表明失效时间服从指数分布的产品无论已经工作多长时间，它下一时刻失效的可能性都是相同的，也就是说，产品无论工作多久从概率上都和新品一样，体现了指数分布的"无记忆性"。

由于失效率是常数，与时间无关，当不应失效的产品在某种"冲击"（如电应力或温度载荷等）作用下失效时，可用指数分布来说明，即失效时间服从指数分布；当系统是由大量元件组成的复杂系统，其中任何一个元件失效就会造成系统故障，且元件间失效相互独立，失效后立即进行更换，经较长时间的使用后，该系统可用指数分布来描述。

2. 正态分布

正态分布也叫高斯分布，是一个在数学、物理及工程等领域都非常重要的概率分布，在统计学的许多方面有着重大的影响力，在可靠性工程中经常用于材料强度、磨损寿命、疲劳强度及难以判断其分布的场合。若某产品失效概率密度函数为 $f(t)$ 为

$$f(t) = \frac{1}{\sigma\sqrt{2\pi}} e^{-\frac{(t-\mu)^2}{2\sigma^2}} \quad t \geq 0, \ \mu \geq 0, \ \sigma \geq 0$$

则称该产品寿命 t 服从正态分布。

失效概率分布函数 $F(t)$、可靠度函数 $R(t)$、失效率函数 $\lambda(t)$ 可用以下公式表示

$$F(t) = \int_0^t \frac{1}{\sigma\sqrt{2\pi}} e^{-\frac{(t-\mu)^2}{2\sigma^2}} dt$$

$$R(t) = 1 - \int_0^t \frac{1}{\sigma\sqrt{2\pi}} e^{-\frac{(t-\mu)^2}{2\sigma^2}} dt$$

$$\lambda(t) = \frac{f(t)}{R(t)}$$

正态分布的计算需要先进行标准化，能够用数学代换的手段把 $F(t)$、$R(t)$、$\lambda(t)$ 先变化为标准正态分布，最后只需查表做一些简单计算就能得到各参数值。

3. 威布尔分布

威布尔分布在可靠性工程中被广泛应用，尤其适用于机电类产品的磨损累计失效的分布形式。因为可以利用概率值推断出威布尔分布的分布参数，所以威布尔分布被广泛应用于各种寿命试验的数据处理。其概率密度函数为

$$f(t) = \alpha\beta(t-\gamma)^{\beta-1}e^{-\alpha(t-\gamma)^\beta}$$

则概率分布函数 $F(t)$、可靠度函数 $R(t)$、失效率函数 $\lambda(t)$ 分别为

$$F(t) = 1 - e^{-\alpha(t-\gamma)^\beta}$$

$$R(t) = e^{-\alpha(t-\gamma)^\beta}$$

$$\lambda(t) = \alpha\beta(t-\gamma)^{\beta-1}$$

威布尔分布有三个描述参数，分别是尺度参数 α、形状参数 β、位置参数 γ。

（1）尺度参数 α。当另外两个参数不变时，概率密度曲线的形状大致相同，尺度参数 α 影响着横坐标的尺度，相当于将曲线沿着坐标横轴压缩或拉伸。

（2）形状参数 β。形状参数 β 决定了分布曲线的形状。当形状参数 $\beta=1$ 时，威布尔分布的形状与指数分布一致，因此指数分布是威布尔分布的特例，通常用来描述恒定随机失效阶段的寿命分布；当形状参数 $\beta<1$ 时，函数曲线随着时间的推移而下降，常用来描述产品早期失效阶段的寿命分布；当形状参数 $\beta>1$ 时，函数曲线随着时间的推移而出现峰值，常用来描述产品磨损失效阶段的寿命分布。

（3）位置参数 γ。γ 是曲线的起点。当位置参数 $\gamma=0$ 时，表示产品从 0 时刻就有失效的可能；当位置参数 $\gamma>0$ 时，表示产品工作一段时间后才有失效的可能；当位置参数 $\gamma<0$ 时，表示产品开始工作就可能已经失效了。在可靠性分析中，γ 具有极限值，如疲劳极限、强度极限等，表示产品在 $t=\gamma$ 前不会失效，在之后才会有概率失效，故 γ 也被称为最小保证寿命。在威布尔分布中 γ 也表示最弱环节的强度。

6.2.3 离散概率分布

就目前讨论的产品失效情况，可靠度是关于时间的连续函数。但是有一些系统或元件，并不是一直使用，而是按需使用，如导弹，在有任务时才会使用，平时都存放起来。同样，还有一些系统循环运转，需要注意失效前的循环数。在这种情况下，可靠度和系统行为通常用离散可靠度描述，简要介绍相关的可靠度建模分布。

1. 基本概念

假设 K 是系统第一次失效时的离散时间变量，那么 K 是定义在正整数集 N 上的一个随机变量。概率函数和累积分布函数表达式分别为

$$p(k) = P(K=k) \text{和} F(k) = P(K \leq k) = \sum_{i=1}^{k} p(i)$$

离散寿命分布的可靠度为

$$R(k) = P(K \geq k) = \sum_{i=1}^{n} ip(i)$$

随机变量 K 的失效前时间的期望是

$$\text{MTTF} = E(K) = \sum_{i=1}^{\infty} ip(i)$$

和连续时间分布一样,定义失效率为概率函数和可靠度函数的比值

$$h(k) = \frac{P(K=k)}{P(K \geq k)} = \frac{p(k)}{R(k)}$$

同样,对其他的可靠度特性进行定义,如平均剩余寿命 $L(k)$,且该公式对相关的连续时间分布同样适用。

$$L(k) = E(K-k \mid K > k)$$

2. 几何分布

几何分布体现了指数分布的无记忆性,系统每个事件的失效率都相互独立且等于 p。失效率、可靠度和失效率函数分别为

$$p(k) = p(1-p)^{k-1}$$

$$R(k) = (1-p)^k$$

$$h(k) = \frac{p}{1-p}$$

离散可靠度还用于为系统可靠度建模,如对于一个四发动机的飞机,其可靠度定义为至少两个发动机工作,离散可靠度也用于特定时间失效建模及保修对策的建模。

3. 二项分布

有的产品只有成功和失败,假设在试验中产品失败的概率为 p,进行 n 次独立重复的试验,其中失败 r 次,那么成功的次数 s 为 $n-r$,用随机量 X 表示失败次数,则其发生概率可用二项分布表示

$$P(X=x) = C_n^x P^x (1-P)^{n-x} \quad x = 0,1,\cdots,n$$

那么失败次数小于等于某值 r 的累积分布函数为

$$F(r) = P(X \leq r) = \sum_{i=0}^{r} C_n^i p^i (1-p)^{n-i}$$

由于失败与成功为对立事件,产品一次试验中的成功率 $R = 1-p$,同样可用二项分布计算 n 次试验中成功次数小于等于某值 s 的累积概率:

$$F(s) = P(X \leq s) = \sum_{i=0}^{s} C_n^i R^i (1-R)^{n-i}$$

二项分布的均值和方差分别为

$$E(X) = np$$

$$\text{Var}(X) = np(1-p)$$

二项分布目前广泛应用于可靠性和质量控制领域,如产品的抽样检验、火箭和导弹的可靠性统计分析等。

4. 泊松分布

泊松分布描述了一个事件在时刻 t 发生的概率。这个事件可能表示生产过程中的缺陷数,也可能表示由多个元件组成的系统的失效数。泊松分布是基于二项式分布推导的,令 $p = \lambda/n$,$n \to \infty$ 时,取二项式分布的极限。将 $p = \lambda/n$ 代入二项式分布:

$$p(k) = \frac{n!}{k!(n-k)!} p^k (1-p)^{n-k} = \frac{n!}{k!(n-k)!} \left(\frac{\lambda}{n}\right)^k \left(1-\frac{\lambda}{n}\right)^{n-k}$$

令 $n \to \infty$，取极限

$$\lim_{n \to \infty} p(k) = \lim_{n \to \infty} \frac{n!}{k!(n-k)!} \left(\frac{\lambda}{n}\right)^k \left(1-\frac{\lambda}{n}\right)^{n-k}$$

化简得

$$\lim_{n \to \infty} p(k) = \frac{\lambda^k}{k!} \lim_{n \to \infty} \left(1-\frac{\lambda}{n}\right)^n = \frac{e^{-\lambda}\lambda^k}{k!}$$

则，泊松分布的概率函数为

$$f(k) = \frac{e^{-\lambda}\lambda^k}{k!}$$

期望为

$$E(K) = \sum_{y=0}^{\infty} k \left[\frac{e^{-\lambda}\lambda^k}{k!}\right] = \lambda$$

方差为

$$V(K) = E(K^2) - [E(K)]^2 = \lambda$$

5. 超几何分布

超几何分布用于连续事件导致系统失效的情况建模。考虑一个具有隐含冗余配置的系统，当两个连续器件发生失效时将导致系统失效。这一情况中，系统的可靠度要用超几何分布来进行建模评估。考虑一个大小为 N 的总体中有 k 个正在工作的设备，从总体中取出 n 个样本，正在工作的设备数 y 设为随机变量 Y，其概率函数为

$$p(y) = \frac{\binom{k}{y}\binom{N-k}{n-y}}{\binom{N}{n}}$$

期望为

$$E(Y) = n\left(\frac{k}{N}\right)$$

方差为

$$V(Y) = n\left(\frac{k}{N}\right)\left(\frac{N-k}{N}\right)\left(\frac{N-n}{N-1}\right)$$

6.3 可靠性分析与设计

6.3.1 系统可靠性模型

系统是由多个工作单元组合而成的能完成特定功能的有机整体。任何产品和设备都可

以被描述为系统。在对系统的可靠性进行分析、研究时，系统可靠度的计算取决于系统内各单元的可靠性和它们之间的相互关系。而为了对系统可靠性进行分析、计算，可以用一种框图来表示系统内各单元之间的可靠性逻辑关系，这种逻辑框图及其数学模型即为可靠性模型。

下面介绍几种典型的系统可靠性逻辑框图及其可靠性特征量计算方法，为简化问题，先做以下两点假设。

假设1：认为系统及其组成的各个单元均可能也只可能处于两种状态——正常和失效，这种系统或者单元被称为双态系统，工程实践中绝大多数研究对象都是这种双态系统，如果没有特别指明，默认为是双态。

假设2：各个单元所处的状态是相互独立的，即任意一个单元的状态与其他单元的状态没有关系。

1. 串联模型

当一个系统由 $A_1, A_2, \cdots, A_n$ 组成，只有当每个单元都正常工作时，系统才能正常工作，这样的系统就被称为串联系统。串联系统所组成的可靠性逻辑框图被称为串联模型，如图6-1所示。

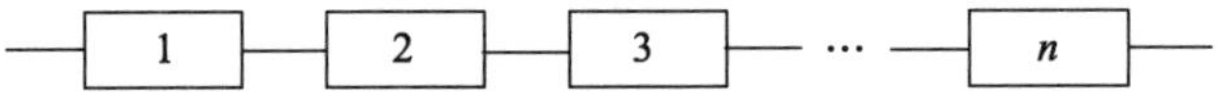

图6-1 串联模型

设第 i 个单元的寿命为 X_i，则其 t 时刻的可靠度为 $R_i(t) = P(X_i > t)(i = 1, 2, \cdots, n)$。假设各单元相互独立，则由串联系统定义及其可靠性框图可知，系统寿命 X 等于各单元寿命 X_i 中的最小者，即有

$$R_s(t) = P(X > t) = P(\min(X_1, X_2, \cdots, X_n) > t) = P(X_1 > t, X_2 > t, \cdots, X_n > t)$$

$$= \prod_{i=1}^{n} P(X_i > t) = \prod_{i=1}^{n} R_i(t)$$

上式中，$R_s(t)$ 为系统的可靠度，$R_i(t)$ 为第 i 个单元的可靠度。上式说明，对于串联系统，其构成单元越多，系统的可靠性就越低。若各单元的寿命分布均为指数分布，即

$$R(t) = e^{-\lambda_s(t)}$$

则有

$$R_S(t) = \prod_{i=1}^{n} e^{-\lambda_i(t)} = e^{-\lambda_s t}$$

式中，λ_i 为第 i 个单元的故障率；λ_s 为系统故障率，$\lambda_s = \sum_{i=1}^{n} \lambda_i$。

2. 并联模型

当构成系统的所有单元都失效时才会失效的系统被称为并联系统。在功能特征上，并联系统属于工作储备可靠性模型，其可靠性逻辑框图如图6-2所示。

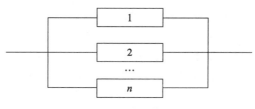

图 6-2 并联模型

设第 i 个单元的寿命为 X_i，则其 t 时刻的可靠度为 $R_i(t) = P(X_i > t)(i = 1,2,\cdots, n)$。假设各单元相互独立，则由并联系统定义及其可靠性框图可知，系统寿命 X 等于各单元寿命 X_i 中的最大者，则有

$$R_p(t) = P(X > t) = P[(\max(X_1, X_2,\cdots, X_n) > t)] = 1 - P[(\max(X_1, X_2,\cdots, X_n) \leq t)]$$

$$= 1 - P(X_1 \leq t,\ X_2 \leq t,\cdots, X_n \leq t) = 1 - \prod_{i=1}^{n}(1 - R_i(t))$$

其中，$R_p(t)$ 为并联系统的可靠度，$R_i(t)$ 为第 i 个单元的可靠度。

根据可靠度与不可靠度的互补关系，有

$$F_p(t) = 1 - R_p(t) = 1 - \left\{1 - \prod_{i=1}^{n}(1 - R_i(t))\right\} = \prod_{i=1}^{n} F_i(t)$$

其中，$F_p(t)$ 为并联系统的不可靠度，$F_i(t)$ 为第 i 个单元的不可靠度。

3. 串-并混联模型

串-并混联系统指由串联和并联混合组成的系统，其可靠性逻辑框图如图 6-3 所示。

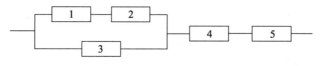

图 6-3 串-并混联模型

计算时，先利用串联和并联系统可靠性特征量计算公式求出子系统的可靠性特征量，然后将每一个子系统作为一个等效单元，就可以求出整个系统的可靠性特征量。

6.3.2 失效模式影响及危害性分析

1. FEMA 和 FECMA 的概念

失效模式与影响分析（failure mode and effects analysis，FEMA）是在产品设计阶段和过程设计阶段，及构成产品的子系统、零件，及构成过程的各个工序逐一进行分析，找出所有潜在的失效模式，并分析其可能的后果，从而预先采取必要的措施，以提高产品的质量和可靠性的一种系统化的活动。

汽车行业是 FMEA 使用最先普及、最成功行业（军工和航天除外），汽车行业也将当时的 FMEA 进行扩展，变成一种定性的失效模式、影响及危害分析（FMECA）。

FMECA 即失效模式、影响及危害性分析,是针对产品所有可能的失效,根据对失效模式的分析。FMCMA 确定每种失效模式对产品工作的影响,找出单点失效,按失效模式的严酷度及其发生概率确定其危害性。单点失效指引起产品失效的,且没有冗余或替代的工作程序作为补救的局部失效。FMECA 包括失效模式及影响分析(FMEA)和危害性分析(CA),可以当作 FMEA 的扩展。

FEMA(FMECA)的主要作用有三点。

(1)找出产品设计、生产过程中的薄弱环节,帮助设计师针对性地提出解决措施。

(2)协助确定可靠性关键件和重要件。

(3)为产品的检验程序、故障试点的设置、维修分析及保障分析提供依据。

FEMA(FMECA)的特点有三点。

(1)能够容易、低成本地对产品或过程进行修改,从而减轻事后修改的危机。

(2)找到能够避免或减少潜在失效发生的措施。

(3)失效未发生,但可能会发生,又不一定会发生。

由于产品故障可能与设计、制造过程、使用、承包商/供应商及服务有关,因此 FMEA 又细分为如下几类。

1)DFMEA:设计 FMEA

设计 FMEA 应在一个设计概念形成之时或之前开始,并且在产品开发各阶段中,当设计有变化或得到其他信息时,应做到及时修改,并在图样加工完成之前结束。其评价与分析的对象是最终的产品及每个与之相关的系统、子系统和零部件。需注意,FMEA 在体现设计意图时,还应保证制造或装配能够实现设计意图,因此,虽然,FMEA 不是靠过程控制来克服设计中的缺陷,但其可以考虑制造或装配过程中的技术的限制,从而为过程控制提供良好的基础。

进行 FMEA 有助于:①设计要求与设计方案的相互权衡;②提高在设计过程中考虑潜在失效故障模式及其对系统和产品影响的可能性;③为制定全面有效的设计试验计划和开发项目提供更多的信息;④建立一套改进设计和开发试验的优先控制系统;⑤为将来分析研究现场情况、评价设计的更改及开发更先进的设计提供参考。

2)PFMEA:过程 FMEA

过程 FMEA 应在生产工装准备之前、在过程可行性分析阶段开始或之前开始,而且要考虑从单个零件到总成的所有制造过程。其评价与分析的对象是所有新的部件/过程、更改过的部件/过程及应用或环境有变化的原有部件/过程。需注意,FMEA 不是通过改变产品的设计来克服过程缺陷,但它要考虑与计划的装配过程有关的产品设计特性参数,以便最大限度保证产品满足用户的要求和期望。

过程 FMEA 包括以下几个主要步骤:①确定与产品相关的过程潜在故障模式;②评价故障对用户的潜在影响;③确定潜在制造或装备过程的故障起因,确定减少故障发生或找出故障条件的过程控制变量;④编制潜在故障模式分级表,建立纠正措施的优选体系;⑤将制造或装配过程文件化。

3)EFMEA:设备 FMEA

通过对设备失效严重度(S)、发生率(O)和探测度(D)进行评价,计算出 RPN 值(风险优先度,RPN=ODS)。S 是评估可能的失效模式对于设备的影响,10 为最严重,1 为没有影响；O 是特定的失效原因和机理多长时间发生一次及发生的概率，如果 10 为几乎肯定要发生，1 为基本不发生；D 是评估设备故障检测失效模式的概率，10 为不能检测，1 为可以被有效检测到。RPN 最坏的结果是 1000，最好的结果是 1。根据 RPN 值的高低确定项目，推荐出负责的方案及完成日期，这些推荐方案的最终目的是降低一个或多个等级。一些严重问题的 RPN 值较小，但仍可考虑拯救方案。

4）SFMEA：系统 FMEA

SFMEA 的任务是分析与系统相关的缺陷，如系统安全、系统集成、系统与其他系统的关联介面或交互、系统与周围环境的交互、子系统之间的关联介面或交互、与人的接口、维修服务及其他可能导致整个系统不能按预期工作的问题。SFMEA 将整个系统作为一个独有的整体来分析其功能和关系。除考虑单点故障（单个组件故障可能导致整个系统完全故障）外，SFMEA 还考虑与接口及交互相关联的故障模式。以自行车为例，自行车系统的 FMEA 是把整个自行车作为一个系统，分析系统功能的集成及各个子系统之间的接口，自行车系统的功能是确保系统以安全可靠的方式实现其预期功能，并确保自行车系统的整体风险较低。

2. FMEA 活动目的

FMEA 可以描述为一组系统化的活动，其目的是认可并评价产品/过程中的潜在失效及该失效的后果；确定能够消除或减少潜在失效发生机会的措施；将全部过程形成文件。

在进行 FMEA 时有三种情形，每一种都有其不同的范围或关注焦点。

情形一：新设计，新技术或新过程。FMEA 的范围是全部设计，技术或过程。

情形二：对现有设计或过程的修改。FMEA 的范围应集中于对设计或过程的修改，由于修改可能产生的相互影响及现场和历史情况。

情形三：将现有的设计或过程用于新的环境，场所或应用。FMEA 的范围是新环境或场所对现有设计或过程的影响。

3. FMECA 的实施步骤

FMECA 的实施通常分为：

（1）掌握产品结构和功能的有关资料。

（2）掌握产品启动、运行、操作、维修资料。

（3）掌握产品所处环境条件的资料。这些资料在设计的初始阶段，往往不能同时掌握。开始时，只能做某些假设，用来确定一些很明显的故障模式。即使是初步 FMECA，也能指出许多单点失效部位，且其中有些故障可通过结构的重新安排而消除。随着设计工作的进展，可利用的信息不断增多，FMECA 工作应重复进行，根据需要和可能应把分析扩展到更为具体的层次。

（4）定义产品及其功能和最低工作要求。一个系统的完整定义包括它的主次功能、用途、预期的性能、环境要求、系统约束条件和构成故障的条件等。由于任何给定的产品都有一个或多个工作模式，并且可能处于不同的工作阶段，因此，系统的定义还包括产品工作的每个模式及其持续工作期内的功能说明。每个产品均应有它的功能方框图，表示产品工作及产品各功能单元之间的相互关系。

（5）按照产品功能方框图画出其可靠性方框图。

（6）根据所需要的结构和现有资料的多少来确定分析级别，即规定分析到的层次。

（7）找出故障模式，分析其原因及影响。

（8）找出故障的检测方法。

（9）找出设计时可能的预防措施，以防止特别不希望发生的事件。

（10）确定各种故障模式对产品产生危害的程度。

（11）确定各种故障模式的发生概率等级。

故障模式发生的概率等级一般可分为 A 级、B 级、C 级、D 级、E 级。

A 级（经常发生），产品在工作期间发生的概率是很高的，即一种故障模式发生的概率大于总故障概率的 0.2。

B 级（很可能发生），产品在工作期间发生故障的概率为中等，即一种故障模式发生的概率为总故障概率的 0.1～0.2。

C 级（偶然发生），产品在工作期间发生故障是偶然的，即一种故障模式发生的概率为总故障概率的 0.01～0.1。

D 级（很少发生），产品在工作期间发生故障的概率是很小的，即一种故障模式发生的概率为总故障概率的 0.001～0.01。

E 级（极不可能发生），产品在工作期间发生故障的概率接近于零，即一种故障模式发生的概率小于总故障概率的 0.001。

（12）填写 FMEA 表，并绘制危害性矩阵，如果需要进行定量 FMECA，则需填写 CA 表。如果仅进行 FMEA，则不需要进行第 11 步骤及绘制危害性矩阵。

典型的 FMEA 分析表如表 6-1 所示。

表 6-1　典型的 FMEA 表格

系统_____　　　　　　　　　　日期_____
结构级别_____　　　　　　　　共____页第____页
参考图样_____　　　　　　　　制表_____
规定功能_____　　　　　　　　批准_____

代码	项目名称	功能	故障模式及原因	任务阶段工作模式	故障影响			故障检测方法	补救措施	严重度类别	备注
					局部影响	高一层次影响	最终影响				

4. 实施 FMECA 要注意的问题

1）明确分析对象

找出零部件所发生的故障与系统整体故障之间的因果关系是 FMECA 的工作思路，所以明确 FMECA 的分析对象，并针对其应有的功能，找出各部件可能存在的所有故障模式，是提高 FMECA 可靠性和有效性的前提条件。

2）时间性

FMEA、FMECA 应与设计工作结合进行，在可靠性工程师的协助下，由产品的设计人员来完成，贯彻"谁设计、谁分析"的原则，分析人员必须有公正客观的态度，包括客观评价与自己有关的缺陷，理性分析出现缺陷的原因。同时 FMEA 必须与设计工作保持同步，尤其应在设计的早期阶段就开始进行 FMECA，这将有助于及时发现设计中的薄弱环节并为安排改进措施的先后顺序提供依据。如果在产品已经设计完成并投产后再进行 FMEA，其实对设计的指导意义不大。一旦分析出原因，就要迅速采取措施，使 FMEA 分析的成果落到实处，而不是流于形式。

3）层次性

进行 FMECA 时，确定合理的分析层次，特别是初始约定层次和最低约定层次能够为分析提供明确的分析范围和目标或程度。此外，初始约定层次的划分直接影响到分析结果严酷度类别的确定。一般情况下，应按以下原则规定最低约定层次。

（1）所有可获得分析数据的产品中最低的产品层次。

（2）能导致灾难的（Ⅰ类）或致命的（Ⅱ类）故障的产品所在的产品层次。

（3）定期或预期需要维修的最低产品层次，这些产品可能导致临界的（Ⅲ类）或轻度的（Ⅳ类）故障。

（4）FMECA 团队协作和经验积累。

一般来说 FMECA 都采用个人形式进行分析，但是单独工作无法克服个人知识、思维缺陷或者缺乏客观性。为此，可以从相关领域选出具有代表性的个人，共同组成 FMECA 团队，通过集体的智慧，达到相互启发和信息共享，就能够较完整和全面地进行 FMECA 分析，大大工作效率。

FMECA 特别强调程序化、文件化，并应对 FMECA 的结果进行跟踪与分析，以验证其正确性和改进措施的有效性，将好的经验写进企业的 FMECA 经验反馈里，积少成多，形成一套完整的 FMECA 资料，使一次次改进的量变汇集成企业整体设计制造水平的质变，最终形成独特的企业技术特色。

6.3.3 故障树分析法（FTA）

1. 故障树的基本概念

故障树分析（fault tree analysis，FTA）也称失效树分析，是通过对可能造成产品故障的硬件、软件、环境及人为因素进行分析，画出故障树，从而确定产品故障原因的各种可能组合方式和其发生概率的一种分析技术。故障树分析的目的是帮助判明潜在的故障或计算产品发生故障的概率，以便采取相应的改进措施，也能用于指导故障诊断、改进运行和维修方案。

故障树分析一开始是由贝尔实验室的 H. A.Watson 开发的，一开始是因为美国空军第 526 ICBM 系统群的委托，要评估义勇兵一型洲际弹道导弹（ICBM）的发射控制系统。此后，故障树分析开始成为可靠度分析者进行失效分析的工具。1962 年，义勇兵一型洲际弹道导弹的发射控制安全研究，第一次公布使用故障树分析技术，随后，波音及 Avco 在

1963年至1964年间将故障树分析用在义勇兵二型洲际弹道导弹的完全系统上。1965年,在西雅图进行的系统安全研讨会上,广泛的报道了故障树分析的相关技术。1966年,波音公司开始将故障树分析用在民航机的设计上。如今,故障树分析是系统安全及可靠度分析中常用的一种分析技术,故障树分析也应用在所有主要的工程领域中。

故障树用途如下。

(1)了解最上方事件和下方不希望出现状态之间的关系。

(2)显示系统对于系统安全/可靠度规范的符合程度。

(3)针对造成最上方事件的各种原因列出优先次序;针对不同重要性的量测方式建立关键设备/零件/事件的列表。

(4)监控及控制复杂系统的安全性能。

(5)最小化及最优化资源需求。

(6)协助设计系统,作为设计工具,创建输出或较低层模组的需求。

(7)识别及修正会造成最上方事件的原因,有助于创建诊断手册或是诊断程序。

2. 故障树的步骤

FTA是一种特殊的倒立树状逻辑因果关系图,它用事件符号、逻辑门符号和转移符号描述系统中各种事件之间的因果关系。逻辑门的输入事件是输出事件的"因",逻辑门的输出事件是输入事件的"果"。常见的故障树符号如表6-2所示。

表6-2 常用的故障树符号

分类	符号	说明
事件	□	顶事件或中间时间:待展开分析的事件
	○	基本事件:不能或不需要展开的事件,表示导致故障的基本原因
	◇	省略事件:原因不明,没有必要进下一步向下分析或其原因不明确的原因事件。
	⌂	开关事件:在正常条件下,必然发生或必然不发生的事件
	⬭	条件事件:限制逻辑门开启的事件
交换标识	△▽	转移符号:表示部分故障树图的转入或转出(前者为转入、后者为转出)
逻辑门	⋀	与门:下端的各输入事件同时出现时,才能导致上端的发生上端事件的发生
	⋁	或门:下端的各事件中只要有一个输入事件发生,就可导致输出事件的发生
	⬡	禁门:下端有条件事件时,才能导致上端事件发生。

故障树的建立直接关系到定性分析和定量分析的准确性，是故障树分析的关键步骤。在建立故障树之前要对系统进行深入分析，了解其产生故障的原因、后果和其他因素。对于复杂的系统，建立故障树往往需要反复进行，一步步进行改进，从而提高整个系统的可靠性。

建立故障树一般有两种方法，分别是人工建树和计算机辅助建树。人工建树采用演绎法进行，计算机辅助建树采用合成法和决策表进行。人工建树从顶事件开始，由上至下，逐级追查事件的原因、直到找出全部的底事件。人工建树有以下两个步骤。

（1）选择和确定顶事件。一般选取最不希望发生的系统故障事件为故障树的顶事件。系统中出现的任何故障，只要它有明确的定义并可以分解为基本的底事件，都可以作为故障分析中的顶事件，故顶事件并不唯一。

（2）建立故障树。确定顶事件后，以该事件为出发点，找出所有可能导致该事件发生的直接原因，作为第一级中间事件。将这些事件用相应的事件符号表示，并用适合它们之间逻辑关系的逻辑门连接。依此类推，一步一步找出引起系统故障的全部原因，作为故障树的底事件，完成故障树的建立。

3. 故障树的定性和定量分析

（1）定性分析。故障树的定性分析就是找出顶事件的原因事件及原因事件的最小割集；发现潜在的故障；发现设计的薄弱环节，以便改进设计；指导故障诊断，改进使用和维修方案。其中最小割集指一些底事件的集合，当它们都发生时，顶事件必定发生；如果其中一个底事件不发生，都不会导致顶事件发生。

（2）定量分析。故障树的定量分析就是根据底事件的发生概率按故障树逻辑门关系计算顶事件发生的概率，以判断是否满足规定的安全性和可靠性的要求。定量分析计算中最常用的方法是直接概率法，该方法的前提是假定所有底事件相互独立，且同一底事件只在故障树中出现一次。在此前提下把故障树的或门相当于可靠性框图中的串联模型，与门相当于并联模型，这样按故障树的逻辑结构逐步向上，从而计算顶事件的发生概率。

6.3.4 可靠性设计

产品的可靠性设计对产品的固有可靠性有很大的影响，如果在设计环节出现了缺陷，那么产品的可靠性就会出现"先天不足"的情况，即使后续制造加工阶段做得再好，可能都无法提高产品的可靠性。因此，可靠性设计是可靠性工程最重要的环节。

1. 可靠性设计的内涵

可靠性设计指在遵循系统工程规范的基础上，利用一系列分析与设计等可靠性专门技术和措施的采用，以在产品性能、可靠性、费用等方面要求之间取得最优效益的设计过程。可靠性设计不只会提高产品的可靠性，这是一个在产品的性能、可靠性、成本等各方面要求之间进行综合权衡，从而得到最优设计的一个综合活动过程。

可靠性设计的目的是在综合考虑产品的性能、可靠性、成本、时间等因素的基础上，通过采用相应的可靠性技术，使产品在寿命周期内符合所规定的可靠性要求。

可靠性设计的主要内容有以下三个方面。

（1）建立可靠性模型，进行可靠性指标的预计和分配。可靠性预计和分配是可靠性设计的重要环节。为了选择方案，预测产品的可靠性水平、找出薄弱环节，及逐步合理地将可靠性指标分配到产品的各个层次上去，就要在产品的设计阶段，反复多次进行可靠性指标的预计和分配。

（2）进行可靠性分析。为了发现和确定产品薄弱环节，必须对产品进行可靠性分析。可靠性分析的内容和方法主要包括FMEA、FMECA、容差分析等。

（3）将可靠性设计和产品的性能设计相互结合，通过有效的可靠性设计方法，在满足产品的可靠性要求基础上实现利润最大化。

2. 可靠性设计准则

可靠性设计准则能将相似产品的工程经验进行总结，使其系统化，从而成为工程师进行可靠性设计所遵循的细则。可靠性设计准则是工程师开展可靠性设计的途径，普遍适用于电子、机械等各类产品和装备、系统、分系统等各产品层次。

可靠性设计准则的主要作用和特点如下。

（1）可靠性设计准则是可靠性设计的重要依据。为了满足规定的可靠性设计要求，必须采取一系列的可靠性设计技术，制定和贯彻可靠性设计准则是其中一项重要内容。可靠性设计准则作为研制规范，在设计中要准确实施。

（2）实施可靠性准则能提高产品的固有可靠性。产品的固有可靠性属于设计和制造所赋予产品的内在可靠性，是产品的固有属性。设计人员在设计中遵循可靠性准则，能够避免一些不该发生的故障，从而提高产品的固有可靠性。

（3）实施可靠性设计准则能与产品性能设计同步。工程师只要在设计中贯彻可靠性设计准则，就能将可靠性设计到产品中，从而使产品的性能设计和可靠性设计有机地结合。

（4）可靠性设计准则是研制经验的总结和升华。可靠性设计准则是以往产品研制经验的结晶，是一项宝贵的技术财富。可靠性设计准则用于指导设计人员进行可靠性设计，保证实现产品合同规定的可靠性要求。

可靠性设计准则在方案阶段就应着手制定，并在初步设计和详细设计阶段认真实施。可靠性设计准则的基本过程分为以下四个步骤。

（1）明确产品可靠性设计准则的适用范围。明确产品可靠性设计准则贯彻实施的对象产品类型、产品层次范围的使用条款及剪裁原则。

（2）制定产品可靠性设计准则初稿。对产品可靠性设计要求、相似产品的可靠性设计准则、可靠性设计经验等进行分析，编写产品可靠性设计准则的初稿。

（3）形成产品可靠性设计准则评审稿。由可靠性专业人员和有经验的工程设计人员来对可靠性设计准则初稿进行审查，评审其适用性和可行性。再根据提出的修改意见完善产品可靠性设计准则的初稿。

（4）完成产品的可靠性设计准则正式稿。邀请专家来对产品可靠性设计准则评审稿进行评审，并根据专家的评审意见进行修改完善，从而形成产品可靠性设计准则的正式稿，最后经最高技术负责人批准。

3. 可靠性设计方法

随着科技的发展，产品结构愈发复杂，有些零件一旦发生故障将会带来严重的后果，但是有些零件的故障只会造成轻微的影响。因此，我们需要根据产品及其组成部分对故障的敏感度来采用不同的可靠性设计方法。

（1）预计故障设计法。机械产品一般属于串联系统，要提高整机可靠性，应从零部件的严格选择和控制做起。例如，优先选用标准件和通用件；选用经过使用分析验证的可靠的零部件；严格按标准进行选择，加强对外购件的控制；充分运用故障分析的成果，采用成熟的经验或经分析试验验证后的方案。

（2）简化设计。简化设计是在满足预定功能的情况下，机械设计应力求简单，零部件的数量应尽可能减少，越简单越可靠是可靠性设计的基本原则之一，是减少故障提高可靠性的最有效方法，但不能因为减少零件而使其他零件执行超常功能或在高应力的条件下工作，否则简化设计将达不到提高可靠性的目的。

（3）余度设计。余度设计指对完成规定功能的整机式系统设置重复的结构、备件等，以备局部发生失效时，整机或系统仍不会丧失规定功能的设计。当某部分可靠性要求很高，但目前的技术水平很难满足，如采用降额设计、简化设计等可靠性设计方法还不能达到可靠性要求，或者提高零部件可靠性的改进费用比重复配置还高时，余度技术可能成为唯一或较好的一种设计方法，如采用双泵或双发动机配簧的机械系统。需注意，余度设计往往使整机的体积、质量、费用均相应增加。余度设计提高了机械系统的任务可靠度，但基本可靠性相应降低了。因此，采用余度设计时要慎重。

（4）耐环境设计。耐环境设计是在设计时就考虑产品在整个生命周期内可能遇到的各种环境影响。例如，装配、运输时的冲击，振动影响，储存时的温度、湿度、霉菌等影响，使用时的气候、沙尘、振动等影响。因此，必须慎重选择设计方案，采取必要的保护措施，减少或消除有害环境的影响。具体可以从认识环境、控制环境和适应环境三方面加以考虑。认识环境指不应只注意产品的工作环境和维修环境，还应了解产品的安装、储存、运输的环境。在设计和试验过程中必须同时考虑单一环境和组合环境；不应只关心产品所处的自然环境，还要考虑使用过程所诱发的环境。控制环境指在条件允许时，应在小范围内为所设计的零部件创造一个良好的工作环境条件，或人为改变对产品可靠性不利的环境因素。适应环境指在无法对所有环境条件进行人为控制时，应在设计方案、材料选择、表面处理、涂层防护等方面采取措施，以提高机械零部件本身耐环境的能力。

（5）人机工程设计。人机工程设计的目的是减少使用中人的差错，发挥人和机器各自的特点，以提高机械产品的可靠性。人为差错除人自身的原因外，操纵台、控制及操纵环境等因素也与人的误操作有密切的关系。因此，人机工程设计是要保证系统向人传达信息的可靠性。例如，指示系统不仅显示可靠，而且显示的方式、显示器的配置等都使人易于无误地接受；控制、操纵系统可靠，不仅仪器及机械有满意的精度，而且适于人的使用习惯，便于识别操作，不易出错，与安全有关的，更应有防误操作设计；设计的操作环境尽量适合于人的工作需要，减少引起疲劳、干扰操作的因素，如温度、湿度、气压、光线、色彩、噪声、振动、沙尘、空间等。

4. 可靠性预计和分配

可靠性预计和分配是可靠性设计中的两个重要内容，它在系统设计阶段要反复多次进行。可靠性预计是根据产品最基本的元器件或零部件的可靠性数据及相互结构关系来推测产品可达到的可靠性水平的活动过程，是一个自下而上的过程；可靠性分配时产品要求的可靠性指标，将其分配到每一个元器件或零部件的活动过程，是一个自上而下的过程。

（1）可靠性预计。可靠性预计是在设计阶段对系统可靠性进行定量的估计，是根据相似产品可靠性数据、系统的构成和结构特点、系统的工作环境等因素估计组成系统的部件及系统的可靠性。可靠性预计结果可以与要求的可靠性相比较，估计设计是否满足要求，通过可靠性预计还可以发现组成系统的各单位中故障率高的单元，找到薄弱环节，加以改进。可靠性预计有很多方法，如元器件计数法、应力分析法、上下限法等。

可靠性预计的基本步骤如下。

第一步：分析各元器件的物理关系和功能。

第二步：根据系统和子系统、子系统和元器件的功能关系，画出逻辑框图。

第三步：确定元器件的失效率和不可靠度。

第四步：建立数学模型。

第五步：按元器件、子系统、系统顺序进行可靠性预计。

第六步：列出可靠性预计的参考数据。

第七步：得出预计结论。

（2）可靠性分配。可靠性分配就是将产品总的可靠性定量要求分配到规定的产品层次，通过分配使整体和部分的可靠性定量要求协调一致，它是一个由整体到局部，由上到下的分解过程。可靠分配有很多方法，如评分分配法、比例分配法等。

可靠性分配的基本步骤如下。

第一步：明确系统可靠性参数指标要求。

第二步：分析系统特点。

第三步：选取可靠性分配方法。

第四步：进行可靠性分配。

第五步：验算可靠性指标要求，调整优化。

6.4 可靠性管理

6.4.1 可靠性管理的内涵

可靠性管理指为确定和达到要求的产品可靠性特性所需的各项管理活动的总称。它是从系统的观点出发，通过制订和实施一项科学的计划，去组织、控制和监督可靠性活动的开展，以保证用最少的资源，实现用户所要求的产品可靠性。

可靠性管理是质量管理的一项重要内容。在产品设计、制造到使用的全过程实行科学管理，对提高和保证产品的可靠性实验关系极大。

1. 可靠性管理概述

可靠性管理指通过对各个阶段的可靠性工程技术活动进行规划、组织、协调、控制和监督，经济性地实现产品计划所要求的定量可靠性，是为实施可靠性工程和达到可靠性目标的一种管理方法。

可靠性管理是为保证产品质量所采取的各项技术组织措施，是产品质量管理的组成部分。可靠性管理包括以下五点。

（1）可靠性计划。内容包括使产品达到预定的可靠性指标，在研制、生产各阶段内容、进度、保障条件及为实施计划的组织技术措施等。

（2）可靠性指标分配。将可靠性指标按科室或车间队组分配落实。

（3）可靠性试验。为评价分析产品的可靠性而进行的试验。

（4）可靠性评价。根据可靠性试验，对产品的可靠性进行评价。

（5）可靠性验证。由生产方与使用方以外的第三方，通过对生产方的可靠性组织、管理和产品技术文件及对产品可靠性试验结论进行审查，以验证产品是否达到规定的质量标准。

可靠性管理具备以下特点。

（1）在从设计、制造到使用的全过程中，为提供能满足使用要求的高有效性（可靠性和维修性）的产品所采取的提高可靠性的一切措施、方法和活动，称之为可靠性管理。

（2）可靠性管理不仅是单纯的保证技术，而且是企业中一项重要的经营决策，它有利于增强企业的素质，提高企业的可靠性水平，一整套以可靠性为重点的质量管理制度的形成，将大大改善企业中人员的可靠性素质，也会改善厂风、厂貌，是企业长期生产可靠性产品的强大力量。

2. 可靠性管理与质量管理的关系

质量与可靠性是密不可分的两个概念，既有区别又有联系。在质量要求中往往包含了可靠性要求。

在国际标准 ISO9000：2005 中，质量是这样定义的："一组固有特性满足要求的程度"。质量的核心是满足要求，这种要求既包含顾客明示的要求，也包含顾客隐含的要求；既包含顾客购买时的要求，更包含顾客对产品使用过程中的要求。

可靠性的定义为"产品在规定的条件下和规定的工作时间内，完成规定功能的能力"。可靠性工程的核心，是围绕预测故障和预防故障所形成众多技术的集合。

1）质量、可靠性问题的属性及其关系

从质量的内涵可知，质量问题是产品某些或某项特性不满足要求，由设计、制造和管理等综合因素导致。可靠性问题指产品在规定条件下不能实现既定功能，问题产生的原因为产品故障。

产品质量问题由人、机、料、法、环等环节的多个因素引发。产品质量如果出现主体不到位、技术支撑不力、条件保证欠缺、监督和激励机制不落实等情况，都会导致产品质量问题产生。

可靠性问题是基于产品故障而产生的。通过统计试验可知，故障的产生期可划分为 3

个阶段,即早期故障阶段、偶然故障阶段和耗损故障阶段。对于包含很多器件的产品,3个故障阶段都会存在;有些产品则只含有部分阶段,如软件产品就没有耗损阶段。

2)质量和可靠性问题的同异

产品具有的能力多指产品固有的物理特性和功能特性。可靠性所研究的产品能力,是完成任务、实现功能的能力,这是产品共有的能力,比其他能力更为明确、更具普遍性。同样,产品应满足要求也是共有的特性。

可靠性、质量的共同特点是,二者研究的问题是所有产品的共性。每种产品都要求满足固有特性,同时也不能丧失规定的功能。

质量问题指产品某些固有特性不能满足要求;可靠性问题指产品是否失效。可靠性本身是产品的固有特性,产品在规定的时间、条件下能够实现既定功能,即为满足要求,满足要求则说明该产品具备所需能力,即产品质量合格—此时不存在可靠性方面的质量问题;当产品的可靠性不能满足要求时,可靠性问题则被视为质量问题。

6.4.2 可靠性数据管理

1. 可靠性数据的来源和采集方法

企业内部的数据主要来源于企业内部的各个部门,如开发设计、质量、生产等和产品可靠性有关的部门,都有责任和义务收集并提供相关的可靠性数据。这些数据可以从现场的记录中得到,如进厂原料的检验数据、质量检查记录等。企业内部的数据大多属于早期故障,主要是模拟试验的结果。但还有很多可靠性数据往往无法从企业内部取得,只能从企业外部收集。

企业外部或市场用户收集数据是可靠性数据收集的一个特点。企业生产的产品大量在市场流通,在用户现场使用。用户现场是产品的实际运行工况和使用条件的基地,许多产品只有在产品长期运行过程中才能产生大量的可靠性数据,因此由用户提供的可靠性数据才是最真实、最详尽、最能反映实际问题的,这些数据可以较真实地反映产品的可靠性水平。

可靠性数据采集的方法主要包括:直接收集法、调查表法、定期反馈法和可靠性试验法四种。

(1)直接收集法。直接收集企业内部和外部通常已记录的可靠性数据,如企业信息系统里中已保存的各类数据等,该方法用时最短,可以初步了解企业可靠性现状,但采集到的数据不够全面,不便于进行深入分析。

(2)调查表法。制作可靠性调查表格,分发给与可靠性相关的部门和员工填写,该方法收集到的信息比较全面真实,调查表格制作的好坏是关键,需要有针对性地进行调查。例如,针对采购部门的供应商能力调查表。

(3)定期反馈法。企业各部门都有责任采集并定期反馈可靠性数据,该方法是一种较好的长期数据采集方法,但与各部门员工的业务素养和文化程度有直接关系。

(4)可靠性试验法。数据从实验室进行的可靠性试验中得到,但较短的试验时间不容易暴露故障,同时采用加速加载试验等方法时需注意试验数据与现实数据相对应的问题。

在可靠性数据的采集过程中,由于各种因素的影响,数据丢失现象严重,造成数据不完整和不连续，影响了数据分析结果。在采集数据时，应对这些情况进行了解，以便对分析方法和分析结果进行修正。另外，由于数据采集中的人为差错，还需要对采集数据的人员进行培训，加强责任心教育，才能逐步避免犯错误。

2. 可靠性数据的特点

可靠性数据往往都伴随着时间特征，主要具有以下两方面的特点。

（1）可靠性数据是一类特殊的数据，需要在一定的理论指导下，通过一定的数学手段获得。

（2）可靠性数据的获取往往伴随着高代价，因为故障时间类数据只有在产品发生故障后才能获取，所以有时候需要将一部分成品拿去做试验才能得到具有代表性的数据。可靠性试验持续越久，付出的代价就越大。

3. 可靠性数据的分类

可靠性数据的分类方式不统一，只要保证数据齐全、准确就可以。可靠性数据通常可分为七类：产品可靠性分析原始数据、产品可靠性分析基础数据、环境条件数据、使用条件数据、质量数据、产品故障数据、可靠性信息数据。

4. 可靠性数据管理原则

可靠性数据的积累是一个长期的过程，在此过程中必须对数据信息进行有效的组织和管理。可靠性数据管理应遵循的原则如下。

（1）可靠性数据应该尽量使用数据库管理软件进行管理，以便于查询和统计分析。

（2）不同级别的企业人员对可靠性数据的使用和管理权限应不同。

（3）下层人员定期向上层人员提交可靠性数据；上层人员必须对下层人员提交的数据进行检查确认。

（4）必须严格保证可靠性数据的准确性、及时性和完整性，及时剔除失效数据。

（5）在所有相关人员检查评审后，任何人不得随意修改可靠性数据。

6.4.3 可靠性过程管理

可靠性管理往往伴随着产品的整个寿命周期，主要包括设计、生产、销售、使用、维修等阶段。

1. 设计阶段的可靠性管理

设计阶段的可靠性管理的首要任务是确定产品的可靠性要求，企业要根据用户的需求出发，提出产品的基本性能、主要特点、主要技术指标及应得到的可靠性指标，并进行论证，最后提出正式的产品技术要求。

设计阶段是可靠性管理的基础。产品的可靠性这一内在的质量指标是在产品的设计阶段形成的，因此从产品研制开始就必须强调要考虑其可靠性。可靠性工作开展得越早，成效就越大，经济效益就越好。设计阶段的可靠性管理内容主要有以下两个方面。

（1）编制企业"新产品开发管理体系"及实施细则，采用定量评分方法来按阶段评定产品可靠性设计的优劣和水平，督促和鼓励设计人员采用新技术（如可靠性设计技术三次设计法价值工程等），保证设计质量。

（2）可靠性设计管理及有关规定。可靠性设计管理及有关规定主要包含三个内容：一是在新产品设计任务中必须提出可靠性与维修性指标；二是对新产品进行方案论证时，必须有可靠性与维修性论证报告；三是产品使用环境的现场调查资料，分析影响产品可靠性的环境及主要应力、采取的防护设计和环境适应设计的有效措施。

2. 生产阶段的可靠性管理

在产品的生产过程中，车间工人、原材料、设备、操作方法、环境等都会对产品的可靠性造成影响。因此，生产阶段可靠性管理的主要任务就是建立保证生产出符合设计要求的可靠性产品的管理体系，主要内容如下。

（1）建立和实施上自厂长下至职工的质量责任制，有严密的质量组织体系。

（2）质量保证体系完备，各项质量原始记录齐全，能保证可靠性目标的实现和可靠性增长。

（3）对主要的外购外协件供应的厂家，必须进行质量评审、制定管理办法，订货合同应有可靠性指标及检验的抽样方案。

（4）对入厂的元器件或部件原材料进行严格检验。

（5）按照标准工艺，对元器件进行严格的老化筛选，或采用严格的工艺措施，剔除其早期失效部分，排除潜在的故障因素，保证上机元件的可靠性。

（6）制定完备的可靠性制造规范。

3. 销售阶段的可靠性管理

销售阶段会和消费者直接接触，在此阶段，可靠性管理的主要任务有两点：第一，了解消费者对产品的要求、使用感受、故障等信息；第二，掌握产品的可靠性状况，使消费者了解产品正确的选择和使用方法。

从消费者的角度出发，为了让消费者便于理解，应让操作使用说明书尽量详尽，规定的使用和环境都要明确，对于发生故障的责任范围和处理方式都要详细指出。

4. 维修阶段的可靠性管理

维修阶段主要是维持产品的可靠性水平。由于受到各种因素的影响，产品在运输、使用、维修过程中会使设计和生产赋予产品的可靠性发生退化，从而导致产品的可靠性水平下降，所以要进行严格的管理，防止这种退化的出现。

产品使用阶段的可靠性和维修性和人机工程等多种因素有关，为了保证产品的可靠性，要特别重视操作管理、维修管理和使用可靠性数据的收集和反馈等工作。

复习思考题

1. 什么是质量可靠性？简述可靠性要求。
2. 可靠性特征量有哪些，它们的意义是什么？
3. 什么是可靠性模型？
4. 为什么要进行 FMEA 或 FMECA 工作？尝试以一个熟悉的产品进行 FMEA 或

FMECA 工作，并填写 FMEA 或 FMECA 表格。

5. 如何建立故障数？在建立故障树的过程中需要注意什么？

6. 某元件寿命服从指数分布，其平均寿命为 2000 小时，求故障率 λ 以及可靠度 $R(100)$ 和 $R(1000)$。

7. 设产品的失效函数为 $\lambda(t) = C_t (t>0)$。其中，C 是常数。求其失效密度函数 $f_{(t)}$ 和可靠度函数 $R_{(t)}$。

案例分析题

在民用航空领域总绕不开两个历史悠久的航空器制造公司。第一个是由欧洲航空防务及航天公司和英宇航系统公司共同拥有的空中客车公司（AirBus），简称空客。另一个则是总部位于美国的波音公司（The Boeing Company），波音公司作为世界上最大的民用与军用飞机制造商，业务更是涉及导弹、卫星发射，是美国国家航空航天局的主要服务供应商，运营着航天飞机和国际空间站。两家公司都是世界 500 强中航空器制造的佼佼者，处于竞争的地位。

波音 737 系列飞机是美国波音公司生产的中短程双发喷气式客机，自研发以来，五十年销路长久不衰，成为民航历史上最成功的窄体民航客机系列之一，至今已发展出 14 个型号。截至 2018 年 04 月，波音已经向全球客户交付了约 10000 架波音 737 各种机型的飞机，其订单数更是达到了约 15000 架，成为世界上最成功的客机家族之一。2018 年 03 月 13 日，波音公司在美国华盛顿州伦顿一架 737 MAX 客机前庆祝，这是自 1967 年来生产的第 10000 架波音 737 型客机，同时，这也让波音 737 型客机成为世界上第一种生产数量达到 10000 架的喷气式客机，打破了世界纪录。

波音 737MAX 虽然是波音 737 型客机的主力产品，却存在巨大的设计缺陷，它的设计缺陷这直接导致了两次严重的空难事故。

2018 年 10 月 29 日 6 时 20 分，JT610 航班从雅加达苏加诺—哈达国际机场飞往邦加槟港，飞机起飞 13 分钟后失联，已确定在加拉璜（Karawang）地区附近坠毁。2019 年 10 月 25 日下午，印尼国家运输安全委员会在雅加达总部举行新闻发布会，公布了 2018 年 10 月该国狮航客机坠海空难最终调查报告，列出了失事客机设计缺陷和飞行员应对失误等原因。

报告显示，失事的波音 737 MAX8 客机防失速的机动特性增强系统（maneuvering characteristics augmentation system，MCAS）设计和认证没有充分考虑飞机失控的可能性。波音公司 MCAS 设计允许对飞机水平尾翼进行调整的角度从 0.6°提高至 2.5°，而这一改动并未及时在提交给美国联邦航空管理局（Federal Aviation Odministration，FAA）的相关文件中进行更新，因此 FAA 未能重新评估该设计更改的安全性。

2019 年 3 月 10 日 8 时 38 分，埃塞俄比亚航空公司一架波音 737-MAX8 客机从埃塞俄比亚首都亚的斯亚贝巴起飞，计划飞往肯尼亚首都内罗毕。飞机起飞后不久在距亚的斯亚贝巴约 45 公里的比绍夫图附近坠毁，机上载有 149 名乘客和 8 名机组人员，全部遇难。

2019 年 4 月 4 日，埃塞俄比亚交通部长马维特·莫格斯（Dagmawit Moges）出席埃塞俄比亚 ET302 航班失事调查初步报告新闻发布会。埃塞俄比亚交通运输部公布的调查结果显示，失事客机飞行员在发现机头出现反复不受控朝下的情况后，多次根据紧急情况应对程序试图操控飞机,但飞机仍然失控。初步报告确认飞机一直处于满油门飞行,副驾驶称无法使用手动配平,原因应该是在超速飞行时,向后的带杆力和向前的安定面配平会对安定面螺旋千斤顶产生很大的应力。

FAA 的副局长阿里·巴赫拉米接受国会调查,出席听证会。FAA 是美国运输部下属、负责民用航空管理的机构,同样负责监管民用航空飞机制造。根据巴赫拉米的陈述,FAA 在印尼狮航客机坠海发生后,为了防止空难事件再次发生,曾对波音公司的 MCAS 系统的软件修改进行评估。根据评估数据显示,在飞行周期内,波音 737MAX 最多可能导致 15 起致命事故。但 FAA 认为现实发生类似的事件概率基本为 0。FAA 并没有否认 MCAS 系统,而是给予波音公司 150 天的时间对系统优化修改,并且对飞机驾驶员进行相应的培训,FAA 认为这些时间足够完善系统而不至于再次导致空难。

波音的 CEO(首席执行官)尼斯·穆伦伯格也被召唤到国会。根据听证,波音公司意识到飞机在数据错误下可能导致重大事故,并且内部有人提出应该培训飞机驾驶员,波音公司非但没有公开飞机缺陷让飞行员知晓,反而宣称该飞机可以减少飞行员的训练时间。波音内部曾有人提议将 MCAS 系统显示在操作屏幕上,然而却被波音公司忽视,穆伦伯格将为这点忽视而懊悔。

随后,穆伦伯格辞退执行官一职,波音公司承认对 MCAS 有"误导性陈述、半真半假和遗漏"的情况,赔付共计 25 亿美元,其中 5 亿美元用于赔付受难者家属,其余赔付航空公司损失。经过严格审查后,FAA 也批准了波音 737MAX 的适航许可,该机型现在继续为民航服务,再未发生过因系统缺陷导致的事故。

(资料来源:张百豪:波音 737MAX 两次空难案例分析,https://blog.csdn.net/m0_62641005/article/details/128270069。)

请根据案例回答以下问题

1. 案例中两次空难发生的原因是什么?
2. 如何开展可靠性工作,从而增强我国航空航天领域的实力?

第三篇

集成质量管理

第7章 质量管理体系

学习目标

1. 掌握全面质量管理的实施方法和基础工作。
2. 了解质量管理体系标准的产生和发展,掌握其中的核心标准。
3. 熟悉质量管理体系标准在我国的应用及发展。
4. 掌握质量认证和质量审核的相关概念及应用程序。
5. 熟悉卓越绩效管理模式的内容,了解卓越绩效管理模式的作用。

课程思政导读

质量至上,实业强国

7.1 全面质量管理

7.1.1 全面质量管理的指导思想

全面质量管理强调"质量第一"的指导思想。这就要求企业的全体员工,特别是领导层要有强烈的质量意识,并将其融入企业的经营理念和价值观中。组织实现"质量第一"则主要体现在以预防为主、用事实和数据说话、为用户服务、持续改进、以人为本这五个方面。

1)以预防为主

全面质量管理理论一直提倡质量是设计、制造出来的,而不是检验出来的。这一理念直接将通过检验来控制产品的质量转变为从产品的设计和生产初期就对产品质量进行严格把关,把"管结果"变为"管因素",其本质是实行"预防为主"的方针,把影响产品的质量因素提前控制起来,将不合格品消灭在产品的所有实现过程之中。以预防为主的理念为实践"质量第一"指明了方向。

2)用事实和数据说话

全面质量管理的过程是科学分析和坚持实事求是的过程。在推行全面质量管理的过程中,将广泛采用各种统计方法和工具,收集、整理和分析影响产品质量的各种因素的数据,提取数据所蕴含的质量信息和质量波动规律,用客观的事实和数据说话,实现对产品质量的精准控制。这是深入实践"质量第一"的科学方法和重要手段。

3)为用户服务

全面质量管理所服务的"用户",包括了产品的使用者和在企业内部中,下道工序是上道工序的"用户"。产品的使用者是产品质量的最终体验者,直接决定产品质量的好坏;而上道工序为下道工序提供相对应的产品零件,按照产品质量的形成顺序,逐级影响产品质量。因此，企业在推行全面质量管理时，要以用户为中心，全面为用户服务，确保用户满意。这是"质量第一"应达到的最终目标。

4）持续改进

全面质量管理是一种闭环管理，其目标是持续改进产品的质量，这也是企业面对不断变化的顾客需求及竞争激烈的市场时的必然选择。PDCA 循环是科学的工作程序，反映了事物的客观规律。在保证质量的基础上，运用 PDCA 循环对质量进行改进，是全面质量管理的精髓，在方法上将实现质量的持续改进，是达到"质量第一"的重要支撑。

5）以人为本

全面质量管理强调以人为本，要从两个方面理解。一方面是全员参与质量管理，要在管理中突出人的作用，通过教育等手段，在所有员工中树立起"质量第一，人人有责"的工作理念；另一方面是充分考虑员工的利益，通过激励等手段，充分调动员工的工作积极性，提高员工日常的工作效率和工作质量，从而达到提高综合质量的目的。以人为本实现"质量第一"思想的根本保证。此外，"质量第一"并非"质量至上"，不能不顾成本，不顾市场需求。"质量第一"的思想是在企业的各个环节中建立起质量概念，是所有员工学习质量、重视质量，把质量和成本、市场等多个生产要素综合考虑起来，确定出的最适宜质量。

7.1.2　全面质量管理的基本方法

1. PDCA 循环

1）PDCA 循环概述

PDCA 循环是全面质量管理的基本方法，包括了计划（plan）、执行（do）、检查（check）、处理（action），具体内容如图 7-1 所示，是全面质量管理工作持续改进的 4 个必要环节。

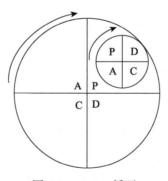

图 7-1　PDCA 循环

（1）计划。其内容主要有制定质量方针、目标和活动计划、管理项目等，目的是通过满足顾客需求来获得经济效益和相关收益。

（2）执行。组织人力、物力、财力等资源，全力实施第一个环节制订的相关计划和任务，确保计划能够按要求贯彻和落实。

（3）检查。将当前结果和预期目标进行对比，检查哪些已经做了，哪些没有做，哪些方法有效果，成功的经验是什么，对全部结果进行充分总结。

（4）处理。巩固成果，吸取教训，将成功和失败的结果尽可能转化为未来执行的标准，没有解决的问题转化到下一个循环过程继续改进。

2）PDCA 循环的基本步骤

为了解决和改进产品质量问题，通常把 PDCA 循环进一步具体为 8 个步骤，包括了分析现状、分析原因、找主要原因、制订计划、执行计划、调查效果、总结经验吸取教训、遗留问题转入下一个循环。具体顺序如图 7-2 所示。

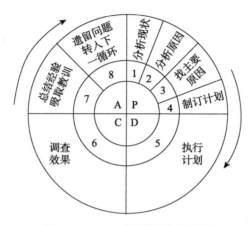

图 7-2　PDCA 循环的基本步骤

3）PDCA 循环的特点

（1）大环套小环，相互促进。PDCA 循环是一种科学的闭环管理方法，在 PDCA 循环中，上一级循环是下一级循环的依据，下一级循环是上一级循环的落实和具体化。PDCA 循环不仅适用于企业整体，还适用于企业内部的各个组织、部门、班组和个人。如果企业的整体工作按 PDCA 循环进行，则企业各组织、部门、班组和个人都要根据企业的总目标、总要求，具体制定相应的 PDCA 工作循环，形成大环套小环，一环扣一环，互相协同，互为补充的有机整体。最终的结果是无论企业，还是组织或个人，都在为整体的质量目标而努力，不断提高着企业的整体实力。

（2）层层递进，阶梯式进步。如图 7-3 所示，每个 PDCA 循环并非原地踏步，而是通过小循环和大循环之间的联系层层递进。每次进入下一个循环都会制定新的目标和计划，每次制定的新目标都是建立在解决了之前存在问题的基础上，这就意味着每次循环都在解决质量问题，都在不断提高质量水平。随着顾客需求的不断变化，技术的不断革新，标准的不断提高，PDCA 循环将会像爬楼梯那样，一直向上进步，不断提升。

（3）处理环节是关键。在 PDCA 循环中，处理环节就是总结经验，分析结果，并将未解决的问题和新的问题纳入下一个 PDCA 循环中，这是循环上升的关键所在。如果不能很好地把成功的经验标准化、制度化，以便在下一循环中巩固成绩，避免重犯错误，那么就不能防止同类问题的再度发生，循环就失去了意义。

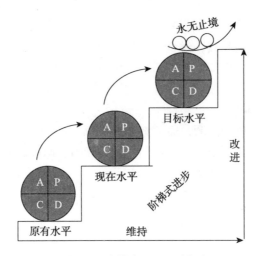

图 7-3 阶梯式 PDCA 循环

2. 朱兰"质量管理三部曲"

20 世纪 70 年代末期,日本引进统计质量控制的思想和方法,一举改变了日本产品质量低劣的状况,对美国企业的产品市场份额占比形成了严重冲击。为解决这一问题,美国质量管理专家纷纷提出理论,其中,朱兰认为产品中的质量问题 80%是由于管理不善引起的,要提高产品质量,就应破除传统质量观念,抓住计划—控制—改进这 3 个主要环节,因此便形成了朱兰"质量管理三部曲"——质量计划、质量控制和质量改进。

质量计划是为实现质量目标做准备的过程,朱兰认为必须从认知质量差距开始,看不到差距,就无法确定目标。为了消除各种类型的质量差距,并确保最终的总质量差距最小,质量计划包括以下 6 个步骤。

(1)必须从外部和内部认识顾客。
(2)确定顾客的需要。
(3)开发能满足顾客需要的产品。
(4)制定质量目标,并以最低综合成本来实现。
(5)开发出能生产所需要产品的生产程序。
(6)验证上述程序的能力,证明其在实施中能达到质量目标。

质量控制是对实现质量目标的整个过程进行控制。朱兰强调,质量控制并不是优化一个过程(优化表现在质量计划和质量改进之中,如果控制中需要优化,就必须重新调整计划,或者转入质量改进),而是对计划的执行,他列出了质量控制的 7 个步骤。

(1)选定控制对象确定控制目标。
(2)配置测量设备。
(3)确定测量方法。
(4)建立作业标准。
(5)判断操作的正确性。
(6)分析与现行标准的差距。
(7)对差距采取行动。

总之，质量控制就是在经营中达到质量目标的过程控制，关键在于把握何时采取何种措施，最终结果是按照质量计划开展经营活动。

质量改进指突破原有计划从而实现前所未有的质量水平的过程，管理者通过打破旧的平稳状态而达到新的管理水平。质量改进的有以下七个步骤。

（1）证明改进的需要。

（2）确定改进对象。

（3）实施改进，并对这些改进项目加以指导。

（4）确认质量问题的产生原因。

（5）提出改进方案。

（6）证明这些改进方法有效。

（7）提供控制手段，以保持其有效性。

质量改进与质量控制性质完全不一样。质量控制是要严格实施计划，而质量改进是要突破计划，通过质量改进，达到前所未有质量性能水平，最终结果是以明显优于计划的质量水平进行经营活动，质量改进有助于发现更好的管理工作方式。

在朱兰"质量管理三部曲"中，质量计划明确了质量管理所要达到的目标及实现目标的途径，是质量管理的前提和基础；质量控制确保事物按照计划的方式进行，是实现质量目标的保障；质量改进则意味着质量水准的提升，标志着质量活动是以一种螺旋式上升的方式在不断攀登和提高。

3. 质量管理（QC）小组活动

1）质量管理小组概述

世界上首个QC小组诞生于日本。在20世纪50年代末至20世纪60年代初，日本为推动统计技术的推广和应用，培训和激励基层员工，并且结合日本独特的企业文化，给基层员工设计了一些挑战游戏，而基层员工为完成这些游戏而成立了小团队，这就是QC小组的雏形。随着全面质量管理的发展，QC小组发展成为开展和推行全面质量管理的重要方法和工具。日本著名质量管理专家石川馨对QC小组的定义是：在同一车间内自发进行质量管理活动的一环，由全体人员参加，自我启发、互相启发，采用质量管理的手段不断加强和改进车间的管理工作。

我国从1978年开始推行全面质量管理和QC小组活动，北京内燃机厂在学习日本全面质量管理经验的基础上，建立了我国第一个QC小组。中国质量协会发布的《质量管理小组活动准则》中将QC小组定义为：由生产、服务及管理等工作岗位的员工自愿结合，围绕组织的经营战略、方针目标和现场存在的问题，以改进质量、降低消耗、改善环境、提高人的素质和经济效益为目的，运用质量管理理论和方法开展活动的团队。

由于QC小组是从基层质量管理人员发展而来的管理团队活动，因此，QC小组具有以下几个显著的特点。①明显的自主性：QC小组主张员工自愿参加，实行自主管理、自我教育、自我发展，小组成员之间相互启发，将充分发挥小组成员的自主性。②严密的科学性：开展QC小组活动将采用科学的方法和工作程序来分析问题，用客观的数据和事实来解决问题，尽可能减少人为因素的影响。③广泛的群众性：参加QC小组的人员包括但不限于领导、技术人员及管理人员，生产和服务一线的操作人员都能参加，企业全部人员都是QC

小组的后备力量。④高度的民主性：QC 小组的组长是民主推选出来的，小组内的成员可以轮流担任，小组内人人平等，不分职位与技术等级高低，大家各抒己见、集思广益、博采众长以保证目标的实现。

QC 小组能够充分发挥广大基层职工的智慧和力量，激发员工的潜能，调动员工的积极性，不仅能使企业员工获得更大的工作成就感，而且解决和预防了大量的基层质量问题，大大提高了企业的综合管理水平。另外，QC 小组还有利于改善企业员工之间的关系，为企业形成长期的质量文化奠定基础。

2）质量管理小组的建立

QC 小组的组建决定了组织内部推行全面质量管理活动的效果，因此，组建 QC 小组时，应遵循以下原则。

（1）自愿参加、自愿结合。自愿是组建 QC 小组的关键，只有在对课题看法相一致、性格特点相互协调的情况下，通过自愿参加，自愿结合的方式，才能保证小组成员都能充分发挥出积极作用，才能更好更快获得活动成果。

（2）由上而下、上下结合。这是组建 QC 小组的基础，如果是涉及面较广、难度较大的课题，可以由高层管理者选择一些有能力、有特长的人员，自上而下建立 QC 小组，并开展活动，将有利于解决疑难问题。如果是针对生产经营中的一些基本活动，可以由基层员工或技术骨干自由组合，总之要保证 QC 小组能够顺利开展工作并得出成果。

（3）灵活多样，实事求是。QC 小组的目的是充分发挥基层工作人员的智慧和能量，达到提高员工素质，改进质量，降低消耗，提高经济效益的目的。因此，组建 QC 小组时要灵活多样、实事求是，根据不同的工作模式、工作环境和工作要求，组建不同形式的 QC 小组。

组建 QC 小组时还应注意以下事项。

（1）QC 小组的人数不宜过多，三人以上，十人以下最为适宜，推选的组长要有一定的领导能力、组织能力和技术能力，要善于团结员工。

（2）自愿和自由不等于无组织管理。虽然遵循自愿参加，自愿组合的原则，但 QC 小组仍需要组织的领导，组织的管理者要充分重视 QC 小组的活动开展和管理，要创造良好的工作氛围，引导和激发 QC 小组成员的积极性。

（3）做好培训工作。质量活动开展前，要积极开展质量教育和培训工作，提高 QC 小组成员的质量意识和综合水平，保证 QC 小组成员能够顺利开展活动，而不是把活动开展变成小组成员的负担。

（4）组织要建立 QC 小组管理制度。开展 QC 小组是组织推行全面质量管理活动的重要内容，是完善组织质量管理体系的重要环节，组织应该建立完善的 QC 小组管理制度，保障 QC 小组日常的管理、教育、监督和评审工作。

3）质量管理小组的活动程序

QC 小组建立以后，要按照一定的程序开展一系列的活动，包括了课题选择、现状调查、原因分析、目标设定、对策实施和总结与下一步计划。

（1）课题选择。一般来说，QC 小组的选题范围十分广泛，涉及企业各个方面的工作，如提高生产效率、降低生产成本、提高产品质量、开发新产品等。根据活动课题的不同，QC 小组的活动课题可以分为问题解决型课题和创新型课题。不同的活动课题要注意不同的问题，如果是问题解决型课题，即生产活动中已经出现了不合格或不满意的问题，QC 小组成员应结合实际情况，在小组能力范围内，选择适宜的课题，课题的名称要直接、明确，尽可能表达出课题开展的价值，选题的理由要充分，用数据表达；如果是创新型课题，小组成员则应针对当前生产活动的需求，通过广泛借鉴，不断启发小组成员的灵感、思路等，去设计和开发新的工具、设备、零件等。创新型课题在实施时要尽可能保证可行，必要时要组织评审小组论证课题的可行性。需注意，如果是新成立的 QC 小组，可采取"先易后难"的原则选择课题，不仅能保证课题达到预期的目标，还能锻炼团队，为后续课题实施奠定基础。

（2）现状调查。为了尽可能了解问题的现状和严重程度，QC 小组成员要对选择的课题进行深入调查，并且为后续设定目标提供依据。现状调查不是课题确认，也不是原因分析，因此要注意几个问题：一是收集的有关数据和信息要客观全面，且信息与数据具有时效性；二是要对收集的数据进行细致的整理和分析，挖掘数据隐藏的质量信息，然后通过这些信息，找出问题的症结；三是要尽可能去现场观察、测量和跟踪，掌握第一手资料。进行现状调查时，根据现场的生产环境和生产特点，可以采取调查表、直方图、排列图、折线图、柱状图、饼状图等易于挖掘质量信息的方法。

（3）原因分析。QC 小组成员在分析所选课题的原因时，首先，要结合问题的特点，运用科学的方法，如因果图、关联图、系统图、相关图、排列图等；其次，分析问题要彻底，找出问题的根源，层层深入，直到可以直接采取有效的措施解决问题；再次，解决问题要全面，采用 5M1E 方法，将问题涉及的方方面面都纳入考虑范围，保证没有遗漏；最后，要充分发挥小组成员的智慧，利用头脑风暴法等方法调动成员的积极性，确保分析问题时抓住问题的本质原因。

（4）目标设定。根据现状调查的结果，QC 小组成员要结合实际生产情况和自身的工作能力，设定工作目标。在设定目标时，可以遵守 SMART 原则，即设定的目标是清晰、明确的（specific）；设定的目标要可量化，能用一定的方法进行测量（measurable）；设定的目标经过努力是可实现的（attainable）；制定的目标是企业或组织内部都关心和需要的（relevant）；设定的目标一定是有时限的（time-based）。另外，为了评估目标可行，小组成员可以利用 5W2H 方法，对目标的实现过程进行细化，即做什么（what），明确目标和目标值；谁来做（who），明确小组成员的分工；为什么（why），明确问题产生的原因；何处做（where），明确配合的部门和工作场地；什么时候做（when），明确目标完成的时间计划；如何做（how to do），明确工作步骤和解决措施；成本如何（how much），明确实现目标需要花费多少成本。解决上述问题，小组成员下一步即可分工协作，进行具体的对策实施。

（5）对策实施。针对课题的不同原因实施对策时，要注意以下几点：第一，根据原因分析的结果，QC 小组成员要对不同的原因和与之相对应的对策按照重要度进行排序，结合设定的工作目标，首先抓住主要原因进行改进；第二，对策实施前，要对相关人员进行培训指导，确保相关人员了解和熟悉改进内容，还要明确对策实施的责任人，确保对策实施到位，问题解决彻底；第三，在具体实施各项对策时，要对照时间计划和实施进度不断进行调整，确保每一项对策按要求、按时间完成。此外，在必要时，还要验证对策实施结果对安全、成本、环保等方面的负面影响。

（6）总结与下一步计划。完成各项计划后，QC 小组应该对整个活动进行总结并记录下来。总结时同样需要注意以下几点内容：第一，对实施结果进行评估，确认是否所有目标都已实现，没有达到预期目标的原因是什么；第二，总结成功和失败的经验，要根据5M1E的内容，全面客观地总结各项经验，对失败的经验要尤为重视，不断吸取经验教训，提高小组成员解决问题的能力，在下一个循环时，把失败的经验放在首位去考察；第三，对没有实现的目标和遗留问题进行分析，评估是否有必要进入下一个循环继续进行改进；第四，根据实际情况对改进的成果进行标准化和推广，扩大战果，提高组织内部的综合质量管理水平。

下一步计划要根据改进情况和实施效果进行判断，如果课题改进不够彻底，预期的目标有必要再次改进，则QC小组可以制定新的计划，将未完成的目标作为下一次课题继续改进，或者直接更换新的课题进行研究。如果当前课题已经解决，该QC小组也可以解散，并组建新的QC小组。

4）质量管理小组的审核与奖励

QC小组的活动程序结束后，组织应该根据实际情况，对QC小组进行评估审核和奖励。评估审核指对QC小组完成课题的整个过程、解决问题的能力、活动效果等进行评价和审核，不仅能确保QC小组的有效性，还可以巩固小组成果。奖励指要对QC小组内表现优异的个人进行表彰，激励组员积极进取，勇攀高峰。这是组织推动QC小组的重要手段。组织对QC小组的奖励应纳入到长期的规章制度中，作为一项长久的工作实施，不仅能够促进QC小组成员的积极性，而且能激励其他员工积极进行质量管理工作。

7.1.3　全面质量管理的基础工作

"千里之行，始于足下"，做任何事情都要从头做起。企业要推行全面质量管理，首先要脚踏实地抓好全面质量管理的基础工作，它是企业开展全面质量管理必须具备的基本条件、基本手段和基本制度。全面质量管理的基础工作包括：质量教育、质量责任制、标准化工作、计量工作、质量信息工作、质量文化建设等。

1. 质量教育

全面质量管理坚持"质量第一"的指导思想，而质量的好坏直接取决于员工的质量意识、技术水平和企业的综合管理水平。因此，开展全面质量管理活动，必须从提高员工的素质抓起，把质量教育作为"第一道工序"。正如日本质量管理专家石川馨所说"质量管理始于教育，终于教育"。只有通过质量教育工作，不断提高企业全体员工的技术素养，提高员工的工作质量，最终才能获得顾客满意的产品。质量培训根据培训对象的不同，可以分为最高管理者培训、专题研讨、特别训练、广泛基础训练。四种培训间的层级关系如图7-4所示。

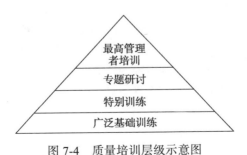

图7-4　质量培训层级示意图

在进行质量教育工作时，要特别注意几点：①质量教育工作不仅要给员工培训技术业务和科学的质量管理方法，还要给员工贯彻全面质量管理工作的基本思想，基本原理，要从思想上转变员工对质量工作的认识，强化员工的质量意识。②质量教育工作要涉及企业的全体员工，要从最高管理层开始，因人制宜，开展不同形式的质量教育工作；要结合企业自身的特点，开展符合企业特色的质量教育工作。

2. 质量责任制

质量责任制指企业中对各部门、各类人员在质量工作中的具体任务、职责和权限所做的明确规定。通过建立质量责任制，将会对质量形成的各环节、各部门和各岗位进行责任的具体划分，一旦发现产品质量问题，可以通过质量责任制追溯质量责任，总结经验教训，不仅可以及时降低企业的质量损失成本，还能更好地保证和提高以后的产品质量。另外，企业在落实质量责任制时，还可与奖惩制度相结合，在增强企业全体员工责任心的同时，还能调动员工的工作积极性。

在建立责任制时，应注意以下几个问题。

（1）必须明确质量责任制的实质是责、权、利三者的统一。

（2）要按照不同层次、不同对象、不同业务来制定各部门和各级各类人员的质量责任制。

（3）质量责任制规定的任务与责任要尽可能做到具体化、数据化，由粗到细，逐步完善，以便进行考核。

3. 标准化工作

标准指衡量产品质量和各项工作质量的尺度，以实际的生产实践结果、科学的方法和技术为基础，经过多方面的论证和集成，最终作为某一类企业共同遵守的准则和依据，也是企业进行生产技术活动和经营管理工作的依据。标准化工作就是对标准的制定、发布、实施和修订等一系列工作的总称，旨在提高企业的经济效益。标准主要分两大类：一类是技术标准；另一类是管理标准。技术标准是以产品为对象，每一种产品都有相应的技术标准；而管理标准包括企业为了保证与提高产品质量、实现总的质量目标而规定的各方面经营管理活动、管理业务的具体标准。

标准化工作与质量管理紧密相连，搞好标准化工作，使质量管理建立在标准化的基础上，才有可能开展质量管理活动。同时，质量管理又是标准化贯彻执行的有力保障。一系列标准的制定、修订工作，都必须以质量管理的实施为基础。企业的标准化是一项十分重要的工作，涉及企业生产经营活动的各个方面，如果做不好标准化工作，则不能组织生产活动。

4. 计量工作

计量工作是保证产品质量的重要手段。由于产品质量标准需要可靠的计量测试方法来制定，同时产品最终是否达到规定的标准也需要依靠计量仪器来鉴定。因此，企业的计量工作重要的任务之一就是统一计量单位，保证量值的统一，促进产品质量的稳定性。为了保证计量工作的准确性，企业需要做到以下几点。

（1）必须配备齐全所需的计量器具和测试设备。

（2）正确选择计量测试方法，科学合理地使用计量器具。

（3）严格执行计量器具的检定规程，对计量器具应及时修理和报废。

（4）做好计量器具的保管、验收、储存、发放等组织管理工作。

一个企业如果没有计量器具或计量不准确，无法做好计量工作，就谈不上正确贯彻技术标准，产品质量也就没有保证，也无法开展全面质量管理工作。因此，企业应设置专门的计量管理工作，建立统一的计量管理制度，来保障产品质量等工作的正常运行。

5. 质量信息工作

质量信息指反映企业产品质量从设计、产生和实现的全过程中各个环节的基本数据、原始记录、文件等资料，是非常重要的生产资源。质量信息工作是质量管理的重要基础工作，为企业的经营管理提供了决策依据，为质量管理的全过程控制和监督考核提供参考依据。由于企业的质量信息庞杂，不仅涉及企业的内部，还涉及企业的外部。因此要使质量信息在企业的质量管理活动中发挥作用，企业必须做好质量信息工作，这也是企业推行全面质量管理工作必不可少的基础性工作。

企业可以从以下几个方面着手质量信息工作。

（1）设置专门的部门和人员对质量信息进行收集、整理、分析、传递、建档等，保证质量信息的及时性、准确性和全面性。

（2）由于许多质量信息来自基层工作人员，并且由基层工作人员负责记录，因此，企业要加强对基层工作人员的管理和培训工作，增强基层员工对质量信息的敏感度。

（3）建立定期审核制度，确保质量信息的规范和及时反馈。

7.1.4 企业绩效与全面质量管理的关系

从预期结果来看，企业绩效是产品、服务、过程或组织的输出结果。可以表现为多个维度，如质量、成本、顾客满意、员工满意、收益等。全面质量管理所追求的不仅仅是质量的提高，而是主张通过建立一个系统并加以持续的改进来实现全面绩效的提升，即要同时实现高质量、低成本、顾客忠诚、员工的活性化、高收益，从而实现企业发展、顾客满意、员工收益、相关方收益等目标。

从实施效果来看，全面质量管理可以从多个方面促进企业绩效的发展。在全面质量管理中，全员参与的质量管理有利于企业质量文化的形成，有利于员工积极性和创造性的充分调动；全面的质量理念认为质量应包括满足顾客需求的性能，有利于促进顾客满意度的提高；全过程的质量管理，要求企业在市场调研、研发设计、生产制造和销售服务等各个环节中都把好质量关，及时发现和解决各环节中的问题，从而有效降低成本，提高企业的竞争力。

7.2 ISO9000 质量体系标准

7.2.1 ISO9000 族质量标准概述

1. ISO9000 质量体系标准的产生和发展

1）ISO 及 ISO 标准

ISO 是标准化领域的国际组织。1946 年 10 月，以英国、法国等国家为代表的 25 个国家为了占据竞争优势，取得国际认可，决定成立新的国际标准化机构。25个国家标准化机构的代表在伦敦召开大会，起草了ISO的第一个章程和议事规则。1947年2月，ISO正式宣告成立。ISO的目的和宗旨是："在全世界范围内促进标准化工作的开展，以便于国际物资交流和服务，并扩大在知识、科学、技术和经济方面的合作。"ISO主要活动是制定、发布和推广国际标准，协调世界范围的标准化工作，组织各成员和技术委员会进行信息交流，与其他国际组织进行合作，共同研究有关标准化问题。截至2020年8月，ISO共有165个成员，包括各会员国的国家标准机构和主要工业和服务业企业，中国国家标准化管理委员会（由国家市场监督管理总局管理）于1978年加入ISO。

ISO9000族标准指"由国际标准化组织质量管理和质量保证技术委员会（ISO/TC176）制定的所有国际标准"。旨在帮助组织实施并有效运行质量管理体系，是质量管理体系通用的要求或指南，不受具体的行业或经济部门限制，广泛适用于各种类型和规模的组织。20世纪50年代以来，国际贸易的不断扩大，但各国的质量管理和发行标准却还存在着较大差异，导致各国产品的质量良莠不齐，越来越影响国际贸易的发展。为解决这一问题，1979年，英国标准化组织向ISO提交了"向国际社会推广品质保证体系认证"的建议。1979年，关税与贸易总协定（General Agreement on Tariffs and Trade，GATT）向ISO提出建议，要求制定一套统一的世界性的质量保证标准。为此，在1980年，ISO成立了"质量保证技术委员会（TC176）"，负责从事质量管理和质量保证有关的国际标准的制定工作。经过七年努力，于1987年3月，ISO制定并发布了第一套质量管理和质量保证标准，将世界主要发达国家的质量管理和质量保证的原则、方法和程序统一到了国际标准上，标志着质量管理和质量保证工作走向了规范化、程序化、国际化的新高度。

2）ISO9000族标准产生的背景

（1）国际贸易的竞争和企业生存的需要促使ISO9000族标准的产生。20世纪中叶以来，全球基本处于和平稳定状态，在各国政府的大力推动下，世界经济逐渐复苏，各个国家间的贸易日趋频繁，国际贸易竞争日趋严峻。从经济和技术的角度来看，国际贸易竞争主要表现在价格竞争和非价格竞争两个方面，由于价格竞争非常容易造成倾销而遭到各国相关法律的制裁，因此，20世纪70年代以后，非价格竞争成为国际贸易竞争的主要方式。非价格竞争主要通过改变产品的质量、包装、花色品种、产品服务等非价格的产品要素来吸引顾客，扩大市场销路。在这种条件下，企业生产的产品进入国际市场时，除满足本国的产品质量标准外，最重要的是还要满足需求方的国家标准。如果产品进入多个标准不同的国家，这将导致企业的产品必须满足多套质量标准，不仅严重影响了企业参与国际市场竞争，而且阻碍了各国在经济方面的相互合作和相互依赖。随着国家间贸易的不断深入，质量管理和质量保证标准的国际化，已经成为各国贸易的迫切要求。另外，企业参与非价格竞争，获取最佳的经济效益，一方面，必须加强内部的质量管理，建立有效的质量体系，对影响质量的各个方面实行有效的控制；另一方面，必须重视外部质量管理，尽可能满足顾客对产品质量等方面的要求，在非价格因素方面占据优势，否则企业将无法在国际竞争中生存下去，由此，就推动了ISO9000族标准的产生。

（2）科学技术的快速发展是ISO9000族标准产生的重要支撑。两次世界大战后，诞生了大量的新科学技术，推动社会生产力快速提高。产品设计技术、生产制造技术、运输技术等越来越复杂，越来越精密，产品的种类和功能也越来越齐全。然而，技术的快速发展也带来了诸多问题。一方面，顾客已经无法通过自身的知识能力和实践经验来判断产品质量的优劣；另一方面，现代产品的质量缺陷常常给顾客和社会带来巨大的损失，如食品安全、环境污染、生物安全等。许多产品的某些环节一旦失控，将造成难以估量的损失。因此，顾客和社会的客观需求要求企业不仅能够满足规定的技术标准，还要加强产品质量形成的全过程质量管理，形成对产品质量各环节的长期控制，稳定提供满足顾客需要的产品。此外，随着各国产品责任法的逐渐完善，严格要求企业依法对产品缺陷而造成的消费者或第三者的人身伤害或财产损失进行赔偿。企业为了减少质量问题的发生，并且在追究责任时，能够提出足够的证据为自己辩护，避免巨额赔偿，也必须建立可持续的质量管理体系，加强对企业整体生产经营活动的监督和管理。在这些质量管理活动中，科学技术的发展提供了重要支撑，为ISO9000族标准的产生提供了客观条件。

（3）部分国家的质量管理工作为ISO9000族标准的产生奠定了基础。例如，第二次世界大战期间，美国针对军需品的质量问题，颁布了两条质量保证标准，分别是《质量大纲要求》（MIL—Q—9858A）和《检验系统要求》（MIL—I—45208A），这是世界上最早的关于质量保证的标准。20世纪70年代初，美国军用标准的成功经验开始向民用领域延伸，美国标准协会于1971年发布了《核电站安全质量大纲》。1971年，美国机械工程师协会发布了《锅炉压力容器量保证要求》。这一系列标准的诞生和成功应用，在全世界范围内产生了很大影响，随后各国和地区组织纷纷颁布了国家质量标准和适用于部分地区的质量标准，如欧洲理事会于1977年颁布的《关于人身伤害和死亡的产品责任欧洲公约》，英国于1979年颁布了BS5750国家标准，该标准被评为与ISO9000标准的内容最为接近、影响最大的标准。这些质量保证活动虽然没有消除贸易壁垒，但是却产生了深远影响，为ISO9000族标准的产生奠定了坚实基础。

2. ISO9000族标准的发展

ISO9000族标准从诞生到发展经历了以下五个阶段。

（1）1987年，诞生阶段。国际标准化组织于1986年首次颁布了ISO8402《质量——术语》，于1987年颁布了ISO9000《质量管理和质量保证标准——选择和使用指南》；ISO9001《质量体系——设计开发、生产、安装和服务的质量保证模式》；ISO9002《质量体系——生产和安装的质量保证模式》；ISO9003《质量体系——最终检验和试验的质量保证模式》；ISO9004《质量管理和质量体系要素——指南》。这六项国际标准被称为ISO9000族国际标准，有时也称为1987版ISO9000系列国际标准。

（2）1994年，第一次修订。为了使ISO9000族标准适应更多的行业，促进标准更加广泛的应用，国际标准化组织于1994年对1987版ISO9000系列国际标准进行了修订。而此次修订基本保持了1987版标准的结构和总体思路，只对一些技术内容进行了修改，修订后的标准包括了ISO8402《质量管理和质量保证——术语》；ISO9000-1《质量管理和质量保证标准——第1部分：选择和使用指南》；ISO9001《质量体系——设计、开发、生产、安装和服务的质量保证模式》；ISO9002《质量体系——生产、安装和服务的质量保证模式》；ISO9003《质量体系——最终检验和试验的质量保证模式》；ISO9004-1《质量管理和质量体系要素—第1部分：指南》。这是第二版ISO9000族标准，修订后的系列标准也被称为1994版ISO9000系列国际标准。到1999年年底，国际标准化组织陆续发布了22项标准和2项技术报告。

（3）2000年，第二次修订。为了增强国际贸易、消除贸易壁垒，也为了标准能够适应新世纪生产和发展对质量的新要求，国际标准化组织在总结了1987版标准和1994版标准的基础上，对原有标准进行了全面修订。修订后的核心标准削减为4项，包括ISO9000《质量管理体系——基础和术语》；ISO9001《质量管理体系——要求》；ISO9004《质量管理体系——业绩改进指南》，该标准取代了1994版的质量管理和质量体系要素的指南标准ISO9004-1、服务指南标准ISO9004-2、流程性材料指南标准ISO9004-3、质量改进指南标准ISO9004-4；ISO19011《质量和（或）环境管理体系审核指南》。本次修订的标准也称为2000版ISO9000族标准。2000版ISO9000族标准与1994版标准相比，在结构、内容、构思等方面发生了明显的变化。2000版ISO9000标准采用的以过程为基础的质量管理体系结构模式比1994版标准采用的以要素为基础的结构模式更加切合实际，应用更加广泛。并且，2000版ISO9000标准更加强调了顾客满意及监视和测量的重要性，促进了质量管理原则在各类组织中的应用，满足了使用者对标准应用更通俗易懂的要求，加强了质量管理体系要求标准和指南标准的一致性。

（4）2008年，第三次修订。2000版ISO9000族标准发布后，国际标准化组织一直关注和跟踪标准的使用情况，不断收集来自各方面的反馈信息，发现不同行业和规模的组织在使用ISO9000《质量管理体系——基础和术语》时容易产生歧义，而且该标准与其他标准的兼容性不够。于是在2005年，国际化标准组织发布了修订后的ISO9000：2005《质量管理体系——基础和术语》。直到2008年，国际标准化组织基本完成了对ISO9000：2000族标准的重新修订，修订后的标准由核心标准、支持性标准、技术报告、小册子四大部分组成，标准的名称并未发生较大改变，主要针对标准中的一些关键词和技术细节进行了修订。2009年，完成了对ISO9004《质量管理体系——业绩改进指南》的重新编写，使该标准更加适用于引导组织改善绩效，此次修订的标准也统称为2008版ISO9000族标准。

（5）2015年，第四次修订。2015版ISO9000族国际标准相比于2008版标准而言，在逻辑思路上基本未发生变化，QMS架构仍然采用"策划—实施—检查—处置"PDCA思路。但是在内容上修订较多。其中，ISO9001：2015标准将标准章节调整为10章，包括了范围、规范性引用文件、术语和定义、组织环境（首次设置）、领导作用、策划、支持、运行、绩效评价、改进，相比2008版增加了两章；ISO9000：2015标准将术语和定义的数量扩大到了138个，将原有的八项质量管理原则整合为七项，包括以顾客为关注焦点、领导作用、全员参与、过程方法、改进、循证决策、关系管理等。修订后的标准更加强调持续的顾客满意，能够满足多个行业对标准的要求，标准与标准之间的兼容性更高，而且考虑到了所有相关方的要求，更加强调整体满意。

3. ISO9000族标准的作用和意义

1）满足顾客需求，提供质量监管依据，保护消费者权益

随着顾客需求的多样化发展，越来越多的企业需要提供多样的产品和服务来满足顾客需求。ISO9000族标准通过鼓励组织在建立、实施和改进质量管理体系时采用过程方法，识别和管理相互关联和相互作用的过程，及对这些过程进行系统的管理和连续的监测与控制，以达到持续提供顾客满意的产品的目的。为企业满足顾客需求提供了有效方法。另外，ISO9000族标准给产品、环境、资源等要素规定了质量界限，为其质量监管提供了依据，这也为消费者权益提供了有效保护。

2）提高产品质量

随着技术日新月异，现代生产生活不可避免向着精细化、复杂化、智能化等方向发展，给企业发展带来机遇的同时，也带来了质量管理的压力。ISO9000 族标准为企业提供了一套建立质量管理体系的成熟框架，通过体系的有效应用，从产品的过程管理、组织管理、资源管理等方面加强质量管理，促进质量的持续改进，不仅提高了企业的产品质量，还为企业的生产运营管理注入了新的活力和生机。

3）增进国际贸易，消除贸易壁垒

ISO9000 族标准的诞生，给世界贸易带来了质量方面的可信度，消除了大量的贸易壁垒，对世界经济产生了深远影响。在国际贸易中，ISO9000 族标准被作为相互认可的技术基础，不仅为国际经济技术合作提供了通用的共同语言和准则，而且极大地推动了全球经济一体化的发展。我国通过借鉴和沿用 ISO9000 族标准来制定国家标准，不仅推动了国家经济的繁荣，而且将我国的产品和文化推向了世界，有效增强了我国国家竞争力。

7.2.2　ISO9000：2015 质量体系标准的构成

2015 版 ISO9000 族标准包括了 3 项核心标准和 16 个支持性标准，以及 1 项特殊行业 QMS 要求标准。ISO9000 族标准如图 7-5 所示。

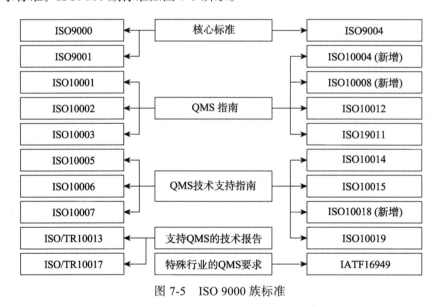

图 7-5　ISO 9000 族标准

1. ISO9000：2015 质量体系核心标准

（1）ISO9000：2015《质量管理体系——基础和术语》。该标准由引言、范围、质量管理体系基础、术语和定义等四个主要部分组成，对质量管理领域的基础知识进行了详细的阐述，对质量管理涉及的相关质量术语进行了解释，旨在帮助使用者能够通俗地理解质量管理的基本概念、原则和术语。同时，也为质量管理体系的其他标准奠定了基础。该标准普遍适用的范围包括七个方面。

①通过实施质量管理体系寻求持续成功的组织。

②对组织持续提供符合其要求的产品和服务的能力寻求信任的顾客。

③对在供应链中其产品和服务要求能得到满足寻求信任的组织。

④通过对质量管理中使用的术语的共同理解，促进相互沟通的组织和相关方。

⑤依据ISO9001的要求进行符合性评定的组织。

⑥质量管理的培训、评定和咨询的提供者。

⑦相关标准的起草者。

（2）ISO9001：2015《质量管理体系——要求》。该标准应用了以过程为基础的质量管理模式结构，结合了PDCA循环和基于风险的思维，提供了质量管理体系的要求，鼓励组织建立实施和改进质量管理体系。组织根据该标准实施质量管理体系，不仅有利于组织稳定提供满足顾客要求及适用的法律法规要求的产品和服务，促成增强顾客满意的机会；而且有利于组织应对与组织环境和目标相关的风险和机遇，也证实了组织具有符合规定的质量管理体系要求的能力。

（3）ISO9004：2018《质量管理——组织的质量——实现持续的成功指南》。该标准于2018年进行了修订，借鉴了世界上众多成功企业的战略、最佳实践和经验等，为质量管理体系更宽范围的目标提供了指南。例如，将顾客满意和产品质量的目标扩展为包括员工、供方、合作伙伴等相关方满意和组织的业绩；为组织追求持续改进和持续成功提供了战略框架和各项要求，最终利用顾客和相关方的满意程度来衡量业绩好坏。

与ISO9001：2015标准相比，两者在实施目的、实施结果、质量管理原则、实施措施等方面基本是相似的，但是在适用范围、使用目的、追求目标、主要内容等方面存在差异。例如，ISO9001：2015规定了QMS的要求，ISO9004：2018则提供了超出ISO9001要求的QMS业绩改进指南；ISO9001：2015既可作为内部审核的依据，也可用于认证或合同目的。ISO9004：2018虽然可以帮助组织追求卓越，作为自我评价的依据，但不能用作认证、法规、合同的目的。

2. ISO9000：2015质量体系其他标准

1）质量管理体系指南

（1）ISO10001：2018《质量管理 顾客满意度 组织行为规范指南》。

（2）ISO10002：2018《质量管理 顾客满意度 组织处理投诉指南》。

（3）ISO10003：2018《质量管理 顾客满意度 组织外部争议解决指南》。

（4）ISO10004：2018《质量管理 顾客满意度 监视和测量指南》。

（5）ISO10008：2013《质量管理 顾客满意度 商家对消费者电子商务交易指南》。

（6）ISO19011：2018《管理体系审核指南》。

（7）ISO10012：2003《质量管理体系 测量过程和测量设备管理指南》。

2）质量管理体系技术支持指南

（1）ISO10005：2018《质量管理 质量计划指南》。

（2）ISO10006：2017《质量管理 质量项目管理质量指南》。

（3）ISO10007：2017《质量管理 配置管理指南》。

（4）ISO10014：2021《质量管理体系 财务和经济效益实现指南》。

（5）ISO10015：2019《质量管理 能力管理和人员发展指南》。

（6）ISO10018：2020《质量管理 人们参与指南》。
（7）ISO10019：2005《质量管理体系 咨询师的选择及其服务指南》。
3）支持质量管理体系的技术报告
（1）ISO/TR10013：2021《质量管理体系 文件信息指南》。
（2）ISO/TR10017：2021《质量管理体系 应用于 ISO 9001：2015 的统计技术指南》。
4）特殊行业的 QMS 要求
（1）ISO/TS16949：2016《质量管理体系——汽车行业生产件与相关服务件的组织实施 ISO9001：2015 的特殊要求》。

7.2.3　我国质量管理体系标准

我国从 1978 年引入全面质量管理理念开始，就紧跟国际步伐，不断加强质量管理工作。在国际标准化组织成立并发布 ISO9000 系列质量标准以后，我国于 1989 年，在国家技术监督局的指导和支持下，成立了全国质量管理和质量保证标准化技术委员会（SAC/TC 151），专门负责我国的标准化工作，同时对国际质量管理标准开展研究。1992 年，我国以等效采用的方式，引进国际 ISO9000 质量管理系列标准并发布了 GB/T19000：1992《质量管理和质量保证标准——选择和使用指南》，迈出了我国质量管理领域标准化工作的重要一步。此后，质量标准化工作伴随着我国质量管理需求的升级不断发展和丰富，为我国的质量管理提供了有力保障。

1. 我国质量管理体系标准制定

我国通过借鉴和等同采用国际标准等方式来制定我国的国家标准，其中 2000 版、2008 版和 2015 版国际标准均为等同采用修订版方式。例如，GB/T19000：2016《质量管理体系——基础和术语》等同 ISO9000：2015《质量管理体系——基础和术语》；GB/T19001：2016《质量管理体系 要求》等同 ISO9001：2015《质量管理体系 要求》；GB/T19004：2020《质量管理 组织的质量 实现持续成功指南》等同 ISO9004：2018《质量管理 组织的质量 实现持续成功指南》

2. 我国现行标准

按照制定主体分类，《中华人民共和国标准化法》第二条规定：我国标准包括国家标准、行业标准、地方标准、团体标准和企业标准。

1）国家标准

《中华人民共和国标准化法》第十条规定："对保障人身健康和生命财产安全、国家安全，生态环境安全以及满足经济社会管理基本需要的技术要求，应当制定强制性国家标准""强制性标准由国务院批准发布或授权批准发布"。《中华人民共和国标准化法》第十一条规定："对满足基础通用，与强制性国家标准相配套、对各有关行业起引领作用等需要的技术要求，可以制定推荐性国家标准。"国家标准编号由国家标准代号、标准发布顺序号和标准发布年代号组成。示例如下。

强制性国家标准编号：GB

推荐性国家标准编号：GB/T

2）行业标准

《中华人民共和国标准化法》第十二条规定："对没有推荐性国家标准、需要在全国某个行业范围内统一的技术要求，可以制定行业标准。行业标准由国务院有关行政主管部门制定，报国务院标准化行政主管部门备案。"行业标准编号由行业标准代号，标准发布顺序号和标准发布年代号组成。行业标准编号示例如下。

行业标准编号：xx/T

3）地方标准

《中华人民共和国标准化法》第十三条规定："为满足地方自然条件、风俗习惯等特殊技术要求，可以制定地方标准。"地方标准编号由地方标准代号、地方标准顺序号和标准发布年代号组成。地方标准编号示例如下。

强制性地方标准编号：DBxx

推荐地方标准编号：DBxx/T

4）团体标准

根据 GB/T 20004.1—2016，团体标准指由团体按照自行规定的标准制定程序并发布，供团体成员或社会自愿采用的标准。《中华人民共和国标准化法》第十八条规定："国家鼓励学会、协会、商会、联合会、产业技术联盟等社会团体协调相关市场主体共同制定满足市场和创新需要的团体标准，由本团体成员约定采用或者按照本团体的规定供社会自愿采用。制定团体标准，应当遵循开放、透明公平的原则，保证各参与主体获取相关信息，反映各参与主体的共同需求，并应当组织对标准相关项进行调查分析、实验、论证。"

5）企业标准

根据 GB/T 20000.1—2014，企业标准指"由企业通过的，以供该企业使用的标准"。《中华人民共和国标准化法》第十九条规定："企业可以根据需要自行制定企业标准，或者与其他企业联合制定企业标准。"自行制定的企业标准和联合制定的企业标准都属于企业标准，制定程序和编号规则应按照企业标准进行。

7.3 《质量管理体系——要求》

7.3.1 质量管理体系概述

质量管理体系是通过周期性改进，随着时间的推移而逐步发展的动态系统。组织通过建立质量方针和质量目标及实现这些目标的过程的相互关联或相互作用的一组要素就是质量管理体系。无论其是否经过正式策划，每个组织都有质量管理活动。

质量管理体系实现的完整过程包括了建立、形成文件、实施、保持和持续改进等多个步骤。组织或企业建立一套完善的质量管理体系是一项复杂的工程，为此，ISO9001：2015 标准提供了一套完整的建立质量管理体系的框架和最低要求。在该标准中，企业可以从组织环境、领导作用、绩效评价等多个方面来建立和健全自身的质量管理体系，最终实现顾客和相关方满意。

ISO9001：2015 标准由引言、正文及附件三部分组成，正文的第 1、2、3 部分分别是范围、规范性引用文件、术语和定义，第 4 部分是组织环境，第 5 部分是领导作用，第 6

部分是策划，第 7 部分是支持，第 8 部分是运行，第 9 部分是绩效评价，第 10 部分是改进。总体构成如图 7-6 所示。

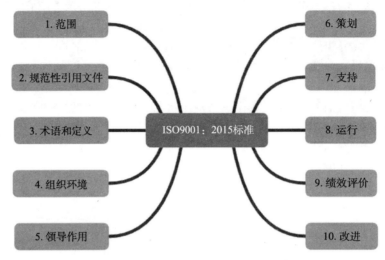

图 7-6　ISO9001：2015 标准正文结构

7.3.2　ISO9001：2015《质量管理体系——要求》

1. 范围

本标准为下列组织规定了质量管理体系要求。

（1）需要证实其具有稳定提供满足顾客要求及适用法律法规要求的产品和服务的能力。

（2）通过体系的有效应用，包括体系改进的过程，及保证符合顾客要求和适用的法律法规要求，旨在增强顾客满意。

（3）本标准规定的所有要求是通用的，旨在适用于各种类型、不同规模和提供不同产品和服务的组织。

2. 组织环境

（1）理解组织及其环境。组织应确定与其宗旨和战略方向相关并影响其实现质量管理体系预期结果的能力的各种外部和内部因素，这些外部和内部因素包括了与组织的价值观、文化、知识和绩效等有关的因素，及来自国际、国内、地区或当地的各种法律法规、技术、竞争、市场、文化、社会和经济环境的因素。组织还应对这些外部和内部因素的相关信息进行监视和评审。

（2）理解相关方的需求和期望。由于相关方对组织稳定提供符合顾客要求及适用法律法规要求的产品和服务的能力具有影响或潜在影响，因此，组织应确定与质量管理体系有关的相关方；与质量管理体系有关的相关方的要求。同时，组织也应监视和评审这些相关方的信息及其相关要求。

（3）确定质量管理体系的范围。组织应确定质量管理体系的边界和适用性，以确定其范围。在确定范围时，组织同样需要考虑各种外部和内部因素、相关方的要求及组织的产品和服务。如果本标准的全部要求适用于组织确定的质量管理体系范围，组织应实施本标准的全部要求。

组织的质量管理体系范围应作为成文信息，可获得并得到保持。该范围应描述所覆盖的产品和服务类型，如果组织确定本标准的某些要求不适用于其质量管理体系范围，应说明理由。只有当所确定的不适用的要求不影响组织确保其产品和服务合格的能力或责任，对增强顾客满意度也不会产生影响时，方可声称符合本标准的要求。

（4）质量管理体系及其过程。组织应按照本标准的要求，建立、实施、保持和持续改进质量管理体系，包括所需过程及其相互作用。组织应确定质量管理体系所需的过程及其在整个组织中的应用，并做到以下几点。

①确定这些过程所需的输入和期望的输出。
②确定这些过程的顺序和相互作用。
③确定和应用所需的准则和方法（包括监视、测量和相关绩效指标），以确保这些过程的有效运行和控制。
④确定这些过程所需的资源并确保其可获得。
⑤分配这些过程的职责和权限。
⑥按照规定的要求应对风险和机遇。
⑦评价这些过程，实施所需的变更，以确保实现这些过程的预期结果。
⑧改进过程和质量管理体系。

在必要的范围和程度上，组织应保持成文信息以支持过程运行；保留成文信息以确信其过程按策划进行。

3. 领导作用

1）领导作用和承诺

（1）总则。最高管理者应通过以下几个方面，证实其对质量管理体系的领导作用和承诺。

①对质量管理体系的有效性负责。
②确保制定质量管理体系的质量方针和质量目标，并与组织环境相适应，与战略方向相一致。
③确保质量管理体系要求融入组织的业务过程。
④促进使用过程方法和基于风险的思维。
⑤确保质量管理体系所需的资源是可获得的。
⑥沟通与强调有效的质量管理和符合质量管理体系要求的重要性。
⑦确保质量管理体系实现其预期结果。
⑧促使人员积极参与，指导和支持他们为质量管理体系的有效性做出贡献。
⑨推动改进。
⑩支持其他相关管理者在其职责范围内发挥领导作用。

（2）以顾客为关注焦点。最高管理者应通过以下几个方面，证实其以顾客为关注焦点的领导作用和承诺。

①确定、理解并持续地满足顾客要求及适用的法律法规要求。

②确定和应对风险和机遇,这些风险和机遇可能影响产品和服务合格以及增强顾客满意的能力。

③始终致力于增强顾客满意。

2)方针

(1)制定质量方针。最高管理者应制定、实施和保持质量方针,质量方针应符合以下几点。

①适应组织的宗旨和环境并支持其战略方向。

②为建立质量目标提供框架。

③包括满足适用要求的承诺。

④包括持续改进质量管理体系的承诺。

(2)沟通质量方针。

①可获取并保持成文信息。

②在组织内得到沟通、理解和应用。

③适宜时,可为有关相关方所获取。

(3)组织的岗位、职责和权限。最高管理者应确保组织相关岗位的职责、权限得到分配、沟通和理解,最高管理者应分配职责和权限。

①确保质量管理体系符合本标准的要求。

②确保各过程获得其预期输出。

③报告质量管理体系的绩效及改进机会,特别是向最高管理者报告。

④确保在整个组织中推动以顾客为关注焦点。

⑤确保在策划和实施质量管理体系变更时保持其完整性。

4. 策划

1)应对风险和机遇的措施

(1)在策划质量管理体系时,组织应考虑到组织环境所涉及的因素和相关方所提及的要求,并确定需要应对的风险和机遇,以确保质量管理体系能够实现其预期结果,增强有利影响,预防或减少不利影响。

(2)组织应策划要应对这些风险和机遇的措施,要在质量管理体系过程中整合并实施这些措施,还要评价这些措施的有效性。此外,应对措施要与风险和机遇对产品和服务符合性的潜在影响相适应。

2)质量目标及其实现的策划

(1)组织应针对相关职能、层次和质量管理体系所需的过程建立质量目标。质量目标应与质量方针保持一致;可测量;考虑适用的要求;与产品和服务合格及增强顾客满意相关;予以监视;予以沟通;适时更新。组织应保持有关质量目标的成文信息。

(2)策划如何实现质量目标。组织应确定要做什么,需要什么资源,由谁负责,何时完成,如何评价结果。

3)变更的策划

当组织确定需要对质量管理体系进行变更时,变更应按所策划的方式实施。组织应考虑变更目的及其潜在后果,质量管理体系的完整性,资源的可获得性,职责和权限的分配或再分配。

5. 支持

1）资源

（1）总则。组织应确定并提供所需的资源，用来建立、实施、保持和持续改进质量管理体系。组织应考虑现有内部资源的能力和局限，及需要从外部供方获得的资源。

（2）人员。组织应确定并配备所需的人员，保证质量管理体系的有效实施，并运行和控制其过程。

（3）基础设施。组织应确定、提供并维护所需的基础设施，以运行过程，并获得合格产品和服务。基础设施可包括建筑物和相关设施、设备如硬件、软件、运输资源、信息和通信技术。

（4）过程运行环境。组织应确定、提供并维护所需的环境，以运行过程，并获得合格产品和服务。适宜的过程运行环境可能是人为因素与物理因素的结合。例如，社会因素（如非歧视、安定、非对抗）；心理因素（如减压、预防过度疲劳、稳定情绪）；物理因素（如温度、热量、湿度、照明、空气流通、卫生、噪声）。由于所提供的产品和服务不同，这些因素可能存在显著差异。

（5）监视和测量资源。当利用监视或测量来验证产品和服务符合要求时，组织应确定并提供所需的资源，以确保结果有效和可靠。组织应确保所提供的资源适合所开展的监视和测量活动的特定类型；确保所提供的资源持续适合其用途。组织应保留适当的成文信息，作为监视和测量资源适合其用途的证据。

当要求测量溯源时，或组织认为测量溯源是信任测量结果有效的基础时，测量设备应对照能溯源到国际或国家标准的测量标准，按照规定的时间间隔或在使用前进行校准和（或）检定。当不存在上述标准时，应保留作为校准或验证依据的成文信息并予以识别，以确定其状态；予以保护，防止由于调整、损坏或衰减所导致的校准状态和随后的测量结果的失效。当发现测量设备不符合预期用途时，组织应确定以往测量结果的有效性是否受到不利影响，必要时应采取适当的措施。

（6）组织的知识。组织应确定必要的知识，以运行过程，并获得合格产品和服务。这些知识应予以保持，并能在所需的范围内得到。为应对不断变化的需求和发展趋势，组织应审视现有的知识，确定如何获取或接触更多必要的知识及进行知识更新。

2）能力

组织应确定在其控制下工作的人员所需具备的能力，确定这些人员从事的工作影响质量管理体系绩效和有效性。基于适当的教育、培训或经验，确保这些工作人员是胜任的。适用时，采取措施以获得所需的能力，并评价措施的有效性；保留适当的成文信息，作为人员能力的证据。

3）意识

组织应确保在其控制下工作人员知晓质量方针、相关的质量目标，知晓他们应对质量管理体系有效性的贡献、改进质量绩效的益处，知晓不符合质量管理体系要求的后果。

4）沟通

组织应确定与质量管理体系相关的内部和外部沟通，包括沟通什么、何时沟通、与谁沟通、如何沟通、由谁沟通。

5）成文信息

（1）总则。组织的质量管理体系应包括本标准要求的成文信息，组织所确定的、为确保质量管理体系有效性所需的成文信息。不同的组织，质量管理体系成文信息的多少与详略程度可以不同，取决于组织的规模；活动、过程、产品和服务的类型；过程及其相互作用的复杂程度；人员的能力等。

（2）创建和更新。在创建和更新成文信息时，组织应确保适当的标识和说明（如标题、日期、作者、索引编号），形式（如语言、软件版本、图表）和载体（如纸质的、电子的），评审和批准，以保持适宜性和充分性。

（3）成文信息的控制。应控制质量管理体系和本标准所要求的成文信息，以确保在需要的场合和时机，均可获得并适用；予以妥善保护（如防止泄密、不当使用或缺失）。为控制成文信息，适用时组织应进行下列活动：分发、访问、检索和使用；存储和防护，包括保持可读性；更改控制（如版本控制）；保留和处置。

对于组织确定的策划和运行质量管理体系所必需的来自外部的成文信息，组织应进行适当识别，并予以控制。对所保留的、作为符合性证据的成文信息应予以保护，防止非预期的更改。

6. 运行

1）运行的策划和控制

为满足产品和服务提供的要求，并实施策划所确定的措施，组织应通过以下措施对所需的过程进行策划、实施和控制。

（1）确定产品和服务的要求。

（2）建立过程、产品和服务的准则。

（3）确定所需的资源以使产品和服务符合要求。

（4）按照准则实施过程控制。

（5）在必要的范围和程度上，确定并保持、保留成文信息，以确信过程已经按策划进行，证实产品和服务符合要求。

策划的输出应适合于组织的运行。组织要控制策划的变更，评审非预期变更的后果，必要时，采取措施减轻不利影响。组织应确保外包过程受控。

2）产品和服务的要求

（1）顾客沟通。与顾客沟通的内容应包括：提供有关产品和服务的信息；处理问询，处理或更改合同、订单；获取有关产品和服务的顾客反馈，包括顾客投诉；处置或控制顾客财产；关系重大时，制定应急措施的特定要求。

（2）产品和服务要求的确定。在确定向顾客提供的产品和服务的要求时，组织应确保产品和服务的要求得到规定，包括：适用的法律法规要求和组织认为的必要要求；提供的产品和服务能够满足所声明的要求。

（3）产品和服务要求的评审。组织应确保有能力向顾客提供满足要求的产品和服务。在承诺向顾客提供产品和服务之前，组织应对如下各项要求进行评审：顾客规定的要求，包括对交付及交付后活动的要求；顾客虽然没有明示，但规定的用途或已知的预期用途所必需的要求；组织规定的要求；适用于产品和服务的法律法规要求；与以前的合同或订单表述不一致的合同或订单要求。组织应确保与以前规定不一致的合同或订单要求已得到解决。若顾客没有提供成文的要求，组织在接受顾客要求前应对顾客要求进行确认。适用时，组织应保留与评审结果、产品和服务的新要求有关的成文信息。

（4）产品和服务要求的更改。若产品和服务要求发生更改，组织应确保相关的成文信息得到修改，并确保相关人员知道已更改的要求。

3）产品和服务的设计和开发

（1）总则。组织应建立、实施和保持适当的设计和开发过程，以确保后续的产品和服务的提供。

（2）设计和开发策划。在确定设计和开发的各个阶段和控制时，组织应考虑以下几点。

①设计和开发活动的性质、持续时间和复杂程度。

②所需的过程阶段，包括适用的设计和开发评审。

③所需的设计和开发验证、确认活动。

④设计和开发过程涉及的职责和权限。

⑤产品和服务的设计和开发所需的内部、外部资源。

⑥设计和开发过程参与人员之间接口的控制需求。

⑦顾客及使用者参与设计和开发过程的需求。

⑧对后续产品和服务提供的要求。

⑨顾客和其他有关相关方所期望的对设计和开发过程的控制水平。

⑩证实已经满足设计和开发要求所需的成文信息。

（3）设计和开发输入。组织应针对所设计和开发的具体类型的产品和服务，确定必需的要求，包括：组织应考虑功能和性能要求；来源于以前类似设计和开发活动的信息；法律法规要求，组织承诺实施的标准或行业规范；由产品和服务性质所导致的潜在的失效后果。针对设计和开发的目的，输入应是充分的、适宜的，且是完整的、清楚的。相互矛盾的设计和开发输入应得到解决，组织应保留有关设计和开发输入的成文信息。

（4）设计和开发控制。组织应对设计和开发过程进行控制，以确保规定拟获得的结果；实施评审活动，以评价设计和开发的结果满足要求的能力；实施验证活动，以确保设计和开发输出满足输入的要求；实施确认活动，以确保形成的产品和服务能够满足规定的使用要求或预期用途；针对评审、验证和确认过程中确定的问题采取必要措施；保留这些活动的成文信息。

（5）设计和开发输出。组织应确保设计和开发输出满足输入的要求；满足后续产品和服务提供过程的需要；包括或引用监视和测量的要求，适当时，包括接收准则；规定产品和服务特性，这些特性对于预期目的、安全和正常提供是必需的。组织应保留有关设计和开发输出的成文信息。

（6）设计和开发更改。组织应对产品和服务在设计和开发期间及后续所做的更改进行适当的识别、评审和控制，以确保这些更改对满足要求不会产生不利影响。组织应保留设计和开发更改、评审的结果、更改的授权、防止不利影响而采取的措施的成文信息。

4）外部提供过程、产品和服务的控制

（1）总则。组织应确保外部提供的过程、产品和服务符合要求。在以下情况中，组织应确定对外部提供的过程、产品和服务实施的控制：外部供方的产品和服务将构成组织自身的产品和服务的一部分；外部供方代表组织直接将产品和服务提供给顾客；组织决定由外部供方提供过程或部分过程。

组织应基于外部供方按照要求提供过程、产品和服务的能力，确定并实施对外部供方的评价、选择、绩效监视及再评价的准则。对于这些活动和由评价引发的任何必要的措施，组织应保留成文信息。

（2）控制类型和程度。组织应确保外部提供的过程、产品和服务不会对组织稳定地向顾客交付合格产品和服务的能力产生不利影响。组织应：确保外部提供的过程保持在其质量管理体系的控制之中；规定对外部供方的控制及其输出结果的控制；考虑包括外部提供的过程、产品和服务对组织稳定地满足顾客要求和适用的法律法规要求的能力的潜在影响，和由外部供方实施控制的有效性；确定必要的验证或其他活动，以确保外部提供的过程、产品和服务满足要求。

（3）提供给外部供方的信息。组织应确保在与外部供方沟通之前所确定的要求是充分和适宜的。组织应与外部供方沟通以下要求：需提供的过程、产品和服务；对包括产品和服务，方法、过程和设备，产品和服务的放行等内容的批准；能力，包括所要求的人员资格；外部供方与组织的互动；组织使用的对外部供方绩效的控制和监视；组织或其顾客拟在外部供方现场实施的验证或确认活动。

5）生产和服务提供

（1）生产和服务提供的控制。组织应在受控条件下进行生产和提供服务。适用时，受控条件应包括以下几点。

①可获得成文信息，以规定拟生产的产品、提供的服务或进行的活动的特性；拟获得的结果等内容。

②可获得和使用适宜的监视和测量资源。

③在适当阶段实施监视和测量活动，以验证是否符合过程或输出的控制准则及产品和服务的接收准则。

④为过程的运行使用适宜的基础设施，并保持适宜的环境。

⑤配备胜任的人员，包括所要求的资格。

⑥若输出结果不能由后续的监视或测量加以验证，应对生产和服务提供过程实现策划结果的能力进行确认，并定期再确认。

⑦采取措施防止人为错误。

⑧实施放行、交付和交付后的活动。

（2）标识和可追溯性。需要时，组织应采用适当的方法识别输出，以确保产品和服务合格。组织应在生产和服务提供的整个过程中按照监视和测量要求识别输出状态。当有可追溯要求时，组织应控制输出的唯一性标识，并应保留所需的成文信息以实现可追溯。

（3）顾客或外部供方的财产。组织应爱护组织控制或使用的顾客或外部供方的财产。对组织使用的或构成产品和服务一部分的顾客和外部供方财产，组织应予以识别、验证，并加以保护和防护。若顾客或外部供方的财产发生丢失、损坏或发现不适用情况，组织应向顾客或外部供方报告，并保留所发生情况的成文信息。

（4）防护。组织应在生产和服务提供期间对输出进行必要的防护，以确保符合要求。

（5）交付后活动。组织应满足与产品和服务相关的交付后活动的要求。在确定所要求的交付后活动的覆盖范围和程度时，组织应考虑法律法规要求；与产品和服务相关的潜在不良的后果；产品和服务的性质、使用和预期寿命；顾客要求；顾客反馈。

（6）更改控制。组织应对生产或服务提供的更改进行必要的评审和控制，以确保生产或服务持续符合要求。组织应保留成文信息，包括有关更改评审的结果、授权进行更改的人员及根据评审所采取的必要措施。

6）产品和服务的放行

组织应在适当阶段实施策划的安排，以验证产品和服务的要求已得到满足。除非得到有关授权人员的批准，适用时得到顾客的批准，否则在策划的安排圆满完成之前，不应向顾客放行产品和交付服务。组织应保留有关产品和服务放行的成文信息。成文信息应包括符合接收准则的证据；可追溯到授权放行人员的信息。

7）不合格输出的控制

（1）组织应确保对不符合要求的输出进行识别和控制，以防止非预期的使用或交付。组织应根据不合格的性质及其对产品和服务符合性的影响采取适当措施，这也适用于在产品交付后，及在服务提供期间或提供后发现的不合格产品和服务。组织应通过下列一种或几种途径处置不合格输出：纠正；隔离、限制、退货或暂停对产品和服务的提供；告知顾客；获得让步接收的授权。对不合格输出进行纠正之后应验证其是否符合要求。

（2）组织应保留下列成文信息：描述不合格；描述所采取的措施；描述获得的让步；识别处置不合格的授权。

7. 绩效评价

1）监视、测量、分析和评价

（1）总则。组织应确定：需要监视和测量什么；需要用什么方法进行监视、测量、分析和评价，以确保结果有效；何时实施监视和测量；何时对监视和测量的结果进行分析和评价。组织应评价质量管理体系的绩效和有效性。组织应保留适当的成文信息，以作为结果的证据。

（2）顾客满意。组织应监视顾客对其需求和期望已得到满足的程度的感受。组织应确定获取、监视和评审该信息的方法。

（3）分析与评价。组织应分析和评价通过监视和测量获得的适当的数据和信息；应利用分析结果评价产品和服务的符合性，顾客满意程度，质量管理体系的绩效和有效性，策划是否得到有效实施，应对风险和机遇所采取措施的有效性，外部供方的绩效，质量管理体系改进的需求。

2）内部审核

（1）组织应按照策划的时间间隔进行内部审核，以提供有关质量管理体系的信息。例如，是否符合组织自身的质量管理体系要求和本标准的要求；是否得到有效的实施和保持。

（2）组织应做到以下几点。

①依据有关过程的重要性、对组织产生影响的变化和以往的审核结果，策划、制定、实施和保持审核方案，审核方案包括频次、方法、职责、策划要求和报告。

②规定每次审核的审核准则和范围。

③选择审核员并实施审核，以确保审核过程客观公正。

④确保将审核结果报告给相关管理者。
⑤及时采取适当的纠正和纠正措施。
⑥保留成文信息,作为实施审核方案以及审核结果的证据。

3)管理评审

(1)总则。最高管理者应按照策划的时间间隔对组织的质量管理体系进行评审,以确保其持续的适宜性、充分性和有效性,并与组织的战略方向保持一致。

(2)管理评审输入策划和实施管理评审时应考虑下列内容。
①以往管理评审所采取措施的情况。
②与质量管理体系相关的内部、外部因素的变化。
③有关质量管理体系绩效和有效性的信息,包括:顾客满意和有关相关方的反馈;质量目标的实现程度;过程绩效及产品和服务的合格情况;不合格及纠正措施;监视和测量结果;审核结果;外部供方的绩效。
④资源的充分性。
⑤应对风险和机遇所采取措施的有效性。
⑥改进的机会。

(3)管理评审输出。管理评审的输出应包括与下列事项相关的决定和措施:改进的机会,质量管理体系所需的变更和资源需求。组织应保留成文信息,作为管理评审结果的证据。

8. 改进

1)总则

组织应确定和选择改进机会,并采取必要措施,以满足顾客要求和增强顾客满意。这应包括:改进产品和服务,以满足要求并应对未来的需求和期望;纠正、预防或减少不利影响;改进质量管理体系的绩效和有效性。改进的例子包括纠正、纠正措施、持续改进、突破性变革、创新和重组。

2)不合格和纠正措施

(1)当出现不合格时,包括来自投诉的不合格,组织应做到以下几点。
①对不合格做出应对,并在适用时采取措施以控制和纠正不合格或处置后果。
②通过相关活动,评价是否需要采取措施,以消除产生不合格的原因,避免其再次发生或者在其他场合发生。例如,评审和分析不合格;确定不合格的原因;确定是否存在或可能发生类似的不合格。
③实施所需的措施。
④评审所采取的纠正措施的有效性。
⑤需要时,更新在策划期间确定的风险和机遇。
⑥需要时,变更质量管理体系。
纠正措施应与不合格所产生的影响相适应。

(2)组织应保留成文信息,作为不合格的性质以及随后所采取的措施;纠正措施的结果的证据。

3)持续改进

组织应持续改进质量管理体系的适宜性、充分性和有效性。组织应考虑分析和评价的结果及管理评审的输出，以确定是否存在需求或机遇，这些需求或机遇应作为持续改进的一部分加以应对。

7.3.3 质量管理体系的建立和实施

ISO9001：2015 和 ISO9000 及 ISO9004 一起，可用于帮助组织或企业建立一套统一的质量管理体系。组织建立的质量管理体系无须复杂化，而是要准确地反映组织的需求。组织建立和实施质量管理体系一般包括四个步骤：质量管理体系的初步设计、质量管理体系文件的编制、质量管理体系试运行、质量管理体系评价和改进。如图 7-7 所示。

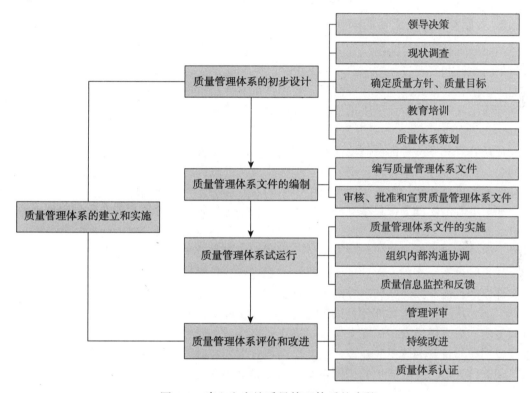

图 7-7　建立和实施质量管理体系的步骤

1. 质量管理体系的初步设计

初步设计的主要目的是结合企业现状，对企业建立质量管理体系进行系统而全面的谋划，制订详细周密的质量体系计划，设计出一套初步的质量管理体系。主要活动包括：领导决策，现状调查，确定质量方针、质量目标，教育培训，质量体系策划。

（1）领导决策。企业建立和实施质量管理体系必须得到领导的重视和大力支持，否则质量管理体系无法得到有效保证。另外，领导要对是否建立质量管理体系进行决策，并且组织建立和实施质量管理体系的人力、物力和财力等资源。

（2）现状调查。企业决定建立质量管理体系后，高层管理者要安排和任命相关的质量人员，对企业的质量体系环境进行深入调查，不仅要分析企业的内部环境，还要分析企业的外部环境，确保制定的质量管理体系在未来实施时能适应对企业的内部、外部环境。

（3）确定质量方针、质量目标。质量方针和质量目标为组织明确了努力的方向，提供了关注的焦点，是建立质量管理体系的重要一环。

（4）教育培训。建立质量管理体系是组织的重要战略，需要以全员参与为基础。因此，高层管理者要推动各级员工的教育培训工作，确保质量管理体系的贯彻实施，确保每一位员工为实现质量目标而积极努力。

（5）质量体系策划。根据前期的准备情况，组织要制订详细的质量体系计划，规定不同岗位的质量职责，分配质量管理体系建设的各类资源，充分考虑过程运行的准则和方法。为后续质量管理体系文件的编制和质量管理体系试运行做好准备。

2. 质量管理体系文件的编制

质量管理体系文件为组织实施质量管理体系提供了明确的要求，规定了组织内的各级人员如何运行和实现过程的步骤。ISO9001：2015 标准中也明确要求，各类文件要保留相应的成文信息。因此，编制和贯彻质量管理体系文件是质量管理体系实施的核心任务。质量管理体系文件一般包括了质量手册、程序文件、质量记录、质量计划、作业指导书和记录等。

质量管理体系文件的编制要注意以下几点要求：文件必须符合组织特点，要与组织实际的生产经营情况相结合，否则质量管理体系文件的贯彻将得不到有效保证；文件要通俗易懂、具有可操作性，由于文件涉及组织内的所有成员，并且会随着组织发展不断进行完善，如果编制的文件太过复杂又操作性差，不利于质量管理体系的长远发展和持续改进。文件要符合相应的法律法规，要广泛征求意见，不断修改和完善，保证文件的科学性和规范性；文件正式发布前要经授权人审核，审核完成后，签字确认再进行发布。

质量管理体系文件发布后还要在组织内部进行宣传贯彻，使全体员工熟悉质量管理体系文件，并且能够按照文件内容实施质量管理。此项活动是质量管理体系试运行前的准备活动，下一步进行质量管理体系试运行时，可能在许多方面会改变员工原有的工作方式和管理方法，如果质量管理体系文件宣贯彻底，将会减小质量管理体系运行的阻力，尽快帮助企业实现质量管理体系的建设。因此，高层管理者在必要情况下，可以组织专门的宣传人员和审核人员，保障质量管理体系文件宣传和贯彻到底。

3. 质量管理体系试运行

质量管理体系是否有效，能否对企业的质量管理工作起到帮助作用，就需要对质量管理体系进行试运行。这一阶段将直接检验质量管理体系与组织生产经营活动的兼容性和协调性，因此，在试运行阶段可能会出现众多问题。例如，质量管理体系文件的不完善，或者运行过程出现的质量问题等，组织内部要做好监控，及时发现并解决这些问题。这一阶段的主要活动包括了质量管理体系文件的实施、组织内部沟通协调、质量信息监控和反馈等。

（1）质量管理体系文件的实施。这一活动旨在检验质量管理体系文件的有效性和适用性，对文件存在的问题进行纠正和改进，并且结合实施情况，进一步对质量管理体系进行修订和完善。

（2）组织内部沟通协调。由于质量管理体系依赖于组织的结构框架，因此，质量管理体系要和组织的生产经营活动相适应，必须依赖组织内部的沟通协调，管理者要根据质量活动的情况，保障好质量管理体系的正常运行。

（3）质量信息监控和反馈。在质量体系运行过程中，质量活动随时可能出现偏差，因此必须做好质量监控工作，及时将异常情况反馈给管理者，协调质量活动和质量体系的关系，保障生产的顺利进行。

4. 质量管理体系评价和改进

质量管理体系的评价和改进包括了管理评审、持续改进及质量体系认证。这一阶段主要是针对质量管理体系运行过程中，反馈的文件缺陷和质量体系的改进之处进行完善，对质量管理体系进行不断升级，不仅要达到组织内部质量管理的提高，还要实现组织外部的质量体系认证。

（1）管理评审。管理评审的目的是审核质量管理体系是否符合策划的安排，是否对组织的质量管理产生了较大帮助，组织是否达到并且长久保持质量管理体系的要求。管理评审可以由组织的最高管理者发起，或者由组织内部成立审核小组对组织整体的质量管理体系进行全面的评审。一般是一年两次内部评审，评审的关键是质量体系的符合性和有效性。

（2）持续改进。随着组织质量活动的开展，组织业务的改革升级等，组织需要对质量管理体系进行持续改造，而且初始的质量管理体系经过初步设计、文件编制、试运行、评审等阶段后，会进入下一个循环继续进行改进和完善，这是一项持续性的活动，能够始终保持企业的质量活动受控，能够稳定的提供顾客需要的产品和服务。

（3）质量体系认证。当组织的质量管理体系经过不断完善后已经趋向成熟，能够保证组织的质量管理工作高效运转，为组织创造价值，组织可以向外部机构申请第三方质量体系认证，为顾客提供更加信任的证明。

7.4 质量审核与质量认证

7.4.1 质量审核

质量审核指对组织或企业的质量管理活动进行系统性的检查，包括确定质量管理体系的相关过程（或产品质量）是否遵守已制定的质量管理体系文件的规定，是否满足法规（或合同）的要求，并验证质量文件的适用性；确定现行质量管理体系实现规定质量目标的有效性；揭露过程中存在的质量问题，为受审核方提供质量改进机会；使受审核方的质量管理体系或产品能得到认可（或被注册），并向外部提供质量管理体系有效性的证据。

1. 相关术语

1）审核

审核指为获得审核证据并对某一组织或企业进行客观的评价，以确定满足审核准则的程度所进行的系统的、独立的并形成文件的过程。其基本要素包括由对被审核客体不承担责任的人员，按照质量管理体系的基本程序对产品、服务、过程、人员等客体是否合格的确定。

2）审核准则

审核准则指用于与客观证据进行比较的一组方针、程序或要求，也称审核依据。审核准则包括适用的方针、程序、标准、法律法规、管理体系要求、合同要求或行业规范等。其主要用作确定符合性的依据,且针对一次具体的审核,审核准则应形成文件。

3)审核证据

审核证据指与审核准则有关的并且能够证实的记录、事实陈述或其他信息:①与对质量活动负有责任的人员的谈话,且可通过观察、测量或其他渠道验证的信息;②实际观察、测量的结果;③现行有效的文件规定和质量记录等。审核证据要确保是真实的、客观的、可追溯和可重现的。

4)审核发现

审核发现指将收集到的审核证据对照审核准则进行评价的结果。其中评价的对象是从组织获得的审核证据,评价的依据是审核准则。审核发现表明了符合或不符合审核准则的程度,及指出改进的机会。

5)审核结论

审核结论指审核组考虑了审核目标和所有审核发现后得出的审核结果。根据审核方式的不同,可得出不同的审核结论。第一方审核主要针对质量管理体系存在的问题和需要改进的方面做出结论,第二方审核则针对顾客关注的方面做出结论,而第三方审核则关注是否准予认证注册。另外,审核结论虽然是由审核组得出的审核结果,但未必是最终审核结果。

6)审核委托方

审核委托方指要求审核的组织或人员,审核委托方可以是受审核方,也可以是依据法律法规或合同有权要求审核的任何其他组织。

2. 质量审核原则

(1)客观性。由于审核是在有限的时间、有限的资源条件下进行的,因此审核证据要建立在可获得信息的样本的基础上,保证审核证据是可验证的。审核发现、审核结论和审核报告应真实和准确地反映审核活动。审核报告应出现在审核过程中遇到的重大障碍及在审核组和受审核方之间未解决的分歧意见。

(2)独立性。指审核员应独立于受审核的活动(只要可行时),并且在任何情况下都应不带偏见,没有利益上的冲突。对于内部审核,审核员应独立于被审核职能的运行管理人员。审核员在整个审核过程应保持客观性,以确保审核发现和审核结论仅建立在审核证据的基础上,这是实现审核公正性和审核结论客观性的基础。

(3)系统性。在审核过程中,审核人要依据审核文件和相关的法律法规等,对被审核方的质量管理活动进行详细且系统的审核,保证审核结果充分反映被审核方的现状,为被审核方和审核结果涉及的相关方提供全面的审核结论。

(4)保密性。审核员应谨慎使用和保护在审核过程获得的组织信息。除非有法律要求或得到审核委托方或受审核方的明确批准,否则审核员或审核委托方不应为个人利益或以损害受审核方合法利益的方式使用审核信息。

3. 质量审核的分类

1)按照审核方原则分类

第一方审核指运用法律法规、ISO9000 族标准、顾客制定的标准、组织的质量管理体系文件、顾客投诉内容等,对组织(或企业)所有部门、过程和产品或者部分职能部门、过程和产品进行质量审核，以推动内部的质量改进，审核的执行者可以来自组织内部或者由组织聘请外部审核人员。组织要对审核发现的不合格内容采取纠正和改进措施。

第二方审核指运用顾客指定的产品标准和质量管理体系标准、法律法规、质量管理体系标准等，对顾客所关心的内容进行质量审核，一般用于顾客对组织或者组织对供方开展的审核。审核的执行者由顾客指定或委托外部审核人员，审核发现的不合格内容由顾客和组织协商确定是否进行改进。

第三方审核指由独立的且具有一定审核资质的外部机构派出审核人员对组织的质量管理体系进行审核。审核的范围包括注册认证或复审换证等全面审核，监督审核、跟踪审核等部分审核。第三方审核不需要提出改进之处，但审核通过后，审核机构会将审核结果在国际或国内公开公布。

2）按照目的原则分类

内部审核指组织自己（或企业）或以组织的名义对组织内部的质量管理体系进行的审核。其目的是根据企业自身制定的质量管理体系文件进行自检自查、自我诊断、自我改进。第一方审核就是典型的内部质量审核，第一方审核为第二方审核、第三方审核奠定基础。

外部审核指由外部机构对组织的质量管理体系进行质量审核。其目的是从外部视角对组织的质量管理体系进行系统、全面的审核，确保组织的质量管理体系是完整、适宜和有效的。外部审核包括了第二方审核和第三方审核。

3）按照被审核对象原则分类

产品质量审核指对准备交付给用户使用的产品的适用性进行审核，涉及组织的外协件、外购件、自拷贝零件及成品的质量审核，其中以成品的质量审核为重点。通过产品质量审核，可以有效避免缺陷产品交付给用户，通过长期的产品质量审核，还可评审企业的质量水平趋势。产品质量审核的组织流程如下所示。

（1）建立产品质量审核小组。
（2）编制产品质量审核大纲。
（3）编制产品审核评级指导书。
（4）进行质量审核抽样检验。
（5）确定产品质量等级水平。
（6）分析产品质量审核结果。
（7）反馈产品质量审核报告和信息。

工序质量审核指对工序质量控制的有效性进行审核。这类审核在制造企业中较为常见，主要考核各工序或工序中影响工序质量的各种因素是否处于受控状态。运用工序质量审核，可以随时监控产品的过程质量，一旦发现异常情况，能够及时改进，杜绝重复发生，从而降低质量成本。工序质量审核的组织实施流程如下所示。

（1）建立工序质量审核组织。
（2）制订工序质量审核计划。
（3）开展工序质量审核工作。
（4）写出工序质量审核报告。
（5）反馈工序质量审核结果。

质量体系审核指组织为达到质量目标，对全部质量活动的有效性进行的审核。其目的

第 7 章　质量管理体系

是验证组织质量管理活动和相关情况是否符合组织质量策划的结果，保证组织质量管理体系的完整、适宜和有效，确保质量管理体系的各项要求有助于组织达成其质量方针和质量目标。质量体系审核的组织实施流程如下所示。

（1）提出体系审核需求。
（2）编制质量体系审核计划。
（3）建立质量体系审核小组。
（4）开展质量体系审核工作。
（5）提出质量体系审核报告。
（6）反馈质量体系审核报告信息。
（7）跟踪验证。

4. 质量管理审核程序

1）建立和管理审核方案。

需要实施审核的组织应建立审核方案，以便确定受审核方管理体系的有效性。审核方案可以包括针对一个或多个管理体系标准的审核，可单独实施，也可结合实施。最高管理者要确保建立审核方案的目标，并指定一个或多个胜任的人员负责管理审核方案。审核方案的范围与程度需基于受审核组织的规模和性质，基于受审核管理体系的性质、功能、复杂程度及成熟度水平。组织应优先配置审核方案所确定的资源，以便审核管理体系的重大事项。例如，产品质量的关键特性、健康和安全的相关危险源或重大环境因素及其控制措施。

审核方案实施的关键内容有明确审核方案目标、确定审核方案管理人员的作用和职责、确定审核方案的范围和详略程度、识别和评估审核方案风险、选择审核方法、选择审核组成员、监视并评审审核方案等。

2）审核的启动

（1）与受审核方建立初步联系

审核组长应与受审核方就审核的实施进行初步联系，联系可以是正式的，也可以是非正式的。建立初步联系的目的有：与受审核方的代表建立沟通渠道；确认实施审核的权限；提供有关审核目标、范围、方法和审核组组成（包括技术专家）的信息；请求有权使用策划审核的相关文件和记录；确定与受审核方的活动和产品相关的适用法律法规要求、合同要求和其他要求；确认与受审核方关于保密信息的披露程度和处理的协议；对审核做出安排，如日程安排；确定场所的访问、安保、健康安全或其他要求；就观察员的到场和审核组向导的需求达成一致意见；针对具体审核，确定受审核方的关注事项。

（2）确定审核的可行性

审核正式开始前，应先确定审核的可行性，以确信能够实现审核目标。在确定审核可行性时，要考虑审核是否具备下列因素：策划和实施审核所需的充分和适当的信息；受审核方的充分合作；实施审核所需的足够时间和资源。当审核不可行时，应向审核委托方提出替代建议，并与受审核方协商一致。

3）审核活动的准备

（1）文件评审

对受审核方的相关管理体系文件进行评审，可帮助审核组收集信息。例如，过程、职能方面的信息，以准备审核活动和适用的工作文件；了解体系文件范围和程度的概况，以发现可能存在的差距。其中，适用的文件有管理体系文件和记录及以往的审核报告。文件评审应考虑受审核方管理体系和组织的规模、性质和复杂程度及审核目标和范围。

（2）编制审核计划

审核组长应根据审核方案和受审核方提供的文件中包含的信息编制审核计划。要充分考虑审核活动对受审核方的过程的影响，并为审核委托方、审核组和受审核方之间就审核的实施达成一致提供依据。制订的审核计划要便于有效安排和协调审核活动，以达到目标。另外，审核计划应能够反映出审核的范围和复杂程度，及实现审核目标的不确定因素。

在编制审核计划时，审核组长应注意以下方面：运用适当的抽样技术；综合考虑审核组的组成及其整体能力；审核对组织形成的风险。例如，对组织的风险可以来自审核组成员的到来对于健康安全、环境和质量方面的影响，及审核组成员的到来对受审核方的产品、服务、人员或基础设施（如对洁净室设施的污染）产生的威胁。对于初次审核和后续审核、内部审核和外部审核，审核计划的内容和详略程度可以有所不同。审核计划应具有充分的灵活性，以便于随着审核活动的进展进行必要的调整。

审核计划应包括或涉及下列内容：审核目标；审核范围，如受审核的组织单元、职能单元及过程；审核准则和引用文件；实施审核活动的地点、日期、预期的时间和期限，如与受审核方管理者的会议；使用的审核方法，如所需的审核抽样的范围，以便于获得足够的审核证据；审核组成员、向导和观察员的作用和职责；为审核的关键区域配置适当的资源。审核计划可由审核委托方评审和接受，并应提交受审核方。受审核方对审核计划的反对意见应在审核组长、受审核方和审核委托方之间得到解决。

（3）审核组工作分配

审核组长可在审核组内协商，将对具体的过程、活动、职能或场所的审核工作分配给审核组每位成员。分配审核组工作时，应考虑到审核员的独立性和能力、资源的有效利用及审核员、实习审核员和技术专家的不同作用和职责。适当时，审核组长要召开审核组会议，以落实工作分配并决定可能的改变。为确保实现审核目标，审核组长可随着审核的进展调整所分配的工作。

（4）准备工作文件

审核组成员应收集和评审与其承担的审核工作有关的信息，并准备必要的工作文件，用于审核过程的参考和记录审核证据，工作文件包括：检查表；审核抽样方案；记录信息（如支持性证据、审核发现和会议记录）的表格。其中，检查表和表格的使用不应固定于初次规定的审核活动的范围和程度，审核活动的范围和程度可随着审核中收集信息的结果而发生变化。所有的工作文件，包括其使用后形成的记录，应至少保存到审核完成或审核计划规定的时限，且审核组成员在任何时候都应妥善保管涉及保密或知识产权信息的工作文件。

4）审核活动的实施

（1）举行首次会议

举行首次会议的目的是确认所有相关方（如受审核方、审核组）对审核计划的安排达成一致，介绍审核组成员，及确保所策划的审核活动能够实施。受审核方管理者及适当的受审核的职能、过程的负责人应一起召开首次会议，并在会议期间，提供询问的机会。

会议的详略程度要与受审核方对审核过程的熟悉程度相一致。在许多情况下，如小型组织的内部审核，首次会议可以只包括对即将实施的审核的沟通和对审核性质的解释。对于其他审核情况，会议应当是正式的，并保存出席人员的记录。会议应由审核组长主持。必要时，首次会议应包括以下内容。

①介绍与会者，包括观察员和向导，并概述与会者的职责。

②确认审核目标、范围和准则。

③与受审核方确认审核计划和其他相关安排，如末次会议的日期和时间，审核组和受审核方管理者之间的临时会议及任何新的变动。

④审核中所用的方法，包括告知受审核方审核证据将基于可获得信息的样本。

⑤介绍由于审核组成员的到场对组织形成的风险的管理方法。

⑥确认审核组和受审核方之间的正式沟通渠道。

⑦确认审核所使用的语言。

⑧确认在审核中审核方将及时向受审核方通报审核进展情况。

⑨确认已具备审核组所需的资源和设施。

⑩确认有关保密和信息安全事宜。

⑪确认审核组工作时的健康安全事项、应急和安全程序。

⑫报告审核发现的方法，包括任何分级的信息。例如，有关审核可能被终止的条件的信息；有关末次会议的信息；有关如何处理审核期间可能的审核发现的信息；有关受审核方对审核发现、审核结论（包括抱怨和申诉）反馈渠道的信息。

（2）审核中的沟通

在审核期间，可能有必要对审核组内部及审核组与受审核方、审核委托方、可能的外部机构（如监管机构）之间的沟通做出正式安排，尤其是法律法规要求强制性报告不符合的情况。审核组应定期讨论以交换信息，评定审核进展情况及需要时重新分配审核组成员的工作。

在审核中，审核组长应定期向受审核方、审核委托方通报审核进展及相关情况。在审核中，如果收集的证据显示受审核方存在紧急的和重大的风险，应及时报告受审核方，必要时向审核委托方报告。对于超出审核范围之外的引起关注的问题，应予记录并向审核组长报告，以便需要时向审核委托方和受审核方通报。

当获得的审核证据表明不能达到审核目标时，审核组长应向审核委托方和受审核方报告理由以确定适当的措施。这些措施可以包括重新确认或修改审核计划，改变审核目标、审核范围或终止审核。随着审核活动的进行，出现的任何变更审核计划的需求都应经评审，由审核方案管理人员和受审核方批准再继续进行。

（3）向导和观察员的作用和责任

向导和观察员（如来自监管机构或其他相关方的人员）可以陪同审核组，但他们不应影响或干扰审核的进行，否则，审核组长有权拒绝观察员参加特定的审核活动。观察员应承担由审核委托方和受审核方约定的与健康安全、保安和保密相关的义务。

受审核方指派的向导应协助审核组并根据审核组长的要求行动。向导的职责可包括：协助审核员确定面谈的人员并确认时间安排；安排访问受审核方的特定场所；确保审核组成员和观察员了解和遵守有关场所的安全规则和安全程序。

（4）信息的收集和验证

在审核中，应通过适当的抽样收集并验证与审核目标、范围和准则有关的信息，包括与职能、活动和过程间接口有关的信息。只有能够验证的信息方可作为审核证据。导致审核发现的审核证据应予以记录。在收集证据的过程中，审核组如果发现了新的变化或风险，应予以关注。收集信息的方法包括面谈、观察、文件（包括记录）评审。

（5）形成审核发现

审核组应对照审核准则评价审核证据，以确定审核发现，审核发现能表明符合或不符合审核准则。当审核计划有规定时，具体的审核发现应包括具有证据支持的符合事项和良好实践、改进机会及对受审核方的建议。应记录不符合及支持不符合的审核证据。可以对不符合进行分级。需注意，审核组应与受审核方一起评审不符合，以获得受审核方的承认，并确认审核证据的准确性，使受审核方理解不符合。应努力解决对审核证据或审核发现有分歧的问题，并记录尚未解决的问题。审核组应根据需要，在审核的适当阶段评审审核发现。

（6）准备审核结论

审核组在末次会议之前应充分讨论，根据审核目标，评审审核发现及在审核过程中所收集的其他适当信息；考虑审核过程中固有的不确定因素，对审核结论达成一致；如果审核计划中有规定，提出建议；讨论审核后续活动。

审核结论可陈述以下内容。

①管理体系与审核准则的符合程度和稳健程度，包括管理体系满足所声称的目标的有效性。

②管理体系的有效实施、保持和改进。

③管理评审过程在确保管理体系持续的适宜性、充分性、有效性和改进方面的能力。

④审核目标的完成情况、审核范围的覆盖情况，及审核准则的履行情况。

⑤审核发现的根本原因（如果审核计划中有要求）。

⑥为识别趋势从其他受审核领域获得的相似的审核发现。

如果审核计划中有规定，审核结论可提出改进的建议或今后审核活动的建议。

（7）举行末次会议

由审核组长主持末次会议，提出审核发现和审核结论。参加末次会议的人员包括受审核方管理者和适当的受审核的职能、过程的负责人，也可包括审核委托方和其他有关方面。适用时，审核组长应告知受审核方在审核过程中遇到的可能降低审核结论可信程度的情况。如果管理体系有规定或与审核委托方达成协议，与会者应就针对审核发现而制订的行动计划的时间框架达成一致。

会议的详略程度应与受审核方对审核过程的熟悉程度相一致。在一些情况下，会议应是正式的，并做出会议纪要，包括出席人员的记录。另一些情况下，如内部审核，末次会议可以是非正式的，只是沟通审核发现和审核结论。

（8）审核报告的编制

审核组长应根据审核方案程序报告审核结果，由此编制审核报告。

审核报告应提供完整、准确、简明和清晰的审核记录，并包括或引用以下内容：审核目标；审核范围，尤其是应明确受审核的组织单元和职能单元或过程；明确审核委托方；明确审核组和受审核方在审核中的参与人员；进行审核活动的日期和地点；审核准则；审核发现和相关证据；审核结论；关于对审核准则遵守程度的陈述。

（9）审核的完成

当所有策划的审核活动已经执行或出现与审核委托方约定的情形时（如出现了妨碍完成审核计划的非预期情形），审核结束。审核的相关文件应根据参与各方的协议，按照审核方案的程序或适用要求予以保存或销毁。除非法律法规要求，审核组和审核方案管理人员若没有得到审核委托方和受审核方（适当时）的明确批准，不应向任何无关人员或组织泄露相关文件的内容及审核中获得的其他信息或审核报告的内容。如果需要披露审核文件的内容，应尽快通知审核委托方和受审核方。从审核中获得的经验教训应作为受审核组织的管理体系的持续改进过程的输入。

（10）审核后续活动的实施

根据审核目标，审核结论可以表明采取纠正、纠正措施和预防措施或改进措施的需要。此类措施通常由受审核方确定并在商定的期限内实施。适当时，受审核方应将这些措施的实施状况告知审核方案管理人员和审核组，应对措施的完成情况及有效性进行验证，验证可以是后续审核活动的一部分。

7.4.2 质量认证

1. 背景和作用

1）产生背景

质量认证制度产生以前，卖家为了销售产品，赢得顾客的信赖，会采用"产品合格声明、名人推荐"等方式来博取顾客的信任，由于当时的产品结构简单、功能性不强，因此不需要专门的检验检测手段来对产品质量进行优劣判断。但随着科学技术的不断进步及市场经济和国际贸易的快速发展，如今的产品不仅种类繁多，而且结构复杂，仅凭消费者的知识和经验，已经无法判断产品质量是否符合要求，由此导致供方质量信誉逐渐下降，市场上的产品鱼龙混杂。在这种情况下，专门的质量认证制度应运而生。最早实行认证制度的国家是英国。1903年，英国使用BS字母组成"风筝标志"，标识在钢轨上，表明钢轨符合质量标准，并于1922年按照英国的商标法将该标志进行注册，由此创立了世界上第一个受法律保护的认证标志。随后，质量认证制度迅速发展。20世纪50年代，工业化发达国家基本实现了质量认证制度的普及。从20世纪70年代开始，发展中国家也逐渐推行质量认证制度，并且出现了许多跨国界的区域认证制度和国际认证制度。为了协调和推动认证工作，ISO于1970年成立了认证委员会（CERTICO），之后为了扩大业务和影响力，又将改名为合格评定委员会（CASCO），专门负责质量认证指南的制定和国际性合格评定工作。迄今为止，质量认证已经成为商品进入市场的一项重要技术要求。

我国的质量认证工作随着改革开放逐渐发展起来，在20世纪80年代初期，我国最早的两家认证机构，中国电子元器件质量认证委员会（China's Electronic Components Quality Certification Committee，QCCECC）和中国电工产品认证委员会（China's Commission for Conformity Certification of Electrical Equipment，CCEE）相继成立，由此拉开了我国质量认证工作的序幕。从20世纪80年代初到20世纪90年代初，我国的认证制度始终处于向国际认证制度学习、实践和转换的过程中，同时我国也尝试在更广泛的领域推行认证制度，逐步建立了管理体系认证、人员认证、服务认证等认证制度。2001年，为了履行中国政府加入 WTO 的承诺，建立内、外统一的认证认可制度，国务院组建并授权中国国家认证认可监督管理委员会（Certification and Accreditation Administration of the People's Republic of China，CNCA），统一管理、监督和综合协调全国认证认可工作。按照《中华人民共和国产品质量法》（以下简称《产品质量法》）和国务院批准的管理职能，我国的认证认可管理机构还包括了中国合格评定国家认可委员会（China National Accreditation on Sevvice for Conformity Assessment，CNAS）；中国认证认可协会（China Certification and Accreditation Association，CCAA）。我国实行的质量认证制度是 ISO 和 IEC 推荐的典型第三方产品认证制，所发布的有关质量认证的法律、行政法规和规章是以 ISO 和 IEC 联合发布的有关国际指南为基础制定或百分百转化而来的。

《产品质量法》第十四条规定："国家根据国际通用的质量管理标准，推行企业质量体系认证制度。企业根据自愿原则可以向国务院产品质量监督管理部门认可的或者国务院产品质量监督管理部门授权的部门认可的认证机构申请企业质量体系认证。经认证合格的，由认证机构颁发企业质量体系认证证书。"

2）质量认证的作用

质量认证制度已经成为各国经济发展的重要支撑，是国际贸易中不可或缺的信誉证明，为世界经济发展发挥了重要作用，且意义重大。

（1）为买方提供了产品质量证明，为卖方赢得产品质量认可。一方面，通过质量认证制度，既可为买方提供符合标准或技术规范要求的产品，又能为买方在复杂的现代产品选择中，节省大量的时间成本。另一方面，经过质量认证的产品，表示卖方的产品质量是值得信赖和认可的，证明卖方是有能力稳定地产出符合要求的产品。届时市场上会出现认证产品与非认证产品、认证注册组织与非认证注册组织之间的不同，认证产品或注册组织将会在质量信誉上取得优势，从而在激烈的市场竞争中处于更加有利的地位。实行质量认证制度，不仅有益于保护买方和卖方的利益，相互信任，也为双方建立长期的合作关系提供了良好基础。

（2）有助于降低大量的社会成本，避免不必要的资源浪费。现代产品的设计、生产，已经不再局限于顾客，而是面向多个相关方。特别是一个组织生产多个产品涉及多个相关方时，如果每一个相关方都要求组织对其产品或质量体系进行检验和检查，可能要花去相当多的人力、物力和财力，最终累计起来形成巨额的社会成本。质量认证制度则面向全部相关方，为其提供产品或质量体系的检验和审核。不仅能为组织减少重复检查，节约经营成本，也降低了大量的社会成本和避免不必要的资源浪费。

（3）增强国际市场竞争力，促进国际贸易繁荣。质量认证制度已被世界上越来越多的国家和地区所接受和采纳。多个国家和组织通过签订单边、双边或多边的国际认可协议，运用统一的质量认证制度和质量认证标准，不仅有利于产品间的相互认可，还可以按协议享受一定的优惠政策和优惠条件。这对增强组织及其产品的国际竞争力具有重要作用。另外，通过质量认证制度，国家和组织之间建立起长期合作，将有利于促进国际贸易的繁荣和地区经济发展。

2. 认证的分类

根据质量认证对象的不同，可分为质量体系认证和产品质量认证。

质量体系认证也叫质量管理体系注册，指对供方的质量体系进行的第三方评定和注册，并颁发证书以证明企业质量保证能力符合相应要求的活动。目的在于通过评定和事后监督来证明供方质量体系符合并满足需方对该体系规定的要求，对供方的质量管理能力予以独立的证实。

产品质量认证指按照产品标准和相应技术要点，经权威机构确认并发放合格证书或合格标志，以证明某一产品、过程或服务符合相应标准和技术规范的活动。根本目的是证明组织对某产品的生产已建立了一个有效的质量管理体系，能够稳定地提供符合特定技术标准或规范的产品，进而赢得需求方的信任。

3. 组织和实施流程

1）质量体系认证的组织实施流程

由于企业生产特点和生产类型的不同，质量体系认证程序略有不同，主要程序如下所示。

（1）认证方提出质量体系认证的申请，包括提交认证申请和认证申请受理等内容。

（2）认证机构初访，包括认证机构对认证方提交的文件进行初步审核，进行非正式访问，评估认证费用等。

（3）审核前准备，认证方要准备好必要和非必要的质量体系文件。

（4）质量体系审核，认证人员对认证方的质量体系文件进行审核。

（5）现场审核，对质量体系运行的有效性进行查证。

（6）编写审核报告。

（7）审批与注册。

（8）认证后监督管理，对获批认证后的认证方进行不定期监督审核，可能的结果有认证暂停、认证撤销、认证有效期延长。

2）产品质量认证的组织实施流程

不同于质量体系认证，产品质量认证需根据产品类型，采取不同的认证程序，主要实施流程如下所示。

（1）认证企业提出书面申请。

（2）认证委员会审查申请认证企业的材料，包括质量体系文件和质量手册等。

（3）检验机构对产品进行质量检验：一般由认证委员会委托认可机构进行产品检验。

（4）认证委员会对检验报告和检查报告进行审查。

（5）现场审核并抽取样品。

（6）形成审核报告。

（7）批示审查报告和颁发证书。

（8）认证后监督管理。

7.5 卓越绩效管理模式

7.5.1 卓越绩效管理模式简述

1. 卓越绩效管理模式产生的背景

卓越绩效模式（performance excellence model）指由美国波多里奇国家质量奖延伸而来

的在国际上广泛认同的一种组织综合绩效管理方法，是以各国质量奖评价准则为核心的一类经营管理模式的总称。

20世纪80年代，日本实行全面质量管理，极大地提升了日本企业的质量管理水平，在国际贸易中的地位一举超越了美国。这严重影响到美国企业的生存和发展，美国的许多质量专家和组织在了解日本企业与产品的成功经验之后，纷纷建议美国政府借鉴日本质量奖的实施经验，来推行美国国家质量奖，以此来帮助美国企业开展TQM活动，提高美国企业和产品在国际市场上的竞争力。由此，美国设立了波多里奇国家质量奖，而波多里奇质量奖以"卓越质量"为核心的评审理念和评审准则很快得到了美国企业界和管理界的认可，通用公司、微软公司、摩托罗拉公司等世界级企业纷纷运用"卓越质量绩效模式"，并取得了出色的经营结果。世界各国也纷纷借鉴和采纳卓越绩效模式的成功经验，开始在本国推广国家质量奖和卓越绩效模式，目前世界上有80多个国家和地区设立了质量奖，以波多里奇质量奖为代表的卓越绩效准则几乎已经发展成为"经营管理事实上的国际标准"。

2. 卓越绩效模式的特点

（1）组织以综合满足相关方的利益为目标。卓越绩效模式所追求的结果，不仅仅是财务结果，还包括了产品及服务结果、顾客与市场结果、资源结果、组织的治理和社会责任结果，是组织所面临的全面且综合的结果。在此基础上，组织要确保顾客、员工、社会等多个相关方在短期和长期时间上的利益平衡。

（2）卓越绩效模式是对全面质量管理的细化，且整合多方面的管理体系。卓越绩效标准在全面质量管理的基础上发展而来，是对全面质量管理实施的标准化、条理化和具体化的体现，更加有利于组织认清自身的强弱所在。另外，在卓越绩效模式中，目标管理、内部审核、管理评审等多种管理体系整合在一起，实现了综合管理和持续管理。

（3）卓越绩效模式具有创新性和先进性。卓越绩效模式不再把符合性标准作为实现目标，也不规定组织应达到某一程度，而是引领组织追求持续改进和追求卓越。这是一种全新的质量经营模式，是一种先进的管理框架，在组织价值观、组织文化、组织战略、运营模式、管理体系等各方面不断追求创新。许多组织总能从卓越绩效标准中获得启发，形成适合自身的管理路径。

3. 卓越绩效模式的核心价值

为了引导组织追求卓越，美国波多里奇国家质量奖提出了11项核心价值。分别是远见卓识的领导、顾客驱动的卓越、组织与个人学习、重视员工和合作伙伴、敏捷性、注重未来、促进创新的管理、基于事实的管理、社会责任、注重结果与创造价值、系统的视野。

（1）远见卓识的领导（visionary leadership）。组织的高层领导者是组织追求卓越的关键，要确立组织对于顾客的关注，树立起以客户为中心的核心价值观；要明确组织的愿景和使命，能够制定组织的发展战略、方针目标、体系和方法，引导组织的长远发展；要具备或培养自身道德行为和个人魅力，形成独特的领导力和领导权威，保证员工对组织的忠诚；要克服困难，调动和激励员工的积极性，为实现组织的目标而做到全员参与、改进、学习和创新。

（2）顾客驱动的卓越（customer driven excellence）。组织无论是提供产品还是服务都是面向顾客的，组织的质量和绩效是由组织的顾客判定的。因此，组织追求的卓越是由顾客驱动的卓越。为了满足顾客需求，为顾客创造价值，并且建立长期稳定的关系，培育忠诚的顾客，组织既要了解顾客在当下的需求，同时要预测顾客在未来的需求和产品的市场潜力；要尽可能减少缺陷和差错，及消除造成不满意的原因。另外，顾客驱动的组织不只是重视满足顾客基本要求的产品和服务特性，还要重视将自身与竞争者相区别的那些特征和特性，从外部竞争着手，不断提高顾客的满意度。

（3）组织的和个人的学习（organizational and personal learning）。"组织的学习"是要不断学习新思想、新方法，以持续改进、适应新的发展变化；"个人的学习"是通过教育、培训实现职业生涯的发展目标。培育学习型组织和个人是组织追求卓越的基础，因此，学习必须根植于组织的日常运营中。这意味着学习实施在个人，部门及整个组织的多个层次上；学习会形成在整个组织中构筑和分享知识的氛围，保障知识、方针、理念等上下通达；学习会促进从源头上解决问题，为组织减少差错、浪费等相关成本；学习还将实现为变革所驱动，形成学习促进变革，变革促进学习的良性循环，保证组织源源不断的生命力。

（4）尊重员工和合作伙伴（valuing employees and partners）。员工是组织之本，尊重员工意味着组织致力于提高员工的满意度。这是一项人性化的工作，包括了对员工的承诺和保障、创造公平的竞争环境、对优秀员工的认可、为员工提供发展机会、营造一个鼓励员工迎接挑战的环境等。尊重合作伙伴意味着组织要同顾客、供应商、银行、社会团体等建立战略联盟和长期合作伙伴关系，着眼于共同成长的长远目标，在制度和渠道上实现互利和优势互补，增强双方的核心竞争力和优势。

（5）敏捷性（agility）。世界经济的复杂多变和科技的日新月异，对组织如何快速反应变化的环境提出了挑战，要想在全球化的竞争中抢占先机，组织必须具有敏捷性，即灵活性和快速反应能力。要实现这一目标，组织要缩短产品更新周期和产品服务的生产周期，精简机构和简化工作程序，实现业务流程再造；要培养掌握多种能力的员工，以便能胜任多种岗位和任务变化的需要；要在响应时间、时间绩效方面进行改进，不能满足于简单的"按规定办事""按标准生产"。

（6）关注未来（focus on the future）。关注未来组织长远发展的关键。首先，组织要理解影响自身和市场的长期及短期因素，预先考虑到顾客期望、新的商机和合作机会、员工的发展和需要、全球市场的增长、技术发展、日益发展的电子商务环境、新的顾客细分和市场细分、不断变化的管理要求、社区和社会的期望、竞争对手的战略性举动等诸多因素；其次，组织要制定长期的发展战略，并根据战略目标制订长短期发展计划，配置所需的各种资源，以保证战略目标的实现。组织未来持续增长和市场领先地位将会给顾客、员工、供应商和合作伙伴、股东、公众等带来发展信心。

（7）促进创新的管理（managing for innovation）。创新意味着实施有意义的变革，以改进组织的产品、服务和过程，并为组织的利益相关者创造新的价值。创新会使组织的绩效进入一个新的境界。创新已不再只是研发部门的领地，它对于企业的所有方面和过程都是非常重要的。组织的领导和管理应使创新成为组织学习型文化的一个组成部分，使创新融入组织日常工作之中，融入组织管理过程的所有方面，并被组织的绩效改进系统所支持。创新是建立在组织及其员工日积积累所学知识的基础之上，因此，对于促进创新的管理而言，关注组织和个人的学习，且有效吸收和利用知识的能力是至关重要的。

（8）基于事实的管理（management by fact）。一方面，组织的运作依赖于对其绩效的评价、分析所反馈的结果进行管理，而绩效管理所需的诸多类型的数据和信息又建立在对绩效的真实测量和分析之上。另一方面，绩效测量所需的数据和信息包括了顾客、产品和服务方面的绩效；运营、市场和竞争性绩效的对比；及供应商、员工、成本和财务方面的绩效等，组织在依据战略目标对这些重要数据、信息进行评价、找出差距进行改进时，同样要基于事实去选择和描述顾客、运营、财务和社会影响方面的绩效。只有对数据、信息和指标进行基于事实的管理，才能客观地发现问题，解决问题。

（9）社会责任（social responsibility）。组织重要的相关方之一就是社会，组织的领导层应充分重视公众责任、伦理行为，并强调履行公民义务的必要性，要在资源允许的条件下，积极引导组织和组织成员从事公益性事业。在恪守职业道德、保护公民健康、安全、环境和有效利用资源等方面，领导者应当成为组织的榜样。组织要从产品设计阶段就考虑到环境、资源和安全等方面的要求，不仅要满足相关的法律法规，还应在必要时，维持公众的知情权、安全感和信心。另外，组织应在与所有的利益相关方的交往中强调伦理行为，其治理机构应对高层领导的伦理操行提出要求并加以监控。

（10）注重结果和创造价值（focus on results and creating values）。组织的绩效测量应注重关键的结果。这些结果应当被用于为关键的利益相关者——顾客、员工、股东、供应商和合作伙伴、公众及社会共同体创造价值和平衡其相互间的价值。通过为关键的利益相关者创造价值，组织构筑起了忠诚，并为经济的增长做出了贡献。要加以平衡就意味着各种目标之间有时会发生冲突和改变。为了满足这些目标，组织的战略中就应明确纳入关键的利益相关者的要求。这将有助于确保计划与行动满足不同的利益相关者的需要，避免对任何一方造成不利的影响。一套均衡组合的先行和滞后绩效指标的应用，为沟通长、短期的重点事项和监控实际绩效提供了一种有效的手段，也为结果的改进提供了明确的基础。

（11）系统的视野（systems perspective）。卓越绩效模式将组织看成一个整体，各项要求是协调一致的，通过共同努力实现组织的目标，意味着不仅要管理组织的各个组成部分，还要管理协调整个组织，以实现组织绩效的改进。一方面，系统的视野包含了高层领导者对于组织战略方向和顾客的关注；另一方面，这些战略要与关键过程联系起来，并协调资源配置，最终实现整体绩效改进和顾客满意。

4. 卓越绩效模式在中国的发展

我国推行卓越绩效管理模式的历史可以追溯到改革开放时期，在学习日本全面质量管理的经验之后，我国政府倡导和推动企业开展全面质量管理，以提高产品质量和管理水平，并于1981年，在中国质量协会和相关部门的支持下，设立了中国质量管理奖。之后由于全国各类评审活动盛行，国务院停止了全国质量管理奖的评选工作。

随着ISO9000系列国际标准发布，并被我国转化为国家标准，及以美国为首的西方国家大力倡导卓越绩效模式和取得的一定成就，我国于2001年启动全国质量奖的评审工作，并且在参照美国波多里奇质量奖准则的基础上，结合我国的实际情况，于2004年正式发布了GB/T 19580—2004《卓越绩效评价准则》和GB/T 19579—2004《卓越绩效评价准则实施指南》两个标准，拉开了我国全面应用卓越绩效模式的序幕。2012年，我国对两个标准进行了修订，使卓越绩效模式的实施进入了规范化、标准化的道路。

7.5.2 中国《卓越绩效评价准则》

GB/T19580—2012《卓越绩效评价准则》共有 7 个条款、23 个评分项、38 个着重方面，总分设定为 1000 分。其中，7 个条款包括领导，战略，顾客与市场，资源，过程管理，测量、分析与改进，结果，7 个条款间的关系如图 7-8 所示。

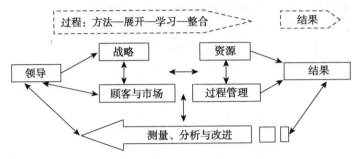

图 7-8 《卓越绩效评价准则》框架图

23 个评分项的具体内容及其分值如表 7-1 所示。

表 7-1 《卓越绩效评价准则》评分项及分值

（一）领导（110）	基础设施（10）
高层领导的作用（50）	相关方关系（10）
组织治理（30）	（五）过程管理（100）
社会责任（30）	过程的识别与设计（50）
（二）战略（90）	过程的实施与改进（50）
战略制定（40）	（六）测量、分析与改进（80）
战略部署（50）	测量、分析和评价（40）
（三）顾客与市场（90）	改进与创新（40）
顾客和市场的了解（40）	（七）结果（400）
顾客关系与顾客满意（50）	产品和服务结果（80）
（四）资源（130）	顾客与市场结果（80）
人力资源（60）	财务结果（80）
财务资源（15）	资源结果（60）
信息和知识资源（20）	过程有效性结果（50）
技术资源（15）	领导方面的结果（50）

1. 领导

1）总则

本条款用于评价组织高层领导的作用、组织治理及组织履行社会责任的情况。

2）高层领导的作用

组织应从以下方面说明高层领导的作用。

（1）如何确定组织的使命、愿景和价值观，如何将其贯彻到全体员工，并影响到组织的供方、合作伙伴、顾客及其他相关方，如何在落实组织的价值观方面起表率作用。

（2）如何与全体员工及其他相关方进行沟通，如何鼓励整个组织实现坦诚、双向的沟通，如何通过对全体员工实现卓越绩效的活动进行激励以强化组织的方向和重点。

（3）如何营造诚信守法的环境，如何营造有利于改进、创新和快速反应的环境，如何营造促进组织学习和员工学习的环境。

（4）如何履行确保组织所提供产品和服务质量安全的职责。

（5）如何推进品牌建设，推动组织的持续经营，如何积极培养组织未来的领导者。

（6）如何促进组织采取行动以改进组织绩效、实现战略目标，并达成愿景；如何定期评价组织的关键绩效指标，及如何根据绩效评价结果采取相应行动。

3）组织治理

如何寻找组织治理的关键因素；如何对高层领导和治理机构成员的绩效进行评价。

（1）组织治理如何考虑以下关键因素。

①管理层所采取行动的责任。

②财务方面的责任。

③经营管理的透明性以及信息披露的政策。

④内、外部审计的独立性。

⑤股东及其他相关方利益的保护。

（2）如何评价高层领导的绩效，如何评价治理机构成员的绩效，高层领导和治理机构如何运用这些绩效评价结果改进个人、领导体系和治理机构的有效性。

4）社会责任

（1）提要。组织如何履行社会责任，包括在公共责任、道德行为和公益支持等方面的做法。

（2）公共责任

①明确组织的产品、服务和运营对质量安全、环保、节能、资源综合利用、公共卫生等方面产生的影响所采取的措施。

②如何预见和消除公众对组织的产品、服务和运营所产生的负面社会影响的隐忧。

③说明为满足法律法规要求和达到更高水平而采用的关键过程及绩效指标，及在应对产品、服务和运营的相关风险方面的关键过程及绩效指标。

（3）道德行为

①如何确保组织遵守诚信准则，及如何建立组织的信用体系。

②如何确保组织行为符合道德规范，说明用于促进和监测组织内部、与顾客、供方和合作伙伴之间及组织治理中的行为符合道德规范的关键过程及绩效指标。

（4）公益支持

如何积极支持公益事业，并说明侧重的公益领域；高层领导及员工如何积极参与公益活动并为此做出贡献。

2. 战略

1）总则

本条款用于评价组织的战略及其目标的制定、部署及进展情况。

2）战略制定

（1）提要。组织如何制定战略和战略目标。

（2）战略制定过程。①组织应描述其战略制定过程、主要步骤及主要参与者，如何确定长、短期计划的实施时间，及战略制定过程如何与长、短期计划时间区间相对应。②如何确保制定战略时考虑下列关键因素，如何就这些因素收集和分析有关的数据和信息：顾客和市场的需求、期望及机会；竞争环境及竞争能力；影响产品、服务及运营方式的重要创新或变化；资源方面的优势和劣势，资源重新配置到优先考虑的产品、服务或领域的机会；经济、社会、道德、法律法规以及其他方面的潜在风险；国内外经济形势的变化；组织特有的影响经营的因素，包括品牌、合作伙伴和供应链方面的需要及组织的优势和劣势等；可持续发展的要求和相关因素；战略的执行能力。

（3）战略和战略目标

①说明战略和战略目标，及战略目标对应的时间表和关键的量化指标。

②战略和战略目标如何应对战略挑战并发挥战略优势，如何反应产品、服务、经营等方面的创新机会，如何均衡考虑长期、短期的挑战和机遇及所有相关方的需要。

3）战略部署

（1）提要。组织如何将战略和战略目标转化为实施计划及相关的关键绩效指标，如何根据这些关键绩效指标预测组织未来的绩效。

（2）实施计划的制订与部署。①如何制订和部署实现战略目标的实施计划；如何根据环境的变化对战略目标及其实施计划进行调整和落实。②说明组织的主要长、短期实施计划，这些计划所反映出的在产品和服务、顾客和市场及经营管理方面的关键变化。③如何获取和配置资源以确保实施计划的实现；说明组织为了实现长期、短期战略目标和实施计划的重要资源计划。④说明监测实施计划进展情况的关键绩效指标，如何确保这些指标协调一致，并使这些指标涵盖所有关键的领域和相关方。

（3）绩效预测。说明组织长期、短期计划期内的关键绩效指标的预测结果及相应的预测方法；如何将预测绩效与竞争对手或对比组织的预测绩效相比较，与主要的标杆、组织的目标及以往绩效相比较；如何确保实现预测绩效，如何应对相对于竞争对手或对比组织的绩效差距。

3．顾客与市场

1）总则。本条款用于评价组织确定顾客和市场的需求、期望和偏好及建立顾客关系、确定影响顾客满意程度关键因素的方法。

2）顾客和市场的了解

（1）提要。组织如何确定顾客和市场的需求、期望和偏好及如何拓展新的市场。

（2）顾客和市场的细分。

①如何识别顾客、顾客群和细分市场，如何确定当前及未来的产品和服务所针对的顾客、顾客群和细分市场。

②在顾客和市场的细分过程中，如何考虑竞争对手的顾客及其他潜在的顾客和市场。

（3）顾客需求和期望的了解。

①如何了解关键顾客的需求、期望和偏好及其对于顾客的购买或建立长期关系的相对重要性，如何采取不同的方法来了解不同的顾客、顾客群和细分市场。

②如何将当前和以往顾客的相关信息用于产品和服务的设计、生产、改进、创新及市场开发和营销过程。如何使用这些信息来强化顾客导向、满足顾客需要及寻找创新的机会。

③如何使了解顾客需求和期望的方法适应发展方向、业务需要及市场的变化。

3）顾客关系与顾客满意

（1）提要。组织如何建立、维护和加强顾客关系，如何确定赢得和保持顾客并使顾客满意、忠诚的关键因素的方法。

（2）顾客关系的建立。

①如何建立顾客关系以赢得顾客，满足并超越顾客期望，提高顾客忠诚度，获得良好口碑。

②如何建立与顾客接触的主要渠道，这些渠道如何方便顾客查询信息、进行交易和提出投诉；如何确定每种渠道主要的顾客接触要求，并将这些要求落实到有关的人员和过程。

③如何处理顾客投诉，确保顾客投诉能得到有效、快速的解决。如何最大限度减少顾客不满和业务流失。如何积累和分析投诉信息以用于组织及合作伙伴的改进。

④如何使建立顾客关系的方法适合组织发展方向及业务需要。

（3）顾客满意度测量。

①如何测量顾客满意度和忠诚度，测量方法如何因人而异，如何确保测量能够获得有效的信息并用于改进，以超越顾客期望、获得良好口碑并赢得市场。

②如何对顾客进行产品和服务质量的跟踪，以获得及时、有效的反馈信息并将信息用于改进与创新活动。

③如何获取和应用可供比较的竞争对手和标杆的顾客满意信息。

④如何使测量顾客满意度和忠诚度的方法适应发展方向及业务需要。

4. 资源

1）总则。本条款用于评价组织的人力、财务、信息和知识、技术、基础设施和相关方关系等资源管理的情况。

2）人力资源

（1）提要。组织如何建立以人为本的人力资源管理体系，促进员工的学习和发展，提高员工的满意程度。

（2）工作的组织和管理。

①如何对工作和职位进行组织、管理，以应对战略挑战、满足实施计划，对业务变化作出快速灵活反应，促进组织内部的合作，调动员工的积极性、主动性，促进组织的授权、创新，以提高组织的执行力。

②如何确定员工的类型和数量的需求，如何识别所需员工的特点和技能、如何提高现有员工的能力，如何招聘新员工、任用和留住老员工。

③如何听取和采纳员工、顾客和其他相关方的各种意见和建议，如何在不同的部门、职位和地区之间实现有效的沟通和技能共享。

（3）员工绩效管理。

如何实施员工绩效管理，包括员工绩效的评价、考核和反馈，及如何建立科学合理的薪酬体系和实施适宜的激励政策和措施，以提高员工和组织的工作绩效，实现组织的战略实施计划。

（4）员工的学习与发展。

①员工的教育与培训。如何识别员工教育与培训的需求，制定和实施员工教育与培训的计划，并结合员工和组织的绩效以评价其有效性，使教育与培训适应组织发展方向和员工职业发展的要求；如何针对不同的岗位和职位实施教育与培训，鼓励和支持员工以多种方式实现与工作需要和职业发展、技能提高相关的学习目标。

②员工的职业发展。如何对包括高层领导在内的所有员工的职业发展实施有效管理，如何帮助员工实现学习和发展目标，如何实施继任计划，形成人才梯队，以提高组织的持续经营能力。

（5）员工的权益与满意程度。

①员工权益。如何保证和不断改善员工的职业健康安全，针对不同的工作场所确定相应的测量指标和目标，并确保对工作场所的紧急状态和危险情况做好应急准备；如何针对不同的员工群体，提供针对性、个性化和多样化的支持，保障员工的合法权益；如何鼓励员工积极参与多种形式的管理和改进活动，并为员工参与的活动提供必要的资源，以提高员工的参与程度与效果。

②员工满意程度。如何确定影响员工满意程度和积极性的关键因素及这些因素对不同员工群体的影响，如何测量和提高员工满意程度。

3）财务资源

如何确定资金需求，保证资金供给。如何实施资金预算管理、成本管理和财务风险管理，将资金的实际使用情况与计划相比较，及时采取必要的措施，适时调整。如何加快资金周转，提高资产利用率，以实现财务资源的最优配置，并提高资金的使用效率和安全。

4）信息和知识资源

（1）如何识别和开发信息源，如何确保获得和提供所需的数据和信息，并使员工、供方和合作伙伴及顾客易于获取相关数据和信息。

（2）如何配备获取、传递、分析和发布数据和信息的设施，如何建立和运行信息系统，如何确保信息系统硬件和软件的可靠性、安全性、易用性。

（3）如何使信息系统适应组织的发展方向及业务需要。

（4）如何有效管理组织的知识资产，收集和传递来自员工、顾客、供方和合作伙伴等方面的相关知识，识别、确认、分享和应用最佳实践。

（5）如何确保数据、信息和知识的准确性、完整性、可靠性、及时性、安全性和保密性。

5）技术资源

（1）组织如何评估自身技术，并与同行先进技术进行比较分析，为制定战略和增强核心竞争力提供充分依据。

（2）如何以国际先进技术为目标，积极开发、引进、消化、吸收适用的先进技术和先进标准，提高组织的技术创新能力。

（3）如何形成和使用组织的技术诀窍与专利。

（4）如何制定技术开发与改造的目标和计划，论证方案，落实增强技术先进性、实用性所采取的措施。

6）基础设施

在考虑组织自身和相关方需求和期望的同时，如何确定和提供所必需的基础设施。

（1）根据战略实施计划和过程管理的要求提供基础设施。

（2）制定并实施基础设施的预防性和故障性维护保养制度。

（3）制订和实施更新改造计划，不断提高基础设施的技术水平。

（4）预测和处置因基础设施而引起的环境、职业健康安全和资源利用问题。

7）相关方关系

如何建立与其战略实施相适应的相关方关系，尤其是与关键供方和合作伙伴的良好合作关系，促进双向交流，共同提高过程的有效性和效率。

5. 过程管理

1）总则

本条款用于评价组织的过程识别、设计、实施与改进的情况。

2）过程的识别与设计

（1）提要。组织如何识别、确定和设计关键过程。

（2）过程的识别。组织如何确定主要产品、服务及经营全过程，并识别、确定其中的关键过程，包括利用外部资源的过程。

（3）过程要求的确定。如何结合来自顾客及其他相关方的信息，确定关键过程的要求，必要时在全部要求中确定关键要求，如何确保这些要求清晰并可测量。

（4）过程的设计。

①在过程设计中如何满足已确定的关键要求，如何有效利用新技术和组织的知识，如何考虑可能的变化并保持敏捷性，如何考虑质量、安全、周期、生产率、节能降耗、环境保护、成本控制及其他效率和有效性因素，确定过程的关键绩效指标。

②如何考虑应对突发事件和采取应急准备，以规避风险、减少危害；在建立组织应急响应系统时应考虑预防和管理，及运营的连续性。

3）过程的实施与改进

（1）过程的实施。

如何实施关键过程，以持续满足过程设计要求，并确保过程的有效性和效率。如何使用关键绩效指标监控过程的实施，如何在过程的实施中利用来自顾客和其他相关方的信息，如何优化关键过程的整体成本。

（2）过程的改进。

如何评价关键过程实施的有效性和效率，改进关键过程，减少过程波动与非增值性活动，使关键过程与发展方向和业务需要保持一致，并在各部门和各过程分享改进成果和经验教训，以促进组织的学习和创新。

6. 测量、分析与改进

1）总则

本条款用于评价组织测量、分析和评价绩效的方法及改进和创新的情况。

2）测量、分析和评价

（1）提要。

如何测量、分析和评价组织各层次及所有部门的绩效。

（2）绩效测量。

①说明组织如何建立绩效测量系统，如何有效应用相关的数据和信息，监测日常运作及组织的整体绩效，支持组织的决策、改进和创新。

②如何有效应用关键的对比数据和信息，支持组织的决策、改进和创新。

③如何确保绩效测量系统适应发展方向及业务需要，并确保对组织内外部的快速变化保持敏感性。

（3）绩效分析和评价。

①如何分析、评价组织绩效，包括如何评价组织的成就、竞争绩效，长期、短期目标和实施计划的进展，如何评价组织的应变能力。

②如何根据绩效评价结果，确定改进的优先次序，并识别创新的机会；如何将这些优先次序和创新机会及其举措在组织内展开，适当时展开到关键供方和合作伙伴，以达到协调一致。

3）改进与创新

（1）提要。

组织如何进行改进和创新的管理，如何应用改进和创新的方法。

（2）改进与创新的管理。

①如何对改进和创新进行策划，明确各层次和所有部门、所有过程在改进与创新方面的计划和目标。

②如何实施、测量、评价改进与创新活动，分析对盈利能力和实现组织战略目标的贡献，促进组织绩效的提高。

（3）改进与创新方法的应用。

①如何应用多种方法，组织各层次员工开展各种改进与创新活动。

②如何正确和灵活应用统计技术和其他工具，为改进与创新提供支持。

7. 经营结果

1）总则

本条款用于评价组织在主要经营方面的绩效和改进，包括产品和服务、顾客与市场、财务、资源、过程有效性和领导等方面的绩效。组织的绩效水平应与竞争对手的绩效水平或本行业标杆对比并进行评价。

2）产品和服务结果

（1）主要产品和服务的关键绩效指标（如实物质量指标和服务水平）及其当前水平和趋势。

（2）主要产品和服务的关键绩效指标与竞争对手对比的结果，与国内、国际同类产品和服务的对比结果。

（3）主要产品和服务所具有的特色及创新成果。

3）顾客与市场结果

（1）提要。

描述组织在顾客与市场方面的绩效结果，包括顾客满意度和忠诚度及市场方面的绩效结果。必要时，将结果按顾客群与市场区域加以细分。其中应包括适当的对比性数据。

（2）以顾客为中心的结果。

以顾客为中心的结果应包括但不限于以下方面。

①顾客满意的关键绩效指标及其当前水平和趋势。

②顾客满意与竞争对手和本行业标杆对比的结果。

③顾客忠诚的关键绩效指标及其当前水平和趋势。

（3）市场结果。

①市场的关键绩效指标及当前水平和趋势，如市场占有率、市场地位、业务增长或新增市场等。

②市场绩效与竞争对手和本行业标杆的对比结果，在国内外同行业中的水平。

4）财务结果

组织在财务绩效方面的关键绩效指标的当前水平和趋势。例如，主营业务收入、投资收益、营业外收入、利润总额、总资产贡献率、资本保值增值率、资产负债率、流动资金周转率等综合指标。必要时按行业特点、不同产品和服务类别或市场区域分别说明。其中应包括适当的对比性数据。

5）资源结果

组织人力资源方面的结果，应包括工作的组织和管理、员工绩效管理、员工学习和发展、员工权益与满意程度等方面的关键绩效指标的当前水平和趋势。其中应包括适当的对比性数据。

组织在人力、财务、信息和知识、技术、基础设施和相关方关系等资源方面的关键绩效指标的当前水平和趋势。其中应包括适当的对比性数据。

6）过程有效性结果

组织在反映关键过程有效性和效率方面的关键绩效指标及其当前水平和趋势，应包括全员劳动生产率、质量、成本、周期、供方和合作伙伴绩效及其他有效性的测量结果。适当时，将结果按产品和服务类别或市场区域加以细分。其中应包括适当的对比性数据。

7）领导方面的结果

组织在领导方面的绩效结果，应包括实现战略目标、组织治理、公共责任、道德行为以及公益支持等方面的绩效结果。必要时按业务单元加以细分。其中应包括适当的对比性数据。

①在实现战略目标方面的关键绩效指标及其当前水平和趋势。

②在组织治理方面的关键绩效指标及其当前水平和趋势。

③在公共责任方面的关键绩效指标及其当前水平和趋势。

④在道德行为方面的关键绩效指标及其当前水平和趋势。

⑤在公益支持方面的关键绩效指标及其当前水平和趋势。

7.5.3 卓越绩效管理模式与企业绩效

当企业的实际经营绩效低于目标绩效时，就可以将"卓越绩效管理模式"当做提升企业绩效水平的有效手段，如果将该模式与其他的绩效评价方法相结合，则能够拓展企业经营绩效的内涵，引导企业走出"见木不见林"或是"头痛医头、脚痛医脚"等绩效管理局部化和短期化的误区，致力于追求经营绩效的可持续提升。

1. 引导企业追求相关方利益平衡

企业绩效评价的关键在于经营结果，但不能局限于企业自身的销售额和利润等财务指标，而应考虑与企业相关的各方的利益平衡，包括顾客、员工、股东、供应商和合作伙伴的利益及公众社会价值。因此，涵盖了顾客满意度、产品和服务质量、财务绩效和市场占有率、供应商发展、员工满意度及社会责任等多个方面内涵的"卓越绩效管理模式"能够引导企业为利益相关方创造价值，和利益相关方建立起相互的诚信关系，保证企业经营绩效持续增长。

2. 引导企业与竞争对手进行比较

"卓越绩效管理模式"非常强调引导企业把自己放在竞争的环境中制定战略，评价经营绩效的好坏。对经营绩效的评价分析，不仅要和企业制定的目标比，和原有的水平比，更重要的是与竞争对手比，与标杆企业的最佳水平比，明确自身的能力和水平及在竞争环境中的地位。通过比较找出差距进行改进，从而提升企业在市场中的竞争能力。

3. 引导企业树立市场的前瞻意识

"卓越绩效管理模式"不仅关注对企业当前经营绩效的评价，而且注重对经营结果的发展趋势进行评价。例如，旨在推动我国企业确立"卓越绩效管理模式"的全国质量奖评审要求企业提供三年以上的经营绩效数据，以分析企业对市场变化的应变能力。通过对多方面的数据和信息进行分析、策划，采取积极的措施，保持企业在市场竞争中的领先水平。

4. 引导企业建设追求可持续经营绩效的企业文化

"卓越绩效管理模式"的核心是强化组织的顾客满意意识和创新活动，强调规范的管理制度和科学的行为方式，其实践贯穿于日常管理活动中，从而在这些企业中逐渐培育出一种卓越的质量文化，这种文化是以顾客为关注焦点、主动思考、规范科学、不断创新、追求卓越的企业文化。

 复习思考题

1. 全面质量管理有哪些指导思想？对实践全面质量管理有什么作用？
2. 有哪些科学方法对全面质量管理至关重要？这些方法具体内容是什么？
3. 推行全面质量管理的基础工作有哪些？
4. ISO9000族标准是如何产生的？经历了哪些发展？
5. ISO9000族标准的产生有什么重要意义？有哪几个核心标准？
6. 我国质量管理体系标准是如何制定的，有哪几种标准？
7. ISO9001：2015《质量管理体系——要求》的构成及核心内容有哪些？
8. 质量审核和质量认证分别指什么？有哪些实施程序？

9. 卓越质量绩效模式的特点有哪些?其核心价值有哪几条?
10. 卓越绩效评价准则的具体内容是什么?
11. 卓越绩效评价模式则对企业绩效有哪些影响?

案例分析题

中航工业西安飞机工业(集团)有限责任公司(简称中航西飞)秉承"航空报国、航空强国"的初心使命,以高质量发展为目标明确提出了"用户至上,以人为本,系统管理,持续改进"的质量方针,牢固树立"军品必为精品""一代产品、一代人、一代品质"的质量理念,制定了"目标导向、问题导向、结果导向"的质量管理策略,谋划了"以用户为中心,推进产品研发—制造—维保—服务质量的一体化提升,实现质量绩效与文化建设高度协调,努力建成质量体系和管控能力现代化的创新型航空工业企业"的质量战略。中航西飞通过长期稳定的质量文化建设,把"质量是责任,质量是生命,质量是胜算"的价值观融入各项组织业务及每位员工的"基因"中,坚定履行党和国家赋予的崇高使命,不断提升质量形象和用户满意度。

中航西飞探索并创建了"172 质量管理模式",即 1 个引领、7 个路径、2 个支撑,科学表达了"政治把定向,发展紧盯需求,创新驱动本领,体系交融业务,军民两翼齐飞,人才技术支撑"的内涵及结构关系。1 个引领,即党建保证高质量发展;7 个路径,即实施"AOS+QMs"全方位赋能、满足并超越多维度用户需求、基于 MBD 的三维数字化设计、精益单元提升自主质量管控、"五位体"全寿命服务保障、"四全"供应链协同高质量发展、"三圈三策"军民高效协同发展;2 个支撑,即创新一整套技术方法、打造一支高素质人才队伍。在构建"172 质量管理模式"的过程中,中航西飞创新总结了党建工作、体系治理、研制模式、精益制造、供应链管理、维保服务等一系列质量工艺方法。

"172 质量管理模式"引领中航西飞在质量管理领域积极创新,中航西飞在质量管理体系建设等方面取得了显著成效。在质量提升方面,中航西飞建立了质量管理综合化信息平台,实现"前期质量预防+过程质量控制+后期诊断、分析、推送、应用"的预防级质量管控;构建生产信息全动态管控平台,实现对内部生产组织计划、执行、保障以及各相关业务的实时监控;应用供应链"四全"管控模式,各级供应商研发制造能力、批产能力、质量保证能力、风险控制能力得以验证,有效提高了供应链安全性,"链主"定位进一步巩固;打造"主机集成+专业化配套+社会化服务"有机结合的航空产业生态圈,促进设计研发、总装集成、零部件制造、维修保障、成品及原材料供应等全产业链"技术同源、产业同根、价值同向"和谐发展。

中航西飞持之以恒地提高装备质量、优化服务保障模式,将好用、耐用、管用的装备交付用户,实现了产品和服务质量的不断提高。以综合服务保障信息平台实现"厂所协同、供应商协同、军企协同",充分中枢作用发挥,确保对服务保障资源的统一管控和调度;中航西飞的各型飞机先后完成了中俄空军东海巡航联合演练、"和平使命"-2020、南海战备巡航、驰援武汉抗击疫情、接在韩志愿军烈士遗骸回家等专项任务,践行了中航西飞的使命与担当。

自建厂以来,中航西飞在突出航空武器装备的同时,先后研制生产了多种型号的军用民用飞机,逐步形成了以军用民用飞机和航空制造业为主体,工业服务和现代服务业为补充的发展格局。同时，中航西飞深度参与国内外航空部件转包产业链，成为国内大中型飞机机翼部件唯一供应商。

近年来，中航西飞先后获得"中央企业先进集体""全国质量效益型先进企业""新中国70年企业文化建设优秀单位"等称号。中航西飞累计获得300余项奖励，其中曾两度荣获中共中央、国务院、中央军委颁发的重大贡献奖，三型装备荣获国家科技进步奖特等奖；2012年获得首届中国质量奖提名奖；2017年某型号飞机、2020年某型号飞机分别获军委装发部装备质量综合激励；2019年获得"中央企业先进集体"荣誉称号，先后荣获"全国用户满意企业""五一劳动奖章""全国质量效益型先进企业""全国文明单位"等荣誉称号，国际合作项目先后获得空客、波音"年度优秀供应商"等称号。

（资料来源：https://baijiahao.baidu.com/s?id=1740598337399913584.）

请根据案例回答下列问题：

1. 基于本章所学内容，深入分析中航西飞质量管理模式的特点和优势。
2. 请搜集资料，探索和思考我国未来质量管理体系建设的发展方向。

第8章 六西格玛管理

学习目标

1. 了解六西格管理的起源和发展。
2. 熟悉六西格玛的统计含义和管理含义。
3. 掌握六西格玛管理的组织架构。
4. 熟悉六西格玛管理的推进流程。
5. 掌握 DMAIC 模式的方法流程。
6. 熟悉 DMADV 模式的方法流程。
7. 了解六西格玛改进与六西格设计之间的区别。
8. 思考如何运用六西格玛管理促进中国企业高质量发展。

课程思政导读

"黑带"精益攻关，助力行业发展

8.1 六西格玛管理概述

8.1.1 六西格玛管理的起源

20 世纪五六十年代，在戴明、朱兰、费根鲍姆等质量专家的理论引导下，日本企业不断对自身的质量管理进行实践与创新。经过 20 多年的持续改进，到 20 世纪 70 年代中后期，日本产品质量得到了显著的提高。日本产品竞争力的提升，使美国企业面临巨大的压力，特别是汽车、电子等行业。其中，日本电子产品凭借高质量、低成本横扫全球，美国逐步丧失在市场上的主导地位。

摩托罗拉作为当时美国最大的电子产品生产商，虽已经成为全世界无线通信产品的领导者，但在和日本的竞争过程中却失掉了收音机和电视机市场，后来又失掉了 BP 机和半导体市场。1974 年，日本松下电器并购了摩托罗拉的电视机生产公司，日本人在改造同样的人员、技术和设计后，在投入生产时不良率仅有收购前的 1/20。摩托罗拉的公司领导人不得不承认，当时公司的产品质量相当低劣。继承父业的鲍勃·高尔文（Bob Galvin）作为当时摩托罗拉公司的首席执行官兼董事长，决定带领公司实施质量战略，开始质量改进之路。摩托罗拉公司在高尔文领导下，设立了特别工作组，制定了公司的创新和业务发展计划。此计划包含四项内容，于 1980 年开始实施，其目的是保证摩托罗拉公司的全球领导地位。

（1）全球竞争力。通过与竞争对手进行水平比较，设计面向全球市场的产品，确保优势地位。

（2）参与式管理。吸取全面质量管理精髓，将质量管理小组的原则和方法引入到摩托罗拉的企业文化中；在全公司范围内推进全面顾客满意（total customer satisfaction，TCS）活动。

（3）质量改进。将改进目标定为 5 年内将产品质量提升 10 倍，将改进目标与所有管理人员的奖励计划挂钩。这项内容播下了六西格玛理念的火种。

（4）摩托罗拉培训与教育中心。摩托罗拉培训与教育中心是摩托罗拉大学的雏形，主要任务是通过培训使员工的能力满足质量流程与管理方式变更的需求。

1985 年，摩托罗拉通信部门的质量水平达到四西格玛，但当时日本的质量水平已经到达了五西格玛。之后，高尔文带领高层管理到日本调研学习，此时日本过程性能优于摩托罗拉约 1000 倍，这给高尔文留下了深刻的印象。高尔文决定将摩托罗拉过程水平提升至六西格玛，并下定决心在 5 年之内弥补和日本之间的差距。1987 年，摩托罗拉公司在通信部门开启了"六西格玛方案"，在首席执行官高尔文的倡导下，六西格玛被提升推广到面向全公司的管理活动。

六西格玛管理给摩托罗拉的是一种持续不断地满足顾客需求情况进行的追踪和比较的思想，及对所期望达到的产品实际使用质量目标不懈追求的价值取向。为培养六西格玛人才，摩托罗拉公司建立了摩托罗拉大学，开展六西格玛培训计划，对所有员工进行分层培训。在六西格玛管理强大动力推动下，摩托罗拉公司制定了每 5 年将产品质量提升 10 倍的目标，后来更改为每 2 年将产品质量提升 10 倍，到 1992 年，摩托罗拉公司的产品和服务质量到达六西格玛质量水平。

1988 年，摩托罗拉公司推行六西格玛管理仅两年的时间，就获得了美国波多里奇国家质量奖。在实施六西格玛管理的 10 年间，摩托罗拉公司销售额增长了 5 倍，利润每年增加 20%，实施六西格玛管理节约的成本累积达到了 140 亿美元，股票价格平均每年上涨 21.3%，到 2002 年，摩托罗拉第二次获得波多里奇质量奖，取得的效果显著。

8.1.2 六西格玛管理的发展

1. 六西格玛管理在美国及其他国家的发展

六西格玛管理方式在摩托罗拉公司取得突出成绩后，为了倡导和推进六西格玛管理，1989 年，迈克尔·哈瑞（Michael Harry）、比尔·史密斯（Bill Smith）等学者和管理专家成立了六西格玛学会（six sigma academy）。之后，柯达公司（Kodak）、美国数字设备公司（DEC）、国际商业机器公司（IBM）等企业纷纷引入六西格玛管理模式。

1）六西格玛管理在美国的发展

1991 年，拉里·博西迪（Larry Bossidy）结束了在通用电气的任职，出任由若干公司合并的联合信号公司（Allied Signal）的首席执行官。此时的联合信号公司内部组织员工、战略和运营都各行其道，各部门强调自己的文化，计划和行动之间没有形成统一，存在很大的差距。公司管理流程效率低下，产品生产力、产品质量问题严重。1992 年，在博西迪带领下，联合信号公司引入六西格玛管理，开始质量改进活动。实际上，除要解决质量问题外，联合信号公司还要形成统一的企业文化，将公司整合在一起，改变"执行"能力和"执行"文化。因此，大量的关于组织变革、领导力提升和变革企业文化等被称为"软工具"的内容被引入到六西格玛管理当中。

事实证明，六西格玛管理在联合信号公司合并中的融合非常有效。公司收益从1991年的3.42亿美元增长到1997年的11.7亿美元，并连续31个季度保持每股利润13%以上的增长速度，公司股票增长了8倍；仅在1998年这一年，公司生产率就提高了6%；到1999年，公司一年节约了成本6亿美元。这些积极的财务结果无疑应归功于六西格玛管理的实施。正是因为联合信号，华尔街第一次听说了六西格玛。此后，得克萨斯仪器等一批公司相继引入了六西格玛管理，并取得了成功。

六西格玛管理的巅峰实践是在通用电气公司中的完美实施。20世纪90年代中后期，通用电气公司首席执行官杰克·韦尔奇（Jack Welch）在全公司实施六西格玛管理并取得辉煌成绩后，使这一管理模式名声大振。1995年，在韦尔奇领导下，通用电气开启了六西格玛管理计划，并被作为公司四大战略（全球化、服务、六西格玛和电子商务）之一来实施。通过六西格玛管理改进核心业务，建设若干基础设施，实施业务资源整合，进行六西格玛培训和认证，从技术和财务上进行质量评估，提高了生产率和资产利用率。到1997年，六西格玛项目已经超过了6000个。1999年，通用电气公司利润为107亿美元，比1998年增长15%，其中，实施六西格玛管理获得的收益达15亿美元，到20世纪初，收益达50亿美元。

在通用电气公司，六西格玛方法被演变成为一种管理体系，公司建立了从"倡导者""资深黑带""黑带"到"绿带"的六西格玛组织结构。到2000年，公司绿带认证的员工已经达到了90%以上，中层以上的经理中有15%有过黑带经历。在韦尔奇领导通用电气的20年间，通用电气股票市值增长30多倍，达到了4500亿美元，排名从世界第10位上升至第2位。韦尔奇指出，"六西格玛管理已经永远改变了通用电气公司的每一位员工，从那几乎狂热推行六西格玛管理的黑带到工程师、审核员和科研人员，直到公司的高层管理人员，都已经成为六西格玛管理这一公司运作模式的忠实信徒。"

通用电气把六西格玛管理从质量管理系统提升至一种管理理念和经营哲学，从而形成一种企业文化。自通用电气之后，更多的公司不再把六西格玛局限于制造流程，而是应用于全部企业流程的优化。也正是六西格玛管理给通用电气带来的巨大变化，六西格玛的理念和方法犹如旋风般迅速传遍全球。《财富》500强企业纷纷开始实施六西格玛管理战略。从制造业到非制造业，掀起了一场开展六西格玛质量管理运动的热潮，其中包括福特汽车、杜邦、惠普、三星、西门子、洛克希德马丁、庞巴迪、微软、英特尔等公司，开始大力推进六西格玛管理，来强化公司管理水平，降低成本，提高客户忠诚度，增加销售业绩和增强核心竞争力。在应用领域上，六西格玛管理已经在航空、化学、电子、冶金、汽车、机械等领域得到了广泛的推行。在国家层次，六西格玛管理已经传入美国、德国、意大利、西班牙、瑞典、英国、中国、日本、印度、韩国等国家，推行六西格玛管理的企业数量正在迅速增多。

2）六西格玛管理在其他国家的发展

ABB集团是瑞士和瑞典的合资技术集团，在100多国家有16万名员工。1993年，ABB集团在迈克尔·哈瑞的帮助下，成为欧洲第一个引进六西格玛管理的跨国公司。六西格玛管理模式使ABB集团实现了在变压器市场上两位数利润率的幻想。在变压器业务管理层的带动下，六西格玛管理被作为整个该业务领域的一项战略行动。现如今，六西格玛管理正在逐渐扩展到ABB集团的其他业务领域，甚至包括供应商和顾客。20世纪90年代后期，处于质量领域领先地位的日本企业也开始引入六西格玛管理,其中以索尼、东芝、本田等公司为代表。

2. 六西格玛管理在中国的发展

1)六西格玛管理在中国的起步

随着六西格玛质量管理在摩托罗拉和通用电气等公司获得的巨大成功,六西格玛已经得到了世界的认可。但对于我国来说,六西格玛管理起步较晚。2000年之前,中国质量管理界对六西格玛没有太多的认知,直到2001年后,许多中国企业家才接触六西格玛概念。同时,一些国外企业开始在中国进行六西格玛培训和实践,逐渐将这种管理理论引入中国。

2)六西格玛管理在中国的推广

许多国际知名企业纷纷推行六西格玛管理时,国内众多企业也意识到推行六西格玛管理可以缓解企业生存压力,缩小与同业竞争对手的差距,将企业做大做强。2002年以来,中国企业开始引入六西格玛管理。2002年,宝山钢铁股份有限公司(简称宝钢)开始实施"六西格玛精益运营",倡导六西格玛在"客户、流程、数据、价值"四方面的理念文化,通过近两年的推广,形成了以六西格玛精益运营为框架、多层面有机协同的改善管理体系。2006年年底,TNC数据库信息表明,宝钢全面推进六西格玛四年以来,各分公司累计实施六西格玛运营项目462个。上海汽轮发电机有限公司在2002年底引入六西格玛管理,企业结合产品特点和实际情况,分析和改进产出能力的瓶颈及流程中的浪费,减少质量波动,提高满足顾客要求能力,在精益生产、加快生产周期和压缩库存等方面取得了显著效果,2003年,在同类企业中,年产销量居世界首位。中航集团也专门成立了中航工业精益六西格玛研究所,为中航集团培养了不计其数的绿带和黑带员工。

2003年,中国质量协会向所属会员企业发出通知,中国质量协会将全面推进六西格玛管理工作,引导企业开展六西格玛管理。《品质文化》2005年12月的信息表示,在制造行业,TCL集团电气事业部原本处理顾客投诉时间最长需要44天,最短也要15天,通过六西格玛运营缩短到了3.5天;电脑部产品下线不良率下降了7%。在服务行业,建设银行自2006年正式引入六西格玛金融创新方法以来,零售网点转型项目试点结果显示,试点网点前台交易速度提高了33%,客户等待时间减少68%;个贷中心改造项目试点结果显示,直接放款类贷款办理周期缩短72%,客户填写资料及签字时间减少30%,日均处理量增加30%;呼叫中心改造项目结果显示,中心平均应答时间缩短40%,客户满意率提升23%,日均处理量增加20%。六西格玛金融创新方法的引入大大提高了客户满意度和员工满意度,提高了建设银行的客户服务水平。此外,像中远集团、海南航空上海烟厂、联想、华为、格力、海尔、上汽、江铃集团、UT斯达康、上海第一人民医院等,越来越多的中国优秀企业在不断引入和实施六西格玛管理。据六西格玛协会统计,截至2021年,全球已经有超过6000家企业实施了六西格玛管理,其中有超过2000家企业来自中国。

六西格玛管理作为美国特色的企业变革工具,在中国实施过程中需要融合中国文化和中国现有国情才能发挥其强大效用。中国的企业要不断扩展六西格玛理念和应用范围,尊重中国行业企业的本地化要求和特色,逐渐形成具有中国特色的六西格玛管理运营方式。

3. 六西格玛的新发展

摩托罗拉公司提出之后六西格玛管理,起初作为一种减少缺陷的质量改进方法,经过实践的不断充实和发展，逐渐成为可以使组织进行持续改进、增强综合领导能力、不断提高顾客满意度及经营绩效并带来巨大利润的一整套管理理念和系统方法。进入21世纪，摩托罗拉公司为提高企业竞争力和变革组织文化，提出了一种"新西格玛"方法：由沟通、培训、领导艺术、团队合作、度量和以顾客为中心等价值观驱动的变革方法。

传统的六西格玛方法被广泛应用于制造业，用来提高产品的质量，降低缺陷和减小波动。新六西格玛方法是一种领导力管理程序，是关于总体业务改进的方法，更适用于各个行业。

全面质量管理背景下诞生的六西格玛，在自身摸索和完善的同时，还与其他理论与方法不断融合，形成了许多创新的管理理论和方法。例如，精益六西格玛管理将精益生产和六西格玛管理相结合，本质为消除浪费；平衡积分卡、业务流程再造、高效率团队等与六西格玛的融合；TRIZ、三次设计等创新方法和技术与六西格玛设计的结合等。将这些理论、方法、技术、工具融入六西格玛当中，丰富了六西格玛管理的内涵和有效性。

在大数据发展的新时代，精益六西格玛与大数据和物联网技术也正潜移默化地相互融合。大数据技术完美匹配了六西格玛的数据和统计分析，给六西格玛管理提供了更加科学和先进的分析技术。同时，利用大数据技术积累的信息进行过程测量，能够极大促进过程的改进和创新。并且，这些方法已经在许多企业成功的实施。通用电气航空公司在过程检测中使用大数据技术，使生产速度提高了25%；英特尔公司在2012年利用大数据进行预防性分析，使单微处理器芯片生产线节省300万美元。在未来，随着人工智能、大数据等新一代信息技术的发展，六西格玛也将不断创新，为企业提供更加智能化和系统化的管理方法。

事实证明，六西格玛管理不仅能改善质量，还能改进公司业绩。如今，六西格玛管理成为世界上追求管理卓越企业尤为重要的战略措施，被公认为是企业界最先进的质量管理方法和工具之一。

8.1.3 六西格玛的含义

六西格玛是一套系统的、集成的业务改进方法体系，是用于持续改进企业业务流程，实现客户满意的管理方法。它通过对现有过程进行界定（define）、测量（measure）、分析（analyze）、改进（improve）、控制（control），以此消除过程缺陷和无价值作业，从而提高质量和服务水平，降低成本，缩短周期，提高客户满意度，增强企业综合竞争力。

其中，六西格玛具有统计和管理两层含义。统计是实施六西格玛管理的工具，管理是六西格玛战略和文化的体现。

1. 六西格玛统计含义

西格玛（sigma）源于希腊小写字母"σ"，在正态分布 $N(\mu, \sigma^2)$ 中，σ 为标准差，用来表示数据的离散程度，是评估产品和生产过程特性波动大小的参数。在产品生产过程中，波动是客观存在的，我们习惯用"平均"描述结果，但"平均"掩盖了波动。质量管理的一项基本任务就是运用一系列工具和方法等措施，消除异常波动，控制正常波动。

西格玛水平是把过程输出的平均值、标准差、目标值、规格限联系起来进行比较，是评估产品和生产过程特性波动大小的度量。西格玛水平越高，其过程满足顾客要求的能力越强。20世纪80年代，摩托罗拉提出了六西格玛的概念，并指出产品质量特性通常服从正态分布。在图 8-1 正态分布中，"6σ"水平指：考虑实际中心（μ）和规格中心（M）重合情况下,即过程不存在偏移,上下规格限至中心 6 个标准差(±6σ)时,超出规格上限 U_{SL} 或低于规格下限 L_{SL} 的概率各为 0.001 ppm,总缺陷概率为 0.002 ppm,即百万机会缺陷数(defects per million opportunities,DPMO)为 0.002。

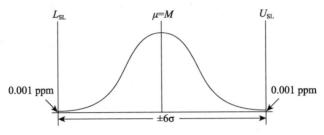

图 8-1　过程输出特性正态分布图(无漂移)

上述情况中,过程输出质量特性的分布中心与规格中心完全重合,是一种理想状态。在实际过程中,由于过程输出会受到如人、机、料、法、环、测等因素的影响,过程输出的平均值和规格中心会存在偏移(或称"漂移"),一般情况考虑偏移量不超过±1.5 σ(±1.5σ 是一个理想的假设,从统计意义上来讲,即使在过程中运用统计过程控制技术,过程均值出现 1.5 σ 的偏移也很难被立即发现),其过程输出特性正态分布,如图 8-2 所示。

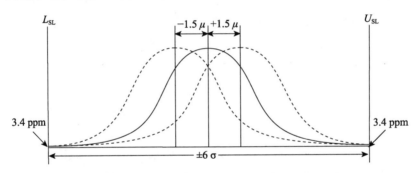

图 8-2　过程输出特性正态分布图(偏移量±1.5 σ)

根据图 8-2 可以看出,偏移会导致过程输出的缺陷率增大。当偏移量超过±1.5 σ 时,正态分布一侧的缺陷概率为 3.4 ppm(另一侧由于数量级极小通常忽略不计),总的缺陷概率为 3.4 ppm,百万机会缺陷数为 3.4。表 8-1 中列出了过程输出均值无偏移量和 1.5 σ 偏移情况下,1~6 σ 水平下的每百万机会缺陷数。

表 8-1　不同 σ 水平下的每百万机会缺陷数

σ 水平	每百万缺陷数(DPMO)	
	无偏移	1.5σ 偏移
1	317400	697700
2	45400	308733
3	2700	66803
4	63	6210
5	0.57	233
6	0.002	3.4

六西格玛质量水平指考虑了分布中心相对规格中心偏移±1.5σ后的百万缺陷数为3.4，也就是在100万次出错机会中不超过3.4个缺陷。而3σ质量水平从概率上来讲，其产品合格率也已经达到了99.73%，很多人认为当产品达到3σ水平就已经很完美。但是，一个3σ的质量水平，其产生的缺陷是6σ质量水平的19600倍。当通过生活中的实际案例将3σ水平和6σ水平进行对比之后，还是能从中看到惊人的差距，如表8-2所示。

表8-2 3σ水平的企业和6σ水平的企业对比

3σ水平的企业	6σ水平的企业
每年有54000次药品调剂错误	25年中只有1次药品调剂错误
每年因护士或医生错误造成40500名新生儿死亡	100年因护士或医生错误造成3名新生儿死亡
每月有2小时喝被污染的水	16年中有1秒喝被污染的水
每周有2小时不能提供电话服务	100年中有6秒不能提供电话服务
每周飞机发生5次着陆错误	美国所有航空公司10年发生1次着陆错误
每周发生1350次外科手术事故	20年发生一次外科手术事故
每小时遗失54000件邮件	每年遗失35件邮件

由此可见，6σ质量相较于3σ是一个飞跃，σ数量越多，则质量会越好。因此，在质量改善的本质方面，6σ并不是质量的终点，8σ、10σ、12σ终将出现。6σ只是一个口号，意在通过这样一种说法达到全面质量管理的目的，但从6σ管理的核心关注的不仅仅是提升质量，而且通过质量的提高降低成本，提高顾客满意度，从而提升企业竞争力。

需注意，在六西格玛管理中，六西格玛质量并不是对全部产品而言，而是单个产品的关键质量指标的绩效目标。例如，一架飞机达到了"六西格玛"水平，指的是在一架飞机中，在关键质量指标上出现一个缺陷的平均概率只有3.4×10^{-6}，而不是指100万架飞机只有3.4架次品。

2. 六西格玛管理含义

经历了长期的创新和发展之后，六西格玛已经从品质改进工具发展成为一种顾客驱动下的持续改进管理模式。六西格玛不仅仅只局限于统计意义上的目标或指标，还包括更加深刻的多重管理含义。

1）获取竞争优势的战略

从战略目标来看，六西格玛可以增强核心竞争优势。六西格玛管理是通过管理创新和技术创新构建组织的核心竞争优势，推进六西格玛不能仅停留在方法层面，必须与企业战略相结合，使六西格玛能够支撑企业达成战略目标，增强企业领导力与战略执行力，实现企业愿景。企业从战略层面定位六西格玛，通过实施六西格玛管理，可以实现管理和技术创新，打造企业核心竞争力。

2）持续改进的活动

从过程方法来看，六西格玛是对过程的管控和持续改进。六西格玛要求过程趋于目标值并消除异常波动，控制正常波动，追求"零缺陷"，追求完美，追求目标的"又精又准"。因此，实施六西格玛并不是一定要达到六西格玛水平的质量，而是在于对过程进行突破性的持续改进和创新。

3）科学的问题解决方法体系

从方法层面来看，六西格玛强调系统集成和创新。六西格玛管理方法是一套系统的业务改进方法体系，其工具和方法包含了信息技术、工业工程、应用统计技术及几乎所有现代质量改进技术。

4）六西格玛管理文化

六西格玛管理强调与企业文化的融合。企业实施六西格玛管理，需要打造顾客导向、持续改进、勇于变革、数据说话的六西格玛管理文化，并与企业特点结合，形成自身独特的企业文化。

六西格玛管理可以总结为：以质量为主线，以顾客需求为中心，通过科学的技术方法体系，对事实和数据进行分析，持续改进和提升组织的业务流程能力，增强企业核心竞争力，形成自身六西格玛企业文化，实现企业愿景。六西格玛是一套灵活、综合的管理方法体系。

8.1.4　六西格玛管理的理念

1. 关注顾客，注重目标

以顾客为中心是六西格玛管理最基本的理念，要满足顾客的需求甚至超越顾客期望，关注顾客不是一次性或短暂地收集顾客信息的活动，而是要时刻关注客户期望和需求的变化。关注顾客的同时，还要注重目标，通过六西格玛管理可以清楚了解到自身的改进情况，离目标还有多远，要利用六西格玛管理技术手段，持续改进目标。

2. 由数据和事实驱动管理

六西格玛高度重视数据，是以事实和数据为依据的管理方法。通过统计数据和分析方法构筑对关键变量和最优目标的理解，强调基于数据和事实对结果进行优化。六西格玛管理帮助管理人员解决了两个基本问题：第一，决策需要哪些数据？第二，如何利用这些数据达到决策结果最大化？分析真实清晰的数据有利于掌握问题的根源，促进产品和服务的改进，使基于事实的管理更具可操作性。

3. 主动管理

主动管理是在事情发生之前便采取措施实施预防。六西格玛管理综合利用一系列工具和实践经验，以积极主动的方法代替被动处理的管理习惯，注重预防而不是忙于"救火"。

4. 无边界合作

韦尔奇认为妨碍速度的最大原因是阻碍交流的看不见的壁垒。六西格玛管理扩展了合作的机会，加强了组织内部横向和纵向的合作，并与供应商、顾客等组织外部密切合作，打破了部门间甚至组织之间的界限，避免了由隔阂或竞争造成的损失，实现无边界合作。这里的无边界合作不是无条件的个人牺牲，是需要正确理解最终用户及整个工作链、供应链、工作流程的需求，可以说六西格玛管理创造出了一种真正支持团队合作的管理结构和环境。

5. 关注流程

在六西格玛管理中，业务流程是采取行动的地方，是六西格玛成功的关键，六西格玛管理强调不同流程之间的衔接，流程合理有效地连接极大促进团队合作。同时，六西格玛管理系统注重工具、流程及运行方式的有效结合，帮助企业节约成本、缩短周期、提高产品竞争力。

6. 追求完美，允许犯错

六西格玛管理是一套追求完美的管理模式，在实施六西格玛管理过程中，往往需要尝试新的思路和方法，可能会改变个人行为、企业行为，甚至企业文化，为此这些思路和方法通常都会有一定的风险。如果永远害怕失败不愿意尝试，那么最后只能被残酷的现实淘汰。所以六西格玛管理的基本要求为：把六西格玛管理作为目标的企业，要向着更好的方向努力，追求完美的同时也愿意接受并控制偶然发生的挫折。

总的来说，六西格玛管理的核心是：通过利用各种数理统计技术和工具对产品设计和生产流程进行严格控制，消除缺陷和无价值作业，从而降低成本，提高质量，降低库存，缩短生产周期和加快产品或服务的开发，增加市场占有率，提高顾客满意度和企业竞争力，达到为企业创造利润的目的。

六西格玛管理不是一蹴而就，而是一个循序渐进的过程，它建立在众多以往先进管理理念和实践基础之上，逐步接近完美的产品和服务和极大地满足顾客需求。

8.2 六西格玛管理组织过程

8.2.1 六西格玛管理的组织

1. 六西格玛管理组织结构

六西格玛管理作为一种管理模式和一项系统的改进活动，需要有完善的组织体系和管理职能的推动。因此，实施六西格玛管理首要的基础工作是建立健全组织体系。该组织体系要包括完整的组织结构，在六西格玛管理活动岗位上安排相应的专业团队成员，并明确其职责与权限，这是六西格玛管理活动有效开展的基本保证。

六西格管理组织中，组织管理层次可以分为三层：领导层、指导层和执行层，一般情况下，各管理层的成员及管理活动如表 8-3 所示。

表 8-3 六西格玛管理组织层次划分及职责

组织层次	组成成员	管理活动
领导层	高层领导、倡导者、业务负责人和财务主管等组成的六西格玛管理领导委员会	负责六西格玛管理战略计划活动，包括制订六西格玛管理规划，提供资源，审核结果等
指导层	组织的资深黑带或聘请的咨询师	负责六西格玛管理战术活动，包括组织培训、项目指导、进度检查等
执行层	组织黑带、绿带	负责六西格玛管理作业活动，包括界定、测量、分析、改进、控制的项目改进活动

六西格玛管理组织中起主要作用的角色包含高层领导、倡导者、业务负责人、资深黑带、黑带、绿带等成员，其六西格玛管理组织结构示意图可表示为图 8-3 所示。

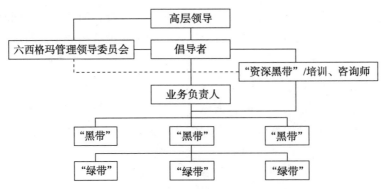

图 8-3　六西格玛管理组织结构示意图

2. 六西格玛管理组织中主要角色和职责

1）高层领导

高层领导的积极推动和参与是六西格玛管理获得成功的关键。许多能够成功推行六西格玛管理并取得丰硕成果的企业都是在高层领导的高度认同、持续支持和卓越带领下实现的。高层领导的主要职责有四点。

（1）建立企业六西格玛管理愿景。

（2）确定企业战略目标和业绩度量系统。

（3）确定企业经营重点。

（4）建立能够促进六西格玛管理方法与工具的环境。

2）倡导者

倡导者也称领航员，是六西格玛管理中关键的角色。倡导者是组织推行六西格玛领导小组的成员，或是中层以上的管理人员，其工作内容主要包括对六西格玛管理进行全面的企业战略部署、确定目标及进行项目策划、分配资源及监控过程实施，并对六西格玛活动整体负责等。倡导者在六西格玛组织中有承上启下的作用，其核心任务有以下几点。

（1）充分认识组织变革，确定六西格玛前进方向。

（2）确认和支持六西格玛管理全面推进，制订战略性项目规划。

（3）确定任务的实施顺序。

（4）合理分配企业资源，为六西格玛管理推进提供必要支持。

（5）消除六西格玛管理推进中的组织障碍。

（6）检查六西格玛管理进度，向最高管理团队报告工作进展。

（7）了解六西格玛管理工具和技术的应用。

（8）管理和领导"资深黑带"和"黑带"等。

3）业务负责人

业务负责人是六西格玛项目所在部门的负责人，有权在所辖部门内调动资源，业务负责人不需要独立完成项目，其主要职责有五点。

（1）根据企业倡导者部署，开展部门六西格玛管理推进工作，确保本部门六西格玛项目的实施与总体规划和阶段性工作目标一致。

（2）负责本部门"绿带"和"黑带"选择和部署。

（3）负责本部门六西格玛项目选择，配备"绿带"和"黑带"，组建项目团队。

（4）监督六西格玛项目进展，配置项目资源并消除项目实施障碍。

（5）确保过程改进能够落实，保持改进成果，向倡导者汇报六西格玛管理及项目工作进展。

4）"资深黑带"

"资深黑带"又称"黑带大师"或"大黑带"。"黑带"一词出自军事领域，是对具备精湛技艺和有本领的人的称谓，20世纪90年代，摩托罗拉将"黑带"一词引入六西格玛管理培训当中，用"绿带""黑带""资深黑带"表示不同级别，标志技术和受训程度的专业水准。"资深黑带"是六西格玛管理的专家，主要职责有六点。

（1）为企业提供六西格玛管理部署与实施建议。

（2）协助倡导者选择并确定企业重要的六西格玛项目。

（3）培训"黑带"和"绿带"，确保他们掌握适用的工具和方法。

（4）为"黑带"和"绿带"的六西格玛项目提供指导。

（5）协调和指导跨职能的六西格玛项目。

（6）协助倡导者以及管理层选择和管理六西格玛项目。

5）"黑带"

"黑带"是企业全面推行六西格玛管理的中坚力量，他们专职或兼职六西格玛改进项目，是统计技术与质量管理的高手，是六西格玛项目中的技术骨干。六西格玛管理的成功与否和他们的努力程度有很大的关系，"黑带"的主要任务如下所示。

（1）在倡导者和"资深黑带"带领下界定六西格玛项目，运用六西格玛方法完成项目。

（2）确定项目每个步骤的任务，包括组织跨职能工作。

（3）对项目成员提供新的战略和有效的工具及技术应用培训。

（4）为组员提供一对一支持，带领"绿带"队友快速完成改进目标。

（5）及时有效地传递新战略、新工具方法给团队成员。

（6）在企业内部或外部发现新战略和新工具方法，与"资深黑带"一起确定有价值的项目，解决有关资源的问题。

（7）通过与其他组织合作，发现新的商业机会。

（8）通过组织技巧，维持团队高昂的士气与稳定的情绪。

（9）完成项目后向最高管理层提供项目报告。

"黑带"除了要具备六西格玛专业知识外，还要求掌握三种软技能。

（1）管理和领导能力。"黑带"要能够运用权力和职责指导项目的执行，从整体上处理各种复杂的问题。六西格玛管理过程中，还要掌握项目管理的方法和技巧，针对六西格玛项目管理中的目标建立、项目细化、绘制工程流程、任务调度、成本预算、协调团队、组员沟通等活动，"黑带"必须进行有效的管理和策划，采取高效行动，平衡项目规划和进度安排。

（2）沟通和交往能力。作为项目领导，"黑带"要诚实、有能力、可信赖、有包容心等，能够做到与不同的人建立良好的持久关系，其中包括管理层、倡导者、团队成员、供应商、顾客及其他有关的组织利益相关方。一名优秀的"黑带"还要能够经常与上级领导沟通和谈判，使六西格玛项目获得优先权。

（3）判断和决策能力。六西格玛项目中，"黑带"要做无数次的判断和决策。为制定可靠、及时的决策,"黑带"必须掌握并了解项目的每个方面,注重细节,关注全局,通过精准的判断和合理的决策平衡成本、时间和效果。

6)"绿带"

"绿带"是六西格玛活动中人数最多的成员,也是最基本的力量。"绿带"经过组织中六西格玛管理方法与工具的培训,但培训程度略低于"黑带",是"黑带"项目团队成员或较小项目的团队负责人。"绿带"的作用是将六西格玛的新概念和工具带到组织的日常活动中,其主要职责为:

(1)提供相关过程专业知识。
(2)建立绿带项目团队,并与相关人员沟通。
(3)促进团队观念转变。
(4)把时间集中在项目上。
(5)执行改进计划,降低成本。
(6)与"黑带"讨论项目的执行情况及今后项目。
(7)保持高昂士气。

8.2.2 六西格玛管理的推进

企业在推进六西格玛管理之前,需要具备以下条件才能尝试引入六西格玛管理模式。
(1)具备传统管理的坚实基础。
(2)认真通过 ISO9001 认证,取得合格证书。
(3)有成功推行过统计过程控制与统计过程诊断或其他统计方法的经验,且产品或服务质量已经至少达到 3σ 水平。
(4)高层领导充分认可六西格玛管理,并有坚定的决心加以推广。
(5)具备可担任六西格玛管理过程的骨干人才。
(6)具备充足的六西格玛活动资金。

六西格玛管理的推进是一个不断深化的过程,要求不断完善管理基础,推行六西格玛一般可以分为四个阶段:导入期、加速期、成长期、成熟期,需要 4~5 年或更长的时间完成这一过程,如图 8-4 所示。

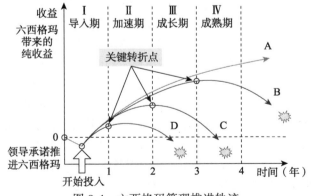

图 8-4 六西格玛管理推进轨迹

资料来源:Dick Smith and Jerry Blakeslee with Richard Koonce, Strategic Six Sigma, Best Practices From The Executive Suite, Wiley, 2002.

在推进六西格玛过程中,每个阶段都会面临三方面的阻力。

(1)技术阻力:如对新方法的恐惧、技术力量薄弱等。

(2)管理阻力:如部门之间存在沟通壁垒、激励机制及资源缺乏等。

(3)文化阻力:如观念上的不接受、凭借经验和感觉做决策、变革动力不足等。

当三方面阻力大于六西格玛管理推进的动力时,就会出现图 8-4 所示的关键转折点。如果能够顺利跨过这些转折点,六西格玛就能在组织内部深入、持久地开展下去,为组织带来越来越多的效益。如果没能克服阻力越过关键转折点,六西格玛管理就会衰败。所以说,企业推进六西格玛管理是一种巨大的挑战,需要企业不断学习新方法,克服各种阻力,培育自己的专业人员,并做好充分准备应对内外环境的变化。

1. 导入期

六西格玛管理以实施六西格玛项目为载体,通过不断实施六西格玛项目、实践六西格玛方法、接收六西格玛理念,使六西格玛成为企业的一种运作方式。导入期是将六西格玛管理方法引入到企业当中,可分为起步、培训与改进实践、坚持不懈和获得成功等步骤。

(1)起步。组织开始实施六西格玛时,需要得到高层领导的支持,并在组织高层中选出六西格玛的倡导者制定实施六西格玛规划和战略目标。同时,组织还要给六西格玛的实施配备必要的资源,确定首批项目和"黑带"或"绿带"学员,制定初期投入的财务预算等。

(2)培训与改进实践。培训与改进实践是嵌套的、融为一体的,始终贯穿六西格玛管理的全过程,是六西格玛获得成功的关键。一般组织会先培训一批"黑带",由这些"黑带"负责培训"绿带"及"黄带"。"黑带"的培训通常由专门培训机构承担,培训内容基本对应界定、测量、分析、改进和控制(DMAIC)五个阶段,需要 160 小时左右,如果采用定期的集中培训,一般需要 4 周左右,每月培训 1 周,时间跨度 4 个月。也有的企业是从培养"绿带"学员和选择"绿带"项目开始导入六西格玛。

培训和改进要与项目实施紧密结合,可以将项目实施活动纳入培训内容,每位学员不仅要掌握六西格玛方法,还要完成六西格玛项目,使学员在实际参与项目的过程中,逐渐提高理论水平和实践经验。表 8-4 是六西格玛管理相关培训的内容和目的的一个简单范例。

表 8-4 六西格玛管理培训

类别	内容	目的
高层领导	六西格玛理念	了解六西格玛的理念和作用,统一高层的思想
倡导者	六西格玛领导与推进、团队合作、项目选择	熟悉如何选择和确定六西格玛项目,如何推进六西格玛
"黑带"	系统的六西格玛课程	掌握实施六西格玛项目的方法、工具和技术
"绿带"	简版的六西格玛课程,包括各阶段常用工具和技术	熟悉实施六西格玛项目的常用方法、工具和技术
"黄带"	六西格玛的基础知识和简单工具	了解六西格玛基础知识和简单工具
全体员工	六西格玛普及知识	了解六西格玛的理念和基础知识

(3)坚持不懈和获得成功。由于六西格玛培训和实施项目工作交叉并行,如果各方面推进活动正常进行,当首批"黑带"或"绿带"培训结束后,一些项目就已经完成。在该

阶段，只要坚持不懈地将六西格玛实施到底，就能够收获一批成功的果实。

导入期的重点是把六西格玛管理方法、理念引入企业当中，在六西格玛全面导入方式中，如果高层领导对六西格玛管理关注度不高，则可以采取局部导入方式，先在一些部门、区域或产品中小范围推行积累经验，然后用成果带动企业成员。这种局部导入的方式只需要有限管理层关注，风险小、耗费资源有限，但是因为缺乏领导的支持，成功率并不高。只有在高层领导的大力支持下，全企业范围内坚持不懈地推进六西格玛才能取得长期成功。

2. 加速期

经过第一阶段的六西格玛导入工作，组织获得了初步的成果与经验，组织成员也有了实施的热情，原本积极性不高的企业成员也开始转变原有的观念。此时，为了成功实现从导入期到加速期的关键转折，企业应该加大推进力度。例如，扩大项目选择范围；加强对"绿带""黑带"等的培训力度，传递六西格玛领导力，促进六西格玛理念在企业的传播；制定六西格玛财务预算、核算和审计办法，使财务人员介入六西格玛活动；建立六西格玛奖励制度，激励六西格玛团队；建立全过程的六西格玛管理程序和制度，保障六西格玛平稳运行与实施等。

加速期的重点是在取得初步成功经验的基础上，加大六西格玛管理推进力度。在加速期阶段，六西格玛项目的选择范畴也需要突破传统意义上的质量改进范畴，将更多的过程绩效改进的议题纳入六西格玛项目选择的范围内。

3. 成长期

成长期的重点是深化六西格玛管理工作，为了获得持续发展，需要将六西格玛工作扩展到组织的所有方面，包括适时地在业务流程层面或系统层面组织和实施六西格玛，包括用六西格玛促进新技术的应用，促进创新和新市场的开发。

为深化六西格玛管理工作，组织还必须深入六西格玛管理基础构建工作，完善支持基础。例如，完善六西格玛培训体系，加大"黑带""绿带"占员工总数的比例，扩大培训范围，形成结合组织实际的系列培训教材；加强六西格玛管理与企业战略策划、部署和经营过程的结合，强化六西格玛与顾客要求和市场拓展趋势的结合；完善六西格玛管理的组织结构，充分展开对六西格玛的管理职能，强化最高管理层对六西格玛管理的系统、定期评审；拓展六西格玛在非制造等领域的实施和应用，用六西格玛设计促进创新和开发工作，将六西格玛管理沿供应链向供应商和顾客延伸，并形成参与组织外部沟通共享的机制；完善基于信息化的基础数据测量、整合和分析系统，开发网络化的六西格玛信息管理、共享平台等。

4. 成熟期

成熟期标志着六西格玛管理已经完全融入企业管理活动，成为企业成员的一种工作和思维方式，在文化层面对企业产生深远影响。达到这一阶段的企业才能被称得上是"六西格玛企业"。但是这个阶段的转折往往是最困难、最难实现的。为此企业需要高度融合六西格玛与组织的使命、愿景和核心理念，强化人们观念和行为方式的改变，使六西格玛成为日常工作的一部分；建立成熟的六西格玛培训管理体系，并融入组织整体的培训管理体系，进行学以致用的有效性评价和持续改进；将六西格玛与组织其他管理战略、管理体系和改进方法相整合，基于供应链建立高度整合的全面质量管理或卓越绩效管理体系，建立高度整合的持续改进、创新和知识分享体系。

六西格玛管理的推进需要长期坚持不懈的努力，为了避免盲目推进，企业需要制定一个3—5年的六西格玛推进计划。在六西格玛管理持续不断的推进下，企业将获得的越来越多的回报。导入期的回报可能是一些初步项目的局部性问题突破；加速期和成长期的回报可能是关于质量、成本和周期的系统性突破；到了成熟期，企业的收获不仅是经济效益上的成果，还包括企业文化层面的收益，这些是企业具有强大竞争能力而且长盛不衰的保证。

8.2.3 六西格玛项目管理

六西格玛项目管理遵循项目管理的一般原则，其中项目管理包括启动、规划、实施、监控和收尾五个过程。在六西格玛项目管理中，启动过程包括六西格玛项目选择和六西格玛项目立项表制定；规划过程包括六西格玛项目计划制定；实施和监控过程包括六西格玛项目团队建设、六西格玛改进或六西格玛设计的具体实施和监控；收尾过程则包括六西格玛项目总结、成果评审与分享。同时，与项目管理不同的是，六西格玛项目管理其特定的要求和管理特点。

1. 六西格玛项目选择

六西格玛管理实现经济效益是通过有组织、有计划地实施六西格玛项目，同时也是通过六西格玛项目来促进企业成员观念和行为方式转变。六西格玛实施是一项复杂的系统工程，不仅是具体的六西格玛方法和技术，更主要的是对六西格玛项目的管理。六西格玛项目是由职责明确的团队通过运用六西格玛方法，在规定时间内寻找最佳方案并实现预定目标的特定过程。而六西格玛项目的选择作为六西格玛项目管理的第一步，对六西格玛项目的成败具有很大的影响，不仅需要团队成员的积极配合，还要有管理层的参与。

1）六西格玛项目选择原则

在选择六西格玛项目时，通常遵循两方面原则。

（1）有意义、有价值。六西格玛项目要能够支持顾客满意度的改善、支持企业战略目标的实现。为此，项目目标要有挑战性，要强调过程改进，能给企业带来较大经济效益等。

（2）可管理。六西格玛项目要解决的问题要清晰可测量，六西格玛项目范围要清晰可控，六西格玛项目必须得到管理层的支持和批准。

2）六西格玛项目选择的方法

（1）自上而下。"自上而下"指认真考虑公司主要的业务问题和目标，指定一个与之最为相关的高级管理者，由该管理者粗略定义改善的目标，制定战略性改进计划。管理层能够鸟瞰公司全局，能够为解决公司中长期存在的顽固问题出谋划策，并且还能确保整个企业都参与进来，并使这些想法得到广泛接受。

（2）自下而上。"自下而上"指由承担生产任务的生产管理者来选择项目，通常用于达到精简预算、解决特定质量问题或提高流程速度的目标。由于这些项目并不能时刻贴合公司的战略目标，所以选中的项目也被称为"幸运靶"。一旦项目建立起来，就能够有效利用公司基层来扩充项目确定流程。

"自上而下"的方法可以满足公司结构上、管理上的需求，而"自下而上"的方法则可以抓住公司基础层面的关键机遇,两种方法各有利弊,最佳的选择是二者的理性结合。

3)六西格玛项目选择流程

六西格玛项目选择流程就是通过分析确定六西格玛项目的过程,可分为四个步骤,如图 8-5 所示。

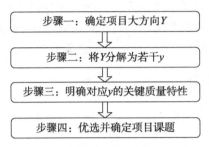

图 8-5 六西格玛项目选择流程

(1)确定项目大方向 Y

确定了项目的大方向,就有了前进的目标。确定项目的大方向时,需要考虑战略实施的关键点,企业经营目标及重点,顾客关注或投诉的热点,困扰企业质量、成本、周期的难点,财务效益的增长点,与竞争对手比较的薄弱点等方面。

(2)将 Y 分解为若干 y

项目的大方向一般为公司级的指标,是综合因素的反映,涉及的方面较广,很难直接对 Y 进行改进。因此,为了明确问题,需要具体分析影响项目大方向 Y 的主要方面,通过逐层分解,将 Y 分为 $y_1, y_2, y_3, \cdots, y_n$,确定改进的主要方面 y。根据分解后范围及影响程度,可划分为黑带项目、绿带项目或一般项目等。

(3)明确对应 y 的关键质量特性

在选定项目 y 之后,并不能直接确定 y 为改进项目,因为六西格玛的核心理念之一是顾客驱动与顾客满意。所以,必须调查并了解顾客对 y 的需求,然后确定顾客最关注的关键质量特性。

(4)确定项目课题

六西格项目选择流程的最后一步是根据改进点 y 和关于 y 的顾客关注的关键质量特性点上,确定项目课题。

①优选项目。针对很多的关键质量特性点都需要改进,并且资源有限的情况下,可综合考虑带来的收益、项目的投入、完成时间、成功概率等因素优选项目。

②确定项目。可直接将顾客关注的关键质量特性确定为项目,或是通过矩阵图找出影响顾客关注的关键质量特性的相关流程,确定一个或几个流程作为改进项目。

③完整陈述问题,简洁明了的界定问题并量化。

④确定项目名称。

⑤描述项目目标。做到 SMART,即具体的(specific)、可测的(measurable)、可行的(attainable)、相关的(relevant)、有时间限制的(time-bound)。

4)六西格玛项目选择需注意的问题

好的开始是成功的一半,所以在选择项目时还需要注意避免以下错误。

（1）项目改进的问题与企业发展重点或顾客关键质量特性需求等没有联系。
（2）没有对 Y 进行分解，直接把 Y 作为改进项目。
（3）要解决的问题已经明确，并有了初步的行动措施，此类无须再作为六西格玛项目。
（4）项目指标不明确或项目目标没有挑战性。
（5）项目难度太大。
（6）项目改进空间小，预期收益低。

2. 六西格玛项目立项表和计划

在选出六西格玛项目之后，要制定项目立项表和项目计划，明确项目目标和各种环境及总体进度等，指明团队努力的方向。

1）项目立项表

项目立项表是批准项目的文件，该文件授权六西格玛项目组长在项目活动中使用的组织资源。作为界定阶段团队活动的标志性成果，项目立项表反映了项目团队活动的质量，关系到项目进展和 DMAIC 过程的实施。其中，项目立项表中阐述了：项目的名称；项目背景及选择理由；对问题或机会的陈述；对目标的陈述；项目团队组成及职责分工；项目涉及的过程及职能范围、约束和假定；项目利益的相关方及其影响；总体里程碑进度表（阶段性任务及时间安排）；倡导者的批准和授权等要素。

项目立项表表述了项目的范围，阐明了团队使命，陈述问题和机会，明确项目的目标和预期收益，帮助团队沟通他们的分工和计划等，是项目工作重要的里程碑。项目立项表的制定一般需要项目组长和成员通过讨论和分析，形成项目立项表初稿。然后，将初稿报送企业负责六西格玛协调、推进的"资深黑带"或类似职责的主管领导审议。最后报送发起该项目的倡导者批准。

2）项目计划

项目计划为项目提供指导框架，协调团队活动和资源使用。因此，制订一份切实可行的计划是实现项目目标的重要保证。

项目计划的制订要采取目标为导向的策略，项目计划与目标紧密结合的理念。在制订项目计划时，可参考以下步骤。

（1）任务分解。把项目目标分解为可执行、可跟踪的工作单元。

（2）估算任务时间及确定任务之间关系。明确各工作单元后，要估计每个单元所需时间及彼此之间的先后关系，明确相关责任人。估算时间的方法有很多，如三点法。

$$E = \frac{O + 4M + P}{6}$$

式中，E 为工作单元期望时间，O 为乐观估计时间，M 为正常估计时间，P 为悲观估计时间。

各工作单元之间关系的确定主要是考虑各项任务之间的衔接，如哪项工作对应哪一时间。

（3）编制项目工作计划。在团队界定项目时，编制项目计划能保证六西格玛项目有效实施。六西格玛项目计划制定一般先制定项目计划工作表，按照各阶段任务分解得到的工作任务，可编制项目甘特图把计划细化，以便于管理。在制订计划时，团队成员共同参与编制有助于增加团队的向心力。

3）编写项目文档

规范的项目文档对持续改进活动及知识的积累都会起到良好的作用。在项目实施过程中，需要专人负责文档的管理和维护。而随着信息化时代，采用电子文档存储信息变得越来越普遍。

4）六西格玛项目立项表样例

表 8-5 为某公司六西格玛项目立项表范例。

表 8-5 某公司六西格玛项目立项表

项目主管：李××	业务主管：孙××	倡导者：王××
日期：2023-03-28	日期：2023-03-30	日期：2023-04-01

DMAIC 项目立项表		
项目名称：缩短 SM300 系列出口产品交付周期，提高市场竞争力		
项目领导：李向阳		团队成员：
选题背景： 进入新一代数码仪产品国际市场是企业"十四五"计划期间重要战略增长点。2015 年，首批进入国际市场的 SM300 系列产品，遇到了较强的市场竞争对手，竞争压力主要来自交付周期。企业主要竞争对手的交付周期平均为 10 天，而本企业 SM300 系列产品的交付周期平均为 18 天。由此带来的直接市场损失为 2600 万美元/年		李××：项目负责人（"黑带"） 于××：生产计划部副部长（"绿带"） 孙××：供配部成品采购组组长（"绿带"） 张××：装配车间主任（"绿带"） 王××：成品总库副主任（"绿带"） 李××：工程部副总工程师（"绿带"） 章××：质量保证部 SM300 经理（"绿带"） 强××：财务部业务经理
问题/机会陈述： 统计数据表明 2015 年 6—12 月，SM300 数码仪的平均交付周期为 18 天且波动较大，最快的交付批其交付周期可以达到 8 天，但最迟的交付批达到了 32 天。如果以交付周期不超过 12 天为标准，则大约有 82%的交付批次超过了这个标准		目标陈述： 本项目的预期目标是：以交付周期不超过 12 天为标准，到 2023 年年底，将 SM300 系列产品的交付周期超过 12 天的比例（缺陷率）从 82%降低到 25%
项目范围、约定和假定： 本项目范围是从生产计划、采购/配套、装配调试到包装发运的业务流程		相关部门： 生产计划部、供配部、装配车间、成品总库、工程部、质量保证部
预期计划	目标日期	实际日期	评审
开始日期			
界定（define）	3 月 28 日		
测量（measure）	4 月 15 日		
分析（analyze）	5 月 15 日		
改进（improve）	6 月 15 日		
控制（control）	7 月 15 日		
完成日期	8 月 30 日		

3. 六西格玛项目团队建设

六西格玛项目是由黑带、绿带等成员组成的项目团队实施完成，团队的作用非常重要，六西格玛项目团队建设包括两个部分。

1）团队的组建和授权

（1）团队组成要素。组建完备的团队必须要明确团队的使命、基础、目标、角色、职责、主要里程碑及授权，积极做好准备工作，如表8-6所示。

表8-6　六西格玛团队组成要素

要　素	要　求
使命	团队成立或存在的目的
基础	团队的使命如何与企业目标或计划配套
目标	对现状及绩效的挑战
角色	团队成员（"黑带""绿带"）
职责	根据项目分配给每位成员的职责和任务
主要里程碑	项目活动时间表、项目报告日期
授权	获得管理层的授权和支持

（2）选择团队成员。六西格玛团队人员组成通常如表8-7所示。

表8-7　六西格玛团队人员组成

人　员	职　责
项目负责人或组长	通常受业务负责人指派，对整个项目负责
核心成员	一般由项目负责人或组长来选择实施项目计划的人员，对项目负责或对组长负责，全程参与项目
扩展成员	根据项目需要，只需部分参与项目的成员
业务负责人	一般由管理者担任
项目指导人	为团队成员提供六西格玛方法、工具指导的人员，直接对业务负责人负责

2）团队的动力与绩效

提高项目团队动力与绩效，营造一个高度团结、独立自主的团队，也是有技巧可言的。

（1）建立团队的技巧。组长负责组建团队，并对项目目标负责。跨部门团队一般需要4-7名核心成员及必要的扩展成员组成。在选择核心成员时，需要考虑的因素包括"成员需要"具备专业知识及背景；具备团队精神及团队工作经验；具备良好沟通能力；愿意接受挑战、勇于揭露潜在问题等。

在开展团队工作时应努力体现高度团结、积极进取的团队精神。一个成功团队的建设步骤通常分为六步。

①仔细分析任务，形成互相补充、互相促进的技能组合和工作风格。

②对每位团队成员讲述团队愿景、目标及对个人的任务要求。

③提供必要的技能培训和处理工具。

④共同建立团队规则，包括团队的例会制度、问题的沟通解决机制、编制项目立项表等。

⑤监控团队进度，保证团队凝聚力。

⑥对团队中取得的成绩予以祝贺。

（2）指导团队的技巧。实施六西格玛管理的道路上会面临很多挑战，依赖个人的努力总是有限的，团队负责人如何领导团队克服困难、取得成功则需要一定的方法和技巧。

①团队激励。利用团队激励的方法可以让团队成员共同对项目负责，TARGET方法是一种务实的团队激励办法，如表8-8所示。

表8-8 TARGET激励法

T（true，事实）	团队成员必须知道事实真相
A（accountable，负责）	团队成员应为自身绩效负责
R（respect，尊重）	团队成员应本着正直与坦诚的原则，互相学习，交流心得
G（growth，成长）	团队成员及团队本身都必须能够经由学习而成长，以便有能力挑战更困难的工作任务
E（empowered，授权）	成功群体仍需个别行动，尤其在专业技术背景方面
T（trust，信任）	一个高效的群体，六西格玛团队成员间应相互信任，并同心协力完成指定任务

②团队培训。团队培训能提升团队成员技能，促进团队成员互相依存、团结互助。六西格玛团队组建完成后，应该结合项目实际情况的实施专题培训，教导"为何（why）"，指导"如何（how）"。

（3）团队绩效评估。不间断实施项目团队绩效评估能够及时发现团队发展中的问题。同时，项目团队也要进行自我评价，并向倡导者和业务负责人汇报评价指标的测评结果。团队绩效评估是反馈团队在实现目标过程中的进展情况的有效手段，它对项目团队获取管理层的支持十分重要。

4. 六西格玛项目监控与促进变革

建立了项目团队之后，为了保证项目能够在预算时间内完成及取得利益相关者的支持，更好促进团队成员接受并适应新的系统与业务流程，需要对六西格玛项目进行监控和变革管理。

1）六西格玛项目监控

（1）项目监控原则。项目监控是在项目立项表和计划获批后，对项目计划实施情况的过程进行监督和控制，包括监测项目进程，预测、发现并解决问题及更新计划，保证项目正常运作。

项目进行过程中，难免会出现实际与计划不一致的情况，此时，项目团队必须做到快速发现问题，解决问题，尽快恢复项目正常运行，保证项目在预算内按时完成。常用的项目监控流程为：项目目标→实际测量→找出差距→问题解决。

（2）项目监控工具和方法。针对六西格玛项目遇到的问题，常用的项目监控工具和方法有项目柔性分析、风险管理计划、建立阶段或里程碑汇报制度等。

①项目柔性分析。项目监控是为了使项目在预算内按时完成。但当在规定预算和时间内不能完成项目时，项目控制就涉及项目的调整问题。此时，可对项目进行柔性分析，根据分析结果确定是调整项目的时间还是调整项目预算或工作范围等。

②风险管理计划。意外情况会使项目无法按照预期顺利进行，甚至导致项目失败。风险管理计划能够做到提前识别风险并有效管理风险，其制定可参照风险识别、风险评估、风险管理三个步骤。

③建立阶段或里程碑汇报制度。建立 DMAIC 五阶段项目进展汇报机制，结合项目计划工作表，通过对各阶段目标达成情况的回顾和评估，使问题在过程中被发现，及时调整资源和计划，确保项目目标实现。

2）六西格玛项目促进变革

（1）变革管理。六西格玛项目不仅是一项技术工作，还是一个流程变革、系统变革和文化变革的变革管理过程。沟通是变革管理工作的核心，是获得会受到变革影响的人支持的基础。实施变革管理必须实现两个目标：第一，项目团队与业务部门领导、公司决策层之间能进行开诚布公、及时有效的沟通，从而获得他们的支持、参与和推动；第二，项目团队内部能进行高效的沟通，以保证项目团队成员工作协调一致，按时、保质、保量实现预期目标。变革管理的目的是取得项目实施成功所必需的利益相关者的支持与承诺，同时促进企业全体员工接受并适应新的系统与业务流程。

（2）项目成功的障碍。六西格玛项目推进过程中，会面临各种障碍。例如：对新事物的敌意；知难而退，害怕承担责任；意见不一致，各行其是；无法做到学以致用；没信心；对现有规则过分遵从或强调等。针对各种障碍，企业团队需要团结一致，科学理性对待障碍，采用合适的管理方法、工具解决问题。

（3）谈判与解决冲突的技巧。项目实施过程可能会遇到一些冲突，此时就要求项目负责人具备相应的谈判与解决冲突的能力和技巧。项目负责人解决冲突时，首先，要对冲突持积极主动的态度，要正视冲突，不能消极回避；其次，冷静分析冲突产生的根源，找到根源才能采取有效方案；最后，对冲突做出恰当的反应，有效解决问题。沟通谈判是解决冲突最好的方法，要做到冲突双方尽可能达成一致。

（4）激励技巧。传统的激励是马斯洛（Maslow）的需求层次理论，即生存、安全、归属感、尊重、成就或自我实现。与最初来自最低层次需求不同，如今，尊重和需求在知识型员工中更为突出，因此得到了五个新的激励因素：目的、积极主动、分享收获、个人发展、专业上的认可。通过运用合理的激励技巧，可以大幅提高团队的工作效率。

（5）沟通。良好的沟通是团队成功的关键，沟通可以令团队统一思想，采取正确的行动，不同团队应根据自身特点选择合适的沟通方式、沟通时间、沟通地点等。为确保高效和交互式的沟通，项目负责人必须做到：以身作则，做沟通模范；肯定员工优秀的沟通技巧；建立团队沟通制度；持续进行培训和训练，提高沟通技巧；提供沟通途径和环境；提供充分的非正式交流机会，培养合作关系等。

5. 六西格玛项目管理与策划工具

20 世纪 70 年代，日本科技联盟整理出了质量管理的新七种工具，即亲和图、关联图、树图（系统图）、矩阵图、矩阵数据分析法、PDPC 法、网络图，并在企业中推行实施。新七种工具更注重文字资料的整理，主要面向经营管理和策划活动，是六西格玛项目团队使用的重要工具。由于矩阵数据分析法以因素分析和主成分分析为基础，对统计方法的依赖使得这种方法成为常规情况下非统计人员无法使用的工具，所以后来人们选用矩阵图代替它作为新七种管理和策划工具之一。（关于新七种工具详细的内涵、特点及主要用途详见第 2 章 2.4 质量管理新七种工具）

6. 六西格玛项目总结与成果评审

六西格玛项目管理最后的收尾工作可划分为六西格玛项目总结和六西格玛项目成果评审与分享。

1）六西格玛项目总结

（1）项目总结报告编写。基于项目立项表和项目文档，项目团队要对活动记录进行整理，撰写成果报告，更有利于推进六西格玛项目持续发展。其中，项目总结报告要求文字精练，条理清楚，尽量采用图表表述。

①前言。

②界定：项目背景、项目目标、项目计划、项目团队、流程分析等。

③测量：过程输出绩效测量、过程因素分析、过程因素测量、测量系统分析等。

④分析：潜在失效模式与效应分析、关键过程因素与输出绩效的回归和相关分析、假设检验、方差分析等。

⑤改进：试验设计、解决方案的确定和实施。

⑥控制：改进效果验证、收益评估、控制图和过程能力分析、标准化等。

⑦经验教训、遗留问题和下一步打算等。

（2）项目总结报告审核。项目总结报告编写完成后，应报请业务负责人、财务主管、资深黑带和倡导者审核。业务负责人从过程角度核实项目过程及效果真实性；财务主管核实项目财务收益的计算方法和结果资深黑带对项目全过程进行全面审核；倡导者更多从公司文化和战略宏观视角审核六西格玛项目成果。

（3）项目移交。项目成果审核确认后，将其移交给过程所有部门或区域，后者需对项目成果进行日常监测和控制并做好项目文档的最终归档工作。

2）六西格玛项目成果评审与分享

（1）成果发布、评审与分享。结合六西格玛推进情况，企业应定期举行六西格玛项目成果发布、评审与分享会，参与者包括评审人员、项目团队成员及相关过程、部门人员。针对项目成果的评价要遵循客观科学、全方位评价的原则，评审内容可包括：项目选择合理性；应用六西格玛理念方法和统计技能；项目收益；项目范围及推广应用前景；发布人的思辨、表达、沟通、组织协调、回答问题表现等。

（2）成果激励。适当的成果激励有助于促进改革活动良性循环，针对推进六西格玛获得的成果，企业应进行公开承认和奖励。激励的方式可以是物质激励或精神激励，通过适当的成果激励，能够促进成员的成就感和进取心。

8.3　六西格玛改进

8.3.1　六西格玛改进方法

六西格玛自诞生以来，经过长期的发展和演变，已经形成了一套科学严谨的用以解决问题和支持过程绩效改进的方法论，即六西格玛改进模式——DMAIC 模型。DMAIC 模型是由界定 D（define）、测量 M（measure）、分析 A（analyze）、改进 I（improve）、控制 C （control）五个阶段构成的过程改进方法，在实施六西格玛管理过程中，DMAIC 模型围绕公司目标有步骤的循环进行着，如图 8-6 所示。

图 8-6 DMAIC 模型循环

DMAIC 模型循环集戴明、朱兰等质量管理大师理论于一体，从识别过程输入与输出的相关关系切入，找出对输出波动具有较大影响的关键因素，从而完善对过程的认知程度和过程水平，每个阶段的主要工作内容如表 8-9 所示。

表 8-9 DMAIC 各阶段主要工作内容

阶 段	主要工作内容
D（界定阶段）	确定顾客关键需求，并在此基础上识别需要改进的产品或过程，将改进项目界定在合理范围内
M（测量阶段）	通过对现有过程测量，确定过程的基线及期望的改进效果，根据期望达到的目标对过程测量的有效性作出评价
A（分析阶段）	通过数据分析，创建详细的流程图，以找到问题的根本原因并提出改进措施
I（改进阶段）	专注于分析阶段确定的根本原因，同时进行概括、选择、设计和改进试点
C（控制阶段）	建立有效的监控措施，保持过程改进的效果

在确定六西格玛项目之后，团队成员需通力合作，按照 DMAIC 方法的五个阶段实现六西格玛改进。DMAIC 方法是一个逻辑严密的过程循环，各阶段强调以顾客为关注焦点，将持续改进与顾客满意及组织的经营目标紧密联系起来，强调以数据语言描述产品或过程绩效，依据数据进行管理，充分运用定量分析和统计思想，通过减少过程波动或缺陷，实现连续改进。该过程循环是由项目管理技术、统计分析技术、现代管理方法等综合而成的系统方法，通过集成化的管理与技术工具来分析和解决各种问题，适用于产品或过程绩效的改进，也适用于对管理或服务流程的优化。

根据许多推行六西格玛管理的企业的经验，实施 DMAIC 模式所带来的改进效果通常可达 80%左右，个别项目甚至达到上万倍的改进，由此带来了积极的财务收益，如收入的增长、成本节约、生产与服务周期大幅缩短等。

8.3.2 DMAIC 方法流程

1. 界定阶段

界定阶段是六西格玛项目的开始，可以帮助明确项目目的和具体流程，找准需要改进的产品或过程,决定实施改进项目需要的资源,测算项目预期收益,确定项目核心团队成员等。

顾客是六西格玛项目所关注的产品或服务的接受者,只有对顾客要求有清晰的认识,才能完成六西格玛绩效。所以必须从顾客要求的所有项目中选定顾客对其满意度存在关键影响的产品或过程质量特性,即关键质量特性。将关键质量特性作为项目要解决的关键问题,并且要确定对经营成本影响最大的事项加以改进。通过组建六西格玛实施团队对问题进行描述,评估项目缺陷发生的可能性,确定项目要达到的预期目标,并确定团队成员职责,制定项目立项表。项目立项表是界定阶段工作的主要输出,团队开始实施项目前,立项表必须先由倡导者等领导批准。

在界定项目范围过程中,通常会使用宏观流程图(SIPOC 分析图)。SIPOC(供应商—输入—过程—输出—客户)分析图是用于过程管理和改进的常用技术,经常被用于核心过程的识别。SIPOC 分析图不仅可以描述当前流程,确定过程改进思路和方向,还能为测量阶段采集数据指明方向。

2. 测量阶段

从测量阶段开始就要正式进行数据的收集和分析,项目团队在测量阶段将问题从定性描述转化为定量分析,为团队提供基于事实的决策依据,是以事实和数据驱动管理的具体体现。测量阶段不仅保证了项目工作能够采用正确的方法、测量正确的指标、测量结果的变异尽可能小,也保证了后续分析阶段使用的数据准确可靠。

无论是生产制造流程还是交易流程,任何过程的输入与输出的关系都可以表示为 $y = f(x_1, x_2, \cdots, x_n)$,$y$ 表示过程输出结果,x 表示影响 y 的过程输入。而测量阶段的工作重点就是在界定阶段的基础上,进一步明确 y 的测量,并通过收集 x 和 y 的测量数据,定量描述 y。特别是通过过程分析,找到 y 的波动规律,揭示过程改进的机会,识别实现项目目标的可能途径和改进方向。为了获取符合测量目的的数据,必须对测量对象、测量方法、测量的精确度等问题进行详细的检查,对整个测量系统进行系统、全面的分析,以此确保数据的精确、可靠。

测量阶段是结合对现有过程的测量和评估,根据顾客关键需求组织战略目标,确定影响过程输出 y 的输入 x,并验证测量系统的有效性,分析过程当前绩效水平,确定过程基准。通过测量阶段的数据收集和评估工作,能够得到对问题的和改进机会的定量认识,从而在此基础上获取项目实施方面的信息。

3. 分析阶段

分析阶段是最难预测的阶段,该阶段主要分析测量阶段收集的数据,了解各种因果关系,增加对过程和问题的理解,启发对产生波动的根源的认识,找出影响业绩指标关键的、潜在的原因,有助于改进流程。

分析阶段需要做大量的统计分析与统计验证工作,以便从大量相关因素中识别根本原因。项目团队通常会使用循环分析的方法实现对原因的探索。该循环从数据测量开始,通过过程分析,提出对原因的初始假设;接着收集和关注更多数据,对推测做出进一步判断;继续分析循环,各种假设被不断地确定或拒绝,直到通过严谨的数据分析明确真正的问题根源。

4. 改进阶段

改进阶段是实现目标的关键步骤，该阶段侧重于探寻解决方案，核心目标是针对分析阶段提出的几个关键根本原因，制定相应的最佳改进方案和改进措施，并进行试点验证方案的有效性，进行持续改进，达到或超过顾客期望。通过改进工作，能够确保找出有效解决问题的方案，分析解决方案的潜在影响和实施成本，证明方案有效性，评估实施风险，完成解决方案的综合实施计划。

为达到上述目标，改进阶段需要完成以下方面工作：①产生解决方案；②评价解决方案；③完成改进方案风险评估；④验证改进方案有效性；⑤实施改进方案。

改进是建立在分析的基础上，确立产生最大化收益的方案。需注意，在此阶段要应明确项目目标，认真制订详细计划，对关键问题逐一解决，不可操之过急，否则会影响整个项目的成功。

5. 控制阶段

项目进入控制阶段，说明六西格玛项目已经进入收尾工作，项目改进基本效果已经显现并基本达到预期目标，此时需要对关键因素进行长期控制并采取措施维持取得的改进成果。

为了巩固项目改进成果，控制阶段要应用适当质量原则和技术方法，关注改进对象数据，控制关键变量，制定过程控制计划，修订标准操作程序和作业指导书，形成作业标准，建立测量体系，监控工作流程，并制定一些突发事件的应急措施。

DMAIC 模式的每一个阶段，不一定只能向前发展。当发现上一阶段有疏漏的事项，可以返回上一阶段进行补充。但是为了项目的顺利进行，在实施 DMAIC 过程中，仍需准确完成每一个阶段。图 8-7 给出了实施 DMAIC 模式的路径图。

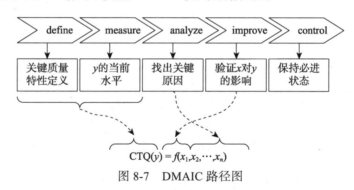

图 8-7　DMAIC 路径图

以上这些流程并不是单一的、独立的，而是相互关联的有机整体。通过这些流程可以看出，六西格玛管理是一种基于数据的决策方法，强调用数据说话。需注意，六西格玛项目范围并不局限于制造领域，也不仅是对产品来说，它还包括了服务及工作过程。总之，DMAIC 模式是一个从顾客入手一步一步找到问题关键，加以解决并保持成果的有效方法。

8.3.3　DMAIC 各阶段技术工具及模式特点

1. DMAIC 各阶段技术工具

DMAIC 模式是一种改善企业现有流程的强大工具，每个阶段都需要完成特定工作，达到该阶段特定要求，模型的各个阶段融入了各种数理统计工具和方法，如表 8-10 所示，这是六西格玛管理一个突出的亮点。DMAIC 模式从界定到控制不是一次性的直线过程，有些技术方法会被重复使用。

表 8-10　DMAIC 各阶段主要工作内容及其常用工具、方法

阶　　段	常用的工具与技术方法			
D （界定阶段）	头脑风暴法	顾客需求分析	因果图	排列图
	CT 分解	满意度分析	质量成本分析	QFD
	SIPOC	FMEA	流程图	亲和图等
M （测量阶段）	测量系统分析	排列图	因果图	树图
	散布图	流程图	过程能力分析	FMEA
	直方图	运行图等		
A （分析阶段）	头脑风暴法	因果图	方差分析	散布图
	试验设计	抽样计划	假设检验	多变异分析
	回归分析	过程分析等		
I （改进阶段）	试验设计	响应面法	FMEA	过程仿真
	过程能力分析	田口方法	测量系统分析	正交试验
	方差分析	防错设计等		
C （控制阶段）	控制图	统计过程控制	防差错措施	过程能力分析
	标准操作	控制计划	目标管理	过程文件控制等

在使用 DMAIC 方法分析和解决问题的过程中，每个阶段明确了不同的输入与输出，各阶段的工作辅以相适应的若干个分析和解决问题的技术工具，可以帮助获得阶段性的成果，以便针对性的形成有效的改进和控制方案。

2. DMAIC 模式特点

通过 DMAIC 模式五个阶段和使用的技术工具分析，可以总结出 DMAIC 模式的五方面特点。

（1）DMAIC 模式可以帮助企业建立一个解决问题的规范模式。

（2）DMAIC 模式为那些习以为常的技术工具赋予了新的管理用途和技术内涵。

（3）DMAIC 模式是一个得到广泛认可并且长期有效的问题改进模式。

（4）DMAIC 模式优先考虑了企业战略、顾客需求，是面向过程和组织的测量措施。

（5）DMAIC 模式提供了更为广泛的过程绩效改进途径。

DMAIC 模式作为六西格玛实施改进的方法，其运作程序与六西格玛项目周期及工作阶段紧密结合，六西格玛改进不是夸夸其谈，只有不满足于现状，勇于创新、持续改进，才能取得卓越成就。

8.4　六西格玛设计

8.4.1　六西格玛设计方法

六西格玛改进（DMAIC 方法）是对现有的产品或流程采取纠正措施，通过不断改进，

使流程趋于"完美"的一种方法。但是这种对流程的改进是有极限的，即使发挥 DMAIC 方法最大的潜力，产品质量也不会超过其设计的固有质量。通过六西格玛质量改进活动，组织的质量水平可以成功地达到 3 西格玛、4 西格玛水平，但会在 5 西格玛附近停滞不前，似乎无法跨越这个障碍，这就是"五西格玛墙"（five sigma wall）。有学者认为：当通过 DMAIC 方法将过程的六西格玛水平提升至"4.8 西格玛"时，就应该对过程进行重新设计。

六西格玛设计（design for six sigma, DFSS）就是为了适应新的设计理念而提出的一种实现无缺陷的产品和过程的设计方法。DFSS 在组织开始阶段便瞄准六西格玛质量水平，基于预防性思想、并行质量工程哲理、以顾客为关注焦点等基本理念，其目的是在低成本的前提下，从设计上确保新设计的产品或过程能够自然达到六西格玛质量绩效水平，是一种提高产品质量和可靠性，降低生产成本、缩短周期的方法，其使用价值高，应用范围广。

目前六西格玛设计的模式较多，与 DMAIC 相类似，六西格玛设计也有自己的流程，但截至目前还没有统一的模式，主要的六西格玛设计模式有四种。

（1）DMADV 模式：界定（define）、测量（measure）、分析（analyze）、设计（design）、验证（verify）。DMADV 模式与 DMAIC 模式有许多相似之处，DMADV 保留了 DMAIC 模式的部分内容，可以更好地利用 DMAIC 流程的基础，是六西格玛设计应用范围最广的模式之一，通过对现有产品或过程进行重新设计，或对现有产品或过程的局部重新设计，属于改良型六西格玛设计模式。

（2）IDDOV 模式：识别（identify）、定义（define）、研发（develop）、优化（optimize）、验证（verify）。IDDOV 由美国供应商协会（ASI）总裁乔杜里提出，是六西格玛设计应用范围较广的模式之一。IDDOV 模式通过对现有产品或过程的重新设计或全新设计，也可用作新产品和新流程的开发要求，从根本上提升产品或过程的绩效水平，属于改革型六西格玛设计模式。

（3）DMEDI 模式：定义（define）、测量（measure）、探索（explore）、研发（develop）、实现（implement），这也是六西格玛设计中应用范围较广的模式之一。DMEDI 模式相较于 DMADV 模式和 IDDOV 模式略有不同，DMEDI 模式主要用于全新设计的产品或过程，属于创新型六西格玛设计模式。

（4）ICOV 模式：识别（identify）、特性实现（characterize）、优化（optimize）、验证（verify），由美国维恩州立大学的 Kai Yang 教授提出。

针对不同的六西格玛设计模式，在实际应用过程中，具体选择何种模式实施，要根据组织的质量现状及相应的资源配置情况而定。

8.4.2 DMADV 方法流程

本书以 DMADV 模式为例，简要介绍六西格玛设计的实施过程。表 8-11 给出了 DMADV 各阶段主要工作内容及其技术工具。

表 8-11　DMADV 各阶段主要工作内容及其技术工具

阶　　段	主要工作内容	常用的技术工具与方法
D（界定阶段）	界定项目范围，确定项目计划，识别顾客需求，分配资源	顾客需求分析、市场调研、亲和图、QFD、可行性分析等

续表

阶　　段	主要工作内容	常用的技术工具与方法
M（测量阶段）	识别和确定与产品/过程设计相关的基准和测量项，测量客户的输入以确定从顾客角度分析关键质量指标，将客户需求转化进入项目目标	关系矩阵、树图、排列图、因果图、散布图、流程图、测量系统分析、检查表价值流图等
A（分析阶段）	分析创新的产品和服务概念，为客户创造价值	头脑风暴法、因果图、FMEA、方差分析、试验设计、假设检验、多变异分析、回归分析、过程分析等
D（设计阶段）	设计新的过程、产品和服务以向客户提供价值，验证设计概念是否有效满足设计目标的要求	TRIZ、试验设计、仿真技术、田口方法、稳健设计技术、创造性思维工具等
V（验证阶段）	验证新系统表现是否符合预期，建立能确保持续优化系统表现的机制	仿真技术、假设检验、过程能力分析、实验验证等

DMADV 方法是由界定（define）、测量（measure）、分析（analyze）、设计（design）、验证（verify）五个阶段构成的过程设计方法，每个阶段的内容如下。

1. 界定阶段

界定阶段是六西格玛设计实施的核心阶段。这一阶段的主要任务包括通过项目团队章程，创建项目计划，确定待开发产品/过程的顾客需求，倾听顾客声音（voice of customer，VOC），根据客户需求说明产品要求和目标，同时明确整个项目开展中所需的资源和受限条件。界定阶段的成果一般包括顾客的需求分析报告、项目成本分析与可行性报告、产品的功能要求、产品的设计方案和工艺要求说明书等。

2. 测量阶段

测量阶段会确认使用何种工具获取客户的需求，把客户的需求转化为实际可量化的要求，确认关键质量特性的衡量方法。该阶段需要整合和分解市场和客户的信息，开发对关键质量特性的测量计划、收集关键质量特性的测量数据、进行风险评估等，同时还包括对测量系统的分析。

3. 分析阶段

与六西格玛改进的分析阶段相似，DMADV 中分析阶段是最为复杂的阶段。该阶段需要利用六西格玛工具进行数据分析，确定关键设计参数、关键质量特性的主要波动源等，采用创造性的方法提出可行方案，使用符合逻辑的、客观的方法评估方案，确认并消除产品或服务失效的潜在可能。

4. 设计阶段

设计阶段主要任务是对产品或过程进行具体而详细的设计，评估过程能力，满足客户需求，同时确定验证及控制计划。通过运用仿真技术、实践经验、试验设计等方式进行设计评估。本阶段结束后应完成样品的设计，且有详细的产品生产流程图，对生产各个环节有相应的生产要求标准等。一旦决定了最终的产品设计方案并制订了产品质量验证计划，这个阶段就结束了。

5. 验证阶段

验证阶段是验证设计功能和能力，通过试运行进行结果分析，执行新的项目流程，实施项目控制计划。其目的在于检验新产品设计的绩效，对设计产品/过程是否满足顾客要求、是否达到预期的质量水平进行确认。通过试生产等手段，企业营造一个仿真环境，测试设计的能力、稳健性和可靠性，估计节约的成本等，最后提交验证报告和六西格玛设计总报告。

前文以 DMADA 模式为例，对六西格玛设计的实施过程进行了简要的介绍。尽管六西格玛设计有固定的操作流程可以遵循，但在具体项目实施的过程中应该根据产品和流程的特点，灵活、有选择地应用六西格玛设计的方法、工具。此外，在实施六西格玛设计过程中还必须考虑运用并行工程的思想，每个阶段的工作都要充分考虑后续阶段，在相邻的阶段之间需要有一定的交叉。

8.4.3　六西格玛改进与六西格玛设计对比

1. 六西格玛改进与六西格玛设计的区别

六西格玛设计是对六西格玛改进的补充和扩展，虽然二者有相似的操作流程，却是完全不同的方法。六西格玛改进是在现有的基础上把全部精力放在了产品或过程的改进上，而六西格玛设计则注重于创造更好的设计方案，二者的区别如表 8-12 所示。

表 8-12　六西格玛改进和六西格玛设计的区别

六西格玛改进	六西格玛设计
从问题或缺陷开始	从解决方案概念开始
关注过程改进	关注产品或过程的设计
独立的任务	是新产品或过程引入中更大设想的一部分
项目改进小组较小，一般为 4～6 人	设计项目小组较大，40 人以上
周期较短，通常为 3～4 个月	周期较长，甚至可能会长达几年
按一个西格玛递增	在 4～5 个西格玛水平上投放设计结果
过程主要依靠传统统计工具	过程主要利用独特、先进有实效的新手法
影响或重视程度较小	影响或重视程度较大

六西格玛改进和六西格玛设计之间虽然存在许多差异，但这并不代表二者是互为独立的存在，六西格玛改进和六西格玛设计是相辅相成的。企业可以针对不同问题和解决问题的需求，选用不同的方法。

2. 六西格玛设计相较六西格玛改进的优势

根据六西格玛改进和六西格玛设计的实施步骤及二者之间的差异性，可知相较于六西格玛改进，六西格玛设计在以下优势。

（1）更强调以客户为关注点。六西格玛设计以全局观念设计产品或流程，其目的便是满足和超越客户期望，增加客户的满意度和忠诚度，从而提高企业的市场竞争力。

（2）规模可变，重点突出。六西格玛设计将重点放在最优化的关键过程的特性上的设计，最终形成一种便于组织管理的方案。同时突出重点，使设计方案更易于管理和执行。

（3）更高的经济效益。在六西格玛设计开始之际就将生产成本和企业效益考虑在设计之中，并贯彻整个设计的流程当中，最大程度上降低了产品成本，提高了企业利润。

（4）更有利于创新思维的开拓。广泛组织成员参与到六西格玛设计工作中，有助于团队成员摆脱固有思想的束缚，开拓创新思维，提出新的设计方案。

（5）更好地运用新技术方法。在六西格玛设计的概念中，产品或流程均为被设计出来的，需要将六西格玛设计与现代信息技术紧密结合，才能使企业准确预测市场需求，同时提高市场响应速度，以便改进产品或服务。

六西格玛改进和六西格玛设计各有优劣，六西格玛改进以小规模投资能做出较大改进，收获回报；六西格玛设计则是以追求最优化为基础，其成果是完整、更持久的变革。在面对六西格玛改进和六西格玛设计抉择上，每个企业都要认真考虑如何有效发挥二者的作用，然后根据实际情况选用最合适的方法。

除六西格玛设计外，质量学界还设计了许多适用于设计阶段非常有效的方法，如质量功能展开、系统设计、参数设计、容差设计、FMEA、DFX 等技术，这些技术方法都为设计阶段提供了不错的选择。

复习思考题

1. 简要说明六西格玛的统计含义和管理含义。
2. 企业实施六西格玛管理可以带来哪些益处？
3. 举例说明在六西格玛推进过程中会遇到的阻力。
4. 简要概述六西格玛管理组织中的主要角色及对应职责。
5. 六西格玛管理过程中使用的方法和工具有哪些？
6. 简要说明 DMAIC 方法流程。
7. 六西格改进和六西格玛设计的区别有哪些？

案例分析题

海尔集团从一家濒于倒闭的小厂发展成如今的世界知名企业，该企业的 CEO 张瑞敏创造了中国企业的一个管理神话。因此，谈及六西格玛在中国的管理实践时，有必要说一下六西格玛管理在中国知名企业——海尔集团的实践，讲述一下六西格玛管理对海尔的变革。

海尔集团从 1984 年成立以来到现在的 30 多年的时间里，一直将质量管理作为影响企业生死存亡的大事来抓，并积极探索创新，不断完善海尔集团的质量管理体系。从建厂初期的一把大锤砸掉 76 台不合格冰箱，再到后来的全面质量管理、名牌战略、六西格玛管理体系、卓越绩效模式，从保修期到保证期再到人单合一的质量管理体系，海尔的质量管理经历了四个发展过程：名牌战略阶段、多元化发展战略阶段、国际化发展战略阶段、全球化品牌战略阶段。

2002 年，中国质量协会与摩托罗拉大学联合举办"企业领导人六西格玛管理高级研修班"。海尔集团领导通过此次培训开始接触到六西格玛管理。随着不断地发展，海尔集团的质量管理核心由产品的零缺陷管理发展到整个体系的质量保证。同时在国际知名企业的影响下，海尔集团的高层逐渐认识了六西格玛，并看到了六西格玛管理在企业质量发展中的作用和巨大潜力。2004年6月海尔集团开始导入六西格玛管理；2005年7月，在青岛洗衣机事业部进行第一批试点；2006年年初，洗衣机推进六西格玛取得阶段性成绩，项目带来了可观的财务收益，随后，海尔集团开始全面导入和推广六西格玛管理。2006年7月3日，海尔集团第一期六西格玛项目成果发布大会在海尔中央研究院举行。大会对9个质量改善项目给予表彰，同时邀请到中国认证认可协会王凤清会长及山东省和山东省青岛市相关领导向海尔洗衣机事业部的李明授予"黑带"资格，向其他8人授予"绿带"资格。杨绵绵总裁在大会上要求：所有事业部部长都要按照六西格玛"黑带"标准要求自己，在规定时间内达到"黑带"水平。同时也对海尔供应商提出新的要求：今后海尔的供应商也要用六西格玛方法来解决质量问题，满足客户需求。

海尔集团结合自身情况自上而下贯穿全流程节点，全员、全面推行六西格玛管理，丰富了我国六西格玛管理的认证认可的工作内容，并不断延伸发展，不断提高认证有效性，这也是中国企业实施六西格玛管理的探索。海尔集团自2005年5月起在集团推行六西格玛项目，按照DMAIC的各阶段结合产品生产的全流程进行改革，打破壁垒形成团队合作机制，不断提高海尔产品在国际市场上的竞争力。例如，冰箱生产过程中很重要的一个工序就是焊接，关键质量特性是不能焊漏、焊堵。对这样的工位过程能力要达到六西格玛的水平，首先使用的原料包括焊接的气体、焊条、钢管要达到六西格玛水平，工人的能力素质也要逐步达到六西格玛水平。只有所有过程能力都达到六西格玛水平，工位过程能力评价才能达到六西格玛水平，因此，必须要做到精益求精。产品生产的每个环节都需要注意到，不能忽视任何一个环节。

企业文化是海尔集团发展壮大的另一个决定性因素。在海尔，每个人都知道他们的使命和职责，尤其是在六西格玛管理这种严谨的方法论下，从而更彰显出企业文化的力量。如果说六西格玛的力量是提高消费者的满意度，为企业提高利润，帮助企业得以持续发展，那么企业文化的力量就是帮助六西格玛决策得以有效地实行。海尔正是用行动传播企业文化，用行动传播质量意识，通过管理工具创新确立质量意识，靠组织机构贯彻质量意识。有了质量管理意识还要通过实际行动去执行，通过管理工具去加强，通过规章制度去固化，通过质量管理机构去贯彻，使质量意识深入每一个海尔人的心中，让员工把遵守质量管理规范变成自觉行动。经过十多年的苦心经营，如今海尔文化，尤其是其核心——质量文化已经成为海尔宝贵的无形资产，海尔实现了这一无形资产的应用性扩散。

海尔集团发展十分成功，但从不自满。就像CEO张瑞敏所说，"永远战战兢兢，永远如履薄冰。"抱着这种心态，海尔人善于向外界学习，将科学的管理方法和成功的经验纳入自己的管理体系中，为自己所用，充实和丰富自己的质量文化内涵，六西格玛管理的引入也是如此。海尔永远都是孜孜不倦地吸引新的理论，适应时代，迎接挑战，提高企业竞争力和美誉度。将六西格玛管理这种至今最为先进的管理方法应用到海尔的业务管理中，是每个海尔人的使命。

根据案例回答下列问题：

1. 为什么海尔要求"所有事业部部长都要按照六西格玛'黑带'标准要求自己，在规定时间内达到'黑带'水平"？"黑带"大师在六西格玛管理过程中有什么重要的作用？

2. 结合本案例，试分析如何将六西格玛管理融入海尔的企业文化当中？

第9章 质量经济性分析

学习目标

1. 掌握质量经济性的内涵,熟悉质量经济分析的内容。
2. 掌握质量成本的概念及其构成,掌握质量成本管理的内容。
3. 掌握质量成本分析的几种方法。
4. 掌握质量经济性分析的内涵。
5. 掌握设计、采购、生产及售后服务过程的质量经济性分析。

课程思政导读

质量攻关,降本增效

9.1 质量成本与质量经济性概念

随着质量要求日益提高,企业的生产经营活动更加讲求经济效益。开展质量成本的测定、报告、分析和研究,促进产品质量和经济性效益的提高,成为企业全面质量管理工作的一个重要组成部分。

9.1.1 质量成本的概念

质量管理在企业内部已形成了一个完整、独立的管理体系。企业为了降低产品寿命周期成本,选择最经济的质量水平,达到质量与效益的最佳组合,就必须支付与质量相关的费用,并进行单独的核算与控制。

20 世纪 50 年代,美国质量管理专家朱兰、费根堡姆等人首先提出质量成本的概念,随后,美国的 IBM、GE 等大公司相继推行质量成本概念并收到了一定效果。我国于 20 世纪 80 年代引进质量成本概念,并在不少企业中开展了质量成本的核算与管理。

质量成本也称质量费用,指为了确保和保证满意的质量而发生的费用,及没有达到满意的质量所造成的损失。质量成本是企业生产总成本的一个组成部分。

成本的概念并不是新的概念,每个企业都要进行成本管理和核算。企业中常见的成本类型有生产成本、销售成本、运输成本、设计成本等,这些成本也可分为可变成本和固定成本。但是,质量成本不同于其他成本概念,它有特定的含义,很多人不熟悉、不知道或错误地认为一切与保持和提高质量直接或间接的费用都应计入质量成本,结果导致管理上的混乱。同时,成本项目设置的不规范也使企业之间缺乏可比性。例如,有的企业把技术改造、设备大修、员工一般培训、新产品开发设计一起计入质量成本之中,因为这些费用总可以直接或间接地找到与保持和提高质量的关系,但实际上这样计算出来的质量成本与生产总成本没有多少区别。

9.1.2 质量成本的构成

根据国际标准化组织的规定，质量成本由两部分构成，即运行质量成本和外部质量保证成本。运行质量成本又由预防成本、鉴定成本、内部故障成本、外部故障成本、外部质量保证成本等组成。

（1）预防成本。预防成本是为了防止产生不合格品与质量故障而发生的各项费用，主要包括质量工作费用、产品评审费用、质量培训费用、质量奖励费用、质量改进措施费用和质量管理专职人员工资及福利费用。

（2）鉴定成本。鉴定成本指评定产品是否满足规定质量要求所需的费用，是鉴定、试验、检查和验证方面的成本，一般包括进货检验费、工序检查费、成品检查费、检测试验设备校准维护费、试验材料及劳务费、检测试验设备折旧费、办公费（检测、试验发生）、工资及附加费（指专职检验、计量人员）等。

（3）内部故障成本。内部故障成本指交货前产品或服务未满足规定质量要求所发生的费用，一般包括废品损失、返工或返修损失、因质量问题发生的停工损失、质量事故处理费、质量降等降级损失等。

（4）外部故障成本。外部故障成本指交货后产品或服务未满足规定质量要求所发生的费用，包括索赔损失、退货或退换损失、保修费用、诉讼损失费、降价损失等。

（5）外部质量保证成本。外部质量保证成本指为提供用户要求的客观证据所支付的费用，包括特殊的和附加的质量保证措施费用、产品质量验证费用、质量评定费用。外部质量保证成本只有在企业借助第三方进行评估、验证等情况下才会发生，这部分成本一般不在分析范围之内。

此外，对于低质量所发生的机会成本，如由于低质量而导致的产品销量下降、低价、降价而放弃的收益等，通常并不在会计系统中进行计量，因此机会成本又称隐含成本。但是，机会成本有可能是很大的，并且是重要的成本动因，因此在分析时应加以考虑。就发生的性质而言，质量成本可划分为三类：第一类是企业为确保产品质量而发生的预防成本鉴定成本和外部质量保证成本；第二类是由产品质量和生产工作质量造成企业实际支付的内部故障成本和外部故障成本；第三类是由产品质量和工作质量造成企业不必支付而应计算的内部故障成本（如因质量事故而发生的减产损失、停工损失等）和外部故障成本（如因不良质量而失去了销售和市场份额等），即机会成本。

9.1.3 质量成本的分类

质量成本项目种类甚多，为了进行合理的管理和有效的控制，应对质量成本进行科学的分类。质量成本的分类可有不同的标准，通常可按下列方法进行分类。

1）控制成本和故障成本（或损失成本）

质量成本按其作用可分为控制成本与故障成本（损失成本）。

控制成本指预防成本加鉴定成本，是对产品质量进行控制、管理和监督所花的费用。这些费用具有投资的性质，以达到保证质量的目的，同时其投资的大小也是预先可以计划和控制的，故称控制成本，亦可称为投资性成本。

故障成本（或损失成本）亦称控制失效成本，指内部故障成本与外部故障成本之和，这两部分成本都是由于控制不力而导致出现不合格品（或故障）而发生的损失，故也常称为损失成本。

控制成本与故障成本是密切相关的，在一定范围内，增加控制成本可以减少故障成本，从而提高企业的经济效益。但是，如果不适当增加控制成本，反而可能使质量总成本增加，从而降低企业经济效益。所以质量成本管理的一个重要任务就是要合理掌握控制成本的大小，即找到控制成本在质量总成本中的合适的比例，使质量总成本达到最小值。

2）显见成本和隐含成本

质量成本按其存在的形式可分为显见成本与隐含成本。

显见成本指实际发生的质量费用，是现行成本核算中需要计算的部分，质量成本中大部分成本属于此类。

隐含成本不是实际发生和支出的，但又是确实使企业效益减少的费用。这部分减少的收入不直接反映在成本核算中。如产品由于质量问题而发生的降级降价损失，由于质量原因而发生的停工损失等，均属此类费用。

区分显见成本与隐含成本，对于开展质量成本管理非常重要，因为这两类成本的核算方法不同，显见成本是属于成本正式开支范围的费用，可以通过会计成本系统，根据原始记录、报表或有关凭证进行核算；而隐含成本不属于成本正式开支费用范围，不直接计入成本。但从质量角度，隐含成本同企业的销售收入和效益有着密切的关系，必须予以考虑。因此，隐含成本需要根据实际情况进行补充计算。具体地说，显见成本可以采用会计核算办法，而隐含成本一般采用统计核算方法进行。

3）直接成本和间接成本

质量成本按其与产品的联系可分为直接成本与间接成本。

直接成本指生产、销售某种产品而直接产生的费用，这类费用可直接计入该种产品成本中，如故障成本等。间接成本指生产、销售几种产品而共同发生的费用，这种费用需要采用某种适当的方法，分摊到各种产品中去。因此，正确区分直接成本与间接成本，对于准确计算产品质量成本有着重要的意义。一般来说，预防成本和部分鉴定成本多属于间接成本，而内部故障成本和外部故障成本多属于直接成本。

4）阶段成本

质量成本按其形成过程可分为设计、采购、制造和销售等各个不同阶段的成本类型。这种质量成本分类有利于实行质量成本控制。在不同的形成阶段制订质量成本计划，落实质量成本目标。加强质量成本监督，以便最后达到整个过程质量成本优化的目标。

此外，质量成本还可按其发生地点或责任单位进行分类，以便明确单位（如车间、科室）和个人的质量责任，只有把质量成本计划目标和措施层层分解和落实，严格进行控制和核算，才能使质量成本管理真正取得效果。

有关质量成本的构成和费用的分类都是质量成本核算的基础。为了有效地进行质量成本的核算，还必须划清以下五方面的费用界限。

（1）质量成本中应计入和不应计入产品成本的费用界限。

（2）各种产品质量成本之间的费用界限。

（3）不同时期（如不同月份）之间的费用界限。

（4）成品与在制品之间的费用界限。

（5）质量成本中显见成本与隐含成本的费用界限。

9.1.4 质量成本科目设置

目前，我国的质量成本核算尚未正式纳入会计核算体系，因此，质量成本项目的设置必须符合财务会计及成本的规范要求，不能打乱国家统一规定的会计制度和原则。质量成本项目的设置必须便于质量成本还原到相应的会计科目中去，以保证与国家会计制度和原则的一致性。

质量成本项目一般分为三级科目。一级科目为质量成本；二级科目为预防成本、鉴定成本、内部故障（损失）成本和外部故障（损失）成本；三级科目为质量成本细目。企业可依据实际情况及质量费用的用途、目的和性质进行增删。

由于不同行业的企业具有不同的生产经营特点，所以具体成本项目可能不尽相同。同时，在设置具体质量成本项目（三级）时，还要考虑便于核算和正确归集质量费用，使科目的设置和现行会计核算制度相适应，符合一定的成本开支范围并和质量成本责任制相结合，做到针对性强、目的明确、便于实施。

从目前世界各国及国内各行业对质量成本项目的设置情况来看，世界各国对质量成本二级项目（四个科目）内容的设置都基本相同。

质量成本也是一种机会成本，有的项目可能在短时间内没有发生或很少发生，如停工损失，但质量成本在企业中依然存在，只不过由于一些企业的质量管理水平较高而减少或防止了因产品质量造成的停工。但只要是可能发生的费用，企业就应该设置相应的科目。

表 9-1 列举了国外几种具有代表性的质量成本项目设置情况。

表 9-1 国外质量成本项目设置情况

	美国（费根堡姆）		法国（让马丽戈格）		日本（市川龙三代）
预防成本	1. 质量计划工作费用 2. 新产品的审查评定费用 3. 培训费用 4. 工序控制费用 5. 收集和分析质量数据的费用 6. 质量报告费	预防成本	1. 审查设计 2. 计划和质量管理 3. 质量管理教育 4. 质量调查 5. 采购质量计划	预防成本	1. 质量管理计划 2. 质量管理技术 3. 质量管理教育 4. 质量管理事务
鉴定成本	1. 进货检验费 2. 零件检验与试验费 3. 成品检验与试验费 4. 测试手段维护保养费 5. 检验材料的消耗或劳务费 6. 检测设备的保管费	检验成本	1. 进货检验 2. 制造过程中的检验和试验 3. 维护和校准 4. 确定试制产品的合格性	检验成本	1. 验收检查 2. 工序检查 3. 产品检查 4. 试验 5. 再审 6. 维护保养
内部故障成本	1. 废品损失 2. 返工损失 3. 复检费用 4. 停工损失 5. 降低质量损失 6. 处理费用	亏损成本	1. 废品 2. 修理 3. 保证 4. 拒绝进货 5. 不合格产品的处理	损失成本	1. 出厂前的不合格品（报废、修整、外协中不合格设计变更） 2. 无偿服务 3. 不合格品的对策

第 9 章 质量经济性分析

续表

	美国（费根堡姆）	法国（让马丽戈格）	日本（市川龙三代）
外部故障成本	1. 处理用户申诉费 2. 退货损失 3. 保修费 4. 折价损失 5. 违反产品责任法所造成的损失		

9.1.5 质量成本管理的意义

在企业质量管理活动中，必然会发生各种费用，这部分费用会占到企业销售收入的很大比例。根据有关调查资料，我国企业每年仅废次品造成的损失就要占到销售收入的10%，还不包括质量成本的其他费用。因此，朱兰把废次品损失比作企业的一座未被发掘的、拥有极大开采利用价值的金矿，如果措施得当，开发利用废次品损失的投入产出比是极高的。通过对质量成本数据的收集、计算和分析，对质量成本计划进行控制，促进质量改进的实施，力求降低成本，提高产品和服务质量，使构成各种质量活动的费用合理化，企业可以获得巨大的效益。概括起来，开展质量成本管理的意义如下。

（1）有利于质量管理的进一步深化。

（2）通过质量成本分析，可以明确降低生产成本的方向。

（3）通过对一段时期质量成本的管理，可以找到本企业质量成本构成的最佳比例，进而确定满足顾客要求的最佳质量水平，提高企业的经济效益。

（4）通过质量成本分析，可以评价企业质量职能的有效性和所开展的质量活动的效果。

（5）开展质量成本管理可以使管理人员了解质量，使工程技术人员增强经济观念，有利于提高企业的管理水平，增强企业竞争力。

9.1.6 质量经济性的概念

质量经济性主要是通过对产品质量与投入、产出之间关系的分析，对质量管理进行经济性分析和经济效益评价，以便于在满足顾客需求的同时为企业创造最佳的经济效益，即从经济性角度出发，应用成本收益分析方法，对不同的质量水平和不同的质量管理改进措施进行分析和评价，从中挑选出既满足顾客需求，花费成本又低的质量管理方案。可见，改善质量经济性就是力求做到经济的改善和提高质量，即将产品质量保持在满足质量要求的水平上，而不是片面地追求不切实际、偏离顾客要求的所谓"高质量水平"。按照质量经济性研究的观点来看，任何过高或过低的质量水平都是不经济的，都会导致成本增加、经济效益下降。

9.1.7 质量经济效益的构成

质量经济效益可以保证和提高产品质量，它是质量活动总收益与质量活动总支出之比，即

$$质量经济效益 = \frac{质量活动总收益}{质量活动总支出}$$

提高产品质量所获得的经济效益表现在各个方面，既有生产过程中的收益，也有使用过程中的收益；既有消耗降低获得的收益，也有销售价格提高获得的收益；既有减少不良品损失获得的收益，也有销售量增加获得的收益；既有减少退货、索赔、质量异议获得的收益，也有质量投资效益提高获得的收益，等等。这些收益都是质量经济效益的有机构成部分。如果对上述各种收益进行适当的概括和归类，大致可以分为三个方面，即产品质量分别给生产者、消费者和社会带来不同的效益。按照质量经济效益的定义，产品质量给生产者带来的收益就是企业质量经济效益，产品质量给消费者和社会带来的收益就是社会质量经济效益。

1. 企业质量经济效益

企业质量经济效益主要包括以下几个方面的内容。

（1）提高产品质量，使产品市场扩大、产品销售量增加为企业带来的经济效益。

（2）提高产品质量，使废品、次品、返修品损失减少为企业带来的经济效益。

（3）提高产品质量，使用户退货、索赔、调换、销价及质量异议的申诉、处理等损失减少为企业带来的经济效益。

（4）提高产品质量，使优质品率上升，因优质优价为企业带来的经济效益。

（5）通过研究质量成本，使企业总成本或单位产品成本降低为企业带来的经济效益。

（6）通过研究不合格品率的经济性为企业带来的经济效益。

（7）通过研究返修的经济性为企业带来的经济效益。

（8）通过研究生产速度的经济性为企业带来的经济效益。

（9）通过研究质量投资的经济性为企业带来的经济效益。

（10）通过研究产品质量设计的经济性为企业带来的经济效益。

（11）通过研究工序能力指数的经济性为企业带来的经济效益。

（12）提高产品质量为企业带来的各种间接的经济效益。

（13）通过研究与产品质量经济性有关的其他问题为企业带来的经济效益。

上述各项经济效益之和，便是企业质量经济效益的主要部分。

2. 社会质量经济效益

社会质量经济效益大体上包括以下内容。

（1）产品使用价值的增加，如产品使用寿命延长，产品性能、利用率、可靠性提高等，从而为用户、社会带来经济效益。

（2）产品使用成本下降，如能源消耗、物化劳动和活劳动占用减少，维护费用和修理费用降低，故障率下降等，从而为用户、社会带来经济效益。

（3）在相同质量情况下，产品价格比国外同类产品价格低廉，从而为用户、社会带来经济效益。

（4）提供良好、方便的售后服务，从而为用户、社会带来经济效益。

（5）提高产品质量为用户、社会带来的多重间接经济效益。

（6）提高产品质量为用户、社会带来的其他经济效益。

上述各项经济效益之和构成社会质量经济效益的主要内容。

从质量经济效益的构成可以看出，质量经济效益贯穿整个经济活动，从产品设计、制造、销售，到使用、服务全过程，都能体现不同的质量经济效益：有些是直接的，有些是间接的；有些是短期的，有些是长期的；有些体现在个别企业中，有些则体现为整个社会的。研究质量经济效益，就是要研究通过质量管理，提高产品质量，如何确保为社会提供最大经济效益的同时力争为企业创造更大的经济效益。

9.1.8 寿命周期经济性

一件产品的寿命周期经济性既包括产品各阶段的投入成本，又包括在同一阶段中可获得的收益。通常，产品的寿命周期可划分为三个阶段：产品在制造企业的生产阶段，产品在用户手中的使用阶段，产品报废处理阶段。

制造企业从事质量经济性分析的目的是以最小的投入生产出满足用户质量要求的产品，企业想要用高质量的产品占领市场，就必须加强质量管理和质量控制，而从事质量管理和控制活动就必然会发生相应的费用。用户从事质量经济性分析的目的是寻找既能满足使用要求，又可使购置费用和使用消耗费用最小的产品，因为用户在支付产品的购买费用之余，还必须在使用过程中支付各种消耗费用，消耗费用的多少随质量水平而变化。对于社会而言，从事质量经济性分析的目的是使产品给社会带来最大的效益，同时使各种损失最小化，因为产品在生产、使用和报废处理的寿命周期全过程中要消耗各种资源，也会给社会带来诸如环境污染、资源枯竭和灾难性事故等损失。

因此，在进行质量经济性分析时，既要从生产者、使用者和社会三个角度进行分析，又要综合三个方面整体上考虑问题。

9.2 质量成本分析

质量成本分析是质量成本管理的重点环节之一。通过分析质量成本核算的数据，可以找出质量存在的问题和管理上的薄弱环节，提出需要改进的措施并向各级领导提供资料信息和建议，以便对质量中的问题做出正确的处理决策。

企业对核算后的质量成本进行分析时要注意两点：一是围绕质量指标体系进行分析，以反映质量管理的有效性和规律性；二是应用正确的分析方法，找出产生质量损失的主要原因，从而围绕重点问题找出改进点，制定措施进行解决。

质量成本分析方法有定性分析和定量分析两种。进行定性分析可以加强质量成本管理的科学性和实效性，如增强企业领导和员工的质量意识，为领导提供正确信息进行决策，帮助管理人员找出改进的目标，加强基础工作，提高管理水平等；定量分析能够计算出定量的经济效果，可以作为评价质量体系有效性的指标。

9.2.1 基数比例指标

基数比例指标反映质量成本占各种基数的比例关系。其基数主要有总产值、产品销售收入、产品销售利润、产品总成本等。

（1）质量成本率（每100元人民币产品成本中的质量成本含量）

$$质量成本率 = \frac{质量总成本}{商品（产品）总成本} \times 100\%$$

（2）销售质量成本率（每100元人民币销售额中的质量成本含量）

$$销售质量成本率 = \frac{质量总成本}{销售额} \times 100\%$$

（3）产值质量成本率（每100元人民币总产值中的质量成本含量）

$$产值质量成本率 = \frac{质量总成本}{总产值} \times 100\%$$

（4）销售外部损失成本率（每100元人民币销售额中的外部损失含量）

$$销售外部损失成本率 = \frac{外部损失成本}{销售总额} \times 100\%$$

9.2.2 结构比例指标

结构比例指标反映质量成本内各主要项目占质量总成本的比例。

（1）预防成本占质量总成本的比例

$$预防成本占质量总成本的比例 = \frac{预防成本}{质量总成本} \times 100\%$$

（2）鉴定成本占质量总成本的比例

$$鉴定成本占质量总成本的比例 = \frac{鉴定成本}{质量总成本} \times 100\%$$

（3）内部损失占质量总成本的比例

$$内部损失占质量总成本的比例 = \frac{内部损失成本}{质量总成本} \times 100\%$$

（4）外部损失占质量总成本的比例

$$外部损失占质量总成本的比例 = \frac{外部损失成本}{质量总成本} \times 100\%$$

通过结构比例的分析，可以大致看出各质量管理点接近最佳点的程度。

9.2.3 质量投资效益指标

质量投资效益指标这指标反映可控成本（投资成本）增加而使结果成本（损失成本）降低的情况。

质量投资，指预防成本和鉴定成本，也就是可控成本。增加投资的目的是减少内部损失与外部损失，所以增加投资的效益就是增加单位投资所获得的内部、外部损失的减少额。

假定 K_1 为上期投资额，K_2 为本期投资额，C_1 为上期损失额，C_2 为本期损失额。

则增加投资额为：

$$\Delta K = K_2 - K_1$$

损失减小额为：

$$\Delta C = -(C_2 - C_1)$$

此处一般为 $C_2 < C_1$，负号表示损失费用的节约额。当 $\Delta K < \Delta C$ 时，投资是最有效的。单位投资效益为

$$t = \frac{\Delta C}{\Delta K}$$

$\Delta K - \Delta C$ 为增加投资的总收益。当 $\Delta K > \Delta C$ 时，则要考虑投资效果作用的年限 t；只有当 $\Delta K \leq t\Delta C$，且 $t \leq 3$ 年时，才能认为投资是有效的。

9.2.4 排列图分析法

应用排列图也可以对质量成本进行分析，而且比较明显直观。表 9-2 是某厂各项质量成本分析的结果，根据表中数据可画出如图 9-1 所示的排列图。

表 9-2 某厂各项质量成本分析结果

项　目	内部损失	鉴定费用	预防费用	外部损失	合计
金额/元	208794.08	54057.91	8754.75	3075.12	274681.86
百分比（%）	76	19.68	3.2	1.12	100
累计百分比（%）	76	95.68	98.88	100	

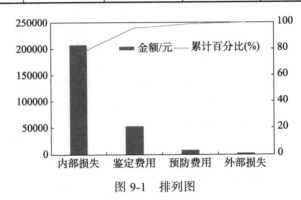

图 9-1 排列图

由图 9-1 可以看出，内部损失太大，预防成本太小。说明应增加投资，主要是增加预防费用，质量总成本还有很大的降低的潜力。如果把图 9-1 同上期的排列图对照比较，则可以得到更多的信息。

使用排列图还可以进行跟踪分析。例如，从图 9-1 发现内部损失太大，如果进一步探究，可以提出问题："内部损失哪一类损失最大？"若再用排列图分析，答案是废品损失最大，此时又可以提出问题："哪一个车间废品损失最大？"再按车间用排列图进行分析，等等。这样一步一步地分析下去，最终可以把主要原因或主要问题搜索出来，以便采取改进措施。

9.2.5 灵敏度分析法

灵敏度分析法指把质量成本四大项目（预防费用、鉴定费用、内部损失和外部损失）的投入与产生在一定时间内的变化效果或特定的质量改进效果，用灵敏度表示。其公式为

$$\alpha = \frac{\text{报告期内、外部损失成本与基准期相应值的差值}}{\text{报告期预防与鉴定成本之和与基准期相应值的差值}}$$

此外，还可采用质量成本趋势分析法，以了解质量成本在一定时间内的变动趋势；也可以用质量成本特性曲线分析，以便找出产品不合格率的适宜水平或质量成本的适宜区域。

9.2.6 质量成本报告

质量成本报告是质量管理部门和财务部门对上期质量成本管理活动或某一典型事件进行调查、分析和建议的书面材料。质量成本报告是一定时期质量成本管理活动的总结性文件，其目的是为企业领导和各有关职能部门提供质量成本信息，以便评价质量成本管理效果及质量管理体系的适用性和有效性，并确定目前的质量工作重点及质量和成本的目标。

1. 质量成本报告内容

质量成本报告一般应包括如下内容。
（1）质量成本、质量成本二级科目及质量成本三级科目的统计、核算。
（2）质量成本计划的执行情况及与基准期或前期的对比分析。
（3）质量成本趋势的分析结果。
（4）质量成本指标的分析结果。
（5）分析并找出影响质量成本的关键因素，并提出相应的改进措施。
（6）提出对典型事件的分析结果。
（7）对质量成本管理中存在的问题及取得的成就作出文字说明。
（8）对质量管理和质量保证体系的有效性作出评价。

企业在编写质量成本报告时，应依报送对象、报告形式及要达到的目的等，确定相应的质量成本报告内容，其详简程度也应有所不同。

2. 质量成本报告分类

质量成本报告按提出单位、报送对象、报告形式和报送时间可划分为四大类。

1）按提出单位划分

按提出单位，质量成本报告可划分为车间（科室）质量成本报告、财务部门质量成本经济分析报告、质量部门质量成本综合分析报告等。

（1）车间（科室）质量成本报告。由车间（科室）提出的质量成本报告应侧重于质量成本二级科目及三级科目的数据收集和统计，并结合车间（科室）的质量成本管理情况，对质量成本统计结果进行分析，提出相应的改进意见。车间（科室）质量成本报告是财务部门和质量部门提供质量成本报告的基础。

（2）财务部门质量成本经济分析报告。财务部门提供的质量成本经济分析报告应侧重于质量成本核算，提供对质量成本总额及质量成本二级科目和三级科目的核算结果，并依此进行质量成本经济分析。报告内容一般包括质量成本结构分析、对比分析、指标分析等，并提出报告期质量成本的控制重点，质量成本经济分析报告是质量部门进行质量成本综合分析的基础。

（3）质量部门质量成本综合分析报告。质量部门提供的质量成本综合分析报告应侧重于质量成本管理的定性分析及报告期质量改进效果的评价，并依质量成本经济分析的结果制订出相应的质量改进措施和计划。

2）按报送对象划分

按报送对象，质量成本报告可划分为厂级质量成本报告和车间（部门）级质量成本报告。

（1）厂级质量成本报告。厂级的质量成本报告应侧重于宏观质量成本管理，简明扼要地说明报告期质量成本计划的执行情况、存在的问题及要采取的措施和具体建议等，以便于领导了解质量成本的管理情况，进而做出质量和成本决策。

（2）车间（部门）级质量成本报告。报送车间（部门）级的质量成本报告应侧重于微观质量成本管理，报告内容应有利于质量成本计划和具体改进措施的实施。因此，报送车间（部门）级的质量成本报告应提供详细的质量成本分析数据，帮助车间（部门）找出质量成本管理中存在的问题，并确定改进措施。

3）按报告形式划分

按报告形式，质量成本报告可划分为报表式质量成本报告、图表式质量成本报告、陈述式质量成本报告和综合式质量成本报告。

（1）报表式质量成本报告。利用表格来整理、分析质量成本数据，是质量成本报告的主要形式。报表式质量成本报告简单明了，便于人们掌握质量成本全貌。企业的质量部门和财务部门应依实际情况，设计报表式质量成本报告的形式。形式一经确定，应保持相对稳定，以便于数据的收集、统计和分析。

（2）图表式质量成本报告。图表式质量成本报告采用排列图、折线图、饼图或其他图表整理分析质量成本数据，反映质量成本的管理情况，其特点是便于人们抓住重点。图表式质量成本报告所用图表形式多样，以能说明问题为选择依据。

（3）陈述式质量成本报告。这种报告是通过文字来表达质量成本管理的现状、存在的问题和改进的措施，其特点是能帮助人们较全面深入地进行分析。陈述式质量成本报告是图表式质量成本报告的必要补充。

（4）综合式质量成本报告。这种报告指综合运用表格式、图表式和陈述式三种报告形式所完成的质量成本报告，其特点是图文并茂、有理有据，能更全面地说明质量成本问题。

4）按报送时间划分

按报送时间，质量成本报告可划分为定期质量成本报告和不定期质量成本报告。定期质量成本报告包括年报、季报、月报等；不定期质量成本报告指对目前存在的主要问题、典型事件向有关部门提供的质量成本专题分析报告。

9.3 质量经济分析

企业开展质量经济性分析的目的就是要确定产品在设计、制造、销售和售后服务等各个环节、各道工序中的最具经济性的质量水平，然后分别按照这些质量水平来组织生产，从而保证企业在产品设计、制造、销售及售后服务全过程取得最好的经济效益。

9.3.1 质量经济性分析的内涵

产品的质量经济性，就是追求产品在整个生命周期内，给生产者、消费者（或用户）

及整个社会带来的总损失最小。质量经济性强调产品不仅要满足适用性要求，还应该讲求经济性，要研究产品质量同成本变化的关系。质量与费用的最佳选择受到许多内部和外部因素的影响。一方面，要保证产品的质量好，使消费者（用户）满意；另一方面，要保证支付的费用尽可能低。这就是质量与经济的协调，是质量经济性的表现。

从经济学角度来分析，质量经济性可从利益和成本两个方面考虑。在利益方面，对顾客而言，必须考虑减少费用、改进适用性；对企业而言，必须考虑安全性、购置费、运行费、保养费、等待损失和修理费及可能的处置费用。在成本方面，对顾客而言，必须考虑安全性、购置费、运行费、保养费、停机损失和修理费及可能的处置费用；对企业而言，必须考虑由识别顾客需型和设计中的缺陷，包括不满意的产品返工、返修、更换、重新加工、生产损失、担保和现场修理等产生的费用，及承担产品责任和索赔风险等。

一般可以把质量经济性的概念分为两种：狭义的质量经济性和广义的质量经济性，狭义的质量经济性指质量在形成过程中所耗费的资源的价值量，主要是产品的设计成本和制造成本及应该分摊的期间费用；广义的质量经济性指用户获得质量所支出的全部费用，包括质量在形成过程中资源耗费的价值量和在使用过程中耗费的价值量。我们可以用单位产品成本和分摊的期间费用之和，来反映企业某种产品的狭义的质量经济性，而用价值工程中的（单位产品）寿命周期成本，来反映广义的质量经济性。

质量经济性分析是从经济效益的角度出发，应用经济分析的方法，对不同的质量水平和不同的质量管理措施进行分析和评价，从中挑选出能使质量和经济效益达到最佳结合的质量管理方案。

9.3.2 质量经济性分析的程序

1. 确定质量目标要求

想要实现策划内容，首先应确定产品的质量目标。产品的质量目标至少包括和体现三个方面的内容：①顾客的要求（明示的、隐含的、法律法规要求的、任何附加的要求）；②具体的、有针对性的产品特性（可靠性、维修性、保障性、安全性、测试性、环境适应性）指标；③与组织质量方针和质量目标相适应的指标。例如，四川空飞集团的方针是"一切为了用户，一切为了发展"。如果产品的指标仅仅是国内同行业最基本的水平，肯定无法体现"一切为了用户，一切为了发展"的方针的内涵。

2. 收集质量成本数据

质量成本由四个组成：鉴别成本、预防成本、内部故障成本、外部故障成本。需注意，质量成本的科目不是财务要求的科目，但可以成为财务科目的子科目，如在营业成本中下设子科目。每个大科目下还可细分若干小科目、子科目。例如，内部故障可以下分报废、返工、返修，报废又可以细分为原材料、设计、设备、工艺、人为因素等。总之，科目越细越好，越细越有用。事实上，一个企业的成本核算是否科学、是否准确，与其科目设置得够不够细密切相关。例如，返工损失，管理粗犷的企业是不把返工损失列入成本的，只是在财务体系外想办法，如放大工时或者是调整工时。

3. 收集财务数据

财务数据是财务管理体系的数据，是会计法、统计法约束下得到的比较准确的数据，如果经过了审计批准，则财务数据更有意义。对质量经济性分析有用的财务数据，如销售收入、总资产、净资产、成本、利润、应收款等，因为分析的时候要用到销售利润率、成本利润率、总资产报酬率、净资产利润率。同应收款中，因质量问题造成的总量、比重数据都是分析时会用到的。

4. 分析

1）质量成本分析。包括鉴定成本、预防成本、内部故障成本、外部故障成本各分类与总量的比值，及近三年的增减关系。

2）质量损失分析。质量损失指内部、外部损失的总和，当然，质量损失的存在也正是质量改进的意义或者说是质量改进的机会所在。分析就是需要评估质量损失占总成本的比例、趋势和影响。

3）质量投资分析。ISO9000族标准提出的质量经济性分析按要求包括"质量投资分析"，据了解，国内还没有多少单位能有效开展质量投资分析。目前国外很多学者提出了基于质量净收益的质量投资效益评价。他们认为从财务学角度来看，成本并不是评价某项事物效益的唯一指标，只是重要指标之一。评价某项事物的效益，除看其成本外，还应看与其相关的收入，用收入减去成本得到的利润才是评价该事物经济性的主要指标。同样，质量成本也不能作为我们评价质量经济性的唯一指标。他们运用质量净收益法对质量的投资效益进行分析，根据财务学原理，得知质量收入指给企业带来的与质量水平相关的收入，质量收入是在一定时期内通过实现产品销售而取得的质量改进成本耗费的补偿和增值，是质量得到保证或较原有水平提高后企业和社会所得到的或将能得到的更多价值或使用价值。

9.3.3 质量经济性分析的内容

质量经济性分析的内容包括从产品设计、制造到销售和售后服务的全过程，对质量和质量管理进行全面系统的经济分析，具体包括四个方面。

1. 产品设计过程的质量经济性分析

产品设计是整个产品质量形成的关键环节，设计过程的质量经济性分析，就是要做到使设计出来的产品既能满足规定的质量要求，又能使产品的寿命周期成本最小。质量经济性分析应该包括质量等级水平的经济性分析、产品质量的三次设计（系统设计、参数设计和容差设计）、质量改进的经济性分析、工序能力的经济性分析和可靠性的经济性分析。

2. 产品制造过程的质量经济性分析

产品制造过程的质量经济性分析就是力求以最小的生产费用，生产出符合设计质量要求的产品。在生产过程中出现高于或低于设计要求的产品，都是不经济的。高于设计要求，就会增加设计成本；低于设计要求，会使产品的不合格品率上升，废次品、返修品增多，损失变大。所以要确定出适合设计水平的最佳制造水平，使生产出来的产品质量水平既能满足设计要求，又能使制造成本最低。其主要分析内容包括不合格品率的经济性分析、返修的经济性分析、质量检验的经济性分析及工序诊断调节的经济性分析和生产速度的经济性分析等。

3. 产品销售及售后服务的质量经济性分析

这一方面主要是研究产品质量与产品销售数量和售后服务费用之间的关系，其中主要包括产品质量与市场占有率和销售利润的综合分析、产品质量与产品销售及售后服务费用的关系、最佳保修期和最佳保修费用分析、交货期的经济性分析、广告费用与提高质量的对比分析等。

4. 质量成本分析

质量成本分析涉及的面较广，前三个方面都涉及质量成本。所以质量成本分析是一个全面的综合性的质量经济性分析问题，它往往是作为某个专门的问题加以讨论研究。

9.3.4 质量经济性分析的关键

质量的经济性不应局限于质量成本，还应包括由于质量水平提高或降低带来的收益或损失和由高质量产品或低质量产品带来的商誉的提高或降低，这些都属于质量的经济性范畴。总的来说，质量经济性分析大体可分为：质量成本分析，质量损失分析，质量投资分析，基于产品设计、制造到产品的销售和售货服务的全过程和寿命周期的成本分析。这些理论主要是围绕质量成本、质量损失、质量效益及产品实现各阶段质量参数的最优化，都是从经济角度考虑质量问题，以货币语言引起企业管理者对质量问题的重视，从而为质量决策提供更加有力的支持。

1. 产品的质量经济性设计

为增强顾客满意度，必须提高产品的质量，而产品的质量首先取决于产品的设计。由于质量、成本和效益的 80%是在设计阶段确定的，除非在设计阶段就充分考虑到产品的质量与成本的要求，否则仅仅在制造阶段抓质量与成本是难以奏效的。设计过程的质量经济性管理，关键在于质量设计。

质量设计指在产品设计中，对一个产品提出质量要求，即确定其质量水平（或质量等级），这是产品设计中带有战略性或全局性的环；无论是老产品的改进还是新产品的研制，都要经过质量设计这个过程。质量设计的首要任务是产品适用性，产品适用性表现在不同的质量特性上，为此，必须了解顾客的观点和要求，着重点调查顾客对哪些质量特性感兴趣、要求满足的程度、顾客对产品关键质量特性的评价如何、使用中会受到哪些客观因素或环境的影响，此外，还要调查本企业的生产能力、技术上的优势或劣势在哪里等，只有真正了解顾客的需要，摸清企业的条件，从实际出发，才能达到质量设计的适用性。如果设计不好，达不到顾客的要求，就谈不上经济效益。

质量设计的另一个任务是讲求产品的经济性，也就是讲求产品的功能、成本和效益，就是要研究质量设计同成本变化的关系，计算产品的成本和投资费用，同时不能忽略产品的使用成本，即从满足顾客的需要出发，用最少的社会劳动消耗取得最好的社会经济效果。如果企业只考虑产品的制造成本，而忽视整个产品寿命周期内的使用成本，无论从顾客的角度还是整个社会的角度来看，都是不经济的。

为提高设计质量的经济性，企业应做好几个方面的工作。

市场需求预测。质量设计的经济性要从产品的整个寿命周期考虑。由于产品的质量水平与市场需求有密切的关系，对产品在市场上的需求量及变化规律要有科学的预测，每一种产品从进入市场到最后退出市场，都有一个发展过程，可以分为试销、旺销、饱和及衰退四个阶段。一般来说，可以根据市场的调查和以往的经验，确定前三个阶段的时间，以预测销售量。

考虑产品的技术经济指标，即对总体方案进行可行性分析，做到设计上先进、经济上合理、生产上可行，综合考虑质量的社会经济效益。可以运用可靠性工程、价值工程、正交试验设计等先进技术，实现产品各组件质量特征参数指标的优化设计。

在质量经济性设计中注意质价匹配。质量和价格有时是矛盾的，要提高产品质量往往会增加质量成本，成本增加又会引起价格的提高。质量成本的不恰当增加，导致产品价格过高，超过社会一般的购买力，则产品就会滞销；反之，产品质量低劣，价格即使降低，也没有市场。这里面有一个合理的质价关系，即产品的质价匹配关系。可见产品设计中质价匹配是一个相当重要的问题，为此，不能盲目地追求先进性而忽视经济性，否则，设计出来的产品只能成为样品、展品，而不能成为商品。

在产品的设计中对功能匹配应给予足够的重视。理想的功能匹配指产品的使用寿命和零部件的使用寿命一样长，假定要设计一辆使用期为15年的汽车，从经济上看最好所有的零部件的使用期都为15年，而在实际的设计中要做到这点并不容易，但这应是设计的要求和需要达到的目标。许多产品由于没有考虑到功能匹配问题，致使部分零部件的功能已经失效，而有的部分功能仍完好，这种功能不匹配的质量设计给顾客和社会造成很大的经济损失。企业的效益一般取决于产品的价格与产品成本的差额，而成本和价格通常又取决于产品的功能质量水平。根据成本与价格同功能质量水平的变化关系，就可以找到利润最高时的质量水平，即最佳质量水平，而不是产品的最高质量水平。最佳质量水平的概念有助于企业规划产品的等级，如经济型产品或豪华型产品。

2. 进货材料的质量保证与成本降低

想要在进货材料方面实施质量经济性管理，首先要了解采购成本的组成。购入材料的采购成本由买价、税金、运输费、装卸费、保险费、仓储费、检验费等几部分组成。为降低原材料的买价和税金，采购实行"三比"之后确定采购价格及供货单位，是行之有效的方法。"三比"即同样产品比质量、同样质量比价格、同样价格比信誉。此外，还应建立价格公开制度，鼓励相关人员提供价格信息，对原材料的价格进行管理，采购执行最低价格。由于财务管理上直接将买价、税金计入材料的采购成本，而运输费、装卸费、保险费、仓储费等采购费用般按材料的重量或买价等比例分摊计入各种材料的采购成本，使得采购人员只注重材料的买价，而忽视其他采购费用在采购成本中的比例。因此，在购入原材料时，购入的原材料必须是合格品，还应明确谈及运输费、装卸费等采购费用的所属，并尽量降低。以供货协议的形式明确规定关键件、重要件的各项指标要求及因原材料质量问题给企业造成损失时，供方应承担的责任等，是降低检验成本和保证原材料质量的必要依据。检验工作的有效性直接关系到原材料的质量保证。材料的入库检验费用亦属于采购成本，因此如何降低检验费用是间接降低采购成本的一个方面，但一般的企业都没有单独计算进货物资的检验费用，这是被企业遗忘的降低成本和保证质量的一个角落。切实降低检验费用和有效保证原材料质量的措施，一般在采购前会对供方的生产和检验能力进行认定，如外购紫铜水管，供方应具有检验水管是否漏水的检验设备；为确保检验的真实性和准确性，对进货检验实行"封闭"检测，技术部门、物资部门及其他部门不干预检验工作，即"封闭"检测管理的一个方面；检验人员严格按照原材料的关键件、重要件和一般件的要求实施检验，保证不符合质量要求的原材料不投产，以免影响产品质量等。检验合格的原材料进入库房管理，看似万事大吉，其实不然，如不严格按照库房管理要求去做，极易造成原材料还未进入生产线，就质量下滑，导致成本上升。原材料最高库存管理的目的有两个：从财务上讲是为了防止企业在原材料上占压大量资金，从质量上讲有些原材料在储存过程中会氧化、锈蚀，造成原材料用则影响成品质量，不用则增加成品成本；最低库存管理的目的是保证库存原材料满足生产需要。原料入库后，应有明确的批次管理，以便做到先入库的原材料先出库，即发料的先入先出原则，这与最高库存管理在质量方面的目的是相同的。在库房管理中还有一个容易被忽视，但十分重要的点，即满足原材料的储存条件，许多库房在仓储原材料时忽视其储存条件和要求，如卷板没有按外包装上的标识要求立放储存，无法保证通风沥水，造成卷板局部锈蚀，导致其品质下降，这不仅与原材料的质量密切相关，也与其成本密切相关。

3. 生产过程的质量控制与成本管理

一般的企业都非常重视产品生产过程的质量控制与成本管理，以期望达到产品质量经济性管理的目的。企业在生产过程中要有效控制产品的质量、降低产品的成本，要先考虑如何提高现有的过程能力，再考虑生产流程是否需要再造，及如何提高设备、原材料等资源利用率，减少浪费。过程能力指生产质量方面的能力，与人、机、料、法、环诸多因素有关。对于生产过程而言，应从提高人员素质、改进设备性能、采用新材料、改进生产工艺方法和改进环境条件等方面出发提高过程能力，从而提高产品的合格率，降低质量损失。同时还应考虑到产品的质量特性重要性的程度，给出不同重要度的产品质量特性在生产过程中的过程能力，充分利用现有资源，保证生产质量和节约成本。芝加哥大学经济学博士戈泽宁的统计资料表明，当一个企业生产能力为三西格玛水平时，与质量问题有关的成本，即质量成本要占其销售收入的 10%～15%，当达到五西格玛水平时，质量成本占其销售收入的 5%～10%，而一个六西格玛水平的企业的质量成本仅占其整个销售额的 1%。可见，质量最好的产品也是成本最低的产品。

流程再造，即对现有的生产过程重新进行设计。在很多企业中，现有流程往往不能满足顾客的要求，如企业的生产过程没有系统化，出现生产场地、生产流程、物流等不合理的情况，甚至有很多早应废弃的流程。重新审视企业现有的生产流程的合理性、衡量、分析以及重新思考，及时采用新的生产工艺流程和方法，设计全新的生产过程，合理布置生产场地，优化生产流程，减少物流带来的质量影响，从而保证产品质量，降低生产过程的损失。企业流程再造的目的是提高业绩和效率，因此，再造本身不是目的，更不是目标，关键是能否降低成本和提高产品的质量与企业的效益。提高设备、原材料等资源利用率是保证产品质量稳定，降低单位产品成本，达到产品生产过程质量经济性管理目的的有效方法。采取有效措施提高设备利用率，一般可从提高设备时间利用率和设备单位时间生产能力利用率两个方面实现，如减少设备不运转的时间和改进生产工艺提高设备单位时间的生产能力等。通过材料用量差异分析，逐步减少原材料的消耗，是一般企业常用的提高原材料利用率的控制方法。原材料的利用率指投入生产的原材料消耗重量和实际利用重量之间的比例关系，该比例越小，说明生产过程中材料的利用越充分，但许多企业对生产中原材料用量的差异置若罔闻，导致原材料的废料损失数量惊人，其中还未包括人员费用、设备损耗费用等。

4. 提高顾客满意度，控制产品营销成本

顾客满意指顾客对其要求已被满足程度的感受，顾客满意度则是对顾客满意程度的量化描述。实现顾客满意的前提是产品或服务满足顾客的要求。追求顾客的重复购买，设法留住老顾客，应是企业提高满意度，控制产品营销成本的首要问题。

顾客满意度由消极因素和积极因素两部分组成。消极因素指价格贵、质量差、供货不及时等；积极因素指价格便宜、质量优于其他厂家、供货及时、技术服务配套等。在市场尚未扩大的情况下，引起顾客不满的索赔诉求和产品可信度低之类的问题的确会给企业带来不可挽回的损失，所以，企业在保证产品基本质量和服务的前提下，要充分考虑到顾客满意度的积极因素。也就是说，产品的质量、价格和供货及时等因素决定了顾客的满意度，并直接影响产品的销售额和利润。

为持续提高顾客满意度，企业应建立顾客关系管理系统。顾客关系管理是企业从长期战略的角度出发，为了建立与顾客的良好关系，赢得顾客的高度满意，保留有价值顾客，挖掘潜在顾客，赢得顾客忠诚，并最终获得顾客长期价值而实施的一种管理方法，是企业在市场导向理念指导下采取的一种长期的经营手段。实施顾客关系管理即识别顾客、认知顾客和保留顾客，及对顾客的信息反馈进行管理。有效识别顾客和认知顾客将有助于提高企业产品的品牌特征显著度和顾客化感知质量，从而对顾客满意度的提高产生积极的影响。保留顾客，及对顾客信息反馈进行管理是提高企业顾客满意度的必要手段。据美国汽车业调查，一个满意的顾客会引发 8 笔潜在的生意，其中至少有一笔会成交；一个不满意的顾客会影响 25 个人的购买意愿，争取一位新顾客所花的成本是保住一位老顾客的 6 倍。提高顾客满意度，要区分顾客的"一般满意"和"高度满意"两种截然不同的需求。企业只听取顾客的不满诉求但不解决问题，是无法提高顾客满意度的，其结果只能是一味地提高产品的成本，因为顾客更多是表达对产品或服务的不满，即表达着对"高度满意"的需求。企业开展质量经济性管理应考虑直接影响顾客满意度的质量与成本，产品的质量与竞争对手相比应具有与众不同和积极因素的质量，这直接关系到顾客的满意度。

9.3.5　质量经济性分析的作用

质量经济性分析以用户和社会需求的质量为出发点，从经济性的角度分析质量问题，围绕产品的适用性和经济性，寻求质、本、利的最佳组合，以提高企业经济效益。

（1）促进企业贴近市场与顾客，挖掘和发挥内部的积极因素与作用。质量经济性分析可以促使企业更加贴近市场与顾客，使企业能更好地根据市场、顾客和社会的需求来组织生产，确定产品档次、价格和质量水平，提高经济效益。

（2）有利于企业保持质量与效益、质量与经济的相对平衡、稳定和发展。质量经济性分析通过评价企业经营运作的各个环节质量、过程质量、总体结果质量和经济效果，促使企业正确处理质量与市场竞争、质量与效益、质量供给与需求、质量与生产成本等之间的关系，科学选择质量水平和投入费用的最佳方案与决策。

（3）有利于企业资源的整合与利用。质量经济性分析追求的是以低投入、低成本获取满意的质量和尽可能多的利润。

质量经济性分析几乎渗透到质量经营管理的各个环节和层面，本节阐述的只是其中部分重要内容。同时，在质量成本管理过程中，还必须充分运用质量会计分析所取得的成果，指导具体的质量成本管理活动。只有减少与质量有关的损失，用经济的手段生产用户满意的产品，重视使用中的适宜性，同时满足企业的需要和利益，企业效益才能得到充分体现和增加。为此，应把企业效益和社会效益统一起来，在整个质量活动中坚持质量与经济性的统一，这就是质量经济性分析的任务。

复习思考题

1. 质量管理在提高企业效益方面有哪些作用？
2. 什么是质量成本？它包括哪些项目？
3. 质量成本与生产成本相比有什么关系与区别？
4. 质量经济性分析的内容有哪些？
5. 质量经济分析的一般原则有哪些？
6. 什么是合理的质量成本构成？

案例分析题

长期以来，航天企业注重和强调"质量制胜""成功是硬道理"的思想，对成本控制重视不够，导致对质量经济性的忽视。伴随着市场经济体制的完善和市场竞争体制的引入，航天企业出于自身发展要求的考虑，逐步意识到质量效益的重要性，在建立质量管理体系的框架下开始尝试开展质量成本管理工作，取得了一些效果，但仍存在以下不足之处。

（1）航天企业开展质量成本管理工作最大的不足在于工作内容过于狭隘，仅限于对发生的质量成本开支进行粗略的统计和简单的分析，而这些工作只是质量成本管理工作中最基础的部分，是对质量成本的事后控制，缺少质量成本预测、没有制定相应的质量成本计划，没有按计划组织对质量成本实施管理控制，更没有对质量成本目标完成情况进行考核和评价，故而质量成本管理是不完整的。

（2）航天企业现行的质量成本核算方法过于粗糙，根据质量成本二级科目开支内容，由相关部门每年度对发生的质量成本相关费用进行汇总、统计，由财务部门统一归集、核算。这种方法最大的缺陷在于收集的质量损失成本数据缺乏科学依据，由于各部门上报的质量成本数据严重滞后于质量成本发生的时间，且通过人力收集和统计往往存在缺项漏项的风险，造成最终核算出来的质量成本数据严重失真，用这些数据进行质量成本分析甚至会得出相反的结论，误导了质量改进的方向，给企业造成不必要的损失。

（3）航天企业质量成本分析工作仅限于对年度发生的质量成本数据进行质量成本指标

分析，对质量成本管理缺乏必要的监控机制，质量成本管理工作是否能取得预期效果，如何评价质量成本管理体系运行是否有效，即缺乏对质量成本管理体系运行效率进行综合分析评价。

根据案例回答下列问题：

如果质量成本管理工作要想取得实效，更好地为提高企业经济效益服务，应该从哪些方面加以改进？

第四篇

发展质量管理

第10章 服务质量管理

学习目标

1. 掌握服务质量的概念。
2. 熟悉服务质量的特征。
3. 熟悉四种典型的顾客满意度指数。
4. 掌握服务质量差距分析模型。
5. 熟悉服务质量管理模型。
6. 了解服务过程质量管理相关内容。

课程思政导读

精益质量，精准服务

10.1 服务质量概述

随着社会的发展，顾客不仅希望能买到好的产品，同时也希望企业能够提供更高质量的服务。服务质量往往和顾客满意度紧密相连，能极大地提高服务企业的市场竞争力。因此，服务型企业应该把服务质量作为企业的重心。

10.1.1 服务的定义与特性

1. 服务的定义

大多数人对"服务"一词都不会陌生，但如果要回答"什么是服务"，却没有几个人能准确表达。这是因为服务涉及的范围太过于广泛，如餐饮、娱乐、旅游等行业，难以精准地界定其内容。迄今为止，国际上仍然没有为"服务"一词作出权威的、普遍接受的定义，但专家学者们始终在尝试给出服务的准确定义。

以下介绍几种影响较为广泛的服务定义。

（1）1960年，美国市场营销协会（AMA）将服务定义为"用于出售或者是同产品连在一起进行出售的活动、利益或满足感。"该定义是使用范围最广泛的定义。

（2）1974年，斯坦顿（Stanton）将服务定义为："服务是一种特殊的无形活动。它向顾客或工业用户提供所需的满足感，它与其他产品销售和其他服务并无必然联系。"

（3）1983年，莱特南（Lehtinen）将服务定义为："服务是与某个中介人或机器设备相互作用并为消费者提供满足的一种或一系列活动。"

（4）1983年，科特勒（Kolter）将服务定义为："服务是一方提供给另一方的不可感知且不导致任何所有权转移的活动或利益，它在本质上是无形的，它的生产可能与实际产品有关，也可能无关。"

（5）1990年，格朗鲁斯（Gronros）将服务定义为："服务是以无形的方式，在顾客与服务职员、有形资源等产品或服务系统之间发生的，可以解决顾客问题的一种或一系列行为。"

（6）国际标准 ISO9000 将服务定义为："为满足顾客的需要，在供方和顾客接触面上需要完成的至少一项活动的结果，并且通常是无形的。"

从上述定义中不难看出，专家学者们基本上都是从顾客需求、顾客利益等角度来定义服务的。2000年，格朗鲁斯（Gronros）等芬兰学者综合了以往的思想，给出了较为完善的服务定义。他提出："服务是由一系列或多或少具有无形性的活动所构成的一种过程，这种过程是在顾客与员工、有形资源的互动中进行的，这些有形资源（有形系统、实体商品）是作为顾客的解决方案被提供给顾客的。"

2. 服务的特性

虽然服务的定义难以界定，但服务的特性归纳起来由以下几个方面组成。

（1）无形性。无形性是服务的主要特征，它包含了两层含义：一是服务不像有形商品一样，能够看得见、摸得着，服务及其组成要素在大多数情况下都是无形的；二是顾客在消费服务后所获得的利益也难以察觉，或者经过一段时间后才能感受得到。如一些电子产品出现故障，修理后，顾客难以从外观上去辨别维修服务的质量，需要经过一段时间的使用，才能更准确地判断维修服务的质量。

（2）不可分离性。不可分离性指服务的生产和消费往往都是同时进行的。在制造业中，商品从设计、生产到加工、运输和销售之间存在着明显的间隔。而在服务业中，服务的生产与消费在时间上是不可分离的，服务人员提供服务的过程也正是顾客消费的过程。

（3）差异性。差异性指服务的构成及其质量水平经常会发生变化，难以统一，其主要在两个方面：一是由于服务人员自身导致的差异，因为同一个服务人员在不同的环境下可能提供不同水平的服务，不同的服务人员在相同的环境下提供的服务也会存在差别；二是由于顾客自身导致的差异，因为不同顾客在学识、素养、爱好等方面存在着客观差异，同一质量的服务给不同顾客带来的消费感受也会不同。

（4）不可储存性。不可储存性指，由于服务的无形性和不可分离性，导致服务既不能在空间上实现转移，也不能在时间上实现储存。

（5）易逝性。易逝性指服务无法被储存、转售和退回。服务的生产和消费过程中不涉及任何东西的所有权转移，服务在交易完成后就消失了。

10.1.2 服务质量的内涵

1. 服务质量的定义

20世纪70年代末，有学者开始对服务质量进行针对性的研究。但是服务的特性所导致服务质量的复杂性，使得服务质量有很多内涵，与服务一样难以精准定义。虽然学者们对服务质量的理解不尽相同，但是差别不大，他们都认为顾客是服务质量的唯一评价者。表10-1为部分学者对服务质量定义的理解。其中，由格朗鲁斯（Gronroos）在1982年根据认知心理学理论所提出的服务质量的概念，得到了广泛的认可。格朗鲁斯认为："顾客感知服务质量是顾客对服务期望与体验到的服务质量之间比较的结果。"如果顾客体验到的服务质量大于服务期望,则顾客感知的服务质量是好的,反之则是差的。服务质量模型及结构模型也是由此开始的。

表10-1 服务质量的定义

学 者	时间	对服务质量定义的理解
里维特（Levitt）	1972年	服务质量是服务结果能符合既定的标准
格朗鲁斯（Gronroos）	1982年	服务质量是顾客对服务期望与体验到的服务质量之间比较的结果
帕拉苏拉曼、泽斯梅尔和贝尔（PZB）	1985年	服务质量是顾客购买前期望的过程质量、感知的过程质量和感知的结果质量的乘积
科特勒（Kotler）	2003年	服务质量是对于顾客期望而言,所提供的服务处在一个较高的水平上

服务质量是由服务的技术质量、职能质量、形象质量、真实瞬间及感知质量与预期质量的差距所体现的。

（1）技术质量指顾客从服务过程中得到的东西,职能质量指顾客如何得到这些东西。因此,如果想要提高服务质量,就要重视服务人员与顾客的接触,加强服务过程的管理。

（2）形象质量指服务企业在公众心中的总体形象,这也会影响到顾客对服务质量的认知和体验。如果企业在公众心中树立了良好形象,即使企业有个别做得不好的地方,也可能会得到顾客的谅解,但是经常出现失误,也必将破坏企业的形象。如果企业在公众心中树立了不好的形象,那么该企业一些很小的失误也会让顾客感到十分糟糕。

（3）真实瞬间指服务企业和顾客在服务进行中互相接触的过程。这个过程是企业向顾客展示服务质量的有限时机,一旦时机过去,服务交易结束,企业将无法改变顾客对服务质量的感知。如果在真实瞬间服务质量出现了问题,那么将无法补救。

（4）感知质量与预期质量的差距指顾客对服务的期望与企业对这些期望的认识之间的差距、管理者对顾客期望的认识与服务质量规范之间的差距、服务规范同服务生产之间的差距以及服务推广过程与外部沟通之间的差距。

2. 服务质量的属性

通常来讲,服务质量的属性包括八个方面。

（1）绩效。绩效指服务产品可以被度量的基本运作特征。

（2）特色。特色指产品额外附带的东西,不是产品的必备要素。

（3）可靠性。可靠性指产品在一定条件下能发挥其所能达到功能的可能性。

（4）一致性。一致性指产品符合设计规划的程度。

（5）耐久性。耐久性指产品在故障或损坏前,顾客从中得到的总效用。

（6）可维护性。可维护性指产品维修的难易程度和速度及获得维修人员礼貌服务的可能性。

（7）审美特征。审美特征指产品的主观特征,如产品的颜色、味道、大小等。

（8）感知到的质量。感知到的质量指通过广告或其他推广方式在顾客心中形成的主观感受。

10.1.3 服务质量的维度

服务质量的特性,导致服务质量无法像有形产品的质量一样能够客观衡量,服务质量是由顾客的主观感受所决定的,因此顾客自身感受的好坏是衡量服务质量优劣的最终标准。在服务质量的研究中,不同的学者将服务质量分为了不同的维度,如表10-2所示。

表 10-2 服务质量的维度

学 者	时间	服务质量的维度
朱兰(Juran)	1974 年	五维度:技术、心理、时间、可靠性、道德
格朗鲁斯(Gronroos)	1982 年	二维度:技术质量(服务结果)、功能质量(服务过程)
列迪宁(Lehtinen)	1983 年	三维度:有形质量、企业形象、企业与顾客间的交互质量
帕拉苏拉曼、泽斯梅尔和贝尔(PZB)	1988 年	五维度(SERVQUAL 模型):有形性、可靠性、响应性、保证性、移情性
奥斯特和奥利弗(Rust&Oliver)	1994 年	三维度:技术质量、功能质量、环境质量

由 PZB 所提出的五维度(SERVQUAL 模型)已经被广大服务企业和学者接受并采用,SERVQUAL 将服务质量分为有形性、可靠性、响应性、保证性和移情性五个维度。

(1)有形性。有形性指能在服务过程中,被顾客感知到的一部分服务质量。如服务人员的形象、服务环境、服务设施等。

(2)可靠性。可靠性指服务提供者可靠、准确地履行服务承诺的能力。

(3)响应性。响应性指服务提供者为顾客提供高效服务,对于顾客的咨询、要求、投诉等要及时解决。

(4)保证性。保证性指服务人员拥有履行服务所必需的技能和知识,服务人员表现出的礼貌、尊重、体谅和友好及服务人员表达出自信与值得信任的能力。

(5)移情性。移情性指企业能够真心为顾客着想,去体会顾客的感受,能够给予顾客个性化的关怀。这需要培养员工对顾客需求做出敏感性反应的能力。

10.2 服务质量与顾客满意管理

10.2.1 顾客满意的相关概念

1. 顾客满意(CS)

顾客满意(customer satisfaction,CS),推进的产生是在 20 世纪 80 年代初。当时的美国市场竞争环境日趋恶劣,美国电话电报公司(AT&T)为了使自己处于有利的竞争优势,开始尝试了解顾客对目前企业所提供服务的满意情况,并以此作为服务质量改进的依据,取得了一定的效果。与此同时,日本本田汽车公司也开始应用顾客满意作为自己了解情况的一种手段,并且更加完善了这种经营战略。

在学术上,对顾客满意的定义有两种观点:一种观点是从状态角度来定义顾客满意,它认为顾客满意是顾客对购买行为的事后感受,是消费经历所产生的一种结果。另一种观点是从过程的角度来定义顾客满意，认为顾客满意是事后对消费行为的评价，如表 10-3 所示。

表10-3 CS 的定义

学者	对 CS 的定义	定义角度
奥利弗（Oliver）	顾客根据消费经验所形成的期望与消费经历一致时而产生的一种情感状态	状态角度
科特勒（Kotler）	顾客通过对一个产品的可感知的效果与他的期望值相比较后形成的感觉状态	状态角度
亨特（Hunt）	顾客满意是消费经历至少与期望相一致时而做出的评价	过程角度

在 2000 版 ISO9000 中，将顾客满意定义为：顾客对其要求已被满足的程度的感受。关于该定义有两个注解，注 1：顾客抱怨是一种满意程度低的最常见的表达方式，但没有抱怨并不一定表明顾客很满意。注 2：即使规定的顾客要求符合顾客的愿望并得到满足，也不一定确保顾客很满意。

根据已有的研究表明，顾客满意具有主观性、层次性、相对性和阶段性四个方面的特征。

（1）主观性。顾客满意的主观性是建立在其对产品或服务的体验上，顾客对服务的体验具有主观的，与顾客自身的知识、收入、价值观等有关。

（2）层次性。不同顾客的需求层次不同，对产品或服务的评价标准也不同。因此不同阶层的顾客对同一产品会有不同层次的需求，他们对产品或服务的评价也会不同。

（3）相对性。顾客对产品的技术指标和成本等经济指标通常不熟悉，他们习惯于把购买的产品与同类其他产品或与以前的消费经验进行比较，由此得到的满意或不满意有相对性。

（4）阶段性。任何产品都具有寿命周期，服务也有时间性，顾客对产品和服务的满意程度来自过程的使用体验，是在过去多次购买和提供的服务中逐渐形成的，因而呈现出阶段性。

2. 顾客忠诚（CL）

顾客忠诚（customer loyal，CL），又可称为顾客黏度，指顾客对某一特定产品或服务产生了好感，形成了"依附性"偏好，进而重复购买的一种趋向。顾客忠诚是建立在顾客满意的基础上的，但是顾客满意并不代表顾客会重复消费，因此企业如果想要获得更多的利益，就要想办法提高顾客忠诚，从而发展更多的忠诚顾客。

顾客忠诚分为顾客的情感忠诚、行为忠诚和意识忠诚表现出来。情感忠诚指顾客对企业的文化、行为和视觉形象的高度满意；行为忠诚指顾客会对企业的产品或服务进行重复购买；意识忠诚指顾客对企业的产品或服务有着未来消费意向。由情感、行为和意识三个方面组成了顾客忠诚理论。顾客忠诚具体表现在四个方面。

（1）顾客忠诚指顾客在进行购买决策时，多次表现出来的对某个企业产品和品牌有偏向性购买行为。

（2）忠诚的顾客是企业最有价值的顾客。

（3）顾客忠诚的小幅度增加会使企业利润大幅度增加。

（4）顾客忠诚营销理论的关心点是利润。建立顾客忠诚是实现持续利润增长的最有效方法。企业必须把做交易的观念转化为与消费者建立关系的观念，从仅仅集中于对顾客的争取和征服转为集中于顾客的忠诚与持久。

服务质量是忠诚度形成的前提条件，对于新顾客而言，只有首次获得了满意服务才可能会形成忠诚度，并且在这个过程中，企业需要持续向顾客提供质量服务，稳固顾客已经形成的忠诚度。质量服务工作是忠诚度形成的必要条件，只是单纯依靠产品质量已经无法有效地占有市场，必须借助于其他的手段，通过不同的方式结合，才能取得有效的结果。

3. 服务质量、顾客满意及顾客忠诚的关系

在 20 世纪 70 年代初期，就有许多学者对服务质量和顾客满意进行研究，并且大部分学者认为二者之间的确存在因果关系。服务质量和顾客满意是两个相似的概念，二者都是顾客感知服务水平与期望服务水平之间差距的函数。服务质量与顾客满意度之间的主要差异在于：服务质量只着重服务因素，而顾客满意的范围包括产品质量、价格、个人因素及服务质量等。因此，服务质量是影响顾客满意度的重要因素之一。

PZB 在 1985 年提出了服务质量的观性模式（PZB 模式），其中，第五缺口则是说明顾客的期望与实际知觉之间的落差，也就是说当顾客实际知觉比期望还高时，则代表顾客再次接受服务的意愿便会降低，即顾客忠诚度降低，所以服务质量与顾客忠诚度的确有关系存在。PZB 提出，服务质量与顾客忠诚间关系密切，服务质量决定顾客最终运行行为，若企业能提供卓越服务，将使顾客产生正向的行为意向，从而形成对企业的忠诚感。

1994 年，赫斯科特等人提出了服务利润链，他们认为企业的利润与成长主要来自顾客的忠诚度，而顾客忠诚度主要受到顾客满意度的直接影响。通过这一模式可以得到员工满意度、员工生产力、客户满意度、顾客忠诚度和企业获利率呈正向关系，如图 10-1 所示。

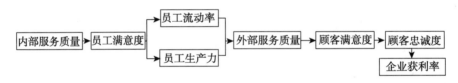

图 10-1　服务利润链

我国学者霍映宝、韩之俊通过 PLS 路径建模，数据采集和分析得出结论：企业服务质量对顾客满意的效应系数为 0.783，对顾客忠诚的效应系数为 0.586，服务质量对顾客满意的作用明显大于顾客忠诚，而且服务质量对顾客忠诚的作用几乎完全是通过顾客满意产生的，因为直接效应产生的效应仅为 0.003，所以，三者的关系应为因果关系：服务质量→顾客满意→顾客忠诚。

10.2.2　顾客满意度测评

顾客满意度测评指通过一定的方法获取顾客满意度的信息，以此为基础，运用统计方法来挖掘满意度数据的信息，并与企业业务相关联，来寻求业绩改进措施的过程。测量顾客满意度的方法有很多，顾客满意度测评就是应用较为广泛的方法之一，其中最具代表性的国家和地区有瑞典、美国、欧洲和中国。

需注意，顾客满意度指数测评只是评价顾客满意方法中的一种，并不是每个企业都必须采用的测评方法。顾客满意度指数测评指通过测量顾客对产品或服务的满意程度以及决定满意程度的相关变量和行为趋向，利用数学模型进行多元统计分析得到顾客对某一特定产品的满意程度。帮助组织了解发展趋势、找出经营策略的不足，为政府部门、企事业制定政策，改进产品和服务质量、提高经营绩效提供科学依据。

1. 瑞典顾客满意度指数（SCSB）

瑞典顾客满意度指数（Swedish customer satisfaction barometer，SCSB）模型是最早建立的全国性顾客满意指数模式，它提出了顾客满意弹性（customer satisfaction elasticity）的概念。顾客满意弹性指顾客忠诚对顾客满意的敏感性，即顾客满意每提高一个百分点，顾客忠诚随之提高一定的百分点，这样就可以从量化的角度来研究不同程度的顾客满意对顾客忠诚的影响及其非线性关系。

SCSB 模型包含了五个潜在变量和六种关系，潜在变量无法直接测量，而是要通过观测变量来间接测量，如图 10-2 所示。

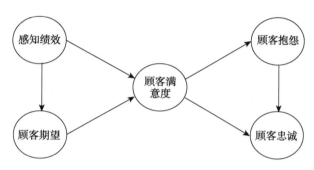

图 10-2　SCSB 模型

顾客期望和感知绩效是顾客满意度的前提变量，顾客抱怨和顾客忠诚是顾客满意度的结果变量。其中顾客期望指顾客在消费前对产品或服务的预期。感知绩效指顾客消费后对综合产品或服务价格的感受，包含价格和质量两个观测变量。顾客满意度指顾客对产品或服务的满意程度，包含总体满意度、与期望的差距及与理想产品或服务的差距三个观测变量。顾客抱怨则用来表示顾客的不满意，包含顾客对员工的抱怨和对产品的抱怨两个观测变量。顾客忠诚指顾客愿意再次购买的意愿，包含了顾客对价格的承受度和再次购买意向两个观测变量。

2. 美国顾客满意度指数（ACSI）

SCSB 模型在实践过程中受到了很多质疑。例如，价值感知对满意度的影响是必然的，但是价值因素和质量因素相比，哪方面更重要；由于顾客对不同产品和服务的质量感知是有差别的，如果在模型中加入质量感知变量，如何衡量，等等。

美国密歇根大学的费耐尔（Fornell）认为质量感知也包括在模型中，可以进行质量因素和价值因素对满意度的作用大小的比较。同时，也可以考察它们两者之间的联系。因此，费耐尔等人在 SCSB 模型的基础上创建了美国顾客满意度指数（American customer satisfaction index，ACSI）模型。该模型包括了六个潜在变量和九种关系，如图 10-3 所示。

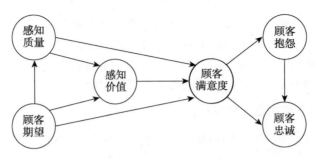

图 10-3　ACSI 模型

ACSI 模型目前被许多国家和地区采用或借鉴，在该模型中，顾客满意度被置于一个相互影响相互关联的因果互动系统中。该模型可以得到顾客经过与顾客满意度之间的关系，并能指示出满意度高低将带来的后果（顾客抱怨和顾客忠诚），从而赋予了顾客满意度前向预期的特性。

3. 欧洲顾客满意度指数（ESCI）

欧洲顾客满意度指数（European customer satisfaction index，ESCI）模型是欧洲质量组织（European organization for quality，EOQ）和欧洲质量管理基金会（European foundation for quality management，EFQM）等机构在 SCSB 模型和 ACSI 模型的基础上，结合欧盟自身实际情况构建的，并在欧盟的 12 个国家进行了调查。根据研究表明，顾客抱怨对顾客满意度和顾客忠诚的影响较小，ESCI 模型去掉了顾客抱怨而增加了企业形象，如图 10-4 所示。

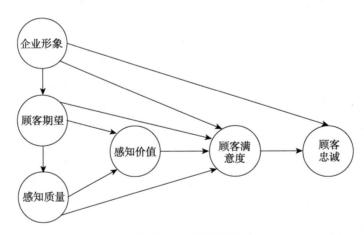

图 10-4　ESCI 模型

ECSI 模型目标是量化行业界不同组织顾客的满意度，使顾客满意度指数值能够在公司之间、行业之间、国家之间进行比较，同时还可以在欧洲与世界上其他经济区之间进行比较，ECSI 模型将顾客满意度视为组织未来成功的关键因素之一。

4. 中国顾客满意度指数（CCSI）

中国顾客满意度指数（China customer satisfaction index，CCSI）模型是清华大学中国企业研究中心在国内外研究基础上，结合我国国情所提出的。CCSI 模型有六个潜在变量和

11 种关系，如图 10-5 所示。

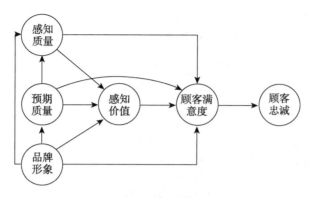

图 10-5 CCSI 模型

CCSI 模型与 ECSI 模型在潜在变量上基本相似，但是它们之间的关系不同。在 CCSI 模型中，品牌形象会对预期质量、感知质量、感知价值及顾客满意度产生影响。

清华大学中国企业研究中心在 CCSI 模型的基础上，又结合不同行业的特点，设计了耐用消费品顾客满意度指数模型、非耐用消费品顾客满意度指数模型、服务行业顾客满意度指数模型和特殊行业顾客满意度指数模型。

企业顾客满意度的测评是以顾客满意度指标体系为基础进行的。在设计顾客满意度指标体系的过程中应该遵循全面性、重要性、独立性和可操作性原则。顾客满意度测评指标体系是顾客满意度测评的核心，它在很大程度上决定了测评结果的有效性、可靠性。然而在顾客满意度测评模型中，顾客期望、顾客对质量的感知、顾客对价值的感知、顾客满意度、顾客抱怨和顾客忠诚均为潜在变量，都不可以直接测评。为此，我们需要对潜在变量进行逐级展开，直到形成一系列可以直接测评的指标，这些逐级展开的测评指标就构成了顾客满意度测评指标体系。

10.2.3 服务质量差距分析模型

服务企业的管理人员，经常会遇到顾客对服务不满意的情况，表现顾客收到的服务质量是不佳的，造成顾客不满意的原因是多方面的和复杂的，若从服务质量的概念去分析，这是由于顾客实际感知获得的服务质量水平达不到他们的期望水平，即顾客实际获得的服务质量与期望质量存在差距。可以通过服务质量差距模型来缩小企业与顾客之间的服务质量差距，从而提高顾客对企业的满意度。

1. 服务质量差距模型介绍

20 世纪 80 年代，PZB 建立了一个以缩小服务质量差距使顾客获得最大满意度为总目标的服务质量差距（service quality model 5GAP）模型，如图 10-6 所示。服务质量差距指顾客期望的服务与对企业所提供的服务感受之间的差距，也可以理解为服务的客观现实与顾客的主观感受质量的差距。差距分析模型的目的是分析服务质量问题产生的原因，并帮助管理者了解如何改进服务质量。

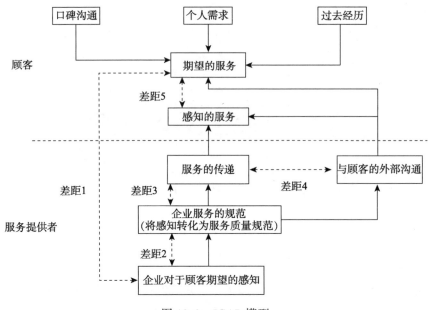

图 10-6 5GAP 模型

图 10-6 说明了服务质量是如何形成的。模型的上半部涉及与顾客有关的现象。期望的服务是顾客的实际经历、个人需求及口碑沟通的函数，也受到企业营销沟通活动的影响。

实际经历的服务，在模型中称为感知的服务，它是一系列内部决策和内部活动的结果。在服务交易发生时，管理者对顾客期望的认识，对确定组织所遵循的服务质量标准起到指导作用。

顾客亲身经历的服务交易和生产过程是作为一个与服务生产过程有关的质量因素，生产过程实施的技术措施是一个与服务生产的产出有关的质量因素。分析和设计服务质量时，这个基本框架说明了必须考虑哪些步骤，然后查出问题的根源。要素之间有五种差异，即质量差距。质量差距是由质量管理前后不一致造成的。最主要的差距是期望的服务和感知的服务之间的差距（差距5）。

2. 服务质量的差距分析

服务质量是服务质量差距的函数，测量企业内部存在的各种差距是有效测量服务质量的手段，差距越大，顾客对企业的服务质量就越不满意。因此，差距分析可以作为复杂的服务过程控制的起点，为改善服务质量提供依据。近20年来，服务质量差距研究便成了学者们关注的焦点。

1）管理者认知差距

管理者认知差距（差距1）指企业管理者对顾客所期望的服务质量感觉不明确，与实际的顾客期望之间存在差距。这种差距主要由以下因素造成。

（1）对市场研究和需求分析的信息不准确。
（2）对期望的解释信息不准确。
（3）没有需求分析。
（4）从企业与顾客联系的层次向管理者传递的信息失真或丧失。

（5）臃肿的组织层次阻碍或改变了在顾客联系中所产生的信息。

上述五个因素可以归纳为市场调查、向上沟通和管理层次三个维度。如果服务企业想要减少期望理解差距，就要不断改进市场调查方法，将市场研究集中在提高服务质量上，合理应用市场研究结论。如果问题是由管理引起，显然不是改变管理，就是改变对服务竞争特点的认识。不过后者一般更合适一些。因为正常情况下没有竞争也就不会产生问题，但管理者一旦缺乏对服务竞争本质和需求的理解，则会导致严重的后果。

2）质量标准差距

质量标准差距（差距2）指服务企业所指定的服务质量标准与管理者对质量期望的不一致。造成这一差距的因素有以下几种。

（1）计划失误或计划过程不够充分。
（2）组织管理混乱。
（3）组织无明确目标。
（4）服务质量的计划得不到最高管理层的支持。
（5）对顾客期望的可行性认识不足。

差距1的大小决定计划的成功与否。但是，即使在顾客期望的信息充分和正确的情况下，质量标准的实施计划也会失败。出现这种情况是因为最高管理层没有保证服务质量的实现，质量没有被赋予最高优先权，治疗的措施自然是改变优先权的排列。在服务竞争中，顾客感知的服务质量是成功的关键因素，因此在管理清单上把质量排在前列是非常必要的。

3）服务执行差距

服务执行差距（差距3）指服务企业提供服务时与制定的服务标准之间的差距。造成这种差距的原因如下。

（1）标准太复杂或太苛刻。
（2）员工对标准有不同意见，例如一流服务质量可以有不同的行为。
（3）标准与现有的企业文化发生冲突。
（4）服务生产管理混乱。
（5）内部营销不充分或根本不开展内部营销。
（6）技术和系统没有按照标准为工作提供便利。

一般来说，引起服务执行差距的原因是复杂的，很少只有一个因素在单独起作用，因此，缩小差距并不是简单的事。引起服务执行差距的原因可大致分为三类：管理和监督失误；员工和管理人员对标准规则的认识和对顾客需要的识别存在不足；缺少生产系统和技术的支持。

4）营销沟通差距

营销沟通差距（差距4）指企业在营销沟通行为所作出承诺的服务质量与企业实际提供的服务质量不一致。造成这种差距的原因如下。

（1）企业营销沟通计划与企业的服务生产系统之间没有有效协调。
（2）企业向市场和顾客传播信息与实际提供的服务活动之间缺乏协调。
（3）营销沟通活动提出一些标准，但企业在提供服务时却不能按照这些标准完成工作。
（4）企业在宣传过程中有故意夸大其词的嫌疑，或做出了太多承诺，导致顾客实际体验与宣传的不一致。

造成这一差距的原因有两个方面。一是外部营销沟通的计划与执行没有和服务生产统一；二是在广告等营销沟通过程中往往存在承诺过多的倾向。为此，服务企业需要建立一套有效的机制，来提高服务企业内部沟通水平，使各部之间能高效协作，从而实现企业所制定的目标。此外，企业要对市场宣传信息计划进行严格监督，不能盲目地向顾客承诺，企业管理者要在发现不适当的信息传播时要及时纠正，减少对企业的负面影响。

5）感知服务质量差距

感知服务质量差距（差距5）指顾客感知到的服务差距与其对服务质量的预期不符。这是由上述四个差距造成的，其差距大小取决于其他四个差距。它们之间的关系可表示为：

$$差距5 = 差距1 + 差距2 + 差距3 + 差距4$$

感知服务质量差距会造成以下结果。

（1）对企业消极的质量评价（劣质）和质量问题。

（2）使企业口碑下滑。

（3）对企业形象的消极影响。

（4）使企业丧失业务。

差距5也有可能产生积极的结果，它可能导致相符的质量或过高的质量。感知服务差距产生的原因可能是本部分讨论的众多原因中的一个或者是它们的组合。当然，也有可能是其他未被提到的因素。

3. 服务差距模型的拓展研究

在PZB模型的基础上，许多学者提出了新的观点。

Lewis在研究过程中，以5GAP模型为基础提出了新的差距，其中包括管理层与顾客对服务质量的感知之间的差距、管理层对服务质量的感知与管理层对顾客期望的感知之间的差距、管理层对服务质量的感知同顾客期望之间的差距。研究结果表明，管理层往往对其提供的服务过分自信，倾向于认为自身提供的服务很成功，而忽视服务提供过程中的缺陷；对于大部分属性，管理者对服务质量的感知不仅超过顾客对服务质量的感知水平，而且超过管理者对顾客期望的感知水平，甚至超过了顾客期望水平。Saleh和Ryan以加拿大某酒店为例，对Lewis的差距模型进行了研究，却得到了与Lewis完全相反的结果。

NelsonTsang和Qu以中国大陆酒店为对象，对管理层与顾客对服务质量的感知之间的差距以及管理层对服务质量的感知与管理层对顾客期望的感知之间的差距进行了研究。研究结果表明，中国大陆酒店管理者对服务质量的感知高于顾客对服务质量的感知水平，却低于自己对顾客期望的感知水平，这与Lewis及Saleh和Ryan的部分研究结果相一致。

丁国玺在5GAP模型的基础上对其进行了扩展，并以中国台湾台中市某酒店为例进行了实证研究。除差距1和差距5，该模型还包括管理者与一线员工对顾客期望的感知之间的差距、管理者与一线员工对服务质量的感知之间的差距、一线员工与顾客对服务质量的感知之间的差距、管理者和一线员工对服务质量的感知与其对顾客期望的感知之间的差距。结果表明，管理者及一线员工对服务质量的感知均低于其对顾客期望的感知，这说明虽然他们对顾客期望有很好的感知，但在服务提供过程中仍然不能达到自己期望的水准，这与NelsonTsang和Qu及Saleh和Ryan的部分研究结果一致。

众多学者对服务质量差距的扩展和完善极大地丰富了5GAP模型的内容，增强了对差距 5 产生原因的解释能力，有利于服务企业从更深层次和更多角度寻找服务质量差的原因，为服务企业的改善和提高提供指导。但是这些研究也存在一定的不足，多数研究者仅对模型中的某些差距进行了探讨，缺乏从管理者、员工和顾客三个层面对服务质量的全面系统分析，得出的结论也缺乏系统性和深入性。

10.3 服务质量管理模型

服务质量管理取决于顾客对服务质量的预期（即期望的服务质量）同其实际体验到的服务质量水平的对比。如果顾客所体验到的服务质量水平超过或等于顾客预期的服务质量水平，则顾客会获得较高的满意度，从而认为企业具有较高的服务质量；反之，则会认为企业的服务质量水平较低。

10.3.1 服务质量分析模型

1. 顾客感知服务质量模型

1982 年，瑞典著名服务市场营销学专家格朗鲁斯提出"顾客感知服务质量模型"，他认为总服务质量是由企业形象、技术质量和功能质量构成的，如图 10-7 所示。

图 10-7　顾客感知服务质量模型

1984 年，格朗鲁斯又对该模型进行了修正，他认为服务质量包括技术质量和功能质量，而企业形象对于技术质量和功能质量有过滤作用：如果顾客认可该企业形象，即使企业服务有一些瑕疵，顾客也会谅解；反之，如果顾客不认可该企业的形象，那么企业服务对顾客感知的服务质量影响会非常大，如图 10-8 所示。

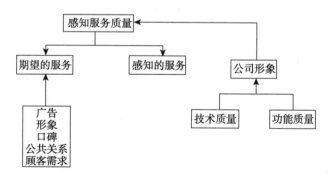

图 10-8　修正后的顾客感知服务质量模型

格鲁诺斯的"顾客感知服务质量模型"的核心是"质量是由顾客来评价的"，实际上是要求服务厂商从顾客的角度来评价和管理服务质量，顺应了"以客户为中心"的现代市场营销潮流。特别是在市场竞争越来越激烈的服务市场营销中有特别重要的指导意义。

顾客感知服务质量模型有以下两个要素。

（1）技术质量与功能质量。技术质量与服务的产出相关，指顾客在服务过程中和服务结束后得到了什么，便于顾客客观评估；功能质量与服务的过程有关，指顾客怎样得到这些服务结果的，具有主观因素，难以客观评价。

（2）期望质量与经验质量。期望质量指顾客所期待的服务质量水平，是由一系列因素引起的综合作用的结果，包括营销宣传，如广告、邮寄、公共关系、推销等；顾客将以往接受的相同或类似服务的经历，作为质量标杆，对顾客的期望产生影响；提供服务的企业形象越好，顾客对其服务的期望值就越高；其他顾客接受类似服务后所作的评价也会影响某个顾客的服务评价；顾客对服务的需求越强烈紧迫，对服务质量的期望值就越低。顾客的经验质量是指顾客在接受服务的过程中，通过对服务的技术质量和功能质量的体验和评价而得到的印象。

2. L-S 关系质量模型

L-S（Liljander-Strandvik）关系质量模型是由利亚德尔（Liljander）和斯特兰德维克（T. Strandvik）提出的，该模型从关系层面上度量顾客感知服务质量，并对顾客感知服务质量、顾客满意、顾客忠诚等要素之间的关系提出了许多极具价值的观点。

L-S 关系质量模型将感知质量区分为情节层次和关系层次，通过情节绩效与标准的比较，形成情节质量，而关系绩效与标准的比较，形成关系质量。L-S 关系质量模型从多个角度探讨了感知服务质量及其关系的形成过程，描述了顾客在不同阶段的服务体验，阐述了顾客如何感知与服务提供者的关系，对关系质量的形成机制进行了较为科学的说明，如图 10-9 所示。

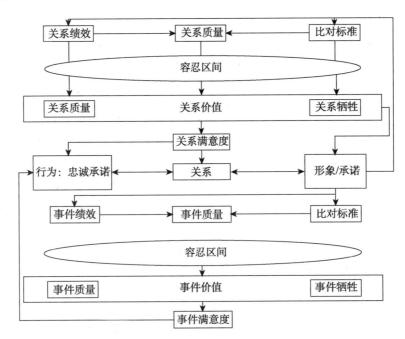

图 10-9　L-S 关系质量模型

提高关系质量,对买卖双方都是有利的。对专业服务性企业来说,提高关系质量,可使客户变为忠诚者。忠诚的客户,会相信企业能为他们提供最大消费价值,他们乐于从众多同类企业中选购其忠诚的企业的专业服务,顾客非但不会更换消费方向,而且还会将企业服务介绍给其他人,使企业获得更为可观的销售来源和利润。同时,提高关系质量,对客户也是有利的,许多客户希望与专业服务性企业建立长期关系,以便降低购买风险,节省在信息收集、选择评估等购前活动中花费的时间、精力和金钱,从企业获得优质核心服务和更多额外服务(如信息服务和咨询服务),提高消费价值。因此,买卖双方尽力提高关系质量是有利于双方长远利益的。

3. 三因素模型

1994 年,美国服务质量营销专家鲁斯特(Rust)和奥利弗(Oliver)提出了服务质量的三因素模型,他们认为服务表现出的好坏主要取决于对顾客服务传递的条件,实际上对服务表现的评判是通过服务传递要素来实现的。一般来讲,服务质量除"接受什么服务"(What)——服务产品、"怎样接受服务"(How)——服务传递外,还应增加"在何处接受服务"(Where)——服务环境,即应将服务接触所在的有形环境纳入服务质量要素之中。其中,服务产品即技术质量,指顾客在服务中得到了什么,是服务的结果;服务传递即功能质量,表示服务的提供过程,指顾客是如何得到服务的;服务环境指服务的有形性,指服务生产和消费场所环境,如图 10-10 所示。

图 10-10 服务质量的三因素模型

2001 年,布雷迪(Brady)和克罗宁(Cronin)在三因素模型的基础上,提出了拓展的三因素模型,如图 10-11 所示。

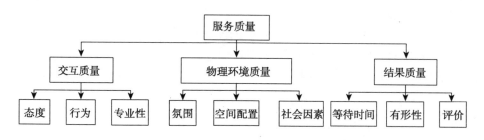

图 10-11 拓展的三因素模型

该模型包括三个主要属性和九个子属性。他们认为顾客是从交互质量、物理环境质量和结果质量三个属性评价服务质量。交互质量的三个二级维度是服务人员的态度、行为和专业性;物理环境质量的三个二级维度是:氛围、空间配置和社会因素;结果质量包括等待时间、有形性和评价。顾客感知的交互质量、物理环境质量及结果质量受技术人员、服务环境和服务结果等外界环境因素的影响。

10.3.2 服务质量评价模型

1. SERVQUAL 模型

1988 年，PZB 提出了 SERVQUL（service quality）模型，该模型被广泛运用于服务性行业，用以理解目标顾客的服务需求和感知，并为企业提供了一套管理和量度服务质量的方法。在企业内部，用 SERVQUAL 模型来理解员工对服务质量的感知，从而达到改进服务的目的。SERVQUL 模型是目前最流行的服务质量评价模型之一。

SERVQUL 模型从以下五个维度来衡量服务质量。

（1）有形性。有形性包括：①有现代化的服务设施；②服务设施具有吸引力；③员工有整洁的服装；④公司的设施与他们所提供的服务相匹配。

（2）可靠性。可靠性包括：⑤公司向顾客承诺的事情都能及时完成；⑥顾客遇到困难时，公司能表现出关心并帮助；⑦公司是可靠的；⑧公司能准时提供所承诺的服务；⑨正确记录相关的服务。

（3）响应性。响应性包括：⑩告诉顾客提供服务的准时时间；⑪提供及时的服务；⑫员工总是愿意帮助顾客；⑬员工不会因为其他事情而忽略顾客。

（4）保证性。保证性指员工所具有的知识、礼节及表达出自信与可信的能力。保证性包括：⑭员工是值得信赖的；⑮在从事交易时，顾客会感到放心；⑯员工是礼貌的；⑰员工可以从公司得到适当的支持，以提供更好的服务。

（5）移情性。移情性包括：⑱公司针对顾客提供个性化的服务；⑲员工会给予顾客个别的关心；⑳员工了解顾客的需求；㉑公司优先考虑顾客的利益；㉒公司提供的服务时间符合顾客的需求。

SERVQUAL 分数的计算公式为

$$SQ = \sum_{i=1}^{n}(P_i - E_i), \ i = 1,2,\cdots,22 \tag{10.1}$$

式中，SQ 为感知服务质量，P_i 指第 i 个问题在顾客感受方面的分数，E_i 指第 i 个因素在顾客期望方面的分数。

式（10.1）获得的 SQ 是在五大属性同等重要条件下的单个顾客的总感知质量。但是在现实生活中，顾客对决定服务质量的每个属性的重要性的看法是不同的。因此，通过顾客调查后应确定每个服务质量属性的权重，通过加权平均得出更为合理的 SERVQUAL 分数。公式为：

$$SQ = \sum_{j=1}^{5}W_j\sum_{i=1}^{R}(P_i - E_i), \ i = 1,2,\cdots,22; j = 1,2,3,4,5 \tag{10.2}$$

式中，SQ 为感知服务质量，W_i 为第 i 个属性的权重，R 为每个属性的问题数目，P_i 为第 i 个问题在顾客感受方面的分数，E_i 为第 i 个问题在顾客期望方面的分数。

SERVQUAL 模型的应用步骤如下。

（1）选取服务质量评价标准。

（2）根据各标准在所调查的服务行业中所占的地位确定权重。

（3）针对每条标准设计 4~5 个问题。

（4）制作问卷。
（5）发放问卷，请顾客填写问卷。
（6）对问卷进行统计。
（7）采用期望值模型分别算出期望质量和感知质量。
（8）利用上述公式求得差距值。

SERVQUAL 模型在理论上具有完整的要素，包括感知的结果和评价的标准，从而使其成为评价服务质量和用来决定提高质量行为的有效工具。

2. SERVPERF 模型

自 SERVQUAL 模型建立以来，许多学者都认为该模型实用性差，不能适用于不同的行业，并且，顾客的期望会受到前期服务感受的影响，在接受服务的过程中可能改变其服务预期，从而对本次服务质量的测量产生影响。

1992 年，克罗宁（Cronin）和泰勒（Taylor）提出，可以只根据顾客感知到的服务绩效对服务质量进行测量，而不需对期望进行测量，通过剔除原有 SERVQUAL 模型中对期望进行测量的部分，构建了绩效感知服务质量模型——SERVPERF 模型。该模型重新分析了顾客满意度和服务质量之间的逻辑关系，整个评价体系变得更加简洁方便，易于使用。SERVPERF 模型认为，评价企业服务质量水平高低只从顾客的实际感受（满意程度）出发，可以省去对差距的分析。该模型使用了 SERVQUAL 模型的五维评价体系。

通过省略 SERVQUAL 模型对期望进行测量的部分，SERVPERF 模型仅对顾客感知服务绩效（顾客满意度）进行测量，在考虑权重的情况下，其公式如式（10.3）所示。

$$Q = \frac{1}{m}\sum_{i}^{m} P_i^* \qquad (10.3)$$

式中，Q 为感知服务质量，P_i^* 为顾客对第 i 个问题的感知绩效平均值，m 为问题数目。

克罗宁（Cronin）和泰勒（Taylor）认为 SERVPERF 模型具有比 SERVQUAL 模型更佳的预测能力及收敛效度及判别效度。虽然 PZB 对 SERVPERF 模型的信度、效度及预测能力等项目存在质疑，但 PZB 承认 SERVPERF 模型具有较佳的预测能力，并且减少了测量项目，使质量评估简便易行。但 SERVPERF 模型存在信息量较少，导致分析能力较差。

3. 其他服务质量评价方法

1）关键事件技术（CIT）

1954 年，美国匹兹堡大学教授福莱·诺格（Flanagan）提出了关键事件技术（critical incident technique，CIT）。通过 CIT，可以从行为的角度系统地观察和描述实际职务的绩效和行为。CIT 是 20 世纪 40 年代兴起的一种技术手段，目前在心理学、人力资源管理等许多领域得到广泛应用。

CIT 集中关注关键的事件，来解释深入的基本问题。不管是采用问卷调查还是深入访谈，作为主要的数据收集工具，CIT 主要目的都是为了寻找激发重大事件的关键事件。CIT 要求以书面的形式至少描述出 6~12 个月能观察到的 5 个关键事件，并分别说明杰出的任职者和不称职的任职者在这些典型事件中的处事方式。在某些情况下，这些关键事件在组织内众所周知，但是在有些情况下，这些关键事件往往掩藏在人们的经验之中。CIT 是通用汽车最早使用的方法，是工作分析的一种补充方法，需要结合访谈法和问卷调查法，不便于独立使用，否则关键事件有失偏颇。这种工作分析的方法主要是鉴别出可以用来区分业绩好（或满意）的员工和业绩差（或不满意）的员工的关键事件。这种方法的理论基础为：每种工作中都有一些关键事件，业绩好的员工在这些事件上表现出色，而业绩差的员工则正好相反。

CIT 的主要优点是研究的焦点集中在职务行为上，因为行为是可观察的、可测量的。同时，通过这种职务分析可以确定行为的任何可能的利益和作用。

（1）同 SERVQUAL 相比，CIT 能得到更丰富和更详细的服务过程描述数据。

（2）CIT 能更深刻地理解顾客需求、员工行为和员工行为相关的服务质量属性，如"友好""专业"等。

（3）CIT 不仅能确定哪些类型的服务接触更重要，还能确定改善服务质量需要的知识和手段，管理者可以利用它确定一套行为方案来训练员工。

CIT 也有两个明显的缺点。

（1）费时，需要花费大量的时间去搜集关键事件，并加以概括和分类。

（2）关键事件的定义是对工作绩效显著有效或无效的事件，但是，这就遗漏了平均绩效水平。对工作来说，最重要的一点就是要描述"平均"的职务绩效。为此，CIT 无法涉及对中等绩效的员工，因而无法完成全面的职务分析工作。

2）服务重要性–表现程度分析法（IPA）

服务重要性–表现程度分析法（Important-Performance Analysis，IPA）最早是 1977 年马提拉和詹姆斯提出并用于对汽车经销商的考核，目的是可以深入了解公司在营销组合的哪一方面应该给予更多的关注，并识别可能消耗太多资源的领域。在重要性能网格上展示结果促进了管理对数据的解释，并增加了它们在做出战略营销决策中的作用。随着时代的不断发展，IPA 分析法已经应用于各行各业，用以不断提高服务质量，从收集到的资料来看，IPA 分析法已广泛应用于交通服务、酒店住宿、餐饮、卫生、公共服务、教育培训、场馆服务、网络服务等多个服务业领域。

IPA 分析法优点在于其模型直观形象、清晰、易于读者理解等，缺点在于 IPA 分析法的假设前提是重要性与满意度两个维度上的变量相互独立并与受访者的总体感知呈线性相关。然而在现实调查中，受访者的评价一般为主观感受，其重要性评价和满意度评价很难成为互相独立的变量。传统的 IPA 分析法所要求的假设条件一般很难满足，得出的要素象限分布并非总能找到合理的解释。而且，IPA 分析法要求受访者对同一问题需要做出两次判断，当问卷题量较大时，访问时间则成倍增长，访问质量有可能下降。孙静和刘希宋通过象限分析和重要性推导模型来实现对经济型酒店客人的满意度分析，横轴表示客人对服务属性或维度表现的满意程度，纵轴表示客人对服务属性的重视程度，如图 10-12 所示。

图 10-12　IPA 分析模型

图 10-12 中形成的四个区域分别表示优势区、改进区、机会区和维持区。

优势区。这些因素对决定整体客人满意度非常重要，需要保持并发展这些优势，能维持客人的忠诚度，这一区域的因素是企业在市场绩效中最好的方面。

改进区。这些因素决定整体客人满意度非常重要，但企业在这些方面的表现比较差，需要改进，否则会因为这一部分因素达不到客人要求的满意度而导致客人流失，这一区域的因素是企业在市场绩效中最差的方面。

维持区。这些因素对决定整体客人满意度较低，企业可以在这些方面进行创新，从而让客人感受到被重视，能增强客人的忠诚度。

机会区。这些因素对决定整体客人满意度较低，企业在这些方面的表现较差，这一区域的因素是客人和企业都容易忽略的因素，因此，企业需要对本区域的因素进一步挖掘，以发现提高客人满意度的机会点。

10.3.3 服务过程质量管理

服务过程质量指产品进入使用过程后，企业对用户的服务要求的满足程度。服务过程分为市场开发、服务设计、服务提供三个过程，但这三个过程的质量控制目的、控制重点和控制方法，实际上有较大差异。

1. 市场开发过程的质量控制重点

市场开发过程的质量控制重点是市场分析和市场定位，及在此基础上形成的服务提要。即将顾客的需求转变为服务组织可以接受并有能力实现的服务内容与服务要求。

市场定位的最终目的是提供差异化的产品或服务，使之成为区别和优越于竞争对手的产品或服务，不论这种差异化是实质性的、感觉上的，还是两者兼有的。虽然服务产品的差异化不如有形产品那样明显，但每一种服务都会使消费者感受到互不相同的特征。所以，企业进行市场定位时必须尽可能使产品具有十分显著的特色，以最大的限度满足顾客的要求。为达到此目的，服务企业的市场定位必须遵循如下原则。

（1）重要性原则，即差异所体现的需求对顾客来说是极为重要的。

（2）显著性原则，即企业产品同竞争对手的产品之间具有明显的差异。

（3）沟通性原则，即这种差异能够轻易被顾客所认识和理解。

（4）独占性原则，即这种差异很难被竞争对手模仿。

（5）可支付性原则，即促使目标顾客认为因产品差异而付出额外花费是值得的，从而愿意并有能力购买这种差异化产品。

（6）盈利性原则。即企业能够通过产品差异化而获得更多的利润。

市场分析是对市场供需变化的各种因素及其动态、趋势的分析。分析过程为：搜集有关资料和数据，采用适当的方法，分析研究、探索市场变化规律，了解消费者对产品品种、规格、质量、性能、价格的意见和要求，了解市场对某种产品的需求量和销售趋势，了解产品的市场占有率和竞争单位的市场占有情况，了解社会商品购买力和社会商品可供量的变化，并从中判明商品供需平衡的不同情况（平衡或供大于需，或需大于供），为企业生产经营决策——合理安排生产、进行市场竞争，和客观管理决策——正确调节市场，平衡产销，发展经济提供重要依据。

市场分析的作用主要表现在两个方面。一是企业正确制定营销战略的基础。企业的营销战略决策只有建立在扎实的市场分析的基础上，只有在对影响需求的外部因素和影响企业购、产、销的内部因素充分了解和掌握以后，才能减少失误，提高决策的科学性和正确性，从而将经营风险降到最低限度。二是实施营销战略计划的保证。企业在实施营销战略计划的过程中，可以根据市场分析取得的最新信息资料，检验和判断企业的营销战略计划是否需要修改，如何修改才能适应新出现的或企业事先未掌握的情况，从而保证营销战略计划的顺利实施。只有利用科学的方法去分析和研究市场，才能为企业的正确决策提供可靠的保障。

2. 设计过程的质量控制重点

设计过程的质量控制重点是确定服务方案与编制服务规范及为确保服务规范符合服务提要的要求和顾客的需要，对服务规范的评审和确认活动。

服务方案应包括：策划、准备、编制、批准、保持和控制服务规范、服务提供规范和质量控制规范；为服务提供过程规定需采购的产品和服务；对服务设计的每一阶段执行设计评审；当服务提供过程完成时，确认是否满足服务提供要求；根据反馈或其他外部意见，对服务规范、服务提供规范、质量控制规范进行修正。

编制服务规范前，先要确定首要顾客需求和次要顾客需求。例如，去旅游是顾客的首要需求、怎样规划路线、怎样到达目的地等是次要需求。服务规范中要规定核心服务和辅助服务，核心服务是满足顾客首要的需求，辅助服务要满足顾客次要需要。高质量的服务都包括相关的一系列适当的支持服务，服务质量优劣的差别主要在于支持服务的范围、程度和质量。顾客把一些支持服务认为是必须的、服务企业必须提供的，因而在设计服务规范时，定义和理解次要服务的潜在需求是必要的。

另外，服务企业应考虑到服务企业的目标、政策和能力及其他方面要求，如安全、卫生、法律。在服务提供规范中应描述服务提供过程所用方法的服务提供程序。

为了保证服务满足服务规范和顾客需求，企业要识别每个过程中对规定的服务有重要影响的关键活动；对关键活动进行分析，明确其质量特性，对其测量和控制将保证服务质量；对所选出的特性规定评价的方法；建立在规定界限内影响和控制特性的手段。

3. 服务提供过程的质量控制重点

服务提供过程的质量控制重点是以现场控制为主。结合服务产品特点，在服务准备阶段要进行事先控制，防止发生不合格，在服务提供过程中实施监测，及时发现不合格，防止不合格的扩大与蔓延；服务提供结束后的质量控制主要是查到已经发生的不合格的产生原因，采取纠正措施，防止不合格再次发生。

1）服务提供前的质量控制

由于服务需求具有多样性，服务组织在服务提供前的准备阶段应充分了解不同服务项目的服务特点和同一服务项目不同顾客需求，及同一顾客在不同条件下需求上的变化，有针对性做好各项准备工作。

准备工作包括：人员培训与考核、设备的确定与维护，物资的采购与验证，程序的制定与贯彻，环境的清扫与布置等。同时，不同的服务准备工作的重点与要求也不同。控制重点和评价方法也存在一定的差异。例如，对服务质量高度依赖人员技能的服务，如医生、教师、律师等，控制重点是人员的资格、评价方法、经验、业务水平及教育、培训与职业道德等综合能力；对服务质量高度依赖设备的服务项目，如供水、供电、供热等，控制重点是设备、设备的供应能力，安全性、可靠性与设备的完好率。评价内容与方法包括设备、设施的各项制度的建立与执行，设备的各项制度的建立与运行、设备、设施的维护保修和定期检查与校验。

因此，服务组织应结合服务项目的特点，做好各项准备工作，才能确保向顾客提供服务过程中的质量。

2）服务提供过程中的质量控制

服务提供过程是一个与顾客直接接触的过程，在服务提供过程中除应继续对人员、设备、物资、规范和环境等条件进行控制外，服务组织还应根据服务产品的特点，针对服务提供过程中顾客的不确定性等因素造成的服务质量的不稳定性，加强监督控制。

（1）按服务规范要求提供服务

服务规范是服务组织经过市场调查，依据顾客需求编制的，在设计过程中对服务规范进行了设计评审和确认应能满足顾客要求。因此，服务组织要确保所有在一线向顾客提供服务人员熟练掌握服务规范的要求和规范中提供完成服务的方法和手段，达到服务要求的定量指标和定性的等级条件，以满足顾客的需求。

（2）加强服务过程中的监控

由于服务产品的多样性，不可能将每一项服务提供过程完全规范化，特别是那些高度依赖人员技能并且与顾客密切接触的服务项目，服务规范往往不能规定原则要求。因此，服务组织应在服务提供过程中对影响服务质量的因素进行监控，以保证及时发现不合格隐患，或对已发生的不合格及时采取措施，防止不合格隐患转变为不合格及防止已发生的不合格进一步扩大，以尽量减少顾客的损失。例如，在医院进行外科手术过程，需要对影响手术质量的各项因素进行全过程的监控。

（3）建立与顾客沟通的渠道

服务组织与顾客的接触形式可分为：人与人的接触过程、人与物接触过程、物与物接触过程。服务组织与顾客接触是决定顾客是否消费的前提，顾客在进行消费前一般要经历认识过程、情绪过程和确定过程。服务组织需要通过对服务的宣传、引导，提供服务过程中的服务接待态度、服务技巧和相应的设备、设施与环境，触发顾客的消费兴趣，使之变为消费行为。因此，服务组织在与顾客的接触中顾客的感觉和印象至关重要。如果顾客留下良好印象，那么顾客会再次光顾进行消费，否则会造成顾客的流失。服务组织应规范服务方法和服务技巧，确定与顾客沟通的手段与渠道，不断提高员工素质和能力，完善服务设施、设备与服务环境，在提供服务过程中，通过与顾客的接触使顾客达到满意。

3）服务提供结束后的质量控制

服务提供过程结束以后，服务组织应对服务和提供服务的过程质量进行评定，以确定所提供服务是否满足顾客的需求，并发现服务和提供服务的过程存在的不足，以便及时改进。

（1）服务质量的评定

服务质量的自我评定。服务组织对服务质量的自我评定的内容包括：测量和验证关键的过程活动，以避免出现不符合需要的倾向和顾客的不满意；服务提供过程人员的自检是作为过程测量整体的一个部分；在与顾客接触中最终评定，以提出组织对服务质量的展望。

顾客对服务质量的评定，包括顾客接受服务过程中和接受服务后的评定，顾客主观的评定，顾客因不满意取消服务的现象，顾客满意的测量、顾客的评定与服务组织自我评定的比较。

顾客接受服务过程中和接受服务后的评定。顾客的评定可能是及时的，也可能是滞后的或回顾性的。一般情况下，只有少数顾客主动提出评定意见，因此，所有顾客的评定都十分宝贵的，服务组织应主动进行收集，加以分析。

顾客主观的评定。通常情况下，顾客不一定了解服务规范要求和等级上的区别，因此，顾客对提供服务的评价通常是主观评价，这些评价可能是正确的，也可能是错误的，所以组织对顾客的评定应经过统计分析，总体评价后，提出结果。

顾客因不满意取消服务的现象。当顾客对服务质量不满意时，可能取消服务要求，从而导致顾客的流失。服务组织要重视这种现象，分析顾客不满意的原因，采取适当的措施，减少或避免这种现象的再次发生。

顾客满意的测量。服务组织应实行对顾客满意的评定和测量，对顾客满意的评定应集中在服务提要、规范和提供过程满足顾客需要的范围内，既要注意顾客满意的评定，也要注意顾客不满意的评定。要分析哪些是正确的，哪些是不正确的，以便质量改进，确保顾客满意。

顾客的评定与服务组织自我评定的比较。服务组织应当将顾客的评定与组织自我评定进行比较，然后再去评价两种质量测量的兼容性，及为服务质量改进采取的任务需要。

（2）不合格服务的纠正措施

不合格服务的识别和报告是服务组织内每一个人的义务和责任。每个人应努力在顾客受影响之前去识别潜在的不合格服务。在质量体系中应规定纠正措施的职责和职权。当发现不合格时，应采取记录，分析和纠正不合格的措施。纠正措施通常分两步进行：第一步，立即采取积极的措施以满足顾客的需要；第二步，是对不合格的根本原因进行评价，以决定采取必要的、长期的纠正措施，防止问题的再发生。长期的纠正措施应适应问题的大小和影响。实施时，应监视纠正措施，以确保其有效性。

 复习思考题

1. 服务质量的特征是什么？
2. 影响服务质量的因素有哪些？
3. 典型的服务质量模型有哪些？它们各自的主要思想是什么？
4. 服务质量的差距模型中，可以将差距分为几类？它们分别有什么含义？
5. 请选择一个服务行业或企业，思考如何从五个质量维度提高服务质量。

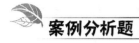

案例分析题

近几年,网络购物规模持续高速增长,各大电商平台之间的竞争日趋激烈,如何进一步提升服务品质,满足广大消费者的需求,是电商平台增强核心竞争力的关键。此前,中国消费者报社发布了《2019 京东品质服务研究报告》,从网络零售对消费市场贡献、京东平台的商品与服务并驾齐驱、京东平台的全方位服务保障等方面,对京东的品质服务进行研究。

随着网络零售在社会消费品零售总额的占比持续增长,作为优秀电商企业的代表之一的京东集团净收入也实现了大幅增长。在网络购物规模上,国家统计局公开数据显示,2015年至2019年,我国网络零售交易规模同步持续增长。2019年,我国网络零售额已突破10万亿元人民币,其中,实物商品的网上零售额超过8万亿元人民币;同时,网络零售占社会消费品零售总额的比重持续增长,2019年占比已超过20%,网络零售对消费市场贡献率越来越大。

京东净收入持续高速增长与京东平台不断扩充自身商品和服务品类密切相关。研究发现,京东在不断满足消费者对商品种类需求的同时,也同样重视对品质服务的提升。

客户对于京东服务的感知,也正在从传统的商品质量、个性化推荐、物流配送、退换货等极致消费体验,拓展至面向零售、物流、金融、公共服务、医疗、农牧等更多元化服务能力的沉淀和输出。2016年6月,京东打造全球领先的融合线上线下的零售商业模式。2019年,京东健康布局互联网+医疗健康,为用户提供基于医药健康电商、互联网医疗、健康服务、智慧医疗解决方案四大业务板块的产品和服务。2016年,京东发力本地化生活服务,提供从商品到服务、从线上到线下、覆盖各方面需求的优质生活服务。京东平台在品类发展上,实现了单一化向多元化转变,商品和服务并驾齐驱。

京东平台一直践行用户思维,通过供应链各方的协同发展,为用户提供周到、高效、细致入微的服务,尤其是在多元化发展实现一站式购物、高效物流实现便捷购物、服务保障实现购物无忧等方面,表现更加抢眼。

在多元化发展方面,京东平台业务涵盖了物流、家电、手机、数码、时尚、生鲜、居家生活、健康等各类消费场景,满足了消费者的多元化购物需求;另外,京东针对人群+品类的个性化服务覆盖,对消费者的影响较为突出,2019年京东放心购在已有闪电退款、运费险、以换代修、生鲜优鲜赔、酒类破损包退换等55项服务产品的基础上,又推出送装入户、家具3年质保、腕表2年质保、0元安装、效期无忧、保养无忧等27项全新的服务产品,将"放心购"服务产品拓展到60项。

京东数据显示,生鲜方面,当前的京东冷链已经在全国11个核心城市拥有18个全温层冷库,生鲜冷链配送已覆盖全国300个城市,并且京东还会继续打造产地生鲜专属解决方案,通过仓配一体化的智能冷链物流网络,从配送时效、覆盖范围、品质保障等多个维度进行创新升级,不断为消费者提供最鲜最优的物流服务体验。

为了让广大消费者享受到更安全、更便捷的快递服务,京东在物流方面投入大量人力物力。京东数据显示,京东物流体系通过构建大件、中小件、B2B、众包、跨境和冷链六大网络,在全国范围建立仓库超过730个,设立了28座大型智能化物流中心,保障快捷发货、及时配送。京东数据显示,京东物流"24小时达"服务已覆盖国内88%的区县。在2019

年11月份国家邮政局公布的2019年第三季度快递服务满意度调查中，京东物流成为仅有的两家公众满意度得分在80分以上的快递公司之一。而在国家邮政局近年来公布的历次快递服务满意度排名中，京东物流在10家全网型快递服务品牌中始终站在第一阵营，自2018年以来，京东物流已连续七个季度占据领跑地位。

（资料来源：https://finance.sina.com.cn/wm/2020-06-22/doc-iircuyvi9800542.shtml.）

请根据案例回答下列问题：
1. 京东的竞争优势体现在哪些方面？
2. 京东为什么构建如此完善的物流体系？
3. 如何开展电商平台下的服务质量管理创新？

第11章 网络组织质量管理

1. 了解供应商概念，掌握供应商管理的重要性。
2. 熟悉供应商质量管理的内容。
3. 掌握供应商绩效评价的步骤和具体方法。
4. 掌握供应链质量管理的内容。
5. 了解供应链、服务型制造网络等网络组织的质量管理技术与方法。

课程思政导读

供应链质量，数智化转型

11.1 供应商质量管理

11.1.1 供应商质量管理概述

供应商为企业提供所需的物料、信息、服务等资源，企业利用这些资源进行生产、加工和装配，向顾客提供最终的产品和服务。当前外部环境复杂多变，导致供求关系处于不稳定的状态，这对企业的供应网络产生了严重冲击，一旦发生外部风险，可能直接导致供应中断，进而影响企业的生产进度。有时供应商内部发生质量问题，提供给企业的原材料或零件是不符合标准或要求的，则会直接影响到企业产品的质量，及企业后续的生产和服务，如果企业再把问题产品提供给顾客，将产生不可估量的损失。另外，传统的供应商与企业间基本是采购——供应的合作关系，即企业有需要，就可向供应商直接采购，预付款或者货到付款，交易即结束，中间环节的运输或配送并未严格要求，后续企业的生产供应商也较少参与。然而，现代社会所需的产品不仅种类繁多、结构复杂，而且要求实现较多的功能。这就导致供应商可能会同时向多家企业供货，企业也面临多个企业供应货物，需要择优购货，有时候企业是生产商，也是供应商。由此，供应商与企业间不再是简单的合作关系，而是既有合作关系，又存在竞争关系，但无论是哪种关系，企业的经营策略都要随之变化，只有建立良好的供应商管理体系，科学、合理地管理供应商，才能选择优秀的供应商，从而帮助企业在激烈的市场竞争中高质量发展。

对供应商进行质量管理的最终目标是要保证企业能够将顾客所需的正确产品在正确的时间按照正确的数量、正确的质量和正确的状态送到正确的地点，并使总成本控制在最小。因此，供应商质量管理具有以下特征。

（1）快捷的信息交流。为了达到上述目标，企业和供应商共享部分生产信息，供应商可以随时了解企业的生产情况，提前准备符合要求的物料，企业也根据供应商的情况合理安排生产。此外,对于价格、产量波动的原材料等,通过信息共享,企业和供应商还能进行成本控制,进一步降低双方成本,强化合作。

(2)突破事后检验,由事前控制、过程控制、事后检验等多种方式相结合的方法进行质量管理。传统的供应中,质量检验方式基本是事后检验,即出现问题再进行检查,此时质量损失成本已经发生;而供应商管理则会促使双方参与到相互的生产经营活动中,实现产品质量的事前控制、过程控制、事后检验等,最大程度降低质量成本。

(3)加快企业响应顾客需求的速度。在顾客需求不断波动的情况下,供应商会在正确的时间、正确的地点提供正确质量和正确数量的产品,这会提高企业的基础保障能力,有效加强企业响应顾客需求的能力和速度。

现代企业的供应商质量管理是一个复杂的过程,包括对供应商的招标、选择、评估、监控、考核、定级、定期确认资格等多个环节。一个成熟而优秀的企业,会根据企业的生产特点和自身情况,建立起供应商的科学管理和系统管理。

11.1.2 供应商质量管理内容

1. 供应商选择

现代企业在生产经营过程中,所需要的原材料和零部件大多需要采购,因而大多数企业都面临供应商的选择问题。在选择供应商时,企业可以从质量、价格、交货能力、服务、柔性、位置、企业信誉、财务状况等多个方面去考虑,主要有以下几个步骤。

(1)调查供应商基本情况,旨在确定供应商是否具有"提供符合质量要求的产品"的能力。根据企业需求的不同,可以对供应商采取不同的措施,主要有两种。第一种是更换老供应商,调查新供应商,此时企业没有任何有关新供应商的资料,企业需要从生产规模、生产设备、人员管理、企业规模等多个方面对新供应商进行综合调查。供应商也要如实提供相关材料,保障双方合作关系的建立。第二种是调查老供货商的新供货产品,企业可参考往期对该供应商的绩效评定和供货记录,特别要审核新产品的设计标准、图样、技术指标、样品试用等信息。总之,要完成对供应商生产经营状况的基本调查,确定供应商的供应能力。

(2)审核供应商资质,进一步明确供应商的持续供应能力。通常情况下,对于一般供应商,企业可以选择内部质量工程师和行业领域专家组建调研团队,进行合理分工和责权划分,来审核供应商的资质和供应能力。而对于重要供应商,或者企业明确进行审核的供应商,企业可以委托专业的第三方机构来对供应商进行现场审核和调查。审核时、企业要明确自己的标准,把握关键要素的过程。审核后要形成专业的审核报告,审核报告将作为选择供应商的重要依据。对已通过体系认证的供应商,可关注其反映持续改进的管理评审、内审、数据分析、纠正措施等过程。如果这些方面做得好,说明该供应商具有较好的合作潜力。未获得质量管理体系认证证书的供应商,并不意味其质量管理体系不健全,或没有质量管理体系。这种供应商可能未按照ISO9001建立质量管理体系,而是按照ISO9001标准建立了质量管理体系,但并未寻求认证。只要供应商的供应能力满足要求,产品符合相关的法律法规,过程控制良好,供应商就具备合作的基本条件。

(3)运用适合的方法选择供应商。一般要根据可选供应商的数量、对供应商的了解程度,及企业对所购原材料或零部件的重要程度和时间紧迫程度来确定,目前较常用的方法有直观判断法、招标法、采购成本比较法等。

直观判断法是根据征询和调查所得的资料并结合人的分析判断,对供应商进行分析、评价的一种方法。这种方法主要是倾听和采纳有经验的采购人员的意见,或者直接由采购人员凭经验作出判断。常用于选择企业非主要原材料或零部件的供应商。

当采购数量大、供应商竞争激烈时,可采用招标法来选择供应商。招标法由企业提出招标条件,投标供应商进行竞标然后由企业决标,与提出最有利条件的供应商签订合同或协议。招标法可以是公开招标,也可以是指定招标。公开招标对投标者的资格不予限制;指定招标则由企业预先选择几家供应商。采用招标法,企业能在更广泛的范围内选择适当的供应商,但招标法手续较繁杂、时间长,不能适应紧急订购的需要,有时企业对投标者了解不够,会出现双方未能充分协商,造成货不对路或不能按时到货的情况。

对能够满足质量和交货期要求的供应商,则需要通过计算采购成本来进行比较分析。采购成本一般包括售价、采购费用、运输费用等各项支出。采购成本比较法是通过计算分析针对各个不同供应的采购成本,选择采购成本较低的供应商的一种方法。

2. 供应商质量控制

选择供应商后,企业需要对供应商进行质量控制,确保供应商能在生产经营过程中持续提供符合要求的产品和资源,通常运用的方法有 PDCA 循环、层次分析法等。主要控制环节包括企业初始选择供应商,产品设计开发环节、产品试制阶段、产品稳定生产阶段。

(1)企业初始选择供应商阶段,可以按照一定质量标准,参考相关企业的供应商选择,来初步控制产品质量。例如,质量是否符合 ISO9000 族标准,供应商企业的距离是否对供货时间有影响。在选择产品质量标准时,企业可以提前做好市场调研和资料搜集,调查市场需要什么样的产品质量,然后结合企业现状,最终确认一个适合的产品标准去初步筛选供应商,保留合适的几家供应商进行重点考察。

(2)在产品设计开发阶段,一方面,企业对供应商提出所需产品的质量要求,明确设计和开发产品的目标质量,不但有助于供应商了解顾客要求,而且可以通过供应商将顾客要求转化为自身生产特性和工艺要求的过程,达到控制供应质量的目的。另一方面,企业可以邀请供应商参加产品的设计和开发。不仅表现了企业的诚意,还可以使供应商充分了解产品的质量要求,从产品的价值链起点就可以充分控制质量。企业还可以鼓励供应商提出降低成本,提高产品质量和可靠性的意见,对企业控制产品质量也具有重要的促进作用。

(3)在产品试制阶段,供应商无须大量提供产品或服务,因而企业没有必要对供应商进行批量检验等全面质量控制手段。但是在产品样件试制完成后,企业要对根据样品表现,对供应商的质量保证能力进行初步的评价,评价合格的供应商要列为后续生产的长期供应商来进行管理。此外,企业还要有意识地与意愿供应商在质量要求、技术标准、质量管理体系要求、测量系统要求等方面达成后续生产的一致,有些不可避免的技术问题在不影响最终产品质量的前提下,双方可以互相协商,采取更改设计、重新设计等措施,形成解决方案。

(4)在产品稳定生产阶段,对供应商进行质量控制的主要手段包括质量检验和质量监控。由于供应商要为企业批量供应产品,其提供的产品质量或服务质量直接决定了企业向顾客提供的产品或服务的质量特性，因此，企业在对供应商的质量控制时，应监控和检验供应商的质量保证能力。有些企业会派遣专业人员在供应商处进行质量检验和控制，但重点仍然是企业的进货检验。一般来说，经过了对供应商的初步评价、小批量试制阶段的改进等措施，供应商所提供的产品，其质量是比较稳定的，其产品质量的波动一般也是在允许范围内的。但有时也会有异常因素的出现，造成产品突发性的波动，如果恰好此时供应商的质量检验出现了疏忽，可能会有大批不合格品交付，所以企业要防止这种突发性波动批的产品投入使用。

11.1.3 供应商绩效评价

现代企业通过对供应商实行长期的绩效管理，不仅能够选择优秀的供应商继续合作，还能淘汰较差的供应商，同时还可以将不足之处反馈给供应商，促进供应商提高供应的能力。其中，包括了选择科学的供应商绩效评价方法，设定合理的供应商绩效评价指标，及对供应商绩效评价结果的处理。

1. 供应商绩效评价方法

（1）ABC 分类法，是由鲁德霍夫（Filip Roodhooft）和科林斯（Jozef Konings）在 1996 年提出的供应商绩效评价方法，通过使用基于活动的成本分析法来评价和选择供应商。鲁德霍夫和科林斯将企业生产过程视为一个前后一贯、上下关联的各种作业构成的链状结构，并进一步假设企业所耗用的一切资源都是由作业的发生所导致的，而作业发生的原因是为了生产产品。

现代供应商管理中，并不是每个供应商都需要同等的关注。在资源有限的情况下，企业的注意力应该放在具有关键作用的因素上，加强管理的针对性，提高管理效率。在上述管理思想的指导下，企业可以对符合要求的供应商的进行重要性分类，找出少数关键的供应商进行重点管理，对多数的非重要供应商进行简化管理。企业可以依据表 11-1，对供应商进行 ABC 重要等级的划分。

表 11-1　供应商分类依据表

类别	供应商占总供应商数量的比例	物资价值占总采购物资价值的比例
A 类	10%	60%～70%
B 类	20%	20%
C 类	70%	10%～20%

由于 A 类供应商为公司提供了重要的物资供应且数量少，对其加强管理是降低采购成本的潜力所在，所以要投入主要精力，进行重点管理。对于 B、C 类供应商，因其所提供的物资比重小、数量多，不是降低采购成本的重点，可以做简化管理。需注意，ABC 分类管理法无法真正反映供应商提供物资的重要性和物资市场的复杂程度。例如，某些 C 类供应商，提供市场上的短缺物资，就要对其做重点管理；某些 A 类供应商提供价值高但为买方市场的物资，可采取简单管理方法，以节省成本。在应用 ABC 分类管理法的同时，要综合考虑这些因素，切实做好供应商的管理工作。

（2）20世纪70年代，著名美国运筹学家托马斯·塞蒂（T. L. Saaty）提出层次分析法（analytic hierarchy process，AHP）。层次分析法将决策人对复杂系统的评价决策思维过程数学化，从而降低了决策中的主观脆断造成的低精确性。层次分析法的基本原理是根据具有递阶结构的目标、子目标、约束条件、部门等评价方案，采用两两比较的方法确定判断矩阵，然后把判断矩阵的最大特征值相对应的特征向量的分量作为相应的系数，最后综合给出各方案的权重（优先程度）用于该方法，让评价者对照相对重要性函数表，给出各因素两两比较的重要性等级。因此，层次分析法的可靠性高、误差小，但不足之处是遇到因素众多、规模较大的问题时，该方法容易出现问题，如判断矩阵难以满足一致性要求，往往难于进一步分组。因此，企业结构较为复杂时，往往不会采用层次分析法。

除 ABC 分类法和层次分析法外，还有平衡计分卡、作业成本法、关键绩效指标法和标杆法等针对企业绩效评价的方法也在不断应用于供应商的绩效评价，供应商绩效评价方法不断走向成熟。

2. 供应商绩效评价指标

（1）质量。产品质量对企业是最重要的因素之一，在开始供应的一段时间内，企业要加强对供应商产品质量的检查，可以是全检，但工作量和成本较大；可以是抽检，分为计数抽样检验和计量抽样检验，企业要结合自身情况，选择合适的方法进行质量检查。

（2）交货能力。交货能力包含准时交货率、交货周期、订单变化接受率等，主要考察供应商的交货能力和持续改善能力，评价供应商能否在对的时间，将指定产品准时送到指定地点。

（3）经济指标。包括价格水平是否在合理范围，且能否与市场保持一致；能否真诚地配合企业主动开展降低成本的活动，制订改善计划，及实施改进行动等。

（4）服务情况。很多情况下，需要供应商更换残次品、指导设备使用、修理设备等，这种任务的变更，可能需要供应商提供一定的服务，甚至做出一点牺牲。因此，从这方面可以评价供应商的配合程度。

供应商评价指标还有很多，包括对供应商的价格、管理情况等，某供应商绩效考核表如表11-2 所示。总之，企业要根据自身状况，结合供应商的经营情况，合理设置评价指标，建立科学评价体系，才能营造更好的经营环境。

表 11-2　供应商绩效考核表

供应商编号				考核周期	
供应商名称				联系人	
地址及邮编				电话	
考核项目	所占比例/%	考核指标/%		指标计算方法	得分
价格	30	平均价格比率（15）		（供应商的供货价格–市场平均价格）×100%	
		最低价格比率（15）		（供应商的供货价格–市场最低价格）×100%	
产品质量	30	质量合格率（15）		合格件数/抽样件数×100%	
		退货率（15）		退货/交货次数×100%	
交货情况	20	交货准时率（10）		准时次数/总交货次数×100%	
		按时交货量率（10）		期内实际未交货量/期内应交货量×100%	

续表

服务情况	10	信用度（5）	出现问题时配合解决的速度×100%	
		配合度（5）	期内失信次数/期内合作总次数×100%	
管理情况	10		管理制度是否完善，质量手册是否完整、全面	
总分	100			
所属等级				
得分等级					
等级	分数标准		相应措施		
A	90～100 分		优秀供应商，可加大采购量或给予一定的奖励；质量、逾期率为满分，经管理小组进一步考察，认定为特别优秀的供应商，物料可享受免检待遇		
B	75～89 分		良好供应商，可正常采购		
C	65～74 分		合格供应商，需进行辅导，应减量采购或暂停采购		
D	65 分以下		不合格供应商，应予以淘汰		
考核人名单					
考核人姓名	所属部门	考核项目		考核意见	签字确认

3. 供应商绩效评价结果

企业可以根据绩效评价结果对供应商进行 A、B、C、D 等级划分，采取不同的策略。A 级供应商是优秀供应商，对于优秀供应商，首先企业应肯定供应商的优异供货业绩，并对供应商表示感谢；其次，应根据这些优秀供应商的重要性类别来选择管理对策。对于优秀但不太重要的供应商，由于其供应的零部件对于企业产品质量影响不大，可以通过加大订单比例，采用更短的付款周期等措施来鼓励该类供应商继续保持或改进供货业绩水平；对于优秀且重要的供应商，企业应从业务流程整体优化的角度寻求与供应商进一步合作和改进的机会，通过业务流程的整合能够避免不必要的重复工作，消除不增值活动。有条件的企业可考虑将自己的供应商管理系统与供应商的顾客关系管理系统对接起来，实现数据共享，使供应商与企业共同直接关注最终顾客，双方共担风险与机遇。

B 级供应商是良好供应商。良好供应商可以较好地满足企业的要求。B 级供应商尽管稍逊于 A 级供应商，但同样是企业值得珍惜的重要资源，企业应本着互利共赢的原则。加强与 B 级供应商的沟通，及时支付供应商的货款。对于重要的供应商，其业绩至少应达到 B 级；对于不太重要的供应商，应保证同一种产品至少有一家供应商达到 B 级。

C 级供应商是合格供应商，合格供应商能够满足合同约定的当前运作要求，它提供的产品或服务其他供应商也能轻易提供，合格供应商不具备额外竞争能力。对于企业来说，如果重要供应商的业绩只有 C 级，则应暂停供货，但可以作为应急备选供应商；如果不太重要供应商的业绩为 C 级，其供货比例应维持在 20%以下。对于所有的 C 级供应商，企业应向其提出警示，促使其由合格供应商发展到良好供应商，当然这需要供需双方共同付出努力。

D 级供应商是不合格供应商。不合格供应商不能满足企业的基本采购要求。正常情况下，企业应选择终止与不合格供应商的合作，并选择更好的供应商。

供应商的业绩评定和分级可根据企业的计划安排定期进行,可以每月进行一次,也可以每季度进行一次,还可以每半年或每年进行一次,亦可以结合产品的特点和供应商的质量波动情况来决定。因而,任何供应商的业绩级别都不是一成不变的。对于在评定期间隔内,供货质量急剧恶化或出现严重质量事故的供应商,可根据需要随时淘汰。

11.2 供应链质量管理

11.2.1 供应链质量管理概述

1. 供应链管理的产生与发展

20 世纪 60 年代前,企业采用独立管理模式,企业的各部门各司其职,互不相干,缺乏沟通,进而导致企业与供应商、销售商之间也缺乏沟通和信息交流。此外,该阶段的企业与企业的竞争又主要以规模化生产从而降低生产成本为主要手段,因此,企业、供应商与销售商之间常常会形成牛鞭效应。牛鞭效应如图 11-1 所示,这是一种企业间由于缺乏信息沟通而形成的需求放大现象,增加了各环节库存管理和市场营销的不稳定。这种现象的发现促使企业开始从供应链的角度去思考和解决需求放大问题,自此,供应链管理逐渐发展起来。

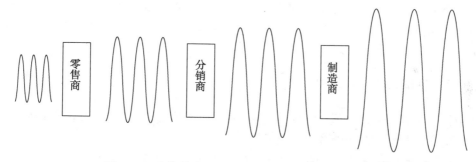

图 11-1 牛鞭效应(订货量沿着供应链不断放大)

20 世纪 80 年代后,企业间竞争的主要因素转变为质量,建立系统化的质量管理体系。此时,市场环境是各企业所面临的市场份额大,需求变动不剧烈,供应链上成员企业的管理理念基本上都是"为了生产而管理",相互间的业务协作以"本位主义"为核心。此时的供应链管理是一种层级式的、静态的、信息不透明的管理模式。虽然具有供应链管理雏形,但仍存在不少缺陷。

20 世纪 90 年代后,由于信息技术逐渐引入企业管理,企业的管理效率不断提升。企业间的竞争因素也逐渐转变为提高对顾客的响应速度,缩短产品开发周期和交货周期等内容,供应链管理带来的优势也不断显现,企业也越来越重视供应链管理,并出现了集成供应链、精益供应链、智慧供应链等新的供应链管理模式。21 世纪企业间的竞争是供应链的竞争,因而对供应链管理的研究,促使供应链管理理论逐渐发展成为生产系统最前沿的管理理论之一。

2. 供应链质量管理概念

在供应链背景下，产品的各个环节均由相应的供应链成员共同完成的。因此，产品质量也是由供应链各节点企业共同保证和实现的，质量管理模式开始由单个企业内部质量管理模式转变为多企业协同质量管理模式，质量管理职能从企业内部质量管理扩展到企业间质量管理，产品质量水平将取决于构成供应链的所有企业的质量管理与控制水平。质量管理观念的改变给产品质量的管控带来了挑战，企业不仅要考虑内部质量管理和控制，还要从供应链的视角出发，对原材料采购、到生产控制，一直到产品交付的整个产品生命周期进行把握，质量管理理论的研究和实践重点也从传统的企业为中心转向整个供应链体系。

3. 供应链质量管理特点

（1）整体性。传统质量管理以企业为核心，企业内部质量最优即为质量达到最优，而供应链质量管理要求供应链各节点企业以满足顾客需求质量为核心，建立供应链高度的质量管理体系进行质量管理。各节点企业都具有相对完善的质量保证体系，在供应链质量管理中承担着不同的质量职能。

（2）动态性。为了保证持续的竞争能力和质量保证能力，供应链需要淘汰不合格成员，吸纳新成员，并不断优化整个供应链范围内的业务流程。因此，供应链的组织结构和业务流程与单个企业相比，存在明显的动态性。

（3）协作性。为了实现供应链质量管理的目标，要求各节点企业在运营活动中必须按照计划协调运作，不能各自为政。例如，供应商应按照制造商的质量要求，将符合要求的零部件按计划生产出来并准时配送到制造商的装配线，且不同零部件的供应商必须同步将各自负责的零部件配送到位。

11.2.2 供应链质量管理内容

供应链质量管理包括四部分内容，分别是对供应商的质量管理，对制造商的质量管理，对分销商的质量管理，及对顾客的质量管理。

1. 供应商质量管理

供应商质量管理的内容详见 11.1 供应商质量管理，此处不再赘述。

2. 制造商质量管理

基于供应链视角对制造商进行质量管理，一方面，要考虑制造商内部的质量管理；另一方面，制造商要考虑和供应商、分销商和顾客之间的衔接。制造商和供应商之间的质量管理主要通过产品设计进行控制，此时的设计活动不只属于制造商，而是制造商与供应商共同的责任，同时也要兼顾分销商和顾客的质量需要。顾客的质量需要可通过市场调查和数据挖掘等手段获取，然后通过信息共享传达到制造商，这些信息是制造商不可忽视的质量因素，如果忽视顾客的需要，产品将无法立足市场。基于供应链视角的产品质量设计、产品的加工协作需要多方的通力协作。

3. 分销商质量管理

加工好的产品通过分销商交付于顾客，对分销商进行质量管理，首先要清楚分销商在供应链视角下的作用,包括了获取并维持协议规定的渠道运作和销售水平,维持库存,提供仓储设备,操作与监督货运和交付,进行改包装操作,获取市场信息及提供各种售后服务。因此,从供应链视角对分销商进行质量管理可从以下几个方面考虑。

(1) 物流质量管理。制造商通过物流将产品交付予分销商,分销商有时也需要物流将产品送达顾客。这就要求制造商选择符合产品特性的物流方式对产品进行配送,并且要在规定的时间内安全地将产品送达。因此,为了解决"后门挤塞"问题,分销商有必要设立进货时间表,将供应商每天的送货时间合理分配在不同的时间段,应充分利用供应商或自身的配送系统,提高物流效率。

(2) 分销商与制造商建立产销联盟。建立产销联盟的目的在于通过信息共享提示供应商制定生产和销售计划、适应顾客进行产品开发、减少物流损失和机会损失。在多品种、多式样生产的情况下,流通企业与生产企业的紧密配合会大大节约费用,实现从生产到消费的效率化。产销联盟有利于联合预测未来需求,有利于发现新产品的营销机会,并对消费者的需求做出快速反应。在这种合作中,供应链将极大地分享合作的好处,在为消费者提供更好的服务的同时,供应链的竞争力将进一步增强。

4. 顾客质量管理

对顾客进行质量管理不是控制和创造顾客需求,而是挖掘和适应顾客需求。无论是何种供应链,最终的服务对象都是顾客,对供应链进行质量管理的核心目标就是要提供满足顾客质量需求的产品和服务。因此,除对供应商、制造商、分销商进行质量管理外,还要对顾客进行质量管理。从供应链视角下,各节点企业都有责任挖掘和掌握顾客需求,并且将顾客需求转化为各自的产品质量特性,及进行信息共享,确保供应链质量管理的有效性和整体性。

11.2.3 供应链质量管理战略框架

从质量战略和供应链管理的角度,将企业内部的质量管理同供应商的质量管理与客户质量管理联系起来,形成了一种集成的供应链质量管理战略框架,如图 11-2 所示。

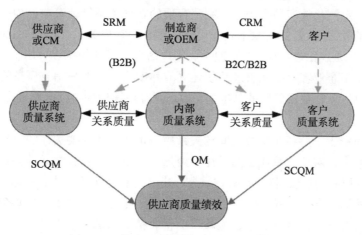

图 11-2 供应链质量管理的一般战略框架

(资料来源:张以彬,陈俊芳,张雄会等. 集成的供应链质量管理[J]. 企业管理,2016(9): 96-98.)

在供应链战略框架下,供应链质量管理从参与主体角度进行划分,主要涉及供应商质量系统、内部质量系统及客户质量系统三个方面。

1)供应商质量系统

供应商质量系统旨在通过合理选择和管理供应商,实现在与供应商建立长久合作关系的同时,信息共享、互联互通,形成清晰、确定、一致的质量目标与质量方针,提升企业绩效,最终实现顾客和相关方对产品质量的满意。其中,对供应商的管理指把握预控过程、实控过程及检控过程三个关键环节。预控过程内容主要包括:签订产品质量协议、质量保证条款、原材料使用的具体标准、商定质量联保程序、规定生产流程等。实控过程内容主要包括:派驻质量代表、供应商购入原材料检验、生产过程监督、启动质量联保程序等。检控过程内容包括对供应商产品的整个生产过程进行检查检验,及对供应商发来的产品进行严格的质量检验(钟瑶,2007)。

2)内部质量系统

内部质量系统旨在通过企业内部各功能过程之间的整合与协调,提升产品质量、降低质量成本,同时缩短产品交付周期、灵活响应顾客需求(郁玉兵等,2014)。企业的内部质量管理是一个系统工程,是通过企业的内部控制体系及质量管理体系的融合与共同作用来实现的。企业内部控制评价体系旨在采用系统的、规范的方法,明确企业战略,评价并改善风险管理、控制和治理程序的运行效果,帮助企业实现经营目标;质量管理体系旨在发现存在的问题,持续改进,确保企业的质量活动有效实施,相关结果符合组织计划的安排(陈留平和丁雯卉,2017)。赵团结(2020)认为,对于以产品生产为主的规模化企业,除内部控制体系与质量管理体系外,还应引入信息及相关技术的控制目标(controlled objectives for information and related technology,COBIT)体系,使企业关注信息安全,形成完善的支撑系统,确保企业健康运行,进而促进企业治理的规范和完善,最终达到企业治理、风险管理和合规性的有效统一。

3)客户质量系统

客户质量系统旨在通过收集及时、真实、准确的客户信息,精准获取客户需求,为客户提供针对性、定制化的产品和服务,制定合适的客户关系管理策略,为客户提供高质量产品,实现顾客满意。大数据背景下企业可以采用企业客户关系管理(customer relationship management,CRM)系统,加工、管理企业客户信息,深入挖掘客户信息中的潜在信息,同时企业可以基于企业客户关系管理系统建立成熟度模型与客户信息质量管理评价体系,在评定企业客户信息管理成熟度的基础上,为企业客户管理的持续改善提供依据(谢刚等,2015)。

此外,供应链上下游各个阶段之间的关系质量也是企业需要关注的重要环节。在供应链质量管理研究中,对于关系质量的关注多聚焦于其与企业绩效之间的关系(郁玉兵等,2014)。企业通过与供应商,特别是关键供方,建立互利合作的伙伴关系形成战略联盟,可以帮助双方有效沟通合作、减少损失,获得更大的发展机会(刘治宏和刘冬梅,2010)。同时,企业通过与客户建立良好关系,能够帮助企业精准识别顾客需求,更大程度上实现顾客满意。

11.2.4　供应链质量管理关键技术和方法

1. 基于过程管理的关键技术与方法

（1）质量数据感知技术。随着各类信息技术的发展，通过对于大数据的分析挖掘获取企业内部深层信息的方法逐渐被重视起来，数据感知技术应运而生。数据感知技术以数据自动清洗、数据质量治理和数据价值挖掘为技术手段。

（2）质量需求预测技术。质量需求预测技术主要包含产品质量需求识别及产品质量预测技术。产品质量需求识别技术主要依靠大数据技术与云计算。产品质量预测技术则主要是通过采集和分析供应链上的各种质量数据，预测最终产品的质量状况，评估和预测供应商的质量保证能力。

（3）质量事件管理技术。供应链事件管理（supply chain event management，SCEM）是在供应链实践活动中产生和发展的一种新的技术和方法。借助供应链事件管理技术，企业可以实现对供应链活动全过程的监督控制，减少异常事件损失及关键过程波动，防止企业生产活动产生负面改变，实现更有效的过程控制。

（4）协同整合技术。供应链协同管理的研究主要涉及战略层协同、策略层协同和协同技术三个方面。其中，协同技术是供应链实现协同的基础和关键。在供应链环境下实现供应链上各企业的协同与整合，可以采用电子数据交换（electronic data interchange，EDI）技术与企业应用集成（enterprise application integration，EAI）技术。通过供应链质量管理协同整合技术，企业可以实现供应链所有成员信息互联共享，为供应链各个节点的中间客户及最终客户提供能满足其质量需求的产品，实现顾客满意。

（5）基于 ISO9000 族标准的供应链质量管理。ISO9000 族标准作为质量管理的国际标准，已经在全球得到了广泛的应用。ISO9000 质量标准的实施可以从供应链质量策划、供应链质量控制、供应链质量改进和供应链质量保证四个方面进行供应链质量管理，每一个方面均有其具体的理论、实施方法及可利用的工具。

2. 基于博弈论的关键技术与方法

供应链质量管理方法的核心是供应链质量控制与协调，在现有的质量管理研究过程中，大多将供应链质量控制与协调分为供应链双方非合作博弈和合作情形下的质量控制与协调研究。

（1）非合作博弈情形。供应链双方非合作的情况下，双方利用不可观测参数实现自身利润的最大化，所对应的分析工具是非合作博弈利润和委托—代理利润，在该情况下，根据研究内容的不同可将其划分为双方质量控制与协调策略和基于产品质量的合同设计两个方面。

（2）合作博弈情形。供应链双方合作的情况下，双方将通过谈判的形式，实现自身的利益最优化，核心问题是供应链的整体利润的合理分配，此时探讨的重点是基于产品质量的供应链合同设计，采用矩阵博弈论模型、纳什讨价还价模型（Nash bargaining game）等作为分析工具。

11.3 服务型制造网络质量管理

11.3.1 服务型制造网络概念与特征

在当代，人们的消费行为越来越向多样化与个性化转变，这一转变促使制造业增加了对客户服务价值实现的追求，企业间合作与服务的趋势也越来越明显。制造企业与服务企业间形成了动态的服务网络关系，许多大型制造企业角色开始变化，转变为产品与产品全生命周期服务组合的制造服务商。服务业与制造业之间的相互融合越来越明显，新的制造模式——服务型制造由此诞生。而在服务型制造模式下，许多制造企业、服务企业和顾客共同参与，为相互间的价值创造提供支持，这些节点交叉融合进一步形成了服务型制造网络（service oriented manufacturing network，SMN）。

SMN 是制造业和服务业融合发展过程中，在服务需求及服务能力驱动下，由制造业、服务企业的相关部门或人员及顾客组成的价值模块节点单元构成的一种能力与需求合作网络，具有以下四种特征（冯良清，2012）。

（1）顾客的参与性。顾客作为价值模块功能实现的主体之一，主动参与到服务性生产、生产性服务及服务集成的各个环节。首先，为了满足顾客个性需求，实现顾客价值感知的最大化，则需要顾客高度参与产品研发设计、生产组装中去；其次，服务的生产和消费具有同步性特征，决定了顾客必须高度参与。

（2）节点的差异性。网络节点是基于价值功能实现的目标，根据能力提供服务功能的，而各节点的服务能力本身存在客观差异，节点在满足服务需求方面存在差异性，其采取的相关行为，如质量行为同样存在差异。

（3）节点的匹配性。由于节点服务能力及服务功能需求的差异，节点关系的组合需以服务能力与功能需求的匹配为前提，服务集成模块节点在其间起关键的协调作用。

（4）结构的动态性。由于顾客需求的多变性及顾客参与的主动性，各价值模块的功能需求易发生变化，各价值模块节点也会发生相应变化，关系结构随之动态更新。

11.3.2 服务型制造网络质量管理内容

目前，服务型制造网络质量管理还处于探索阶段，本节简述本书作者与团队成员的探索性成果内容，给出 SMN 模块化质量的"识别—协同—优化—赋能"管理逻辑（冯良清等，2022）。

1. 服务型制造网络模块化质量识别

（1）质量属性确定。SMN 是由生产性服务模块、服务性生产模块及顾客效用模块组成的网络组织，提供"产品+服务"的模块实体，模块的行为主体即模块提供商的质量水平、质量行为对最终质量存在较大影响。因此，SMN 的质量属性是"产品+服务"模块化的质量特性、质量水平及质量行为。

（2）质量识别方法。基于行为的视角，度量 SMN 模块化服务质量行为的关键性，识别节点质量行为对服务质量的关键影响程度；基于模块化质量的多元属性特征，建立多模块递阶质量屋识别方法，识别模块化质量关键属性间的关联关系。

2. 服务型制造网络模块化质量协同

（1）模块化质量协同演化。基于 SMN 的组织结构功能，通过构建模块化质量协同演化博弈模型，分析模块化质量协同演化策略形态及其影响因素。

（2）模块化质量协同性评价。针对 SMN 各个模块之间的质量协同管理问题，通过构建 SMN 质量行为协同性分层评价和整体评价相结合的评价方法，度量质量行为的协同度。

3. 服务型制造网络模块化质量优化

（1）模块化质量的多层级优化。基于航空装备研制的服务型制造项目的多层级特征和多层级研发项目中方案的可传递性，研究模块化质量方案决策优化问题。

（2）模块化质量的多目标优化。基于模块化质量的质量特性（quality character，QC）、质量水平（quality ability，QA）和质量行为（quality behavior，QB）三个维度，建立 SMN 模块化质量多目标优化模型，确定最优配置方案。

4. 服务型制造网络模块化质量赋能

（1）SMN 模块化质量管理数字化技术。包括质量大数据技术、自适应控制技术、人工智能技术、区块链技术等。

（2）SMN 模块化质量管理数字化场景。包括面向制造商运营的支配型 SMN 模块化质量管理数字化场景、面向第三方运营的平等型 SMN 模块化质量管理数字化场景。

（3）SMN 模块化质量管理数字化赋能的路径优化。包括基于质量链数字化的整合优化、基于技术链数字化的整合优化、基于质量生态圈数字化的整合优化。

11.3.3　服务型制造网络质量管理框架模型

SMN 的节点质量行为是节点能力差异情况下对价值模块质量合作的直接反应，是节点能力选择行为及节点能力合作行为的综合表现，是研究 SMN 质量管理的基础问题。为此，冯良清（2012）提出了能力差异的 SMN 节点质量行为框架，包括基础能力优势节点的适应性质量协作、竞争能力优势节点的合约化质量协调、核心能力优势节点的模块化质量协同。该质量行为框架模型如图 11-3 所示。

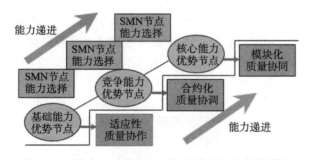

图 11-3　能力差异的 SMN 节点质量行为框架模型

（资料来源：冯良清. 服务型制造网络节点质量行为研究[M]. 北京：经济科学出版社，2012.）

1. SMN 的适应性质量协作

从符合性质量观到适用性质量观,体现为站在组织的立场及顾客的立场分析质量管理行为的合理性。只有基础能力优势的 SMN 节点,其质量行为首先要建立在自身能力的基础上满足顾客的需求,即需要同时从组织单元的自身能力及顾客的立场分析。同时,基础能力优势节点具备 SMN 能力合作的基本能力,可以为服务模块集成商提供满足顾客效用价值的基本能力服务。从合作行为的角度看,SMN 能力服务的提供是基本能力的分工与再集合过程,因此,基础能力优势节点的质量行为是适应性质量协作行为。

2. SMN 的合约化质量协调

从合约经济学理论的角度看,所有市场交易都是一种合约,质量是一种合约关系。王海燕(2005)提出了"合约化质量"概念,她认为质量是一种有供应方将满足某种约定要求的产品在约定时间内的所有权或使用权让渡给另一方的承诺而形成的合约关系。由于有竞争优势的 SMN 节点同时具有一般能力和特殊能力,从行为人有限理性的角度为节点主观性质量行为提供了空间,具有信息不对称性的特点。有竞争优势的节点间的能力合作是一种委托代理关系,合约化质量通过质量合同的设计,应用博弈论与信息经济学解决非对称信息问题,达到能力合作的质量协调效果,即有竞争优势的 SMN 节点质量行为是合约化质量协调。

3. SMN 的模块化质量协同

由于 SMN 中有核心能力优势的节点在能力合作中具有很强的特殊能力,且硬能力和软能力在结构上具有高度协同性。有核心能力优势节点模块化质量协同有两个方面的含义:从博弈理论的角度看,节点能力的强强联合使模块节点由合同约束下的非合作博弈演化为自适应的合作博弈;从协同学角度看,各节点的合作形成了模块化服务组织,模块化组织之间界面清晰,各模块质量参数的设计、提供与改进是模块化组织服务质量序参量的运动过程,模块质量是 SMN 整体服务质量及模块化服务质量的控制参量,模块之间形成了自适应的质量协同自组织网络。

11.3.4 服务型制造网络质量管理技术和方法

1. 服务型制造网络质量管理过程建模技术与方法

(1)基于复杂适应系统的建模技术与方法。由于 SMN 质量管理过程在时间和空间上都具有分布式活动和活动的特征,并且可以被视为是复杂的,因此采用一种受复杂性范式影响的建模仿真方法——ABM 方法。ABM 的一般形式是多智能体(multi-agent system,MAS),MAS 可以在 SMN 中组建具有分布、自主特点的实体模型(王雯和傅卫平,2010),通过 Swarm 或 Proteus 等仿真平台来对影响质量管理过程的因素进行分析。

(2)基于离散时间系统的建模技术与方法。Petri 网是一种适用于异步的、并发的计算机系统模型,它可以被认为是一个"事件机器",即当输入事件时,Petri 网会生成一组复合事件(中间事件和最终事件),并显示它们之间的因果关系。

2. 服务型制造网络节点能力选择技术与方法

(1)SMN 节点能力选择评价方法有模糊层次综合评价法(fuzzy comprehensive evalu-

evaluation，FCE）、多目标优化模型、灰色评价方法、数据包络分析法（data envelopment analysis，DEA）、应用模糊数学、层次分析、可拓综合评价方法等。

（2）SMN节点关系决策方法有模糊决策、群决策、多方案决策法、多目标决策、质量功能展开方法等。

3. 服务型制造网络质量追溯控制技术与方法

实现对生产制造产品的质量追溯控制是SMN质量管理的一个重要环节。对于制造产品过程中的质量检验数据，需要进行实时的收集和整理，并通过聚类分析对质量数据进行分组。聚类后的质量数据跟工艺参数、控制参数等制造过程大数据进行关联分析，进而实现对质量问题根源的追溯；同时可以采用自适应神经网络模糊推理系统（adaptiveneural-fuzzy inference systems，ANFIS）建立质量数据与质量问题的映射关系，以根据质量参数预测分析制造产品的质量，再运用遗传算法（genetic algorithm，GA）识别并实时调整影响产品质量的工艺和控制参数，进而实现对质量问题的实时与自适应控制（任杉等，2018）。

复习思考题

1. 为什么要进行供应商质量管理？如何对供应商进行质量管理？
2. 供应商的绩效评价有哪些内容和评价方法？
3. 供应链质量管理的内容包括哪几个方面？
4. 服务型制造网络的概念是什么？如何对服务型制造网络进行质量管理？

案例分析题

C919是中国首款按照最新国际适航标准研制、具有完全自主知识产权的干线民用飞机，在国际市场唯一的两个竞品是波音737和空客A320。目前国际大型客机市场主要由波音公司和空客公司占据。中国商飞主营民用干线飞机和民用支线飞机的研制和生产，2008年在黄浦江畔成立，起初由中国航空工业第一集团公司等6支"国家队"出资组建。

"几乎没有飞机是完全在一家工厂里生产出来的"，中国商飞公司方面称采用"主制造商——供应商"模式，以中国商飞为主制造商，由242家国有大中型企业、36所高等院校共同参与，包括宝钢在内的16家材料制造商和54家标准件制造商成为大型客机项目的供应商或潜在供应商。

中国商飞的供应商选择思路是：机体上，选择国内供应商，及国内材料研制单位；在设备和系统等先进技术引进上，中国商飞促成国外系统设备供应商与国内企业以成立合资公司为形式作为供应商。

C919背后供应商队伍中，承接机体结构主要为中航工业旗下两家上市公司，分别是中航飞机和洪都航空，承接设备和系统的主要是霍尼韦尔、泰雷兹、美国伊顿三家外商及在中国的合资公司，而配件供应商中也有为数不多的民营公司，如浙江西子航空工业有限公司，及江苏彤明车灯有限公司。作为C919主要供应商，中航系两家上市公司被多家券商称为"国产大飞机"首飞最大赢家。中航飞机旗下的沈飞、成飞、西飞三家公司是C919机体主供应商，主要供应机头、中机身、副翼、襟翼、外翼合段等部件。作为中航系最大飞机资产平台，也是我国运输机和轰炸机的主要生产基地，公司称，除C919外，目前服务的另两个项目ARJ21和新舟700，将共同推动公司民机业务大规模增长。洪都航空是大飞机项目的前机身、中后机身的唯一供应商，券商分析称，洪都航空项目约占机体份额的25%，占大飞机总造价的10%左右。从已有订单看，洪都航空大飞机结构件业务收入将超过100亿元人民币。

一边，外商将与中国商飞合作，作为介入中国航空制造业的关键一步；另一边，中国商飞也必须通过全球优选供应商的方式，使C919在较短时间内追赶国际水平。据中国商飞提供的资料称，在动力、电子设备和材料等领域，中国大部分企业还未得到美国联邦航空管理局（Federal Aviation ad-Ministration, FAA）或欧洲航空安全局（European Aviation Safety Agency, EASA）的适航认证。

据中国商飞提供的资料分析，这种"主制造商—供应商"模式是目前大型客机制造企业普遍采取的一种运作模式。例如，空客的客机是由德、法等国的航空工业公司联合研制的，空客飞机有30%的制造是在美国进行的，而波音飞机35%的制造是在日本完成的。

纵观波音和空客的供应链管理方式演变，两者均从独立研制发展到与供应商风险共担。在波音787项目实施以前，波音主要进行总装、总体设计和细节设计，主导前期设计团队，而仅放权给少数供应商。这让波音公司承担了巨大研制成本和风险。但到了波音787项目时，波音公司大幅缩减一级供应商数目到23个。并在设计、生产方面赋权给他们，并要求他们负责与次级供应商的项目管理，完成部分系统集成任务。"但是我们（中国商飞）与这两家有很大的区别"，北京大学教授路风曾公开对媒体称。造成区别的根本原因就是我们没有经验，波音之前飞机的所有主要部件都是自己做的，产业链曾经在自己的手中，只是因为成本原因现在不自己做了，但是能力从来没有中断过，他们有技术和能力去协调供应链，波音就是供应商的老板，供应商就是供货的，恐怕这点商飞还做不到。商飞很可能有时不得不听供应商的，因为我们懂得不多。

（资料来源：http://www.eeo.com.cn/2017/0506/304112.shtml. ）

请根据案例问答以下问题：

中国商飞是如何管理供应商的？并查阅资料，讨论关于C919飞机供应商管理的策略或建议。

第12章 数字化技术质量管理

1. 熟悉大数据及工业大数据的特征。
2. 了解大数据在质量管理中的应用。
3. 掌握数字化技术下的新质量分析工具的特点和应用场景。
4. 熟悉智能制造的特征。
5. 了解智能制造环境下质量管理的应用趋势。
6. 了解"工业4.0"下的"质量4.0"及其未来发展趋势。
7. 思考"工业4.0"背景下,如何运用"质量4.0"管理模式助力中国制造业未来发展。

课程思政导读

智能超威,中国智造

12.1 大数据与质量管理

12.1.1 大数据与工业大数据

1. 大数据概述

第四次工业革命下人类进入智能化、数字化时代,数字生产力逐渐展现出强大生命力。大数据作为重要的数据资源,受到了越来越多的关注和重视。无论是其内在蕴含的信息价值,还是其已经成为人类社会所需数据有机组成的客观事实,都迫使我们不断加强对大数据的应用。

1) 大数据的定义和特征

大数据(big data),又称海量资料,是由数量巨大、结构复杂、类型众多的数据构成的数据集合,其所涉及的资料量规模巨大到无法通过目前主流软件工具,在合理时间内达到撷取、管理、处理、并整理成为能帮助政府机构和企业进行管理、决策的资讯。

大数据具有5V特征:大量(volume)、高速(velocity)、多样(variety)、低价值密度(value)、真实性(veracity)。

(1)大量,即数据体量庞大。包括采集、存储和计算的量都非常大。数据时代刚刚来临时,一般的数据存储容量、体积多以 M 为单位。近年来各种各样的现代 IT 应用设备和网络正在飞速产生和承载大量数据,使数据的增加呈现大型数据集形态,大数据的起始计量单位至少是 P(1000个T)、E(100万个T)或 Z(10亿个T)。

(2)高速,即获得数据速度快,从各种类型的数据中快速获得高价值的信息,这一点也是和传统的数据挖掘技术有着本质的不同。

（3）多样，即数据类型繁多。数据来自多种数据源，数据种类和格式日渐丰富，已冲破了以前所限定的结构化数据范畴，囊括了半结构化和非结构化数据。

（4）低价值密度（value），即价值密度低。由于数据产生量巨大且速度非常快，必然形成各种有效数据和无效数据错杂的状态，因此数据价值的密度大大降低。以监控视频为例，连续不间断监控过程中，可能有用的数据仅仅有一两秒。但是，众所周知，大数据的合理利用会给使用者带来很高的价值回报，所以，如何结合业务逻辑并通过强大的机器算法来挖掘数据价值，是大数据时代最需要解决的问题。

（5）真实性（veracity），即数据的质量和保真性。大数据环境下的数据具有较高的准确性和可信赖度。

2）大数据质量管理发展

数字革命改变着世界和人类的命运。在此背景下，质量管理模式也随之发生变革，以数字化赋能质量管理成为顺应当今时代发展的必然趋势。进入数字化时代，依托大数据的发展，全面质量管理也将进入新的阶段。

质量管理的发展经历了质量检验、统计质量控制和全面质量管理三个阶段。质量检验阶段是对产品进行百分百检验，因此检验费用较高。1924年，美国的休哈特提出了控制和预防缺陷的概念，并创造出"控制图"，把数理统计的方法引入到质量管理中，使质量管理进入到统计质量控制阶段。随着生产力和科技的进一步发展，火箭、人造卫星等大型、复杂、高精密产品进一步提高质量要求。通过"系统工程"的概念，把质量问题作为一个有机整体加以综合分析研究，实施全员、全过程、全企业的管理，从此质量控制进入全面质量管理阶段。

与质量管理类似，大数据的发展经历了萌芽时期（20世纪90年代至21世纪初）、发展时期（21世纪10年代）和兴盛时期（21世纪10年代至今）3个时期。1998年，《大数据科学的可视化》的文章发表，大数据作为一个专用名词正式出现在公众眼前，这个时候的大数据只是一个概念或假设，是用来描述数据量的巨大，对数据的采集、存储和处理没有进一步的探索，大数据这一概念开始萌芽。

大数据的概念对各行各业都产生了极大的影响作用，质量管理领域也不例外，如质量大数据。大数据技术被广泛运用在产品质量管理中，基于大数据技术的质量追溯、质量控制和质量预测等不断涌现，质量大数据技术变革传统的质量管理理念，数据思维对质量管理机制和执行方式产生显著的影响。经过不断的演变和发展，大数据质量管理已经发展为以面向大数据应用的高质量水平为目标，通过系统的方法，依靠必要的组织结构，把各部门、各环节的质量管理活动严密组织起来，实现数据质量管理的有效运行。

2. 工业大数据概述

随着制造业信息化和工业化的不断融合，我国迎来了以智能制造为主体的新一轮工业革命。制造业作为增强国家综合国力和国际竞争力的根本保障，无论是德国提出的"工业4.0"战略、美国提出的"工业互联网"、英国提出的"制造2050"计划、法国提出的"新工业法国"战略、日本提出的"智能制造系统"国际合作计划，还是我国提出的实施"中国制造2025"行动计划，世界制造强国都纷纷加快智能制造战略布局和规划的脚步。在这样的背景下，工业大数据作为智能制造的关键技术和引擎，已经逐渐成为我国实施智能制造战略和制造业转型升级的重要战略资源。

1）工业大数据的定义和特征

工业大数据（Industrial big data）是工业领域相关信息化应用中所产生的海量数据。在《工业大数据白皮书（2017版）》中给出了工业大数据的具体定义：工业大数据指在工业领域中，围绕典型智能制造模式，从客户需求到销售、订单、计划、研发、设计、工艺、制造、采购、供应、库存、发货和交付、售后服务、运维、报废或回收、流程再制造等整个产品全生命周期各个环节所产生的各类数据及相关技术和应用的总称。

工业大数据除具有一般大数据的特征（大量、高速、多样、低价值密度、真实性）外，还具有四个典型特征：价值性（value）、实时性（rwal-time）、准确性（accuracy）、闭环性（closed-loop）。

（1）价值性。工业大数据更加强调用户价值驱动和数据本身的可用性，包括：提升创新能力和生产经营效率，及促进个性化定制、服务化转型等智能制造新模式变革。

（2）实时性。工业大数据主要来源于生产制造和产品运维环节，生产线、设备、工业产品、仪器等均是高速运转，在数据采集频率、数据处理、数据分析、异常发现和应对等方面均具有很高的实时性要求。

（3）准确性。主要指数据的真实性、完整性和可靠性，更加关注数据质量，及处理、分析技术和方法的可靠性。

（4）闭环性。包括产品全生命周期横向过程中数据链条的封闭和关联，及智能制造纵向数据采集和处理过程中，需要支撑状态感知、分析、反馈、控制等闭环场景下的动态持续调整和优化。

除以上四个基本典型特征外，业界一般认为工业大数据还具有集成性、透明性、预测性等特征。

2）工业大数据与大数据关系

工业大数据是基于工业数据，运用大数据相关思维、工具、方法，使工业系统、工业产品具备描述、诊断、预测、决策、控制等智能化功能模式和结果。首先，工业大数据可以借鉴大数据的分析流程及技术，实现工业数据采集、处理、存储、分析、可视化。其次，工业制造过程中需要高质量的工业大数据，可以借鉴大数据的治理机制对工业数据资产进行有效治理。工业大数据以大数据技术为基础，但是在环节和应用上与传统大数据存在一定的区别，如表12-1所示。

表12-1　工业大数据与传统大数据区别

环节和应用	传统大数据	工业大数据
采集	通过交互渠道（如门户网站、购物网站社区、论坛）采集交易、偏好、浏览等数据；对数据采集的时效性要求不高	通过传感器与感知技术，采集物联设备、生产经营过程业务数据、外部互联网数据等；对数据采集具有很高的实时性要求
处理	数据清洗、数据归约，去除大量无关、不重要的数据	工业软件是基础，强调数据格式的转化；数据信噪比低，要求数据具有真实性、完整性和可靠性，更加关注处理后的数据质量
存储	数据之间关联性不大，存储自由	数据关联性很强，存储复杂

续表

环节和应用	传统大数据	工业大数据
分析	利用通用的大数据分析算法；进行相关性分析；对分析结果要求效率不要绝对精确	数据建模、分析更加复杂；需要专业领域的算法（如轴承、发动机），不同行业、不同领域的算法差异很大；对分析结果的精度和可靠度要求高
可视化	数据结果展示可视化	数据分析结果可视化及3D工业场景可视化；对数据可视化要求强实时性，实现近乎实时的预警和趋势可视
闭环反馈控制	一般不需要闭环反馈	强调闭环性，实现过程调整和自动化控制

资料来源：卫凤林，董建，张群.《工业大数据白皮书（2017版）》解读[J]. 信息技术与标准化，2017(4): 13-17.

3）工业大数据应用热点

（1）设计领域：基于模型和仿真的研发设计、基于产品生命周期的设计、融合消费者反馈的设计等方面。

（2）复杂生产过程优化：工业物联网生产线、生产质量控制、生产计划与排程在内的生产过程优化。

（3）产品需求预测：分析当前需求变化和组合形式，通过消费人群的关注点进行产品功能、性能的调整。

（4）工业供应链优化：通过全产业链的信息整合，使整个生产系统协同优化，让生产系统更加动态灵活，进一步提高生产效率和降低生产成本。

（5）工业绿色发展：实现产品从设计、制造、使用到报废的整个产品生命周期的低能源消耗、不产生环境污染或环境污染最小化。

12.1.2　大数据在质量管理中的应用

大数据时代的到来，为有效解决传统质量管理面临的难点、痛点问题带来了契机，结合企业产品生产过程及大数据特征，大数据在质量管理中的应用场景主要可以体现在以下几个方面（刘卫卫，2021）。

1. 大数据的质量预测、预警、检验和智能诊断作用

基于积累的大数据对未来可能发生的情况进行预测，是大数据的典型应用场景之一。大数据所有预测都基于模型，而模型的存在就会导致抽样的误差。大数据管理可以根据数据的相关性对模型不断进行调整，以期获得更为精准的预测。在质量管理领域，基于制造过程的大数据，如人员的情况及变动、设备的状态数据、物料的信息数据、制造方法和工艺监控数据、制造环境的感知数据等，通过其相关性、趋势性分析，能够预测产品输出结果质量的可能变异，并提前对可能的变异过程进行纠偏。与SPC基于已有结果进行趋势分析预测不同，大数据的数据维度更多、相关性分析的模型更智能、数据的实时性更高，可以做到真正的预测。在质量检验过程中，大数据促进了质量检验技术的革新，增加了质量检验过程的便利性、准确性和高效性，从而使缺陷更容易被检出，进一步提高了产品质量。此外，大数据还可以应用于问题的智能诊断上。由于"大数据"的存在，质量检验过程变得可追溯，原因的诊断和定位也将更智能、更快速。

2. 大数据在质量变化点管理中的应用

质量过程控制的核心是控制变异。变化是导致质量不稳定的核心原因，结果的变异往往是由于过程的变化引起的，因此利用大数据开展变化点管理，将帮助过程质量有效控制变异。变化点包含影响过程结果变化的所有可能因素，通过利用各种实时探测技术来获取生产车间的环境、温度、速度等生产属性数据，可以清晰地展示变化过程，及时对变化的合理性进行评估和判断，达到全程监控、及时调整、减少潜在风险等目的。

3. 大数据在产品生命周期管理上的应用

数字孪生是充分利用物理模型、传感器更新、运行历史等数据，集成多学科、多物理量、多尺度、多概率的仿真过程，在虚拟空间中完成映射，从而反映实体装备的全生命周期过程。基于数字孪生的产品生命周期管理将产生大量数据，是形成大数据的重要途径。通过数字孪生的大数据分析，能够有效监控、追溯产品的生命周期全过程，对产品制造、售后服务质量，甚至客户需求习惯监测、备品备件等增值服务的推进都起到巨大的数据支撑决策作用。

4. 大数据在服务质量管理中的应用

大数据除在制造过程的质量管理上发挥作用外，在产品的服务质量管理方面，发挥着巨大的作用。应用大数据技术，增加服务过程的数据监控和收集，能够细化服务过程的标准化程度及控制措施，提升服务的过程质量。大数据的应用还可以细化客户声音管理，有效识别客户服务痛点，提高客户声音获取的范围和真实性，全面获知服务过程中每个环节的优劣势，从而促进服务质量的持续改善。

5. 大数据在顾客需求和产品研发中的应用

质量就是满足客户需求，管理好客户需求是质量管理的第一步。大数据可以在挖掘和分析顾客需求（内在、外在以及潜在顾客需求）上发挥重要作用。决策者只凭主观意识与经验对市场进行评估决策，会导致战略定位不准，存在很大风险。在大数据时代，企业通过收集、分析大量内部和外部数据，获取有价值的信息。通过挖掘这些信息，企业可以预测市场需求，从而制定行之有效的战略。针对大数据收集分析挖掘的顾客需求，可以更全面地获取用户信息，帮助产品开发设计，甚至可以发掘新的业务领域。

12.1.3　大数据在数据质量控制中面临的挑战

随着大数据的发展和应用，大数据的数据质量也是一个重要的问题。质量数据的及时获取、高效管理和有效分析，对及时、恰当的质量管理与改进决策起着至关重要的作用。但同样，质量数据的获取也面临着挑战。

1）质量数据收集和管理面临挑战

在质量管理的过程中，零部件、半成品、成品和环境等质量数据至关重要，可以反映质量状况和生产过程状态。但是由于管理规范不统一、技术不成熟等问题，质量数据的获取存在困难或存在数据缺失等问题，导致以数据为基础的分析和决策出现偏颇，失去其有效性。

2）质量数据及时和有效利用面临的挑战

随着互联网的不断发展，生产管理各个方面源源不断地产生大量数据，但以现有的数据分析技术，还无法及时将收集的数据进行有效分析；同时，非结构化的质量数据需要质量工程师花费大量的时间和精力去转换和清洗，导致无法对质量风险进行及时监测、快速响应和有效控制。

与社交媒体、医疗、教育、金融等行业应用相比，工业领域应用对分析结果的准确度要求更高，数据结构更加复杂、范围更广，很多大数据质量通用的观点和做法并不适用，因此工业大数据对数据质量具有更高的要求。

12.2 数字化技术下的新质量分析工具

在面临海量的数据和复杂的质量控制场景时，基于数理统计技术的传统质量工具方法，如老七种工具、新七种工具、统计过程控制（SPC）等，难以充分满足管理者的需求。智能化、数字化时代背景下的质量管理需要探索新的质量分析工具和方法。为适应大数据、物联网等技术的蓬勃发展，出现了许多数字化技术下的新质量分析工具，如大数据文本分析技术、预测性建模技术、机器学习、聚类分析、离散事件仿真、持续事件流。

12.2.1 大数据文本分析

随着互联网的兴起，越来越多的人开始关注和运用新媒体和社交网络媒体，其丰富的多样性特点日益满足于人们信息交流等需求。新媒体作为一种结构性力量，为用户提供了用户需求、情感表达等畅通广阔的信息沟通平台。受益于互联网媒体的发展，大量用户数据所蕴含的信息成为用户需求新的特征表现。而在海量的数据中，结构化数据难以代表整体，非结构化数据已经成为大数据的关键组成部分。

文本指书面语言的表现形式，从文学角度说，文本通常是具有完整、系统含义的一个句子或多个句子的组合。一个文本可以是一个句子、一个段落或者一个篇章。以中文为例，文本的结构为：单字可以组词语，词语可以造句，句子组成段落，段落构成文章。

大数据文本分析技术就是将用户产生的非结构化文本数据转换为有意义的数据并进行分析的过程，以文本挖掘为代表的数据挖掘技术可以深入挖掘分析和利用大量非结构化数据，以支持基于事实的决策制定。

大数据文本分析的步骤可以概括为三步。

（1）数据采集。操作者通过相关网络爬虫代码或软件采集相应文本数据。

（2）数据预处理。为了保证数据的科学性，需要对采集得到文本数据进行清洗去噪，筛选、删除其中重复数据和无效数据，并对文本数据进行分词，过滤文本中无意义的词语和字符。

（3）文本分析及可视化。这一步针对预处理得到的文本数据通过构建模型或分析软件进行情感分析和可视化表达。

基于大数据的文本分析技术是一种对海量数据进行自动化挖掘和分析技术。它可以对数据的模式、趋势和关联关系进行深入的挖掘和分析，帮助人们更好地理解数据和信息。

传统的问卷抽样调查等方法受限于调查时间、调查对象的主观性、调查的样本量等，但基于互联网新媒体平台的大数据分析可以较为准确地挖掘和分析客户的需求和需求情感倾向。大数据分析、数据挖掘和文本分析及统计数据为业务用户提供了通过发现结构化和非结构化数据中的模式和关系来智能分析和可视化表达的功能，能够充分挖掘用户的潜在需求信息。

借助大数据文本分析技术，企业可以快速地对产品质量进行监测和分析。同时，企业还可以将文本数据分析应用于产品研发、生产流程的改进和质量管理的持续改善，从而实现质量管理的能力提升和成本控制的优化。目前，大数据文本分析技术已经在旅游业、制造业等行业进行了广泛的应用，大数据文本分析为获取顾客之声、情感分析等提供了先进、便捷的技术基础。

12.2.2 预测性建模技术

预测建模就是根据事物的过去或现在的统计数据，揭示出数据背后的必然规律性，从而预测事物的未来发展趋势。信息技术与制造业的加速融合，各种传感器、集散控制系统等在工业生产过程中的应用越来越广泛，便于人们获取大量的工业过程数据。在此背景下，数据驱动的质量分析和建模技术得到快速发展，其中，质量预测技术通过建立容易测量的过程变量和难以测量的关键质量指标之间的数学模型，可以实现对生产过程关键质量指标的快速检测，从而为生产过程的实时优化和管理决策提供重要信息。目前，质量预测技术已发展成为解决复杂工业生产过程质量控制问题的一项关键技术。

在工业生产过程中，数据驱动的质量预测建模也被称为"黑箱建模"，可直接基于生产过程质量相关的数据建立模型，数据驱动的建模方法成本较低，方法灵活多样，是目前质量预测建模领域研究的主流。常用的数据驱动的质量预测建模可以分为多元统计分析方法和人工智能方法两大类。

（1）多元统计分析方法。基于多元统计分析的质量预测建模方法，因其结构简单、易于实现，在实际工业过程质量控制中应用非常广泛。典型的多元统计分析方法包括多元线性回归、偏最小二乘、主成分回归等。

（2）人工智能方法。基于人工智能的质量预测建模方法主要包括人工神经网络、支持向量机、深度学习等。

生产过程中的产品关键过程变量或质量指标的检测结果能够帮助发现过程质量异常，但实际生产过程中，生产环境限制、检测成本高、检测过程复杂性等因素使得关键质量变量获取困难。例如，在铸造过程中，铸件抗拉强度作为重要质量特性指标，其检测过程需制备标准试棒实施破坏性拉力试验才能完成检测，得到试验结果，过程复杂耗时。数据驱动的质量预测建模通过利用机器学习算法和技术，对历史数据进行训练和学习，构建预测模型来预测未来的事件或结果，实现了对关键质量指标的在线预测，具有成本低、易于维护、不受生产环境限制等优点，在工业过程质量控制中得到了广泛研究和应用，并取得了许多丰硕的成果。

12.2.3 机器学习

机器学习是人工智能领域的一个重要的研究分支，该分支研究的主要内容是实现利用计算机程序让带有处理器及计算功能的机器可以随着经验的增加提高处理问题的性能。机器学习作为人工智能、模式识别领域的共同研究热点，其理论方法已经被广泛应用于解决实际工程应用及科学领域的复杂问题。随着技术的快速发展，以统计为基础的机器学习逐渐受到人们的关注。

目前机器学习一般可分为四类，即无监督学习、监督学习、半监督学习及增强学习。

（1）无监督学习。无监督学习是一种自学习的分类方式，这种学习方式选取的样本数据没有目标值，仅用来分析这些数据的内在规律。无监督学习和核密度估计方法非常相似。

（2）监督学习。监督学习是需要人工参与的一种学习。监督学习一般分为3步，第一步，标记样本；第二步，训练；第三步，模型概率估计：①输入样本的特征向量和样本类别标记；②训练时通过分析样本的特征向量，将预测结果与训练样本的实际标记情况进行比较；③调整预测模型，直到预测模型的准确率和预期的准确率相符。

（3）半监督学习。半监督学习是同时使用已标记的样本数据和未标记的样本数据来实现的一种预测方法，半监督学习分为直推和归纳两种模式。要先用已标记数据训练分类器模型，学习数据的内在结构联系以便有效地对数据进行预测。

（4）增强学习。增强学习是通过与环境的测试性交互来优化和估计实际动作，来实现序列的决策，输入数据同时作为对模型的反馈。和其他类型学习相比，强化学习输入的数据直接反馈到模型，模型同时做出相应的调整，并根据状态变化获得某种强化信号，最终实现与环境的交互。

常见的机器学习算法有决策树算法、支持向量机算法、随机森林算法、人工神经网络算法、关联规则算法、深度学习等。机器学习用途广泛，随着大数据时代各行业对数据分析需求的持续增加，通过机器学习高效地获取知识，已逐渐成为当今机器学习技术发展的主要推动力。

目前，机器学习已经成为质量管理中的必备技术，作为一种基于数据和统计学理论的人工智能方法，机器学习可以从复杂数据集中提取规律和管理模式。在工业制造中，企业通常需要处理大量数据，如生产线上机械传感器数据、客户反馈数据、市场数据等，机器学习能够对数据进行快速精准的分析和处理，帮助企业提高生产效率、优化管理模式、降低成本费用等。此外，机器学习在还可以对生产流程数据进行分析，预测设备故障，预防设备损坏和停机时间，优化生产流程；识别产品缺陷问题，帮助企业改进质量控制；分析供应链数据，提高物流效率，缩短物流时间，降低物流成本，优化供应商选择和转运，等等。随着信息技术的不断发展，机器学习将改变传统工业制造方式，实现智能化生产模式。如今，在生产生活中的数据分析与挖掘、预测分析、质量控制、异常检测等都有机器学习的身影。

12.2.4 聚类分析

聚类分析作为大数据与人工智能领域重要的分析工具，目的是将具有共性的样本归为同一类型，而将没有或者少有共性的样本归为不同类型。聚类与分类的区别在于，聚类所要求划分的类是未知的。聚类是一种探索性的分析，在分析的过程中，人们不必事先给出一个分类的标准，聚类分析能够从样本数据出发，自动进行分类。聚类分析所使用方法的不同，常常会得到不同的结论。不同研究者对于同一组数据进行聚类分析，所得到的聚类数未必一致。聚类算法按实现方式，主要可以分为中心聚类、层次聚类、密度聚类、谱聚类等。

聚类分析简单直观，应用于探索性的研究，其分析的结果可以提供多个可能的解，不管实际数据中是否真正存在不同的类别，利用聚类分析都能得到分成若干类别的解；聚类分析的解完全依赖于研究者所选择的聚类变量，增加或删除一些变量对最终的解都可能产生实质性的影响。

在企业质量管理活动中，聚类分析能够对顾客行为、需求和反馈信息进行分类，划分客户群体，帮助企业对不同群体实施差异化营销策略；对生产过程数据进行聚类，探测、发现离群点，寻找异常生产质量数据等。当聚类分析与其他方法结合使用时，还可以用于数据的预处理。如今，聚类分析已被用于数学、计算机科学、生物学、经济学等多个领域，用来衡量不同数据源间的相似性。

12.2.5 离散事件仿真

离散事件仿真方法是用计算机对离散事件系统进行仿真实验的方法。离散事件系统仿真技术能捕捉现实系统的内在不确定性，有效模拟重复性的复杂系统的运作逻辑，通过低成本地实施过程量化仿真实验分析可以识别现实系统中的瓶颈因素，识别系统风险，提高系统运行效率，优化系统资源配置。

离散事件系统仿真的步骤与系统仿真步骤类似，包括系统建模、确定仿真算法、建立仿真模型、设计仿真程序、运行仿真程序、输出仿真结果并进行分析。

（1）系统建模。用流程图或者网络图的方式来描述。反映了临时实体以何种路径通过系统、永久实体如何对临时实体进行加工，及永久实体相互之间的逻辑关系。

（2）确定仿真算法。包含两方面内容，一是系统随机量的发生规则，符合的分布情况；二是仿真采用的仿真策略，即事件驱动、活动扫描，或者进程推进或者三阶段等。

（3）建立仿真模型。根据确定的仿真算法，建立仿真系统的计算机模型。包括根据采用的模型方法需要定义系统事件及其相关属性或者活动及进程等。系统状态变量等，定义系统的事件及相关属性等以建立仿真模型。

（4）设计仿真程序。将仿真模型用合适的计算机语言实现，常用的仿真语言有 GPASS、SLAM、SIMA 等，或者采用相应的仿真平台 C++sim 等搭建。

（5）仿真结果分析。由于系统具有随机性，仿真结果则是一次仿真过程的取样，需要通过结果分析确定其可信度、仿真策略选择及仿真控制参数对结果的影响等。

运用离散事件仿真技术建立系统模型，可以在投入大量时间、资金和其他资源之前，对拟建的系统设计进行广泛的测试和优选。在质量管理过程中，离散事件仿真模型不仅能够用于系统的预测，还有助于系统的决策，尤其是规模大、难以进行数学分析或物理试验的系统。并且，在分析系统"瓶颈"，克服系统不利约束，进行系统因果分析，预测控制系统等方面，离散事件仿真模型也表现出了其优越性。基于计算机的离散事件系统仿真能描述现实系统的随机性和复杂性，利用计算机强大的数值计算能力来运行和分析优化模型，现有的仿真软件界面也更加直观，使用更加方便。

12.2.6 持续事件流

一个持续事件流就是一连串不会终止、连续的单独事件，它们按照发生的时间先后排序。随着越来越多的数据源持续、快速地产生数据，此类流式数据急需被系统分析和处理。事件流适用于端到端的流式数据处理场景，对源端产生的事件实时抽取、转换和分析并加载至目标端，帮助轻松处理流式数据。持续事件流有四个主要功能优势。

（1）实时高效。持续事件流支持实时从事件源获取事件，并同时加载至事件目标，不支持任何事件堆积，可以更快地访问事件，更加高效地对各种业务和运营事件做出响应。

（2）轻量集成。事件流提供了简洁的 Stream 模型和管控 API，只需在控制台进行简单几步或者一次调用，即可完成事件驱动数据流底层的多个资源的操作和管理，避免了复杂烦琐的操作，便于快速集成。

（3）指标监控。持续事件流提供多个指标，可以通过这些指标监控数据流的运行状况，并设置接近阈值的警报，出现异常时及时响应，确保数据流正常运行。

（4）节约成本。无最低消费，按照传输至事件流的数据量进行计费，并提供数据量看板，使费用计算更加透明。另外，数据转换和指标监控功能根据需求可选配置，不使用则不收费（无空置费用）。

在信息数据时代背景下，事件流技术作为一种大数据处理技术，在流计算的基础上结合了事件处理技术，不仅可以提供大规模实时持续性在线数据处理，提取有价值信息，还可以运用到情景识别、智能处理等具有一定逻辑判断能力的应用场景中。在传感器广泛应用的工业环境下，通过事件流技术处理分析采集到设备各项运行状态数据，可以进行设备的异常检测。该方法在工业环境下的质量异常检测中的准确性和实时性高，能够及时发现异常，减少甚至避免异常引起的损失。

12.3 面向智能制造的质量管理

12.3.1 智能制造概述

1. 智能制造质量管理的新特征

智能制造是当前制造技术的重要发展方向，是先进制造技术与信息技术的深度融合。无论是德国的"工业 4.0"还是中国的"中国制造 2025"，都是以智能制造为主导的生产方式大革命，通过充分利用信息通信技术和网络空间的虚拟系统，实现制造业向智能化转型。

智能制造源于人们对人工智能的研究，在制造过程中通过模拟专家的智能活动，进行分析、判断、推理、构思和决策，以取代或延伸制造环境中人的部分脑力劳动。基于新一代信息通信技术与先进制造技术深度融合，智能制造贯穿了设计、生产、管理、服务等制造活动的各个环节。智能制造面向产品全生命周期，实现了泛在感知条件下的信息化制造，在现代传感技术、网络技术、自动化技术、拟人化智能技术等先进技术的基础上，通过智能化的感知、人机交互、决策和执行技术，完成设计过程智能化、制造过程智能化和制造装备智能化,是一种具有自感知、自学习、自决策、自执行、自适应等功能的新型生产方式。

智能制造集自动化、柔性化、集成化和智能化于一身,具有实时感知、优化决策、动态执行三方面优点,智能制造在实际应用中具有以下六方面特征。

1)自组织能力

智能制造中的各组成单元能够根据工作任务需要,集结成一种超柔性最佳结构,并按照最优方式运行。其柔性不仅表现在运行方式上,也表现在结构组成上。

2)自律能力

智能制造具有搜集与理解环境信息及自身信息,并进行分析判断和规划自身行为的能力。强有力的知识库和基于知识的模型是自律能力的基础。智能制造系统能根据周围环境和自身作业状况的信息进行监测、处理,根据处理结果自行调整控制策略,以采用最佳运行方案,从而使整个制造系统具备抗干扰、自适应和容错等能力。

3)自学习和自维护能力

智能制造以原有的专家知识为基础,在实践中不断进行学习,完善系统知识库。同时,它还能在运行过程中对系统故障进行自我诊断、排除和修复,从而能够自我优化并适应各种复杂环境。

4)人机一体化

智能制造的智能是人机一体化的智能模式,是一种混合智能。人机一体化不仅突出了人在制造环境中的核心地位,还在机器的配合下,更好地发挥了人的潜能,使人机之间表现出一种平等共事、相互"理解"、相互协作的关系,使两者在不同的层次上各显其能,相辅相成。因此,在智能制造中,高素质、高智能的人将发挥更大的作用,机器智能和人的智能将真正集成在一起。

5)虚拟现实

虚拟现实是实现高水平人机一体化的关键技术之一,人机结合的新一代智能界面,使得可用虚拟手段智能地表现现实,它是智能制造的一个显著特征。

6)整个制造环境的智能集成

智能制造在强调各子系统智能化的同时,更注重整个制造环境的智能集成,这是它与面向制造过程中特定应用的"智能化孤岛"的根本区别。智能制造将各个子系统集成为一个整体,实现系统整体的智能化。

2. 智能制造与传统制造的差异

智能制造更新了制造自动化的概念,将其扩展到柔性化、智能化和高度集中化。智能制造与传统制造的差异主要体现在产品设计、产品加工、制造管理及产品服务等方面,如表 12-2 所示。

表 12-2 智能制造与传统制造的差异对比

分 类	传 统 制 造	智 能 制 造
产品设计	常规产品 面向功能需求设计 新产品周期长	虚实结合的个性化设计,个性化产品 面向客户需求设计 数值化设计,周期短,可实时动态变化

续表

分 类	传 统 制 造	智 能 制 造
产品加工	加工过程按计划进行 半智能化加工与人工检测 生产高度几种组织 人机分离 减材加工成型方式	加工过程柔性化，可实时调整 全过程智能化加工与在线实时监测 生产组织方式个性化 网络化过程实时跟踪 网络化人机交互与智能控制 减材、增材多种加工成型方式
制造管理	人工管理为主 企业内管理	计算机信息管理技术 机器与人交互指令管理 延伸到上下游企业
产品服务	产品本身	产品全生命周期

与传统制造相比，综合智能制造在管理模式、市场挖掘、降低成本、优化工艺流程、提高生产效率等方面更具优势，能够更好地进行资源的整合，将分散的制造资源和信息快速集中汇总，为制造业发展指明了新方向。

12.3.2　智能制造环境下的质量管理

传统的质量控制大多基于历史数据，通过人工收集分析并利用质量工具实现质量控制，缺乏实时性；相同的问题，由不同的人分析决策，得出的结论可能大相径庭；分析决策环节存在模糊地带等。智能制造基于新一代信息通信技术与先进制造技术的深度融合，贯穿于设计、供应、生产、管理、服务等各个环节的新型生产方式，是今后制造业高质量发展的趋势。质量管理作为当今世界为质量保证和质量提升所应用的所有理念、模式、方法和工具的集合，是当今质量管理理论和方法的基础。作为企业管理的核心内容之一，质量管理也将随着制造环境的变化，在管理思想、方式、工具等方面发生一系列的变化。在智能制造背景下，质量管理的未来发展可能会呈现更多趋势。

1. 精益思想仍旧是智能制造的哲学思维

消除浪费、防错、优化流程、持续改进、降低成本和提高效率等精益思想是智能制造的起点，也是智能制造的终点。自动化和智能化起点是保证质量不被降低，自动化和智能化的首要前提和基础是保证质量，进而提高质量。精益生产与智能制造应紧密结合，进行精益生产与智能制造的双轮驱动。

2. "人机协同"是智能制造新的生产方式

"人机协同"中人对质量的干预减少，但要求更高的"人的质量"。在智能化和数字化时代，当智能工厂建成之后，自动化和智能化程度很高，过程质量控制环节人的干预会大大减少，但智能化工厂对人的技能要求会提高。智能制造环境下的人要管理设备、管理和监控质量、查看数据、分析数据和处理紧急情况等，强调"员工的质量和员工的可持续发展质量"，不会为了自动化而自动化，注重"人机协同"。

3. 绿色可持续性发展是智能制造成功的重要支撑力量

绿色材料、绿色工艺、绿色设备、绿色包装、绿色回收、绿色制造与再制造及绿色物流等绿色技术的创新发展,是可持续发展的基础,企业社会责任申报、绿色供应链认证及风险管理控制等可持续发展质量,是我国智能制造成功的支撑力量。

4. 软件质量、数据质量、可靠性管理是智能制造的基石

智能制造离不开软件和信息系统,数字化集成技术离不开软件,硬件与软件的结合也离不开可靠性管理技术。智能制造会产生数据,从"数据—信息—知识—智能"这一信息链路中可以看出:智能化是基于数据的智能化。感知收集数据,决策分析数据,执行输出数据。数据不可靠,会误判,造成控制精度的偏差,数据的质量不好,会给企业带来不可估量的损失,因此数据的质量、数据的可靠性尤为重要。

5. 基于数字化技术的新质量工具是智能制造的保障

在数据科学的智能制造环境下,"新七种工具"、"老七种工具"、帕累托、六西格玛、SPC 和 DOE 等质量工具面对大量的统计数据或许不再适用,基于数字化技术的大数据文本分析、预测性建模技术、机器学习、聚类分析、离散事件仿真、持续事件流等新质量工具将成为智能制造过程中主流的质量管理工具。

6. "以客户为中心"的顾客参与是智能制造的引擎

智能制造时代信息互联互通,顾客通过互联网等方式参与产品设计开发、生产试验等活动成为可能,为落实客户的个性化需求提供了技术手段,个性化、差异化的顾客需求将成为常态。客户参与的体验式、全生命周期的端到端的数字化协同模式,可以满足不断变化的客户需求,增强产品可持续性,使"以客户为中心"的质量管理基本理念将随着对客户的不断参与和持续满足得到进一步强化。

7. 供应链管理和网络安全是智能制造的阻碍

智能制造背景下,社会分工更加明确和细化,非核心业务的外包更加普遍,各供方质量控制要求越来越严苛,产品全生命周期的质量问题延伸至整个供应链,针对供应链中供需双方之间实行产品质量协同管理和控制成为智能制造的阻碍。同时,在智能制造时代,基于互联网生产的智能制造企业受到来自网络犯罪攻击的威胁不断增加。识别网络威胁、实施 IT 安全解决方案和安全生产所需的知识也是智能制造企业所必须考虑的质量管理问题。

在互联网、大数据、物联网等为主的时代,新一代信息技术的飞速发展,各种现代化、智能化技术越来越广泛地应用在制造业上,推动着制造业不断创新发展,同时也成为新工业革命强有力的推动力量。智能制造作为新工业革命的关键,与传统制造业相比,其不仅在发展理念上有着重大的改变,在制造方式上更是实现制造的智能化。当然,新一代的制造技术还处于发展和不停探索阶段,制造方式或技术手段的转变是一个缓慢迭代的过程,因此手工和智能的不同生产方式也将长期共存。同样,与制造方式相适应的质量管理的发展也不可能一蹴而就,也是一个逐步迭代的过程。在继承过去行之有效的管理方法、经验的基础上,不断学习、探索与智能制造相适应的、有效和高效的质量管理方法途径。

12.4 "质量 4.0"及其发展

12.4.1 "质量 4.0"概述

2013 年,德国政府在汉诺威工业博览会上正式推出"工业 4.0",描绘了未来工业的愿景,并宣称人类将迎来以信息物理系统(cyber-physical systems,CPS)为基础,以生产高度数字化、网络化、机器自组织为标志的第四次工业革命。"工业 4.0"旨在通过使用新技术,包括大数据,人工智能,物联网,信息物理系统,数字孪生,增材制造和云计算等技术,将制造业转变为智能制造系统。在新环境中,所有的生产设施都以 CPS 的形式通过物联网相互连接。机器、物流车辆、仓库和整个价值链都可以交换信息并操控生产流程。"工业 4.0"借助于以自发的数据收集和分析为基础的智能化流程和智能化产品,从而实现智能、高效的运作过程。工业体系竞争力的内生变革,对身处其中的工业组织的生存与发展生态提出严峻的挑战。新技术的转变引起了管理模式的巨大变化,数字化和大数据对工业和社会质量实践产生了颠覆性影响。技术的进步已经走在了质量管理的前面,大量错综复杂的不确定性和非线性行为使传统质量方法难以为继。为了顺应数字化、网络化等新型电子信息技术不断发展的趋势,质量管理也必须向着匹配"工业 4.0"的"质量 4.0"方向迈进。自此,走进战略职能的"质量 4.0"应运而生,质量管理方法和实践在"工业 4.0"时代发生了变化。

18 世纪 60 年代开始了第一次工业革命,其标志为蒸汽动力和机械生产,因此被称为"机械化";19 世纪 70 年代开始第二次工业革命,将工业生产推动至大规模生产和由电力驱动的装配线,因此被称为"电气化";20 世纪 70 年代开始第三次革命,促进了基于电子、电信和计算机的工业生产自动化,因此被称为"自动化";21 世纪 10 年代,迎来了被称为"工业 4.0"的第四次工业革命,以智能设备、识别技术、定位技术和导航设备及机器人技术为启动标志。"工业 4.0"旨在开发基于信息和通信技术的自主和动态的生产过程,从而更容易大批量生产高度个性化的产品。而质量伴随着人类的发展史而演变,无论在农耕社会或是工业社会,都是人们追求美好事物的特性要求,是工业竞争的产物。借助"工业 4.0"优化完善的"质量 4.0",是一种管理质量的新方法,是利用数字工具来增强组织持续向顾客提供高性能产品的能力,推动企业高质量发展,助力企业和社会追求卓越的管理模式。纵观质量发展,"质量 4.0"的演化过程可以总结为四个阶段,如图 12-1 所示。

质量检验和质量控制("质量 1.0"):质量控制是一种以产品为导向的方法,以确保所有产品符合规格,满足客户的要求。通过检验和统计方法,如统计质量控制和统计过程控制,排除生产中的不良品。

质量标准和质量保证("质量 2.0"):质量保证是一种以过程为导向的方法,以确保生产过程标准化并使产品保持相同质量水平。其主要目的是验证与生产有关的所有过程都得到维护,以交付无缺陷的产品。

全面质量管理("质量 3.0"):全面质量管理是一种以公司为导向的方法,以确保公司内部的所有活动都能满足客户的要求和期望。

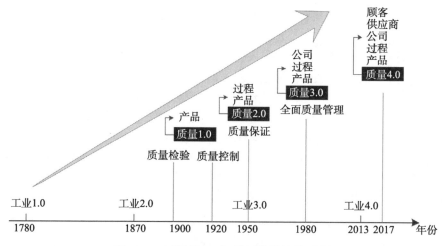

图 12-1 "质量 4.0"的四阶段演化过程

资料来源：LIU H C, LIU R, GU X Z, et al. From total quality management to Quality 4.0: A systematic literature review and future research agenda[J]. Frontiers of Engineering Management, 2023, 10(2): 191-205. DOI: 10.1007/s42524-022-0243-z

  2015 年美国质量协会在《未来质量报告》中首次描绘了"质量 4.0"的特征。2017 年，在达拉斯举行的"ASQ 质量 4.0：颠覆、创新和变革峰会"上首次提出"质量 4.0"的概念，根据美国质量协会的定义，"质量 4.0"是"工业 4.0"环境下质量和组织优化的未来，它代表了质量管理的第四个演化阶段。"质量 4.0"是质量管理的进一步扩展，对所有对产品价值链有贡献的活动进行了严密的监控。"质量 4.0"在自动化检查、高级数据分析和分析结果集成的帮助下，将质量管理活动从被动或主动转变为预测性。在"质量 4.0"快速发展阶段，一些国内外研究学者针对"质量 4.0"也提出了自己的见解和看法，如表 12-3 所示。

表 12-3 "质量 4.0"的相关定义

提出者	时间	定义
Dias et al.	2022 年	"质量 4.0"是利用先进技术来提高人员和质量方法的能力，从而提供卓越的质量
郭政	2022 年	"质量 4.0"是大数据驱动的全链质量管理
Sader et al.	2022 年	"质量 4.0"是质量管理的一种扩展方法，将新技术与传统质量实践相结合，以扩大质量管理的范围，提高质量活动的绩效和效率
Chiarini & Kumar	2022 年	"质量 4.0"是一种以客户为中心的数字化技术，它将人与流程和技术相结合，与价值链中的内部和外部利益相关者合作，做出基于证据的决策
Antony et al.	2022 年	"质量 4.0"是使用最新技术来设计、操作和维护自适应、预测、自我纠正和自动化的质量系统，并通过质量计划、质量保证、质量控制和质量改进，实现性能、卓越运营和创新方面的新优化，以满足组织的愿景、使命和目标
刘虎沉	2023 年	"质量 4.0"是一个将前沿技术应用于组织质量管理活动的框架，以实现质量卓越，提高企业效率，改善绩效。它利用现代技术对质量管理（例如，设计质量、一致性质量和性能质量）进行数字化，考虑了连接、智能和自动化，以提高整个价值链的性能

  从"质量 4.0"的相关定义来看，关于"质量 4.0"的说法大多以"工业 4.0"下的新技术、新方法为基础。因此，"工业 4.0"为质量管理提供了巨大的机会，"质量 4.0"将"工

业4.0"的技术与卓越质量相结合，是实现实质性绩效并提升有效性的质量管理模式。在"工业4.0"背景下提出的"质量4.0"具备以下优势：在"工业4.0"新一代信息技术背景下，通过提高运营效率、增加收入、减少不合格、增强产品合规性、准时交货、降低供应商故障率和更成功的新产品引入来降低质量成本（Antony J et al., 2022）；指导制造过程以更低的成本生产更高质量的产品，提高响应能力并获得顾客满意和更大的竞争力。

"质量4.0"作为质量管理的最新发展阶段，具有质量管理数字化、预测性质量管理、大规模个性化及智能质量管理四个主要特点，是将最新前沿技术应用于质量管理活动以追求卓越质量、提高企业效率、改善组织绩效的理论框架（LIU H C et al., 2023）。

1）质量管理数字化

"质量4.0"是传统质量实践的数字化，强调使用数字工具来提高组织的能力，以高品质满足客户的期望。数字技术的使用以不同的方式改变了质量，提高了公司生产高质量产品的能力。在"质量4.0"中，数字化被用于过程调整、信号反馈、自适应学习和自诱导校正系统。"质量4.0"要求质量技术、过程和人员的数字化。通过使用人工智能自动收集和分析消费者手中的产品使用数据，可以有效地监控性能质量。供应商可以实时了解库存消耗情况，并及时满足需求。利用传感器和实时检测技术，不仅从产品样品中，还可以从整个生产群体中立即排除有缺陷的产品。此外，由于智能质量控制系统在整个生产过程中都在运行，通过早期缺陷检测，分析和解决根本原因，可以将质量成本降至最低。

2）预测性质量管理

作为"质量4.0"的结果，自动收集质量数据并及时进行分析，实时质量监控已经取代了传统的质量控制。新的传感器技术，加上强大的分析能力，可以提前预测产品和过程中出现的错误，并将质量的作用从预防性质量管理转变为预测性质量管理。在"质量4.0"中，可以对整个价值链进行监控、分析和控制，来实时识别异常情况，并采取必要的对策，防止产品拒收。此外，智能设备可以发送有关产品使用、性能和问题的数据，这有助于进一步优化产品。因此，质量问题将被提前预测，并且客户在产品价值链中的位置将从接受者转变为贡献者。

3）大规模个性化

如今，产品制造趋向于小批量和多样化，客户正逐渐参与到个性化产品的设计和生产中。"质量4.0"为基于个性化生产的新商业模式提供支持，生产符合客户个人偏好的定制产品。在"质量4.0"中，通过为客户提供通信手段，使其参与到制造过程之前、制造期间和制造之后。基于大数据分析，企业可以全面了解客户需求，提前预测市场需求，从而在合适的时间提供合适的产品。智能产品可以为客户提供产品使用信息并满足客户定制产品的需求。客户通过获取产品的信息和技术细节，对产品的质量和可靠性有了更高的认识和期望。客户需求增加的趋势使得更多个性化的制造产品出现，并且市场波动性也会随着客户期望和需求的变化而增加。

4）智能质量管理

"质量4.0"的关键特征是集成生产系统中由智能传感器、智能机器和智能工厂为基础的智能质量管理。智能工厂中的制造过程将配备传感器、参与者和自主系统。智能传感器可以识别、监控和收集与原材料、在制品和成品相关的所有类型的数据。因此，公司可以应用分析方法来预测质量问题并且维护需求。智能机器可以自我学习并相互连接，它们形成一个协同社群，收集和分析数据，做出自我优化和自主决策，并以客观的、数据导向的方式管理生产力。此外，设计师可以通过跟踪和监控产品性能来预测客户的使用情况和维护需求。在"质量 4.0"中，工人的角色从"机器操作员"转变为机器工作的监督员。工作内容也更加需要协调和合作，因此员工必须具备决策和解决问题的能力。

"质量 4.0"时代是一个蕴含着丰富大数据质量机遇的时代，这个时代出现了大量计算机工具。在此背景下，质量人员的主要任务也将在数据资源的多样化和价值范围的多样性中，利用质量工具将这些数据转换成价值。基于"质量 4.0"背景的企业，应积极将新一代信息技术（如大数据、物联网和人工智能）与质量管理实践相结合，以实现企业创新效率和绩效的提升，进一步优化企业的运作效率与商业模式。

12.4.2 "质量 4.0"的发展新趋势

"工业 4.0"将在质量管理内涵、质量供给、质量基础设施、质量监管等领域产生深刻影响，推动质量管理理论和实践各层面、各维度的发展，"质量 4.0"未来的发展可以归结为 5 个方面，共 13 项（郭政，2022）。

1. 质量和质量管理的范畴

（1）质量管理对象大幅扩展。除传统对象（如产品、服务、过程）外，数据、数据应用、数据平台等成为质量管理的新对象。

（2）产品服务的质量维度增加数据特性。虚拟物理空间、数字孪生等技术，使得实体之外相应存在一个数字虚拟投射，对它的刻画将成为今后判定产品服务的重要标准。传统的产品逐步呈现出"软件定义、数据驱动、平台支撑、服务增值、智能主导"的新特征，其质量特性也随之变化，对产品进行定义的相关标准也需要随之调整和变化。

2. 质量供给

（1）数据驱动的设计质量大幅提升。大数据使市场和顾客的细分更加容易和清晰，也更能够获得各种明示或潜在的需求，使质量第一次能够真正从设计起始端就做到"顾客导向"而非"产品导向"。

（2）质量控制更加精准且智能，传统方法需改进。企业要转型成新型智慧化制造、服务企业，必须从内部调整自身的质量管理体系，包含管理流程、软硬件设施等多方面。传统的基于小样本统计的质量控制与改进将让位于基于大数据的机器学习，新的算法需要被研究和采用。

（3）质量竞争更加激烈，质量创新更为迫切。数字化使得获取质量标准和开展质量控制的成本进一步下降，企业间在一般性质量上的改进不再成为获得竞争优势的必要条件，竞争的重心转到对质量创新上，即更好地洞察消费者需求，并迅速以突破式的方法予以满足或超越，创造更加良好的效益。

3. 质量需求

消费者权利大幅提升。消费者获取产品服务信息的能力大幅提高，使得其作出合理消费决策的依据更加充分，供给侧竞争的加剧也使得消费者能够获得更多的让利。同时，也应警惕企业制造虚假信息，诱导欺骗消费者。信息的甄别能力成为消费者行使权利的重要前提，也成为质量监管的重点和难点。

4. 质量基础设施

（1）标准理念和实践发生变革。在制造业领域，通过模块化、数字化嵌入式标准，对产品、组织和程序结构进行优化，实现个性化定制、柔性化生产、智能化服务，获得更高质量和效率。在服务业领域，标准与数字化、网络化和智能化结合形成标准云和数字标准，通过大数据技术进行存量标准的资源优化，提高标准供给效率，并扩大标准服务的有效范围。

（2）检验检测技术发展，检测认证机构权威性下降。检测设备智慧化程度大幅提升，检验检测越来越多地从事后抽检变为在线全检，区块链的去中心化、去权威化也将导致检测认证机构的公信力下降。质量技术服务机构的研发能力将成为其最重要的核心竞争力之一。

（3）质量管理方法面临更新。数据获取的便利将导致更加即时、可控、可追踪的质量数据管理。但同时，大数据在质量创新的应用中也面临数据完整性、数据质量、数据场景、领域知识、数据隐私、样本稀缺等方面的挑战，现有数据处理方法不能应对这些挑战，使得管理者从海量数据中得到有效决策支持的能力不足。

（4）质量人才的技能结构出现根本性变化。与质量相关的工作职位、场所发生重大变化，从数据中发现价值并支撑决策将成为最重要的能力，对质量人才的培养体系也将相应变化。数据分析技能和专业技术能力的叠加复合成为今后质量人才的新标准，也使得培养的难度进一步增加。为此现有教育培训体系应进行变革。

5. 对质量监管的影响

（1）监管内容进一步扩展。数据安全、数据质量、数字平台质量、数字能力供给质量等伴随数字化发展而来的新内容都需要逐步纳入监管体系，所需的法律法规、标准规范及与之匹配的监管能力建设都将深刻变化。

（2）社会共治的各方分工与协调需要重构。消费者参与监管的意愿与能力大幅提高，当前以行政及司法为主导的监管体系应更加柔性、更加包容，及时妥善处理消费者在质量领域中的诉求表达。

（3）国际监管合作需要进一步加强，主导权归属可能存在争议。无论是数字产品/服务本身或者是数字驱动的产品/服务制造与消费系统，都将在互联网、物联网赋能下趋于高度国际化，监管的国际化合作是必然的。各国将积极争取主导权，将自身的规则纳入国际体系中。

全面质量管理提出的全员、全过程、全企业的基本原则虽得到广泛认可，但该理论覆盖范围仍然是企业内部。在"工业4.0"时代，竞争关系并不仅存在于企业之间，也更多存在于以大型平台企业为依托的产业生态之间。随着新兴工业组织形式的变化，质量管理将逐步由企业内部的点式管理变化为开放的链式管理。随着产品实现过程的跨企业流动，未来质量管理流程必将覆盖整个供应链、价值链、产业链。

"工业4.0"的质量管理高度自动化，范围覆盖广泛，并且高度依赖信息化和自动管理系统，在现实情况中，由于理念和技术的局限，在"工业4.0"高速进行的过程中，质量管理也面临不少的挑战（缺乏适应"工业4.0"的质量管理人才、"工业4.0"质量管理系统本身的安全风险等)。

"工业 4.0" 已经走进我们的生活,"质量 4.0" 正向我们走来。朱兰所预言的"21 世纪将是质量的世纪"正在成为现实。进入质量新时代,高质量的目标已明,智能制造的趋势已成必然,企业只有继续加强全面质量管理,练好技术和管理的基本功,才能抓住转型升级的新机遇,促进企业高质量发展。同时,质量专业人员也需要不断适应新形势,吸收新的技术变化而重新界定和设计质量管理的角色和功能,以更好地服务新的时代。

复习思考题

1. 简要说明工业大数据与传统大数据的区别。
2. 数字化技术下的新质量分析工具的应用场景。
3. 智能制造与传统制造有哪些区别?
4. 数字化质量管理对企业有什么意义?
5. 试阐述"质量 4.0"未来会有何发展。

案例分析题

在航空公司中会生产一个重要产品:飞机惯性导航系统(inertial navigation stem, IMU)。飞机惯性导航系统就像陀螺仪一样可以控制方向,是一种非常强调精密性的仪器。航空业的公司规模往往非常大,软件硬件也非常齐备,拥有非常好的数据收集系统与传感器系统,可以获得大量的有效实时数据。在制造飞机惯性导航系统时存在许多不同的工序,我们在每个工序中都放置一些传感器。布置传感器的原因是:一方面,传感器是先进科技的结晶,可以对数据进行准确和高效的收集,从而对工序进行实时的监控;另一方面,传感器的价格低廉。然而,即便是航空公司获得了海量的实时数据,并且拥有良好的信息系统,产品的质量检测最终还是要依赖人工。对于飞机惯性导航系统而言,共有 (x,y,z) 三个维度,且每个维度拥有 3 个指标,公司要对该产品共计 9 个指标进行测量,若有一个指标不达标,则判定该产品不符合质量要求。

从这个案例中可以看出,虽然企业拥有了大量数据,但最终产品质量检测还是依靠人工方式进行,而不是根据获得的海量数据预测获得,大数据的价值并没有真正得到体现。此外,当产品质量发生问题时,航空公司也没有办法利用获得的海量数据进行诊断或者问题追踪,仍依赖人为判断。

(资料来源:宗福季. 数字化转型下工业大数据在质量创新中的应用[J]. 宏观质量研究, 2021, 9(3): 1-11.)

请根据案例问答以下问题:

1. 该公司在一些工序中放置一些传感器以收集生产相关的数据,试阐述这些数据对公司生产制造有何帮助。
2. 针对公司对收集到的数据无法发挥有效作用,结合本章节所学内容以及相关知识说明,公司应该借助何种数字化技术或办法摆脱当前所面临的问题。

参 考 文 献

[1] 北京市质量技术监督局，中国矿业大学（北京）. 政府质量奖导读[M]. 北京：中国质检出版社，2016.
[2] 曹云梦. 一种基于多源事件流事件关联的设备异常检测方法[D]. 北京：北方工业大学，2019.
[3] 陈国华，贝金兰. 质量管理[M]. 北京：北京大学出版社，2018.
[4] 陈颖. 大数据发展历程综述[J]. 当代经济，2015(8): 13-15.
[5] 陈运涛. 质量管理[M]. 北京：北京交通大学出版社，2014.
[6] 杜卫民. 智能制造环境下质量管理的发展趋势[J]. 中国质量，2020, (11): 10-12.
[7] 段成. 智能制造背景下工业大数据的数据质量控制探讨[J]. 机械设计与制造工程，2018, 47(2): 13-16.
[8] 方志耕. 质量管理[M]. 北京：科学出版社，2017.
[9] 冯良清. 服务型制造网络节点质量行为研究[M]. 北京：经济科学出版社，2012.
[10] 冯良清，黄大莉，王浩伦，等. 服务型制造网络模块化质量管理[M]. 北京：科学出版社，2022.
[11] 格里高利·H·沃森，宁希. 不断前进，迈向质量4.0[J]. 上海质量，2021(1): 31-34.
[12] 龚益鸣. 现代质量管理学[M]. 北京：清华大学出版社，2012.
[13] 郭政. 从工业4.0到质量4.0：影响与挑战（上）[J]. 上海质量，2022(6): 19-21.
[14] 郭政. 从工业4.0到质量4.0：影响与挑战（下）[J]. 上海质量，2022(7): 18-21.
[15] 韩福荣. 现代质量管理学[M]. 北京：机械工业出版社，2018.
[16] 何晓群，付韶军. 六西格玛质量管理与统计过程控制[M]. 北京：清华大学出版社，2016.
[17] 何桢，魏明，周善忠. 我国企业推广六西格玛应注意的关键问题[J]. 工程机械，2004(12): 34-37, 2.
[18] 何桢. 六西格玛管理[M]. 北京：中国人民大学出版社，2014.
[19] 侯世旺，李梦群. 质量管理与可靠性[M]. 北京：国防工业出版社，2015.
[20] 胡铭. 现代质量管理学[M]. 武汉：武汉大学出版社，2010.
[21] 霍红，张玉斌. 采购管理实务[M]. 北京：科学出版社，2010.
[22] 金晓辰. 质量功能展开在汽配制造过程质量改进的应用[D]. 宁波：宁波大学，2019.
[23] 可歆. 质量4.0：数字化转型中的质量变革[J]. 上海质量，2019(5):28-29.
[24] 李程，李茜希，肖梦婷. 六西格玛与质量管理[M]. 南京：南京大学出版社，2017.
[25] 李根柱. 绿色供应链价值共创机制研究[D]. 北京：北京交通大学，2021.
[26] 李泉洲，聂国健，史典阳等. 质量大数据的发展历史和应用现状[J]. 电子产品可靠性与环境试验，2021, 39(增刊2): 43-46.
[27] 李炜. 机器学习概述[J]. 科技视界，2017(12): 149.
[28] 李跃生，邵家骏，苗宇涛. 质量功能展开技术[M]. 北京：国防工业出版社，2011.
[29] 梁工谦. 质量管理学[M]. 北京：中国人民大学出版社，2018.
[30] 梁军，王刚. 采购管理[M]. 北京：电子工业出版社，2010.
[31] 刘卫卫. 大数据在质量管理中的应用[J]. 上海质量，2021(1): 55-57.
[32] 刘宇. 现代质量管理学[M]. 北京：社会科学文献出版社，2009.
[33] 罗时朋, Tubiskani Lwenje, 王卫锋. 基于离散事件仿真的房屋建筑工程项目调度优化[J]. 土木工程与管理学报，2021, 38(5): 85-90.
[34] 马风才，谷炜. 质量管理[M]. 北京：机械工业出版社，2017.

[35] 马士华，林勇等. 供应链管理[M]. 北京：机械工业出版社，2016.
[36] 马义中，汪建均. 质量管理学[M]. 北京：机械工业出版社，2019.
[37] 秘慧杰. 可视化离散事件仿真系统设计[D]. 上海：上海交通大学，2010.
[38] 乔景全. QFD 在 A 公司新产品开发阶段的应用研究[D]. 苏州：苏州大学，2013.
[39] 深圳市卓越质量管理研究院，深圳市创卓企业管理顾问有限公司. 质量奖与卓越绩效模式在中国的最佳实践[M]. 深圳：海天出版社，2012.
[40] 史殿魁，高峰. 质量 4.0 助力高质量发展[J]. 中国质量，2020(9)：10-15.
[41] 宋明顺. 质量管理学[M]. 北京：科学出版社，2017.
[42] 宋月丽. 基于即时学习的工业生产过程质量预测建模方法研究[D]. 合肥：合肥工业大学，2020.
[43] 苏秦. 质量管理与可靠性[M]. 北京：机械工业出版社，2022.
[44] 谭建荣，刘振宇等. 智能制造：关键技术与企业应用[M]. 北京：机械工业出版社，2017.
[45] 王道平，张博卿. 供应链管理[M]. 北京：清华大学出版社，2015.
[46] 王福红，常健聪，郭政. 智能制造背景下质量管理的未来发展与变革[J]. 智能制造，2021，(2)：33-37.
[47] 王建民. 智能制造基础之工业大数据[J]. 机器人产业，2015(3)：46-51.
[48] 王璐. 大数据在质量管理中的应用领域研究[J]. 中国质量，2022(1)：29-33.
[49] 王松，陈伟. 质量管理[M]. 哈尔滨：哈尔滨工程大学出版社，2015.
[50] 王晓暾. 不确定信息环境下的质量功能展开研究[D]. 杭州：浙江大学，2011.
[51] 卫凤林，董建，张群. 《工业大数据白皮书（2017 版）》解读[J]. 信息技术与标准化，2017(4)：13-17.
[52] 温德成. 质量管理学[M]. 北京：机械工业出版社，2020.
[53] 文丹枫，周鹏辉. 智慧供应链[M]. 北京：电子工业出版社，2012.
[54] 吴志新. 基于 QFD 质量工具集成的研究与应用[M]. 杭州：浙江大学出版社，2015.
[55] 武杏楷. 航空发动机零部件机械加工过程质量管理体系改善研究[D]. 长春：长春工业大学，2021.
[56] 武志军. 质量管理学[M]. 北京：化学工业出版社，2022.
[57] 熊伟. 质量创新：基于质量功能展开的系统方法[M]. 北京：中国标准出版社，2015.
[58] 熊伟. 质量机能展开[M]. 北京：化学工业出版社，2005.
[59] 杨强. 群体模糊信息环境下的质量功能展开理论与应用研究[D]. 成都：西南交通大学，2020.
[60] 印晓天，湛高峰. 聚类分析算法概述及其适用性比较[J]. 科技资讯，2018，16(33)：230-232.
[61] 尤建新，刘虎沉. 质量工程与管理[M]. 北京：科学出版社，2016.
[62] 尤建新等. 质量管理理论与方法[M]. 大连：东北财经大学出版社，2009.
[63] 于影霞. 质量管理工程[M]. 北京：化学工业出版社，2015.
[64] 张翠华. 供应链质量控制理论与方法[M]. 北京：科学出版社，2012.
[65] 张根保. 现代质量工程[M]. 北京：机械工业出版社，2015.
[66] 赵冰冰. 基于 QFD 分析的改进挣值法研究及应用[D]. 西安：长安大学，2020.
[67] 赵红. 智慧供应链视角下电力行业 N 公司物资采购管理研究[D]. 南京：南京信息工程大学，2022.
[68] 赵永强. 质量管理理论及应用[M]. 北京：电子工业出版社，2021.
[69] ANTONY J, MCDERMOTT O, SONY M. Quality 4.0 conceptualisation and theoretical understanding: a global exploratory qualitative study[J]. The TQM Journal, 2022, 34(5): 1169-1188.
[70] CHIARINI A, KUMAR M. What is quality 4.0? An exploratory sequential mixed methods study of

Italian manufacturing companies[J]. International Journal of Production Research, 2022, 60(16): 4890-4910.

[71] DIAS A M, CARVALHO A M, SAMPAIO P. Quality 4.0: literature review analysis, definition and impacts of the digital transformation process on quality[J]. International Journal of Quality & Reliability Management, 2022, 39(6): 1312-1335.

[72] LIU H C, LIU R, GU X, et al. From total quality management to quality 4.0: a systematic literature review and future research agenda[J]. Frontiers of Engineering Management, 2023, 10(2): 191-205.

[73] SADER S, HUSTI I, DAROCZI M. A review of quality 4.0: defini-tions, features, technologies, applications, and challenges[J]. Total Quality Management & Business Excellence, 2022, 33(9/10): 1164-1182.

附 表

附表1 标准正态分布表 $\Phi(x)$

$$\Phi(x) = \int_{-\infty}^{x} \frac{1}{\sqrt{2\pi}} e^{-\frac{x^2}{2}} dx$$

x	0.00	0.01	0.02	0.03	0.04	0.05	0.06	0.07	0.08	0.09
0.0	0.5000	0.5040	0.5080	0.5120	0.5160	0.5199	0.5239	0.5279	0.5319	0.5359
0.1	0.5398	0.5438	0.5478	0.5517	0.5557	0.5596	0.5636	0.5675	0.5714	0.5753
0.2	0.5793	0.5832	0.5871	0.5910	0.5948	0.5987	0.6026	0.6064	0.6103	0.6141
0.3	0.6179	0.6217	0.6255	0.6293	0.6331	0.6368	0.6406	0.6443	0.6480	0.6517
0.4	0.6554	0.6591	0.6628	0.6664	0.6700	0.6736	0.6772	0.6808	0.6844	0.6879
0.5	0.6915	0.6950	0.6985	0.7019	0.7054	0.7088	0.7123	0.7157	0.7190	0.7224
0.6	0.7257	0.7291	0.7324	0.7357	0.7389	0.7422	0.7454	0.7486	0.7517	0.7549
0.7	0.7580	0.7611	0.7642	0.7673	0.7704	0.7734	0.7764	0.7794	0.7823	0.7852
0.8	0.7881	0.7910	0.7939	0.7967	0.7995	0.8023	0.8051	0.8078	0.8106	0.8133
0.9	0.8159	0.8186	0.8212	0.8238	0.8264	0.8289	0.8315	0.8340	0.8365	0.8389
1.0	0.8413	0.8438	0.8461	0.8485	0.8508	0.8531	0.8554	0.8577	0.8599	0.8621
1.1	0.8643	0.8665	0.8686	0.8708	0.8729	0.8749	0.8770	0.8790	0.8810	0.8830
1.2	0.8849	0.8869	0.8888	0.8907	0.8925	0.8944	0.8962	0.8980	0.8997	0.9015
1.3	0.9032	0.9049	0.9066	0.9082	0.9099	0.9115	0.9131	0.9147	0.9162	0.9177
1.4	0.9192	0.9207	0.9222	0.9236	0.9251	0.9265	0.9279	0.9292	0.9306	0.9319
1.5	0.9332	0.9345	0.9357	0.9370	0.9382	0.9394	0.9406	0.9418	0.9429	0.9441
1.6	0.9452	0.9463	0.9474	0.9484	0.9495	0.9505	0.9515	0.9525	0.9535	0.9545
1.7	0.9554	0.9564	0.9573	0.9582	0.9591	0.9599	0.9608	0.9616	0.9625	0.9633
1.8	0.9641	0.9649	0.9656	0.9664	0.9671	0.9678	0.9686	0.9693	0.9699	0.9706
1.9	0.9713	0.9719	0.9726	0.9732	0.9738	0.9744	0.9750	0.9756	0.9761	0.9767
2.0	0.9772	0.9778	0.9783	0.9788	0.9793	0.9798	0.9803	0.9808	0.9812	0.9817
2.1	0.9821	0.9826	0.9830	0.9834	0.9838	0.9842	0.9846	0.9850	0.9854	0.9857
2.2	0.9861	0.9864	0.9868	0.9871	0.9875	0.9878	0.9881	0.9884	0.9887	0.9890
2.3	0.9893	0.9896	0.9898	0.9901	0.9904	0.9906	0.9909	0.9911	0.9913	0.9916
2.4	0.9918	0.9920	0.9922	0.9925	0.9927	0.9929	0.9931	0.9932	0.9934	0.9936
2.5	0.9938	0.9940	0.9941	0.9943	0.9945	0.9946	0.9948	0.9949	0.9951	0.9952
2.6	0.9953	0.9955	0.9956	0.9957	0.9959	0.9960	0.9961	0.9962	0.9963	0.9964
2.7	0.9965	0.9966	0.9967	0.9968	0.9969	0.9970	0.9971	0.9972	0.9973	0.9974
2.8	0.9974	0.9975	0.9976	0.9977	0.9977	0.9978	0.9979	0.9979	0.9980	0.9981
2.9	0.9981	0.9982	0.9982	0.9983	0.9984	0.9984	0.9985	0.9985	0.9986	0.9986

x	0.00	0.1	0.2	0.3	0.4	0.5	0.6	0.7	0.8	0.9
3.0	$0.9^2 8650$	$0.9^3 0324$	$0.9^3 3129$	$0.9^3 5166$	$0.9^3 6631$	$0.9^3 7674$	$0.9^3 8409$	$0.9^3 8922$	$0.9^4 2765$	$0.9^4 5190$
4.0	$0.9^4 6833$	$0.9^4 7934$	$0.9^4 8665$	$0.9^5 1460$	$0.9^5 4587$	$0.9^5 6602$	$0.9^5 7887$	$0.9^5 8699$	$0.9^6 2067$	$0.9^6 5208$
5.0	$0.9^6 7133$	$0.9^6 8302$	$0.9^7 0036$	$0.9^7 4210$	$0.9^7 6668$	$0.9^7 8101$	$0.9^7 9828$	$0.9^8 4010$	$0.9^8 6684$	$0.9^8 8182$
6.0	$0.9^9 0136$									

附表 2 不合格百分数的计数标准型一次抽样方案表（GB/T 13262—2008）（节选）

P_0 (%)	P_1 (%)													P_0 范围
	0.95	1.05	1.20	1.30	1.50	1.70	1.90	2.10	2.40	2.60	3.00	3.40	3.80	
0.095	395, 1	370, 1	345, 1	315, 1	280, 1	250, 1	225, 1	210, 1	185, 1	160, 1	68, 0	64, 0	58, 0	0.091~0.100
0.105	380, 1	355, 1	330, 1	310, 1	275, 1	250, 1	225, 1	200, 1	185, 1	160, 1	150, 1	60, 0	56, 0	0.101~0.112
0.120	595, 2	340, 1	320, 1	295, 1	275, 1	245, 1	220, 1	200, 1	180, 1	160, 1	150, 1	130, 1	54, 0	0.113~0.125
0.130	580, 2	535, 2	305, 1	285, 1	260, 1	240, 1	220, 1	200, 1	180, 1	160, 1	150, 1	130, 1	115, 1	0.126~0.140
0.150	545, 2	520, 2	475, 2	270, 1	250, 1	230, 1	215, 1	195, 1	175, 1	160, 1	140, 1	130, 1	115, 1	0.141~0.160
0.170	740, 3	495, 2	470, 2	430, 2	240, 1	220, 1	205, 1	190, 1	175, 1	160, 1	140, 1	125, 1	115, 1	0.161~0.180
0.190	710, 3	665, 3	440, 2	415, 2	370, 2	210, 1	200, 1	185, 1	170, 1	155, 1	140, 1	125, 1	115, 1	0.181~0.200
0.210	875, 4	635, 3	595, 3	395, 2	365, 2	330, 2	190, 1	175, 1	165, 1	155, 1	140, 1	125, 1	115, 1	0.201~0.224
0.240	1015, 5	785, 4	570, 3	525, 3	350, 2	325, 2	300, 2	170, 1	160, 1	145, 1	135, 1	125, 1	115, 1	0.225~0.250
0.260	1165, 6	910, 5	705, 4	510, 3	465, 3	310, 2	290, 2	265, 2	150, 1	140, 1	130, 1	120, 1	110, 1	0.251~0.280
0.300	1275, 7	1025, 6	810, 5	625, 4	450, 3	410, 3	275, 2	260, 2	240, 2	135, 1	125, 1	115, 1	110, 1	0.281~0.315
0.340	1385, 8	1145, 7	920, 6	725, 5	555, 4	400, 3	365, 3	250, 2	230, 2	210, 2	120, 1	110, 1	105, 1	0.316~0.355
0.380	1630, 10	1235, 8	1025, 7	820, 6	640, 5	490, 4	355, 3	330, 3	220, 2	205, 2	190, 2	110, 1	100, 1	0.356~0.400
0.420		1450, 10	1100, 8	910, 7	725, 6	565, 5	440, 4	315, 3	295, 3	195, 2	180, 2	165, 2	95, 1	0.401~0.450
0.480			1300, 10	985, 8	810, 7	545, 5	505, 5	390, 4	285, 3	260, 3	175, 2	165, 2	150, 2	0.451~0.500
0.530				1165, 10	875, 8	715, 7	495, 5	454, 5	350, 4	255, 3	230, 3	155, 2	145, 2	0.501~0.560
0.600					1035, 10	770, 8	640, 7	435, 5	405, 5	310, 4	225, 3	205, 3	140, 2	0.561~0.630
0.670						910, 10	690, 8	570, 7	390, 5	360, 5	275, 4	200, 3	185, 3	0.631~0.710
0.750							815, 10	620, 8	510, 7	350, 5	320, 5	250, 4	180, 3	0.711~0.800
0.850								725, 10	550, 8	455, 7	310, 5	285, 5	220, 4	0.801~0.900
0.950									650, 10	490, 8	405, 7	275, 5	255, 5	0.901~1.00
1.05										580, 10	435, 8	360, 7	245, 5	1.01~1.12
1.20										715, 13	515, 10	390, 8	280, 6	1.13~1.25
1.30											635, 13	465, 10	350, 8	1.26~1.40
1.50											825, 18	565, 13	410, 10	1.41~1.60
1.70												745, 18	505, 13	1.61~1.80
1.90													660, 18	1.81~2.00
P_1 范围	0.91~1.00	1.01~1.12	1.13~1.25	1.26~1.40	1.41~1.60	1.61~1.80	1.81~2.00	2.01~2.24	2.25~2.50	2.51~2.80	2.81~3.15	3.16~3.55	3.56~4.00	

附表3　正常检验一次抽样方案表（GB/T 2828.1—2012）

样本量字码	样本量	接收质量限（AQL）																																
		0.010		0.015		0.025		0.040		0.065		0.10		0.15		0.25		0.40		0.65		1.0		1.5		2.5		4.0		6.5		10		15
		Ac	Re	Ac	Re	Ac	Re	Ac	Re	Ac	Re	Ac	Re	Ac	Re	Ac	Re	Ac	Re	Ac	Re	Ac	Re	Ac	Re	Ac	Re	Ac	Re	Ac	Re	Ac	Re	Ac	Re
A	2																															↓			1	2
B	3																													0	1	⇩		⇧	1	2
C	5																											0	1	⇩		⇧		1	2	2	3
D	8																									0	1	⇩		⇧		1	2	2	3	3	4
E	13																						0	1	⇩		⇧		1	2	2	3	3	4	5	6
F	20																			0	1	⇩		⇧		1	2	2	3	3	4	5	6	7	8
G	32																0	1	⇩		⇧		1	2	2	3	3	4	5	6	7	8	10	11
H	50														0	1	⇩		⇧		1	2	2	3	3	4	5	6	7	8	10	11	14	15
J	80											0	1	⇩		⇧		1	2	2	3	3	4	5	6	7	8	10	11	14	15	21	22
K	125								0	1	⇩		⇧		1	2	2	3	3	4	5	6	7	8	10	11	14	15	21	22	⇧	
L	200					0	1	⇩		⇧		1	2	2	3	3	4	5	6	7	8	10	11	14	15	21	22	⇧			
M	315			0	1	⇩		⇧		1	2	2	3	3	4	5	6	7	8	10	11	14	15	21	22	⇧					
N	500	0	1	⇩		⇧		1	2	2	3	3	4	5	6	7	8	10	11	14	15	21	22	⇧							
P	800	⇩		⇧		1	2	2	3	3	4	5	6	7	8	10	11	14	15	21	22	⇧									
Q	1250	⇧		1	2	2	3	3	4	5	6	7	8	10	11	14	15	21	22	⇧											
R	2000	1	2	2	3	3	4	5	6	7	8	10	11	14	15	21	22	⇧													

(续表 AQL: 25, 40, 65, 100, 150, 250, 400, 650, 1000)

样本量字码	25 Ac Re	40 Ac Re	65 Ac Re	100 Ac Re	150 Ac Re	250 Ac Re	400 Ac Re	650 Ac Re	1000 Ac Re
A	1 2	2 3	3 4	5 6	7 8	10 11	14 15	21 22	30 31
B	2 3	3 4	5 6	7 8	10 11	14 15	21 22	30 31	44 45
C	3 4	5 6	7 8	10 11	14 15	21 22	30 31	44 45	⇧
D	5 6	7 8	10 11	14 15	21 22	30 31	44 45	⇧	
E	7 8	10 11	14 15	21 22	30 31	44 45	⇧		
F	10 11	14 15	21 22	30 31	44 45	⇧			
G	14 15	21 22	⇧						
H	21 22	⇧							
J	⇧								

说明：(1) "⇩"代表使用箭头下面的第一个方案。如果样本量等于或超过批量，则执行100%检验；"⇧"代表使用箭头上面的第一个方案。
(2) Ac为合格判定数；Re为不合格判定数。

附表4 加严检验一次抽样方案表（GB/T 2828.1—2012）

接收质量限（AQL）

样本量字码	样本量	0.010	0.015	0.025	0.040	0.065	0.10	0.15	0.25	0.40	0.65	1.0	1.5	2.5	4.0	6.5	10	15	25	40	65	100	150	250	400	650	1000
		Ac Re	Ac Re	Ac Re	Ac Re	Ac Re	Ac Re	Ac Re	Ac Re	Ac Re	Ac Re	Ac Re	Ac Re	Ac Re	Ac Re	Ac Re	Ac Re	Ac Re	Ac Re	Ac Re	Ac Re	Ac Re	Ac Re	Ac Re	Ac Re	Ac Re	Ac Re
A	2																			1 2	2 3	3 4	5 6	8 9	12 13	18 19	27 28
B	3																		1 2	2 3	3 4	5 6	8 9	12 13	18 19	27 28	41 42
C	5																	1 2	2 3	3 4	5 6	8 9	12 13	18 19	27 28	41 42	
D	8																0 1	⇩	2 3	3 4	5 6	8 9	12 13	18 19	27 28	41 42	
E	13															0 1	⇩	1 2	2 3	3 4	5 6	8 9	12 13	18 19			
F	20														0 1	⇩	1 2	2 3	3 4	5 6	8 9	12 13	18 19				
G	32													0 1	⇩	1 2	2 3	3 4	5 6	8 9	12 13	18 19					
H	50												0 1	⇩	1 2	2 3	3 4	5 6	8 9	12 13	18 19						
J	80											0 1	⇩	1 2	2 3	3 4	5 6	8 9	12 13	18 19							
K	125										0 1	⇩	1 2	2 3	3 4	5 6	8 9	12 13	18 19								
L	200									0 1	⇩	1 2	2 3	3 4	5 6	8 9	12 13	18 19									
M	315								0 1	⇩	1 2	2 3	3 4	5 6	8 9	12 13	18 19	⇧									
N	500							0 1	⇩	1 2	2 3	3 4	5 6	8 9	12 13	18 19	⇧										
P	800						0 1	⇩	1 2	2 3	3 4	5 6	8 9	12 13	18 19	⇧											
Q	1250					0 1	⇩	1 2	2 3	3 4	5 6	8 9	12 13	18 19	⇧												
R	2000				0 1	⇧	1 2																				
S	3150			1 2																							

说明：（1）"⇩"代表使用箭头下面的第一个方案。"⇧"代表使用箭头上面的第一个方案。如果样本量等于或超过批量，则执行100%检验。

（2）Ac为合格判定数；Re为不合格判定数。

附表 5　放宽检验一次抽样方案表（GB/T 2828.1—2012）

样本量字码	样本量	接收质量限（AQL）																									
		0.010	0.015	0.025	0.040	0.065	0.10	0.15	0.25	0.40	0.65	1.0	1.5	2.5	4.0	6.5	10	15	25	40	65	100	150	250	400	650	1000
		Ac Re	Ac Re	Ac Re	Ac Re	Ac Re	Ac Re	Ac Re	Ac Re	Ac Re	Ac Re	Ac Re	Ac Re	Ac Re	Ac Re	Ac Re	Ac Re	Ac Re	Ac Re	Ac Re	Ac Re	Ac Re	Ac Re	Ac Re	Ac Re	Ac Re	Ac Re
A	2																					5 6	7 8	10 11	14 15	21 22	30 31
B	2																				3 4	5 6	7 8	10 11	14 15	21 22	30 31
C	2																			2 3	3 4	5 6	6 7	8 9	10 11	14 15	21 22
D	3																		1 2	2 3	3 4	5 6	6 7	8 9	10 11		
E	5																	1 2	2 3	3 4	5 6	6 7	8 9	10 11			
F	8																1 2	2 3	3 4	5 6	6 7	8 9	10 11				
G	13															1 2	2 3	3 4	5 6	6 7	8 9	10 11					
H	20														0 1		2 3	3 4	5 6	6 7	8 9	10 11					
J	32													0 1		1 2	2 3	3 4	5 6	6 7	8 9	10 11					
K	50												0 1		1 2	2 3	3 4	5 6	6 7	8 9	10 11						
L	80											0 1		1 2	2 3	3 4	5 6	6 7	8 9	10 11							
M	125										0 1		1 2	2 3	3 4	5 6	6 7	8 9	10 11								
N	200									0 1		1 2	2 3	3 4	5 6	6 7	8 9	10 11									
P	315								0 1		1 2	2 3	3 4	5 6	6 7	8 9	10 11										
Q	500	0 1																									
R	800																										

说明：（1）"⇩"代表使用箭头下面的第一个方案。"⇧"代表使用箭头上面的第一个方案。如果样本量等于或超过批量，则执行100%检验。

（2）Ac为合格判定数；Re为不合格判定数。

附表6　单侧规格限"σ"法的样本量与接收常数（以均值为质量指标）（GB/T 8054—2008）

A 或 A' 计算值范围	n	k
2.069 以上	2	−1.163
1.690~2.068	3	−0.950
1.463~1.689	4	−0.822
1.309~1.462	5	−0.736
1.195~1.308	6	−0.672
1.106~1.194	7	−0.622
1.035~1.105	8	−0.582
0.975~1.034	9	−0.548
0.925~0.974	10	−0.520
0.882~0.924	11	−0.496
0.845~0.881	12	−0.475
0.811~0.844	13	−0.456
0.782~0.810	14	−0.440
0.756~0.781	15	−0.425
0.731~0.755	16	−0.411
0.710~0.730	17	−0.399
0.690~0.709	18	−0.388
0.671~0.689	19	−0.377
0.654~0.670	20	−0.368
0.585~0.653	25	−0.329
0.534~0.584	30	−0.300
0.495~0.533	35	−0.278
0.463~0.494	40	−0.260
0.436~0.462	45	−0.245
0.414~0.435	50	−0.233

说明：（1）当计算值小于 0.414 时，可按下面公式计算 n 和 k

$$n = \frac{8.56382}{(\text{计算值})^2}, \quad k = -0.56207 \times (\text{计算值})。$$

（2）$A = \dfrac{\mu_{1U} - \mu_{0U}}{\sigma}, \quad A' = \dfrac{\mu_{0L} - \mu_{1L}}{\sigma}$

附表 7 双侧规格限 "σ" 法的样本量与接收常数（以均值为质量指标）（GB/T 8054—2008）（节选）

A 或 A'	2.080 及以上	1.700~2.079	1.480~1.699	1.320~1.479	1.200~1.319	1.120~1.199	1.040~1.119	0.980~1.039	0.940~0.979
n	2	3	4	5	6	7	8	9	10
c	0.014 及以下	0.012 及以下	0.010 及以下	0.009 及以下	0.008 及以下	0.008 及以下	0.007 及以下	0.007 及以下	0.006 及以下
k	-1.379	-1.126	-0.975	-0.872	-0.796	-0.737	-0.690	-0.650	-0.617
c	0.015~0.085	0.013~0.069	0.011~0.060	0.010~0.054	0.009~0.049	0.009~0.045	0.08~0.042	0.008~0.040	0.007~0.038
k	-1.365	-1.114	-0.965	-0.863	-0.788	-0.730	-0.682	-0.643	-0.610
c	0.086~0.156	0.070~0.127	0.061~0.110	0.055~0.098	0.050~0.090	0.046~0.083	0.043~0.078	0.041~0.073	0.039~0.070
k	-1.334	-1.089	-0.943	-0.844	-0.770	-0.713	-0.667	-0.629	-0.597
c	0.157~0.226	0.128~0.185	0.111~0.160	0.099~0.143	0.091~0.131	0.084~0.121	0.079~0.113	0.074~0.107	0.071~0.101
k	-1.306	-1.066	-0.923	-0.826	-0.754	-0.698	-0.653	-0.616	-0.584
c	0.227~0.297	0.186~0.242	0.161~0.210	0.144~0.188	0.132~0.171	0.122~0.159	0.114~0.148	0.108~0.140	0.102~0.133
k	-1.281	-1.046	-0.906	-0.810	-0.740	-0.685	-0.641	-0.604	-0.573
c	0.298~0.368	0.243~0.300	0.211~0.260	0.189~0.233	0.172~0.212	0.160~0.197	0.149~0.184	0.141~0.173	0.134~0.164
k	-1.259	-1.028	-0.890	-0.796	-0.727	-0.673	-0.629	-0.593	-0.563
c	0.369~0.438	0.301~0.358	0.261~0.310	0.234~0.277	0.213~0.253	0.198~0.234	0.185~0.219	0.174~0.207	0.165~0.196
k	-1.240	-1.013	-0.877	-0.785	-0.716	-0.663	-0.620	-0.585	-0.555
c	0.439~0.509	0.359~0.416	0.311~0.360	0.278~0.322	0.254~0.294	0.235~0.272	0.220~0.255	0.208~0.240	0.197~0.228
k	-1.225	-1.000	-0.866	-0.775	-0.707	-0.655	-0.612	-0.577	-0.548
c	0.510~0.580	0.417~0.473	0.361~0.410	0.323~0.367	0.295~0.355	0.273~0.310	0.256~0.290	0.241~0.273	0.299~0.259
k	-1.212	-0.989	-0.857	-0.766	-0.700	-0.648	-0.606	-0.571	-0.542
c	0.581~0.651	0.474~0.531	0.411~0.460	0.368~0.411	0.366~0.376	0.311~0.348	0.291~0.325	0.274~0.307	0.260~0.291
k	-1.201	-0.980	-0.849	-0.759	-0.693	-0.642	-0.600	-0.566	-0.537
c	0.652~0.778	0.532~0.635	0.461~0.550	0.412~0.492	0.377~0.449	0.349~0.416	0.326~0.389	0.308~0.367	0.292~0.348
k	-1.192	-0.973	-0.843	-0.754	-0.688	-0.637	-0.596	-0.562	-0.533
c	0.779~1.131	0.636~0.924	0.551~0.800	0.493~0.716	0.450~0.653	0.417~0.650	0.390~0.566	0.368~0.533	0.349~0.506
k	-1.174	-0.958	-0.830	-0.742	-0.678	-0.627	-0.587	-0.553	-0.525
c	1.132~1.485	0.925~1.212	0.801~1.050	0.717~0.939	0.654~0.857	0.606~0.794	0.567~0.742	0.534~0.700	0.507~0.664
k	-1.165	-0.951	-0.824	-0.737	-0.673	-0.623	-0.583	-0.549	-0.521
c	1.486~1.838	1.213~1.501	1.051~1.300	0.940~1.163	0.858~1.061	0.795~0.983	0.743~0.919	0.701~0.687	0.665~0.822
k	-1.163	-0.950	-0.823	-0.736	-0.672	-0.622	-0.582	-0.548	-0.520
c	1.838 及以上	1.501 以上	1.300 以上	1.163 以上	1.061 以上	0.983 以上	0.919 以上	0.867 以上	0.822 以上
k	-1.163	-0.950	-0.822	-0.736	-0.672	-0.622	-0.582	-0.548	-0.520

教师服务

感谢您选用清华大学出版社的教材！为了更好地服务教学，我们为授课教师提供本书的教学辅助资源，以及本学科重点教材信息。请您扫码获取。

▶▶ 教辅获取

本书教辅资源，授课教师扫码获取

▶▶ 样书赠送

管理科学与工程类重点教材，教师扫码获取样书

 清华大学出版社

E-mail: tupfuwu@163.com
电话：010-83470332 / 83470142
地址：北京市海淀区双清路学研大厦 B 座 509

网址：https://www.tup.com.cn/
传真：8610-83470107
邮编：100084